≋ | KRÜGER

PETRA HUCKE

VOM GEHEN UND BLEIBEN

ROMAN

KRÜGER

Erschienen bei FISCHER Krüger

© 2022 S. Fischer Verlag GmbH,
Hedderichstr. 114, D-60596 Frankfurt am Main

Satz: Pinkuin Satz und Datentechnik, Berlin
Druck und Bindung: CPI books GmbH, Leck
Printed in Germany
ISBN 978-3-8105-3080-6

JUNI

RIA

Es sind nur Häuser. Eine kleine Ansammlung von Häusern, ein Hof, eine Pension, ein Laden. Und doch scheinen sie sich alle abwartend zu ducken.

Später wird es Gewitter geben, da ist Ria sicher, doch die Häuser haben keine Angst vor einem Gewitter.

Angst haben sie vor dem Berg, der über ihnen hockt.

Sie hat den Geißen Brot gebracht und steht nun mit dem leeren Eimer auf der Wiese oberhalb von Vischnanca. Meist gehen die Herden schon im Mai mit einem Hirten weiter hoch, aber in diesem Jahr waren viele der Tiere krank, und die aus dem Nachbarort haben berichtet, dass es auf den Alpen eh nicht so richtig wächst.

Das Tal ist schmal, ganz unten fließt die Flem, die man hier oben auf ihrer Sonnenterrasse nicht mehr hört. Auf dem Piz Envers gegenüber glitzern in gleicher Höhe Trapla und Mioula im Sonnenlicht – Windschutzscheiben vorbeifahrender Autos vielleicht oder ein Fenster, das geschlossen wird. In den Dörfern dort drüben müssen sie sich nicht ducken. Dort drüben fürchten sie sich nicht vor ihrem Berg.

Luna liegt hechelnd im Schatten und behält dabei alles im Auge. Eines der Geißlein leckt Ria hingebungsvoll den Handrücken, sie krault ihm den Kopf und blickt wieder hinunter auf ihr Dorf. Schon ihr ganzes Leben wohnt sie hier und kann gar nicht zählen, wie oft sie bereits die Kirchturmglocke gehört hat, die in diesem Moment zur vollen Stunde läutet. Lang wird sie das nicht mehr tun. Man hat entschieden, sie abzumontieren, sie ist zu schwer. Dabei wurde sie erst, kein Alter für eine Glocke, vor sechzig Jahren aufgehängt, weil die aus dem siebzehnten Jahrhundert klang wie ein kaputter Ochs. Noch sei der Turm zwar statisch sicher, sagen die vom Amt, aber was ist hier schon sicher? Die Häuser drängen sich aneinander, wie sie das tun in den Bündner Alpen, und über allem liegt ein frühsommerlicher Duft nach Asphalt, Lärchen und Gras.

Rias Bauernhof ganz unten an der Straße hat den Kopf eingezogen, auf der einen Seite der Gasse das Wohnhaus, auf der anderen die große Scheune, in der der Traktor und die unzähligen alten Gerätschaften stehen, die sich im Laufe eines Hoflebens ansammeln. Sogar die alten Holzski vom *bab* hat sie neulich in eine Ecke gelehnt gesehen, die Lederriemen zerfressen. Weiter oben lehnt sich das Haus ihrer Freundin Eli an das der verstorbenen Mierta Vincenz, vor dem heute der Umzugswagen der deutschen Familie steht. Was das wohl für Leute sind? Warum ziehen sie her? Was haben sie ihren Kindern erzählt? Das wird ein Abenteuer?

Auf dem gepflasterten Platz in der Dorfmitte plätschert neben der hell verputzten Kirche der quadratische Brunnen, in dem sie früher die Sommerfüße gekühlt und im Winter die Milchkannen abgelegt haben. Wenn so viel Schnee lag, dass niemand runter zum Hof kam, wurden Ria und Marco mit dem Schlitten voller Kannen hochgeschickt. Das haben sie trotz der Anstrengung immer gern gemacht, schließlich hieß es auch, dass sie danach wieder nach Hause schlitteln konnten, die Nase eisig, die Fingerspitzen in den von der *mamma* gestrickten Fäustlingen genauso.

Mal sehen, ob der Marco morgen zur Gemeindeversammlung kommt, der Marco. Ihr Bruder wohnt schon seit zwanzig Jahren nicht mehr hier, sondern in Masein, doch sie haben telefoniert, und er will sich die Zeit nehmen, ist ja auch noch interessiert an seinem Heimatdorf. Irgendjemand hat erzählt, auf der Versammlung solle etwas Endgültiges verkündet werden. Die Behörden hätten einen großen Entscheid gefällt. Normalerweise ist es die Matilda, die über solche Dinge Bescheid weiß, die sonst nur die Leute selbst und der liebe Gott wissen, doch wenn es um den Berg geht, kneift sie ganz fest die Augen zu. Wahrscheinlich sind es eh Gerüchte, und es wird wieder nur heißen: Wir haben ihn im Blick.

Diesen *tgigl* von einem Berg.

Ria hat sich mit der Geburt von Blanca aus dem Gemeindevorstand zurückgezogen, weil sie die Zeit nicht mehr hat. Der Landfrauenverein ist zeitraubend genug.

Freilich hat sie seitdem das Gefühl, nichts mehr mitzubekommen.

Auf der Weide ist es drückend warm, die Fliegen surren um sie herum. Ein Schwalbenschwanz flattert von Kleeblüte zu Kleeblüte, eine unersättliche Geiß schiebt noch einmal ihren braunen Kopf in den Futtereimer.

»Der ist wirklich leer, Elfi«, sagt Ria und zieht ihn weg.

Von ihrer Stimme und dem Blöken der beleidigten Geiß geweckt, bewegt Blanca sich im Tragetuch. Ria drückt sie an sich.

»Schau«, sagt sie. »Schau und vergiss es nicht. Wer weiß, wie viel Zeit uns der Berg noch lässt.«

Die Kleine hat Hunger und fängt an zu weinen. Rias Körper reagiert sofort. Auch die letzte Geiß hat sich wieder zur

Herde gestellt, und so lässt Ria den Eimer fallen und setzt sich auf den abschüssigen Boden.

Das Gras kitzelt an den nackten Beinen. Sie befreit Blanca aus dem Tuch, zieht sich selbst rasch das durchgeschwitzte T-Shirt aus, hier sieht sie ja niemand, und gibt ihrer Tochter die Brust. Sie legt das Shirt zum Trocknen neben sich, es schaut aus wie gekreuzigt. Unten im Dorf tritt Sandro aus der Kirche und schließt die Tür hinter sich. Er winkt zwei Jugendlichen, die auf dem Töff an ihm vorbeiknattern – ob die zu den Deutschen gehören? –, setzt sich auf den Brunnenrand, zieht die Schuhe aus und schwenkt die Beine herum. Ria lacht: Er braucht auch eine Abkühlung. Sie kann sich vorstellen, wie gut sich das kalte Wasser anfühlen muss, und spreizt die Zehen in den schmutzigen Stiefeln. Als Blanca mit dem Trinken fertig ist, setzt Ria sie auf das ausgebreitete Tragetuch und zieht einen Beißring aus der Tasche. Hinter ihr rumpelt es kurz, dann schleicht sich ein Rieseln hinterher. In den letzten Wochen macht er das immer häufiger.

Sie wird sich nicht umdrehen.

Der Bus fährt die Dorfstraße entlang und verlangsamt kurz vor der Haltestelle. Es ist nur ein kurzes Zögern, und ohne richtig stehen zu bleiben, rollt er weiter. Niemand will aussteigen, niemand einsteigen. Der Berg lacht leise und stippt einen Zeh in die Flem. Glaubst wohl, du hast es bald geschafft, denkt Ria. Vischnanca ist alt geworden und gebrechlich. Wenn du noch mehr drängst, wenn du endgültig ins Rutschen kommst, wird es in die Knie gehen und zusammenbrechen. Dann zerbröseln die Häuser, die Straßen brechen auf, der Kirchturm kippt und begräbt Sandro mit seinen nackten Füßen im Brunnen. Mein Hof sackt ein, mein ganzes Leben ist weg. All meine Investitionen in den Biolandbau. Mein alter Vater, mein Mann, meine Tochter und ich, wir alle sind weg. Nur weil du nicht da bleiben kannst, wo du bist. Was scherst du dich eigentlich um unser kleines Dorf? Wir sind doch nicht mehr als ein Muttermal an deinem Südhang.

Keine hundert Meter entfernt von ihr türmt er sich auf. Sie rupft mit beiden Händen Gras aus und wirft es ihm entgegen.

Blanca schaut zu und tut es ihr nach. Sie schmeißt die Arme in die Luft, und die wenigen Grashalme, die nicht zwischen ihren Fingerchen hängen bleiben, rieseln auf sie nieder. Sie strahlt, und Ria muss lachen. Die Kleine will gar nicht mehr aufhören. Ria möchte sich am liebsten zurücklehnen und eine Weile schlafen. Krank wird sie nicht sein, krank ist sie nie, vielleicht ist es das Wetter, niemand weiß, was man mit diesem Wetter anfangen soll. Die Weiden und Gärten verdörren schon jetzt, Ende Juni, und doch will nach dem nassen Winter niemand den Sprinkler anstellen. Niemand will noch mehr Wasser im Boden. Mit Ausnahme von Matilda. In ihrem Garten blüht und summt es, der Lavendel duftet, sogar der Aprikosenbaum zeigt die ersten, steinharten Knubbel, aus denen einmal die Früchte reifen werden.

Matilda gelingt es, den Piz Brunclia zu ignorieren. Wenn Ria das doch auch könnte. Nur ab und zu, nur kurz. Sie seufzt laut, steht natürlich doch auf, eine Bündner Bergbäuerin, eine *poura da muntogna*, schläft nicht mitten am Tag, zieht das halb getrocknete T-Shirt wieder an und nimmt Blanca auf den Arm. Die kreischt protestierend.

»Komm, wir müssen nach Hause. Kannst mit dem Papa die Brunhild besuchen, ja?«

11

Schon ist Blanca beruhigt. Brunhild, ihre älteste Kuh, hat keine Lust mehr auf zu viel frische Luft und bleibt oft den ganzen Tag im Stall. Ria ergreift den Futtereimer und geht die kurze Strecke den stotzigen Hang hinunter zum unteren Rand der Weide. Mit Blanca ist sie deutlich weniger behänd, aber diese Einschränkung nimmt sie gern in Kauf, nach so vielen Jahren des Wartens auf dieses Kind. Sie gibt ihr einen Kuss auf den immer noch kahlen Kopf. Luna folgt hechelnd.

Unten klettert Ria über den Zaun. Statt die Straße entlangzugehen, nimmt sie den kürzeren Weg zwischen zwei Häusern hindurch, Abkürzungen, die sie schon in ihrer Kindheit gelaufen ist und die Blanca in wenigen Jahren auch nehmen wird. Das Steier-Haus rechts steht leer, Putz ist nur noch an wenigen Stellen zu sehen, die hölzernen Wände drücken bereits nach außen. Im linken wohnen die Gigers. Das sind merkwürdige Leute. Seit fast zwanzig Jahren sind sie hier, aber nie haben sie versucht, sich in die Dorfgemeinschaft einzugliedern. Auf die Gemeindeversammlungen kommen sie nicht, sie kaufen auch nichts auf Rias Hof ein, sondern fahren dafür in die Stadt. Natürlich nimmt Ria das persönlich – wer will Milch aus der Migros, wenn man sie gleich nebenan direkt von den Kühen holen kann? Ob die Deutschen das genauso machen werden?

Sie schiebt sich zwischen den Tannen durch, der Trampelpfad im Moos kaum sichtbar, und atmet die kühle Luft ein. Hier müsste man bleiben können bis zum Regen. Sie kratzt sich am Bein. Die Bremsen haben sie oben auf der Weide ordentlich erwischt. Sie zieht alles an, Mücken, Bremsen, Wespen. Süßes Blut, sagt Gian.

Am Garten der Pension vorbei gelangt sie auf ihre Straße. Die Leuteneggers unterhalten sich mit dem Maurer. Letzten Monat gab es einen Rohrbruch, und sie mussten die Pension schließen. Sie hatten ohnehin kaum noch Gäste, doch offenbar haben sie sich entschieden, für die Wintersaison wieder zu öffnen. Vischnanca liegt ein wenig abseits von den großen Skigebieten, aber einigen Leuten gefällt das, und der Sportbus bringt sie umsonst bis zu den Bahnen.

Ria winkt den Leuteneggers zu. Das ganze Wasser ist damals den Berg hinunter und an ihrem Hof vorbeigeschossen wie ein Fluss bei der Gletscherschmelze. Auch da hat Ria gemeint, den Berg lachen zu hören. Er hat sich wohl ein wenig geräkelt und dabei die unterirdischen Rohre verschoben. So etwas macht er gern.

Von unten kommt ihr ein Auto entgegen, wird langsamer und hält. Der Mann am Steuer lässt das Fenster herunter. »Guten Tag«, sagt er und wechselt dann ins Englische. Sie seien auf dem Hof gewesen, er und seine Frau Mabel hier – sie winkt mit gespreizten Fingern, an jedem einen Ring –, weil sie was Leckeres kaufen wollten. Aber es sei niemand da gewesen, nur ein alter Mann, der vergeblich nach einem Tony gerufen habe. Ob sie vielleicht …

»Yes, of course, please come back with me.« Sie eilt los, während das Pärchen hoch zur Kreuzung muss, um das schwer atmende, dunkle Auto zu wenden. Den ganzen Nachmittag hatte sie noch keine Kunden.

Ihr Vater sitzt auf der Bank vor dem Haus, wo sie ihn zurückgelassen hat.

»Tut mir leid, *bab*«, sagt sie laut. »Ich hab die Blanca gestillt und die Zeit vergessen.«

»Macht doch nichts, Toni. Mir gehts gut hier im Schatten. Meinen Tee habe ich auch getrunken.«

Sie hört es schon fast nicht mehr, wenn er sie Toni nennt und Antonia meint, seine tote Frau. An manchen Tagen ist es besser, dann ist sie wieder sein Marieli. Seine Stimme tönt immer noch kratzig, aber das ist das Alter, das kann wohl kein Salbeitee mit Bündner Honig mehr heilen. Er wirkt so fröhlich, dass sie ihn sitzen lässt und verspricht, sich um ihn zu kümmern, wenn die beiden Besucher wieder weg sind.

»What a beautiful place«, sagen die beiden fast gleichzeitig, als sie aussteigen und das Knallen ihrer Türen über den Hof hallt. Der alte Dino schaut um die Ecke, scheint zufrieden und legt sich wieder in den Schatten, dann zeigt sich Gian mit rotem Gesicht. Trotz der Hitze hat er mit einem der Landarbeiter Zäune gezogen. Jetzt setzt er sich zum *bab* und zieht die schweren Arbeitsschuhe aus. Er würde am liebsten das ganze Jahr barfuß laufen.

Vor sechs Sommern haben sie viel umgebaut und in der ehemaligen Waschküche einen kleinen Hofladen eingerichtet. Bio und regional, er läuft gut, seit sie an der Kantonsstraße ein Schild aufgestellt haben, mit einer grinsenden Kuh darauf. Marco hilft ihr auch mit den sozialen Medien, postet Beiträge für den Hof, damit Leute wie diese Engländer sie finden, auch wenn sie dafür extra abbiegen müssen. Im Laden ist es kühl und duftet nach Kräutern. An diesem Nachmittag riecht sie vor allem die frische Minze in ihren kompostierfähigen Töpfchen, und den Käse natürlich. Die Frau, fragt nach Ziger, davon habe sie gehört, wie der schmecke. Doch den haben sie leider nicht, nur gereifte Sorten. Die beiden stöbern eine Weile, während Ria noch einmal rausgeht und Blanca bei Gian abgibt.

»Schau, Bruno«, sagt der laut zu seinem Schwiegervater, »wie ihre Haare gewachsen sind.«

Vorsichtig fährt er Blanca mit einem Finger über den Kopf.

Ria lacht. »Ja, ihre zwei Haare sind ganz schön lang geworden.«

»Wenn das so weitergeht, müssen wir bald mit ihr zum Friseur.« Gian zwinkert Ria zu.

»Ach«, sagt ihr Vater, »das haben wir früher immer selber gemacht. Wir müssen doch kein Geld zum Fenster rauswerfen. Da hinten zieht es sich zu. Bringst du mich wieder rein, Gian?«

Er ist nicht immer klar im Kopf, sieht nicht mehr gut, hört nicht mehr gut, kann kaum noch laufen, aber das Wetter hat er in den Knochen.

FABIO

Der Möbelwagen nimmt die ganze Breite der Gasse ein. Fabio steht daneben und hält nach Autos Ausschau. Am Vormittag haben sie einmal rangieren müssen, als der Nachbar von weiter unten mit seinem Subaru rausmusste, aber seitdem parken sie hier ungestört. Sie parkieren, wie die Schweizer sagen.

Nun sind auch sie Schweizer. Wahlschweizer. Vom Ruhrgebiet nach Graubünden. Es ist schon unverschämt, wie schön es hier ist. Eine kleine Ansammlung von Häusern, ein Hof, eine Pension, ein kleiner Laden, eine entzückende Dorfmitte. Dass ihm Wörter wie *entzückend* einfallen, ist wohl bezeichnend. Die Bergluft berauscht einen Kaskopp wie ihn halt, warum auch nicht, so würzig und greifbar. Er hat immer in der Stadt gelebt, erst Rotterdam, dann Duisburg, und Katja musste lachen, als er gestanden hat, worauf er sich freut: Dass die Leute grüßen, hat er gesagt, auf dem Dorf grüßen sich doch alle, oder? In der Stadt käme man schon auf dem Weg zur Straßenbahn nicht hinterher, Tach, Tach, Tach, die Duisburger würden denken, man hätte einen Dachschaden. Einen Tach-Schaden. Hier wird es dann *Grüezi* heißen, der Nachbar unten hat es vorhin schon gesagt, und Fabios Flachlandzunge hat sich in der Hektik angefühlt, als sei sie im Elektrozaun gelandet. Und auf Rätoromanisch? Das Lehrbuch hat die letzten Wochen auf dem Wohnzimmertisch gelegen, nur Jojo hat hin und wieder einen Blick hineingewagt. *Allegra*, meint er sich zu erinnern.

Kuhglocken sind zu hören und ein Ziegenmeckern. Ein Specht klopft, ein Hahn kräht, sie machen Musik. Fabio lauscht berauscht weiter, hört in der Ferne menschliche Stimmen, in der Nähe Stimmen von Spatzen, die ihre dringende Diskussion nur kurz unterbrochen haben, um ihn als harmlos einzuschätzen und entsprechend zu kommentieren: *Ein Zugereister halt.* Und ansonsten hört er viel Nichts. Die Stille ist genauso greifbar wie die warme Luft.

Er steht noch immer mitten auf der Straße. Die vier Männer von der Umzugsfirma tragen die Blom'schen Besitztümer ins Haus, Unterbrechungen gibt es nur für Zigarettenpausen. Sie gehen behutsam und doch irgendwie gleichgültig vor. Es interessiert sie nicht, ob die Gemälde von Opa Heini oder aus der Leipziger Schule sind, die Sessel aus dem schwedischen Möbelhaus oder Sammlerstücke aus Dänemark. Fabio lässt seinen Blick zärtlich auf den Kurven des Ægget ruhen, das zwei der Männer an ihm vorbeitragen.

War wohl nichts dran an seinem Gefühl, seine Kindheit abgeschüttelt zu haben, in der er hinten und vorne bedient wurde – er hat nicht einmal ein schlechtes Gewissen, dass er die starken Kerle placken lässt. Dafür werden sie bezahlt, und ein fettes Trinkgeld wird er ihnen auch geben. Sie sehen gar nicht besonders stark aus, keine Muskelprotze, sie haben sehnige Arme und schwitzen nicht einmal. Wahrscheinlich ist das der Unterschied zwischen Fitnessstudio und echter Arbeit. Er wird das Gym in Duisburg vermissen, aber hier will er wieder das Laufen anfangen, das er in den letzten Jahren vernachlässigt hat. Inzwischen ist er über fünfzig, da muss man fit bleiben. Er kann sich vorstellen, wie all die frische Luft ihn um den Verstand bringen wird, wenn er schnaufend die Berge rauf und runter rennt. Wird eine, haha, steile Trainingskurve sein.

Fabio geht um den Möbelwagen herum und betrachtet ihr neues Häuschen. Es ist winzig im Vergleich zu dem in Duisburg, aber Katja hat sich verliebt in das schiefe Haus, und hier geht es schließlich um Katja.

Vischnanca sei so süß und so klein, hat sie geschwärmt, als sie im März über das Dorf gestolpert sind, nur sechzig Einwohner. Stell dir vor, hat er daraufhin gesagt und sich gleich begeistern lassen, wir könnten das alte Haus ganz neu herrichten und würden uns bestimmt gut mit den Nachbarn verstehen. Schau dir all diese Blumen an, sogar die Bushaltestelle hat jemand geschmückt.

Der Bus heißt hier Postauto, wie urtümlich, das muss er sich merken.

Die Alternative wäre Martgea gewesen, eine Kleinstadt mit vierzigtausend Leuten, wo Katja ihre neue Stelle antritt, aber sie meinte, dort sei es bestimmt teuer. Und auch wenn das egal ist, Geld haben sie doch, hat er ihr beigepflichtet, vom urigen Schweizer Leben kriegen wir da jedenfalls nichts mit.

Sie werden erst einmal mieten, bis sie wissen, ob sie wirklich im Land bleiben wollen. Vielleicht, bis die Kinder aus dem Haus sind. Nach einiger Zeit wird es auch einfacher, in der Schweiz Eigentum zu erwerben, denn hier gelten sie dann doch nicht als superreich, nur als normal reich. Außerdem musste es wegen Katjas neuer Stelle, die sie ihr sehr kurzfristig zugesagt haben, so schnell gehen, dass sie das Haus in Duisburg nicht losbekommen haben. Jetzt ist eine

Cousine von ihm mit Familie eingezogen, und sie zahlen ihnen Miete, von der sie hier einen kleinen Teil an Matilda Vincenz abgeben, einen geringen Betrag, der wird ihnen wirklich nicht weh tun. Nur an die Lebensmittelpreise müssen sie sich gewöhnen. Er hat das komischerweise noch nicht nachgeschlagen, aber die Schweiz gehört bestimmt zu den teuersten Ländern der Welt, die Restaurantrechnung gestern hat ihn jedenfalls zum Lachen gebracht, und nicht nur die, sondern auch die seltsamen Wörter auf der Speisekarte, die zu ähnlich kehligen Lauten führen wie denen, mit denen er in den Niederlanden aufgewachsen ist.

»Was stehst du hier rum, Faulpelz?« Katja klatscht ihm auf den Hintern, dreht sich wieder um und wirft ihm über die Schulter ein Lächeln zu, aber es ist ein strenges Lächeln.

»Bischt mein Chäschüechli«, sagt er.

Katja bleibt stehen. »Kannst du mir drinnen mal helfen bitte?«

Er folgt ihr in den dunklen Flur, weicht in die Küche aus, als einer der Männer mit Jaspers rotem Sitzsack an ihm vorbeiwill, und zieht den Kopf ein, um sich nicht am Türsturz zu stoßen. Katja steigt dem Mann hinterher und vor Fabio die enge Treppe hinauf, die rechte Hand am Geländer. Bald werden sie die Stufen in- und auswendig kennen.

Ihre sechs Schuhe klopfen einen unregelmäßigen Rhythmus. Katja hat alte, schlecht sitzende Jeans-Shorts an. So, wie sie sie mit einem Gürtel zusammengeschnürt hat, sind es wahrscheinlich mal seine gewesen. Er revanchiert sich und klatscht ihr auf den Po.

Sie geht geradeaus in ihr neues Schlafzimmer, wo sie das Bett ein Stück zur Seite schieben will, damit sie die Kommode noch ins Zimmer bekommen. Die Fenster im Haus stehen schon den ganzen Tag offen, es riecht trotzdem leicht feucht.

»Gut, dass wir uns damals doch gegen das Wasserbett entschieden haben«, sagt Fabio und schiebt. »Der Boden würde wohl zusammenkrachen.«

»Gut, dass wir die Kinder in die Stadt geschickt haben«, erwidert Katja, wischt sich den Schweiß von der Stirn und drückt noch einmal gegen das Kopfende. Die weißen, schlichten Möbel haben perfekt in ihr weißes, schlichtes Haus in Duisburg gepasst, sie hatten schließlich eine renommierte Designerin beauftragt. Hier hingegen scheinen sie alle ein Stück zu groß, zu eckig, zu laut.

Der Raum vermisst die Jesus- und Heiligenbilder an der Wand, die während der Besichtigung noch gehangen haben, eine Marienfigur auf dem Fenstersims, ein Kreuz in der Ecke, Hinterglasmalereien, außerdem den mit einem Blumenmuster bemalten Schrank, den die Frau Vincenz zu sich nehmen wollte, ein Familienerbstück, mindestens zweihundert Jahre alt, hat sie gesagt. Ihr Mann, der Simon, ein Guter, war Schreiner und dessen Vater und auch dessen Vater, und der hat ihn gebaut. Oder so. Fabio sieht noch genau den großen, verschnörkelten Schlüssel vor sich, der in der Holztür gesteckt hat. So etwas würde er auch gern können, etwas schmieden, etwas schreinern, richtig etwas mit den Händen machen, statt den lieben langen Tag am Computer zu sitzen, zu telefonieren und Tabellen auszufüllen. Ja, sie bauen mit der Firma Brücken, aber er selbst setzt davon doch keinen einzigen Stein.

Katja stemmt die Hände in die Taille. »Ich glaube nicht, dass die Kommode noch passt.«

Er betrachtet seine Frau. Es ist selten, dass er sie tagsüber ungeschminkt sieht, und nun steht sie hier mit einem bunten Tuch in den kurzen Haaren und alten Klamotten, die Hose sitzt schief, das ärmellose Top ist verschwitzt. Zweiunddreißig Grad sagt seine Uhr, ihre Haut und seine Handflächen kleben und sind schmutzig, und doch geht er die zwei Schritte auf sie zu, legt die Arme um sie und schiebt sie zurück, aufs Bett zu. Das können sie noch immer gut. Und oft.

»Gut, dass wir die Kinder in die Stadt geschickt haben«, murmelt er.

Katja versucht, sich von ihm wegzudrücken. »Und die Möbelpacker?«, fragt sie mit einem Lachen.

»Keine Sorge, wir gucken nicht hin.« Der jüngste von ihnen mit dem Undercut stellt grinsend einen weiteren Karton in die Ecke. »Soll ich die Tür zumachen?«

Katja windet sich aus Fabios Armen und folgt dem Mann aus dem Zimmer. »Können Sie mir wohl doch die Kommode noch hoch tragen?«

Fabio rückt sich die Hose zurecht, verstaut sein Bügelbrett mit dem Schmetterlingsbezug zwischen Wand und Kleiderschrank und tritt ans Fenster. Der Anstrich des Rahmens blättert ab, auf der Fensterbank liegen drei tote Fliegen, die er eine nach der anderen mit spitzen Fingern an den Flügeln nimmt und nach draußen wirft. Wenn man schräg nach links oben blickt, sieht man das graue Gestein des Bergs, fast zum Greifen nah. Wegen der zwei hohen Tannen und dem Nebenhaus kommt wenig Licht in den Raum, aber sie müssen ja hier auch nur schlafen. Die Kinder haben die Fenster nach Süden bekommen, und auch das Wohnzimmer zeigt ins Tal.

Als er wieder nach unten geht und auf die Straße tritt,

sind dunkle Wolken aufgezogen. Der Wind treibt Staub vor sich her, so dass Fabio blinzeln muss, und irgendwo klappert eine Tür.

»Keine Sorge«, sagt der Undercut zu ihm. »Das schaffen wir locker vor dem Regen.«

JOHANNA

Hinter Jasper auf seiner Karre fühlt sie sich dem Gewitter voll ausgesetzt. Sie hat den alten Helm gekriegt, das Visier ist von außen nass und von innen so beschlagen, dass sie überhaupt nichts mehr sieht. Sie klammert sich so fest an Jasper, dass er Widerstand leisten und sich nach vorn beugen muss.

»Wir sind bald da«, ruft er. »Noch ein Kilometer vielleicht. Anhalten lohnt nicht. Gibt auch nix zum Unterstellen.«

Sie öffnet das Visier nur ein kleines Stück, bisschen Luft bitte, gegen die Angst. Der Regen drängt sich durch den freien Spalt vor ihrem Gesicht, kalt und spitz spritzen die Tropfen. Die Donnerschläge krachen und gehen ineinander über, ein endloses Lärmen, Blitze springen um sie herum wie Rumpelstilzchen, Blitze, die sich an den Haaren reißen.

Jasper schaltet einen Gang runter, damit die Karre die Steigung hoch nach Vischnanca schafft. Johanna stöhnt. Noch einen Kilometer.

Sie spürt ihr Telefon vibrieren, bestimmt ist das Ding auch schon total nass. Wahrscheinlich ist es Papa, der anruft und fragen will, wo sie sind, aber was soll Johanna tun, außer sich an Jasper zu klammern wie ein ausgesetztes Äffchen. Wasser rinnt ihr vom Helm in den Hals, ein Schauer nach dem anderen überfällt sie, dabei war ihr den ganzen Tag zu heiß.

Das Vibrieren stoppt, aber scheint sofort wieder an-zufangen, also, es ist mehr ein Rumpeln oder so, o je, geht jetzt die Karre kaputt, so kurz bevor sie zu Hause sind? Na ja, zu Hause … noch ist es das nicht. Aber sie hofft, dass es sich bald danach anfühlt. Jasper bremst so abrupt, dass sie meint, in der nächsten Sekunde vom Sattel zu fliegen, ihr Hintern schwebt schon in der Luft, sie wird gegen Jasper ge-presst, das Hinterrad schlittert. Ohne etwas zu sehen, ver-sucht sie, irgendwie abzuspringen, zwei Beine, zwei Arme, Helme retten Leben, und wie eine Zirkuskünstlerin landet sie auf den Füßen und – steht.

»Jaspi?«

Sie reißt das Visier auf und sich dabei fast den Kopf ab und auf jeden Fall ein paar Haare, so eilig hat sie es. In ihrem Weltausschnitt sieht sie ihren Bruder und die Karre, die auf der Seite liegt. Jasper steht ebenfalls auf der Straße. Als hät-te sie jemand da abgesetzt wie zwei Schaufensterpuppen. Johanna zieht den Helm vom Kopf, braucht mehr Luft.

Der Regen hat nachgelassen, und die Berggipfel auf der anderen Talseite kommen lila unter den orangenen Wolken hervor. Der Berg hier, an dem sie jetzt leben, Piz Brunclia heißt er, der ragt gleich neben der Straße auf, paar hundert Meter entfernt vielleicht, und ist als einziger gut zu er-kennen. Durchnässte, dunkle Nadelbäume umgrenzen den Schotterhang, wie eine Wunde, eine bleigraue Wunde. Es riecht nach Erde und Elektrizität. Also, das ist kein Geruch, aber irgendwie eben doch.

»Was war das?«, flüstert Jasper.

»Was denn?«, fragt sie. »Bist du ausgerutscht? Der Motor läuft noch.«

Jasper lässt ihn laufen und sieht sich um, als wäre er auf

der Suche nach Zombies, die in diesem unwirklichen Licht jeden Moment aus dem Nichts auftauchen könnten. Der Regen wird noch schwächer, Johanna wischt sich die Haare aus dem Gesicht. Der Motor säuft ab, es ist totenstill, anscheinend wollen nicht mal die Grillen mehr was sagen. Das Dorf unter dem Berg, ihr neues Zuhause, Vischnanca heißt es, das duckt sich irgendwie, ganz geduldig, kennt wohl so Sommergewitter. Niemand ist zu sehen.

Die wilden Wiesen gefallen ihr, dunkelgrün von der Nässe, so viele Blumen, die sich langsam wieder aufrichten. Über die Wiese links neben ihnen zieht sich eine Schneise, vom Berg hinunter direkt auf sie zu. Etwas hat das Gras durchwühlt und aus dem Boden gerissen, übergroße, schlurfende Fußstapfen, die direkt auf sie zukommen. Zombies!

Sie geht zwei Schritte auf die Karre zu, deren Vorderrad jetzt auch stillsteht. Der Teer der Straße ist aufgerissen und dampft. Sie blickt auf. Alles dampft, das Atmen wirkt gefährlich, wie unter Wasser. Auf der anderen Seite der Straße gehen die Fußstapfen weiter hinab, und dann liegt er dort.

Kein Zombie, sondern ein Stein.

Ein Felsbrocken. Ein ziemlich großer Felsbrocken.

Sie kann das nicht schätzen, so mitten auf der Wiese, aber er ist safe größer als sie, viel größer als sie und größer als Jasper, als wären sie wie Alice im Wunderland geschrumpft. Der Brocken ist vom Berg gestürzt und wenige Zentimeter vor ihnen über die Straße gerollt.

»Krass«, sagt Jasper.

FABIO

Für eine halbe Stunde ist die Welt verschwunden. Sie stehen am Wohnzimmerfenster und blicken in den Regen, er, Katja, die vier Möbelpacker daneben, gemütlich kauend. So viel Wasser hat er noch nie vom Himmel stürzen gesehen. Er hat den Männern noch mit der Siebträgermaschine einen doppelten Espresso gemacht und die Tüte mit dem Gebäck aufgerissen, das er heute ganz früh in Martgea gekauft hat, zum Preis eines halben Kleinwagens.

Sie wollten eigentlich wieder in der Pension Leutenegger im Ort übernachten, wie letzten Monat, als sie hier waren, um den Mietvertrag bei Frau Vincenz zu unterschreiben. Die alte Dame hat dabei ausgesehen, als würde sie ihre Eltern verkaufen. In dem Haus bin ich aufgewachsen, meinte sie, und meine Zwillingsschwester Mierta hat noch hier gewohnt, bis zu ihrem Tod. Der ist noch nicht lange her. Lauernd hat sie sie angesehen, als ob sie noch einen letzten Versuch unternehmen wollte, die neuen Mieter abzuwimmeln, die sie sich doch selbst ausgesucht hat.

Die Leuteneggers jedenfalls haben zumachen müssen, ein Wasserrohrbruch. So haben die Bloms dieses Mal eine teure Suite in dem neuen Vier-Sterne-Ökohotel in Martgea gebucht, in dem Katja nächste Woche zu arbeiten anfängt. Auf Kosten des Hauses, es ist uns eine Ehre. Selbstverständlich hätten sie bezahlen können, doch der Sparfuchs in ihm war begeistert. Manchmal stellt er sich den als richtiges Tier vor, das bei ihnen lebt und sich abends am Fußende des Bettes zusammenrollt. Sie haben dieses ganze Geld aus der Firma, aber er liebt es zu sparen. Eine von zum Glück nur wenigen Eigenschaften, die er von seinem Vater geerbt hat, und auch der Großvater war schon so, zwei Patriarchen der alten Schule. Fürs Unternehmen damals war es gut, eine strenge Führung und so weiter, aber heute ist das doch alles anders. Er, Fabio, will mit seinem Team auf Augenhöhe kommunizieren. Das ist ihm wichtig. Aber noch wichtiger ist ihm, seine Kinder als gleichberechtigt anzusehen und sie so zu behandeln. Das ist etwas, das sein Vater sich auch nie hat vorstellen können.

Das Unwetter lässt nach, und die Männer verabschieden sich. Mit ihrem Trinkgeld scheinen sie durchaus zufrieden zu sein, Fabios gute Wünsche für die Rückfahrt hören sie kaum noch, er plappert schon wieder zu viel.

»Da sind wir also.« Katja schließt die Haustür und legt den Kopf an seine Schulter.

Jetzt könnten sie das zurechtgerückte Bett ausprobieren, doch Katja ist erschöpft. Außerdem kommen bestimmt die Kinder gleich wieder, hoffentlich haben sie sich untergestellt, falls sie schon unterwegs waren. Jasper hat Jojo ausnahmsweise auf dem Roller mitgenommen, sonst wissen sie im Moment nicht viel miteinander anzufangen, kein Wunder, siebzehn und vierzehn, und dann noch der Umzug.

Obwohl sie davon beide überraschend begeistert waren. Er hatte befürchtet, dass Jojo ihre Freundinnen nicht verlassen will. Schüchtern wie sie ist, hat sie lang gebraucht, um auf dem Gymnasium eine kleine Dreierclique zu finden, und dann konnte sie von nichts anderem mehr reden als von Sophie und Franzi, Sophie und Franzi, Sophie und Franzi. Das sei halt so bei Mädchen, hat Katja gesagt, in dem Alter seien sie richtiggehend verliebt in ihre Freundinnen, bei ihr waren es früher Bea und Jessi. Und dann kam Fabio?, hat Fabio gefragt, aber das war doch viel später, hat sie gesagt.

Als sie in einer Familienkonferenz damit herausrückten, dass die Mama einen Job angeboten bekommen habe, hat Jojo nicht geweint, sondern ganz ernst verkündet, dass sie die Schweiz schon immer toll gefunden habe, wegen Heidi auch, und sich auf die Berge freue. Mit Sophie und Franzi könne sie ja facetimen. Jasper hat gesagt, er wolle klettern lernen. Der Jasper, der in den Monaten zuvor viel zu wenig für die Schule getan und so viel Gras geraucht hatte, dass der Geruch ständig in seinen Kleidern hing, dieser Jasper will klettern gehen und hat sich sogar schon einen Verein herausgesucht.

Seine Kinder. Stolz ist er auf sie. Jetzt haben sie noch Sommerferien, allerdings hat Fabio sie zu einem Rätoromanisch-Intensivkurs angemeldet. Die Aussicht darauf schweißt sie wohl zusammen, und so sind sie noch einmal zum Eisessen in die Stadt gefahren, die letzten freien Tage genießen. Gleich Montag wird auch Katja arbeiten gehen, und er selbst wird sein neues Büro einweihen. Homeoffice. Noch vor ein paar Jahren hat in der Firma niemand von zu Hause arbeiten dürfen, das gehe einfach nicht, hieß es, aber im Grunde konnte sein Vater, immer noch alle Fäden in den arthritischen Händen, sich nicht vorstellen, dass seine Leute sich daheim nicht einfach auf die faule Haut legten.

Er ist Katja gefolgt, die durch die vollgestellten Räume geht und sich umsieht.

»Ich bin fix und fertig«, sagt sie schließlich. »Ich muss erst mal duschen. Dann können wir noch ein bisschen auspacken.«

Sie zieht die Nikes aus und geht auf Socken nach oben. Es ist kurz vor sieben. Er dreht sich um sich selbst. So sieht es jetzt also aus bei ihnen. So riecht es jetzt also bei ihnen. Noch sind sie fremd hier. Er öffnet alle Fenster und lauscht, versucht zu raten, an welche Geräusche er sich gewöhnen wird. Zwitschernde Vögel. Ein Sausen, ein Gluckern im Rinnstein. Die Fichten schütteln sich trocken, werfen Zapfen ab. Ein Auto auf der Kantonsstraße, das hört man hier? Eine Kuh muht, ihre Glocke bimmelt. Wie furchtbar es wäre, immer zu bimmeln, wenn man sich bewegt, gut, dass er keine Kuh ist, man muss auch die kleinen Freuden zu schätzen wissen. Vielleicht werden sie morgen vom Geläut der Glocken aufwachen. Wird er den Dreck der Stadt vermissen, die breiten Straßen, die Linienbusse, den Dönerladen (hee, der Fabio!), das Piepen des Weckers, der die Uhrzeit an die Wand strahlt, einen Sonnenaufgang nachahmen kann und einen Radiosender nach Wahl abspielt? Nur einfach die Klappe halten konnte er nicht. Niemand liebt Gadgets mehr als Fabio, aber dieses Mistteil hat er weggeworfen, und wenn Katja fragt, wird er sagen, keine Ahnung, beim Umzug geht halt immer was verloren, und sie wird ihn nie im Leben verdächtigen.

Auch auf sie ist er stolz. So lange hat sie für ihn zurückgesteckt, jetzt wird sie mit Siebenmeilenstiefeln ihre Karriere vorantreiben. Montag tritt sie ihre Stelle an. Sie hat während ihres BWL-Studiums als Zimmermädchen im Hotel gejobbt und sich hochgearbeitet, zur Leitung hat es nie gereicht, weil sie wegen der Kinder immer in Teilzeit bleiben wollte. Oder musste. Das ändert sich ja jetzt. Er freut sich enorm darauf, zum Hausmann zu werden, Wäsche und Bügeln, er liebt Bügeln, vor allem mit der neuen, fauchenden Dampfstation, stundenlang gerät er da in Trance und plättet ein Stück nach dem anderen.

Es tropft noch immer, und für seine überforderten Ohren klingt es, als käme es aus dem Inneren des Hauses. Er geht durch die kleinen, engen Räume, steigt nach oben, wo es tropft. Rieselt. Katja hat die Dusche noch nicht angestellt, sondern rumort herum, sucht bestimmt einen neuen Ort für Shampoo und Kosmetik.

»Hörst du es tropfen?«, ruft er durch die geschlossene Badezimmertür.

Kurz herrscht Stille. »Nein«, sagt sie dann. »Wo denn?«

Er hebt den Blick zur Flurdecke und der geweißelten Klappe dort oben. »Wie kommen wir eigentlich auf den Speicher?«

Sie öffnet die Tür. »Ich hab so einen Stab mit Haken gesehen, ich weiß nur nicht mehr, wo … Bei Jojo im Zimmer?«

Sie werden fündig. Fabio hebelt die Klappe auf, sie stürzt mit einem lauten, metallischen Knarren auf ihn herunter, und er springt zurück. Doch die Federn halten, sehen sogar noch recht neu aus, und so kann er nach der Klappleiter greifen und sie zu sich ziehen. Trockene Hitze strömt ihm entgegen.

»Soll ich?«, fragt Katja.

»Ich geh schon. Aber hörst du es jetzt auch?«

Katja legt den Kopf schief. »Ja, es tropft.«

»Ich möchte nur jetzt schon sagen – du wolltest dieses Haus.« Es soll wie ein Scherz klingen, aber Fabio hört die Anspannung in seiner eigenen Stimme. »Wart mal noch mit dem Duschen«, fügt er schnell an, »damit das Geräusch nicht untergeht.«

Als er sein Gewicht verlagert, quietscht die Leiter, dann steht sie fest, und er steigt nach oben. Ein beängstigender Moment, als er den Kopf ins Dunkle stecken muss. Falls es Geister gibt, fegen sie ihm jetzt bestimmt durch die Haare. Er steigt höher, klettert auf den Boden und sieht sich um. Gibt es ein Licht? Ja, da hängt eine Kordel. Ratsch. Hm. Zwanzig Watt höchstens. Er nimmt die Taschenlampe des Handys dazu. Alles ist leergeräumt, nur ganz hinten steht ein vergessener Karton. Langsam gewöhnen sich seine Augen an die Umgebung, und dann hört er es auch wieder.

In einer Ecke, es muss über Jaspers Zimmer sein, ist der Boden nass.

»Siehst du was?«

»Ja, ein Leck. Haben wir einen Eimer? Oder einen Topf griffbereit?«

Er wartet, während Katja auf Suche geht. Seine Schritte klingen hohl, jetzt ist er der Geist. Er hat schon im Erdgeschoss gehört, wie laut es ist, wenn jemand im Stock darüber hin und her läuft. Von effizienter Schalldämmung haben die Erbauer wohl damals noch nichts gewusst. Abhängen kann man die Decke vermutlich nicht, so niedrig wie die Zimmer sind, aber man könnte bestimmt irgendwie eine Trittschalldämmung unter den Bodenbelag kriegen.

In dem einsamen Karton liegen alte Hefte, zwei leere Blumentöpfe und eine Ukulele. Witzig, die passt irgendwie gar nicht hierher. Er zupft an den Saiten. Als Kind wollte er gern E-Gitarre lernen wie sein cooler Cousin, aber seine standesbewussten Eltern haben ihn natürlich erst einmal zum Klavierunterricht geschickt. Da hat sich ganz schnell herausgestellt, wie unmusikalisch er ist, und das ist noch eine Untertreibung. Aus seiner Rockerkarriere ist nichts geworden. Er legt die Ukulele wieder in den Karton und schiebt ihn zur Luke.

Katja kommt mit einem Putzeimer nach oben geklettert. Doch der hilft wenig, denn das Wasser dringt an verschiedenen Stellen ein und tropft dann direkt auf den Boden oder läuft noch am Holzbalken entlang.

»Das muss man sich wohl von außen ansehen«, sagt sie.

Sie lassen den Eimer stehen und klettern nach unten. Katjas Telefon klingelt, und sie nimmt ab – ihre Mutter, die wahrscheinlich wissen will, ob alles geklappt hat, und sich beschweren, dass sie nun so weit weg wohnen.

Gibt es noch mehr Eimer? Eine lange Leiter, um aufs Dach zu kommen, haben sie jedenfalls nicht. Er wird Frau Vincenz fragen, es ist ja ihr Haus, ihr Dach.

Er geht nach draußen. Am Straßenrand fließt das Wasser ab, immer bergab. Ob Schweizer Bergkinder jemals das Gefühl genießen können, in meeresgroße Pfützen zu springen, so, wie er das früher in Holland tun konnte? Wobei die Schweizer Kinder heutzutage wahrscheinlich auch ihre ganze Zeit vor dem iPad verbringen, vielleicht gibt es ein Videospiel, in dem man in 3D-Pfützen springt. Seltsam, er hat sich so gefreut, endlich in den Alpen zu leben. Schon als Kind war ihm das Land in der niederländischen Heimat zu flach, wie der sprichwörtliche Pfannkuchen, und dann die letzte Zeit im Ruhrgebiet. Jetzt ist er hier und pickt sich die Sachen aus dem Gedächtnis, die er vermisst. Pfützen. Das kraftvolle Wuschen von Windrädern am Stadtrand.

Doch er mag die gedrungene Kompaktheit von Vischnanca, die Häuser aus Stein und dunklem Holz, die Seite an Seite an den asphaltierten oder gepflasterten Straßen stehen. Wenn sie Gärten haben, dann meist daneben statt dahinter, ein Stück Erde zwischen zwei Gassen, das zu schmal ist für ein Gebäude. Er kennt sich nicht aus mit Pflanzen, erkennt nur so gerade den Unterschied zwischen Blumen und Gemüse. Die Gemüsebeete sehen ernster aus, als trügen sie die ganze Verantwortung. Oh, und Geranien kennt er von der Großtante, die blühen hier auf allen Fensterbänken und Balkonbrüstungen.

Wasser prasselt ihm in den Nacken. Er zieht die Schultern hoch, duckt sich und schreit heiser auf. Sein Rücken ist komplett durchnässt, noch bevor er einen Schritt nach vorn machen kann. Verdammt. Er blickt nach oben. Alles sieht normal aus, bis der nächste Schwall vom Dach stürzt und auf den Boden klatscht, da muss sich irgendwo etwas gestaut haben. Die Spritzer auf seinen nackten Füßen sind kalt, er wischt sie sich hinten am Hosenbein ab. Die Spatzen lachen sich tot.

Das Haus ist seit Geburt der Vincenz-Schwestern im Jahre siebzehnhundertsauerkraut nur vage modernisiert worden, Heizung und Bäder sind glücklicherweise aus den Neunzehnachtzigern, und wenn es ihnen hier wirklich gefällt und sie zu diesem Mietpreis bleiben, kann man ja auch so einiges renovieren, viel selbst machen, auch wenn es ihnen nicht gehört. So der Plan.

Er klingelt bei Frau Vincenz, steht da und wartet. Sie ist wohl nicht zu Hause. Fabio lässt den Blick über die Straße wandern. Wie ist der Himmel so schnell wieder so blau geworden? Wie ist es nur so schön hier? Wieso ist so etwas überhaupt schön, Alpengipfel über kleinem Dorf mit alten Holzhäusern und Blumen in den Fenstern? Woher kommt dieses Gefühl der helvetischen Idylle? Er hat doch nicht mehr die alten Heimatfilme gesehen, die seine Großmutter so gern geguckt hat, und die waren größtenteils schwarz-weiß, oder?

Dieses *oder?*, das sagen die Schweizer immer am Satzende, und er hat schon gemerkt, wie man andauernd damit beschäftigt ist, den Leuten nicht ständig zuzustimmen, so wie die im Pott sich nicht bei jedem *ne?* oder *wa?* zustimmen würden.

Vielleicht schläft Frau Vincenz auch. Vom Klingeln aufgeschreckt muss sie jetzt erst einmal die, Verzeihung, alten Knochen wieder in Gang kriegen. Wie alt sie wohl ist? Über siebzig bestimmt. Aber da steht sie schon in der Tür und streicht sich Kleid und Frisur glatt.

»Ja bitte?«, sagt sie mit knarziger Stimme.

»Oh, Entschuldigung bitte«, sagt er. »Habe ich Sie geweckt?«

Sie zieht die Augenbrauen zusammen. »Ich schlafe tagsüber nicht. Das machen nur alte Leute. Was gibt es denn?«

In diesem Moment öffnet sich nebenan die Haustür, ein dreifarbiger Hund stürmt heraus und bellt Fabio aus der Entfernung an. Dahinter tritt ein Mann auf die Straße, ruft dem Gebelle etwas Rätoromanisches entgegen und winkt ihnen zu.

»*Buna seira.*«

»Hallo«, sagt Fabio hastig, nicht einmal *Grüezi* fällt ihm schnell genug ein.

»*Buna seira*«, sagt auch Frau Vincenz.

Der Hund mustert Fabio noch einmal kurz, wedelt mit

dem Schwanz und tobt auf die Straße, während der Mann zu ihnen herüberkommt.

»Willkommen in Vischnanca. Ich bin Sandro. Wir duzen uns hier, ich hoffe, das ist in Ordnung.«

»Natürlich. Fabio Blom.«

Sandro ist jung, Mitte dreißig vielleicht, und sein Stoppelbart leuchtet rötlich in der Sonne.

»Ihr kommt aus Deutschland?«

»Ja, aus dem Ruhrgebiet. Ich bin eigentlich aus den Niederlanden, aber meine Frau Katja ist aus Duisburg, da haben wir die letzten zwanzig Jahre gelebt, mit den Kindern.«

»Guter Fußballverein?«, fragt Sandro.

Fabio lacht. »Dritte Liga.«

Matilda Vincenz räuspert sich.

»Unser Dach ist undicht«, sagt er zu ihr, »und wir haben keine Eimer oder so, um das Wasser aufzuhalten. Keine Leiter, um aufs Dach zu sehen. Haben Sie da was?«

Frau Vincenz runzelt die Stirn. »Püh, ich hab das Dach doch überprüfen lassen.«

Fabio zupft sich am nassen T-Shirt. »Es tropft jedenfalls. Und überschüttet mich auch draußen mit Wasser.«

Sandro pfeift – der Hund bleibt enttäuscht stehen – und geht schräg über die Gasse auf einen verwitterten Schuppen zu. »Vielleicht werden wir hier fündig.«

»Ich habe das Dach überprüfen lassen«, ruft Frau Vincenz, als Fabio dem jungen Mann hinterhergeht. »Es war ein Gutachter da.«

Ein Vorhängeschloss baumelt am Riegel des Schuppens, Sandro beachtet es kaum und schiebt das Tor auf seiner rostigen Schiene auf. Darüber hängt ein Rechen, als hätte er sich festgebissen. Sandro verschwindet im Inneren. Zum zweiten Mal heute muss Fabio in staubige Dunkelheit tauchen. Zwischen den Balken ist jedoch genug Freiraum für Sonnenlicht, Spinnweben wehen, und am Giebel hängen Nester.

»Das war die Werkstatt vom Simon.« Sandros Stimme klingt dumpf und körperlos.

Fabio kommt der Name bekannt vor. »Simon ... Frau Vincenz' Mann?«

»Ja, er war Schreiner.«

»Riecht gar nicht mehr nach Holz.«

»Er ist auch schon eine ganze Weile tot, Matilda hat die meisten Maschinen verkauft, und wir stellen immer mehr Kram ab.«

»Wir?«

»Matilda selbst, Eli und ich. Meine Frau ist Matildas Nichte.«

In einer Ecke steht noch eine alte Werkbank, eine Boulevardzeitung liegt aufgeschlagen darauf, *Erster schwarzer US-Präsident vereidigt*, o Mann, das waren Zeiten, daneben eine Lesebrille mit staubigen Gläsern. Auch ein Wandkalender mit Spitzweg-Motiv bewahrt das Jahr 2009, während der Fuchsschwanz mit rostigen Zähnen alle Hoffnungen hat fahrenlassen, eine Konservendose mit vegetarischem Linseneintopf ebenfalls.

»Ach, schau«, sagt Sandro. Es poltert, er kommt mit drei Eimern aus der Dunkelheit und reicht sie Fabio. Dann findet er noch eine Plastikwanne, aber im Licht sehen sie gleich, dass die nicht mehr dicht ist. Die Eimer hingegen taugen noch.

»Danke«, sagt Fabio. »Kann ich die einfach so nehmen?«

»Sicher.«

Der Hund steht wedelnd auf der Straße, Frau Vincenz kommt hinter ihrem Haus hervor, mit einem Lappen in der Hand, und treibt vier gackernde Hühner vor sich her.

»Selbst schuld bist du«, murmelt sie vor sich hin, »was fütterst du sie auch?«

»Sind das schon wieder unsere?« Sandro verzieht verlegen den Mund.

»Sind immer eure.« Matilda Vincenz scheucht sie über die Gasse.

»Sie hat gedacht«, sagt Sandro zu Fabio, »wir können ein bisschen Ausgleich gebrauchen, die Eli und ich, immer nur diese Kopfarbeit. Und dann noch die Eli mit ihren Verrückten ...«

Fabio sieht ihn ratlos an.

»Eli ist Psychologin und Therapeutin, und Matilda fragt sich immer, wie sie damit zurechtkommt, mit ihren ... Verrückten. Nicht mein Wort. Da braucht es doch einen Garten. Oder eben Tiere.«

»Hühner zum Beispiel?«

»Sie hat einen Stall im Nachbardorf gekauft, und jetzt vergessen wir dauernd, die Viecher zu füttern und einzusperren, damit der Fuchs sie nicht holt.« Sandro hebt die Hände. »Deswegen spazieren sie immer zu Matilda rüber.«

Bevor Fabio fragen kann, was genau Sandro macht, sieht er, wie Katja drüben aus ihrem Häuschen tritt und sich suchend umsieht. Richtig, die Eimer. Die Leiter.

Da kommen Jojo und Jasper auf dem Roller um die Ecke, beide durchnässt, das sieht er von hier. Jojo rutscht vom Sitz und rennt mit dem Helm auf dem Kopf zum Haus. »Ich muss so dringend, ich muss so dringend!«

Jasper grüßt mit der Hand im dicken Handschuh, bevor

er den Helm abzieht. Sein Blick wandert zwischen ihnen allen hin und her und bleibt dann hängen. Fabio dreht den Kopf. Aus Sandros Haus kommt jemand auf sie zu – wohl die schönste Frau, die er jemals gesehen hat, ein richtiges Schneewittchen. Hastig sieht er zu Katja, aber die beobachtet auch die Neue, die bestimmt nicht die Neue ist, weil sie ja die Neuen sind.

Die Frau stellt sich neben Sandro und lächelt. »Hallo, ich bin Elisabeth Goldinger.«

Das ist Sandros Frau? Damit hätte Fabio jetzt wirklich nicht gerechnet, und er könnte nicht einmal sagen, wieso. Er lächelt, während Eli den sich wie wild freuenden Hund streichelt und Jasper den Blick nicht von ihr lösen kann. Die schwarzen Haare hat sie zu einem nachlässigen Pferdeschwanz gebunden, sie trägt einen dünnen Sommerrock und ein Top mit Spaghettiträgern und keinen BH. Das ist einfach nur eine Beobachtung, sagt Fabio sich, das ist ihm halt aufgefallen, auch als sie sich so zum Hund heruntergebeugt hat. Katja geht auf sie zu und stellt sich bei den beiden vor, Jasper folgt ihr und läuft mit jedem Schritt röter an.

»Da ist ein Stein vom Berg gekommen«, sagt er, nur zu Eli, »ein richtiger Ömmes.«

»Ein richtiger was?« Sie lacht.

»Ein Ömmes …« Jasper zögert.

»Ein Riesending«, sagt Katja.

»Dat sacht man so, wo wir herkommen«, ergänzt Fabio.

»Aha, ein *gigant*, würden wir wohl einfach sagen«, erwidert Eli. »Passiert manchmal. Den ganzen Sommer ist es knochentrocken, und dann hat es ab und zu so heftige Regenfälle. Das setzt ihm zu.«

»Wem?«, fragt Katja.

»Unserem Piz Brunclia.«

Katja hebt den Blick zum Berg, von dem man hier zwischen den Häusern nur den obersten Grat sieht. »War das Gewitter denn vorhin besonders stark?«

»Nein«, sagt Frau Vincenz.

»Schon«, sagt Eli gleichzeitig. »Wird immer heftiger in den letzten Jahren. Alles wird heftiger.«

»Es hat schon immer Gewitter gegeben. Der Teufel hat schon immer mit Steinen geschmissen.« Matilda Vincenz sieht sie ärgerlich an. »Aber ich kümmere mich natürlich um das Dach. Ich schaue es mir an. Ich kann auch den Gutachter noch mal anrufen oder einen anderen Handwerker.«

»Draußen an der Straße liegt der Brocken«, sagt Jasper und dreht den Helm in den Händen. »Wir haben Fotos gemacht. Ich bin klatschnass.«

Er schiebt seinen Roller in die mit Efeu überwachsene Garage. In der steht ihr einziges Auto. Kurz vorm Umzug ist das andere kaputtgegangen, und was es für Zollgebühren kostet, ein unter sechs Monate altes Auto in die Schweiz zu überführen, das kannst du dir nicht vorstellen. Marie Kondo jedenfalls wäre stolz auf sie, kleineres Haus, nur noch ein Wagen. Sie müssen mal sehen, ob das so funktioniert, weil Katja mit dem verbliebenen Auto ja immer zur Arbeit fahren wird.

»Ich muss mit Raclette los«, sagt Sandro und zieht die bunt geflochtene Leine zurecht, die ihm quer über den Körper hängt.

»Ich schau mir das Dach an.« Frau Vincenz stapft allein über die Straße, Fabio folgt ihr eilig mit den Eimern, Katja und Eli hinter ihnen her.

»Raclette heißt euer Hund?«, hört er Katja fragen. »Was ist sie für eine Rasse?«

»Appenzeller«, sagt Eli.

»Hübsch ist sie.«

»Ja, danke. Will *onda* Matilda denn jetzt aufs Dach steigen? Dann komme ich lieber mit, auch wenn ich handwerklich eine Niete bin.«

»Nein, nein«, sagt Fabio über die Schulter. »Es tropft auch von innen. Wir müssen nur auf den Speicher.«

Frau Vincenz bleibt vor der Haustür stehen, ihr ist wohl eingefallen, dass sie da nicht mehr einfach so reindarf. »Der Mann hat gesagt, es ist noch alles stabil, ein gutes, altes Haus. Das hat er gesagt, ein gutes, altes Haus.«

»Im Gegensatz zu deinem«, sagt Eli.

»Kommen Sie rein.« Fabio geht vor.

»Meins ist auch noch stabil. Ist noch vierzig Jahre jünger.«

»Und der Riss im Bad?«

Alle zusammen trampeln sie die Treppe hinauf.

»Das ist nur ein Riss. So was kann überall passieren. Die Leute regen sich immer gleich so auf.«

Eli gibt einen zweifelnden Laut von sich. »Wir werden sehen, was sie morgen bei der Versammlung sagen.«

Jasper scheint unter der Dusche zu sein, Jojo kommt aus ihrem Zimmer, in frischen Klamotten. Fabio drückt sie an sich.

»Trocken gelegt?«

Jojo nickt und lächelt schüchtern Eli zu, dann Frau Vincenz, die nur kurz ihr Stirnrunzeln unterbricht. Die Stufen haben sie kaum angestrengt, sie ist fit für ihr Alter.

»Was für eine Versammlung?«, fragt Katja und zeigt auf die geöffnete Luke, geht dann aber doch als Erste. Fabio folgt ihr mit den Augen. Eli mag schön sein, aber Katja muss ihre Beine in seinen alten Shorts auch nicht verstecken. Na, niemand muss was verstecken, schiebt er schnell in Gedanken hinterher, egal wie hübsch oder hässlich, das sagt er Jojo auch immer. Wobei sie zum Glück nicht in Hotpants herumläuft, wie andere in ihrem Alter, im Gegenteil, sie trägt meist viel zu weite, gemütliche Kleidung.

»Morgen ist Gemeindeversammlung«, sagt Eli zur Erklärung, während sie ihrer Tante den Vortritt lässt.

»Da werden sie auch wieder nur ein Fass aufmachen.« Die Stimme der alten Frau wird dumpf, als sie nach und nach auf dem Dachboden verschwindet. »Vergeudete Lebenszeit und ein Haufen ach so wichtiger Menschen, die große Reden schwingen und alles besser wissen.«

»Aber du kommst trotzdem, *onda* Matilda, oder?«

»Natürlich, Liebes.«

Eli zwinkert Fabio zu. »Kommt doch auch, ihr gehört doch jetzt dazu. Dann lernt ihr gleich das ganze Dorf kennen.«

RIA

Vom Küchenfenster aus hört Ria das Auto von der Stella
Marić auf den Hof fahren. Wie immer ist die Musik lauter
als der Wagen. *Epidemic circumstances*, brüllt es, *scan the airports, epidemic circum – scan the airports.* Selbst Rias Vater mit
seinen alten Ohren hört jeden Morgen und Abend seine
Pflegerin kommen. Stella hat Ria erzählt, dass sie früher in
Fažana in einer Groove-Metal-Band war, ein Haufen kroa-
tischer Vollidioten, wie sie sagte, bis sie sich von dem Lead-
Sänger getrennt hat und weggegangen ist. *Spray the poor,
stay the course, epidemic circumstances.* Stellas Musik erstirbt,
wenige Sekunden später knallt die Autotür zu.

»*Tgau*«, hört Ria sie sagen. Gian grüßt zurück. Er läuft
mit Blanca auf dem Arm herum und antwortet auf das Brab-
beln seiner Tochter, als ob sie Fragen zum kaputten Motor
des Traktors oder zur Futterzusammensetzung des Braun-
viehs stellen würde. Doch jetzt berichtet Stella von einem
gigantischen Felsbrocken, der vom Berg gefallen und quer
über die Straße gerollt ist. Die Ampeln von der Steinschlag-
Warnanlage seien auf Rot gesprungen, aber wohl zu spät,
fast wurde ein Töff getroffen.

»Das wird bestimmt morgen auf der Gemeindeversammlung besprochen«, sagt Gian. »Kommst du auch?«

»Sorry, ich muss bis spät arbeiten«, sagt Stella.

Das stimmt vermutlich, aber es ist auch eine Ausrede.

Stella hat Ria einmal gestanden, dass sie sich bei solchen Versammlungen nicht willkommen fühlt und weil sie auch nach vier Jahren hier im Land noch keine Stimme habe, könne sie gleich wegbleiben. Woraufhin Ria meinte, wenn sie nie käme, würde sich daran auch nichts ändern, sie könne doch auch, ohne abzustimmen, ihre Meinung sagen. Ich bin nicht so ein Kollektivmensch wie du, Ria, hat sie da erwidert, du bist daran gewöhnt, dass Leute auf dich hören.

Ria wischt sich die nassen Hände an einem Tuch ab und hängt es über den Backofen. Nächstes Mal feuert sie doch wieder den großen Steinofen an, das ist zwar mehr Arbeit, aber das Brot schmeckt so viel besser und die Kruste wird knuspriger. Sie kann das Krachen des ersten Bissens schon hören, dick Butter und ein bisschen Salz darauf.

»Ist denn alles gut mit eurer Wohnung?«, fragt Gian.

»Sicher«, sagt Stella.

Sie wohnt in einer Wohngemeinschaft im zweiten Haus an der engen Veia Selerign, die auch ins Dorf führt, die mit der Durchfahrtsbeschränkung für Anrainer. Das ist der westliche, jüngere Teil von Vischnanca. Nach einem Steinschlag dort draußen ist die Frage von ihrem Vermieter also berechtigt, aber Gian fragt Stella so oft, wenn sie herkommt, viel zu oft. Als wäre er, mit Anfang vierzig, der Vergessliche in der Familie und nicht Rias achtzigjähriger Vater.

Er sei eben ein aufmerksamer Vermieter, sagt Gian, wenn Ria ihn drauf anspricht. Stella solle sich doch wohl fühlen, auch als Zugezogene.

Stella wirft die Autotür zu. »Dann geh ich mal nach deinem Schwiegervater sehen.«

»Ist gut«, erwidert Gian. »Sag *tgau*, Blanca.«

»Au«, sagt Blanca.

Ria wirft noch einen Blick in den Ofen und kontrolliert die Uhr. Dann geht sie nach draußen. Stella ist in dem kleinen Nebengebäude verschwunden, das Rias Vater sich eingerichtet hat, als sie und Gian den Hof übernommen haben. Sie hätten genug Platz für ihn im Haus gehabt, aber er wollte etwas Eigenes, eine Art Altenteil. Auch Gian und Blanca sind verschwunden. »Au, au, au«, hört sie aus dem Stall. Sie zupft ein paar trockene Blüten von den Geranien und hält sie in der hohlen Hand, steht da und schließt kurz die Augen, um durchzuatmen und den Knoten in ihrem Magen zu lösen. Schließlich wendet sie sich doch dem Berg zu, die Zähne zusammengebissen. So, so, denkt sie, jetzt wirfst du also mit Steinen, hm? Nur treffen kannst du offenbar nicht, *portg*. Schau nur zu, wie ich meine Blumen pflege. Und die Fensterläden werde ich nächste Woche abschleifen und neu streichen, hörst du? In Blau, einem richtigen, schönen Blau.

Stella steht in der Tür und winkt. Ria geht zu ihr, die abgezupften Blätter vorsichtig wie ein Vogeljunges in der Hand.

»Dem Bruno gehts nicht so gut, vielleicht sollten wir den Doktor rufen«, sagt Stella, zieht sich wieder die Maske vors Gesicht und geht vor Ria zurück in das Häuschen.

»*Scu vogl, bab*«, sagt Ria zu ihrem Vater und legt die Blütenblätter auf die alte Eckbank. Der Duft zieht ihr in die Nase. Alles hier drinnen hat ihr Vater damals selbst gezimmert – manchmal mit Hilfe vom alten Simon Vincenz. Simon hat dem ganzen Dorf geholfen, war ein Guter. Und für die Matilda so heilig, als hätte er seinen Mantel an einem Sonnenstrahl aufhängen können, der ins Zimmer fällt.

Sie haben dem *bab* das Bett in die Stube gestellt, nur

die alte Eckbank ist geblieben. »Die kann ich mir immer anschauen«, hat ihr Vater gesagt, »die mag ich besonders gern.«

»Was ist mit dir?«, fragt Ria.

»Nur ein bisschen Fieber, Toni«, sagt er.

Stella legt die Hände auf die Metallstange am Fußende. »Achtunddreißig, Bruno, und es kommt aus dem Nichts.«

Ria fühlt die Stirn ihres Vaters. »Du bist wirklich warm, *bab*. Ich ruf den Doktor.«

Sie zieht das Handy aus der Tasche.

»Gut«, sagt ihr Vater. Im Winter hat er oft gemeckert, aber der frühe Sommer hat ihn milde gestimmt. Er sitzt fast jeden Tag im Schatten und schaut zum Himmel. Steht da der Adler, fragt er oft, und Ria sagt manchmal ja, auch wenn es nur Wolken sind. Das ist ihr Vater, wie sie ihn von früher kennt, gemütlich, ein wenig zu schicksalsergeben, das ist wohl der Glaube, den sie selbst nie gehabt hat. Gian ist ähnlich. Es soll so sein. Es wird zu was gut sein.

»Hast du mit deinen Eltern gesprochen, Stella?«, fragt ihr Vater, während die Leitung tutet. »Waren sie wieder am Strand?«

Ria lächelt. Stellas Eltern haben den alten Bruno Dosch unbekannterweise ins Herz geschlossen. Immer, wenn sie bei sich in Kroatien einen Spaziergang am Meer entlang machen, schicken sie ihrer Tochter ein Foto nach Graubünden, damit die es ihrem Patienten zeigen kann. Und das vergisst er interessanterweise auch nicht. Ria ist dankbar, dass Stella sich so viel Zeit nimmt, obwohl sie bestimmt Feierabend machen will. Sie hat noch zwei andere Patientinnen in Vischnanca, aber zum *bab* kommt sie immer als Letztes. Jetzt setzt sie sich auf die Bettkante und holt ebenfalls ihr

Handy heraus. Ihre Schutzhülle ziert ein Totenkopf aus Strasssteinen.

Ria spricht mit dem Arzt und hört, wie Stella sich verabschiedet. Sie winkt.

»Erinnerst du dich noch«, sagt der *bab*, als sie ihm das Kopfkissen zurechtzieht, »an den Lorenzo?«

»Aber sicher«, sagt Ria. Inzwischen macht es ihr nichts mehr aus, wenn er ihn erwähnt. Vor ein paar Monaten hat er damit angefangen, und Ria ist innerlich zusammengezuckt. Lorenzo Russo aus der Lombardei, ihr großer Schwarm. Sie hat stundenlang ihre Unterschrift als Maria Russo geübt, Maria Floriana Russo, das sah gleich italienisch aus, sie wäre sofort mit ihm mitgegangen. Sie hat gar nicht gewusst, dass ihr Vater so viel von ihm gehalten hat.

»Drei Jahre hat er hier gearbeitet«, sagt er, denn natürlich erzählt er ihr die Geschichte doch noch einmal. Die Wiederholungen machen ihr nichts aus, es ist gut, dass er von seinen älteren Erinnerungen noch nicht lassen muss, so wie vom guten Augenlicht und intakten Hörsinn. Was ihr fehlt, sind die tieferen Gedanken, die er oft mir ihr geteilt hat, seit die *mamma* tot ist, meist an verschneiten Winternachmittagen, wenn sie ein paar Stunden hatten, nachdem das Vieh versorgt war. Sie wischt ihm über die fiebrige Stirn.

»Drei Jahre war er hier«, sagt er. »Wie alt war das Marieli damals, acht, zehn?«

»Zehn«, sagt Ria, »als er herkam.« Das weiß sie genau. Sie war ein Kind, und als er ging, war sie dreizehn, mit unreiner Haut und strähnigen Haaren. Alles furchtbar peinlich. Lorenzo war Mitte zwanzig und kräftig, dunkelhaarig. Wenn er ganz laut lachte, sah man, dass er oben rechts einen grauen Zahn hatte, aber selbst das fand sie unwiderstehlich. Genauso wie seinen italienischen Akzent.

»Ich habe noch nie jemanden getroffen«, sagt ihr Vater, »der so begabt für die Landwirtschaft war wie der Lorenzo. Wenn er nur geblieben wäre, dann hätten sie gemeinsam den Hof übernehmen können, er und das Marieli.«

Er lacht, und sein gesamtes Gesicht explodiert in Falten. Sie muss mitlachen. Damals hat sie auch von einer Hochzeit mit Lorenzo geträumt, doch natürlich war sie für ihn ein unreifes Mädchen, das er nicht einmal anschaute.

Sie half zwar bereits ordentlich auf dem Hof mit, aber die harte Arbeit, die Konsequenzen eines landwirtschaftlichen Betriebs, verstand sie noch nicht so ganz. Da waren zum Beispiel immer die Kaninchen, für die sie haufenweise Löwenzahnblätter pflückte, wenn es schien, dass auf den Wiesen ein gelber Farbeimer ausgekippt worden war, und wenn es dann einen Braten gab, wollte sie nicht mitessen. Gibt es halt nur Kartoffeln fürs Marieli, hat der *bab* dann gesagt. Nie hat er sich davon abbringen lassen. Wenn er sonntags rauchend auf der Bank saß, dann setzte sie ihm das *canign* auf den Schoß und hockte sich neben ihn. Schau mal, *bab*, sagte sie, wie niedlich es mit der Nase wackelt. Streichel es mal, *bab*, es ist so weich, *bab*. Und der *bab* hat es gestreichelt und fand es auch niedlich und hat es dann doch zum Sonntagsbraten für die Familie und alle Arbeiter gemacht.

»Aber der Lorenzo«, sagt ihr Vater jetzt mit einem Seufzen, »der wollte halt reisen. Musste immer was Neues sehen. Ich hab gedacht, wie soll er denn wissen, ob er wirklich genug hat von einem Ort, wenn er nur drei Jahre bleibt? Was wohl aus ihm geworden ist?«

Ria zieht ihm die Decke noch ein Stück höher, und er nimmt ihre Hand.

»Na, jetzt hat das Marieli ja den Hof und den Gian, und das ist ja auch ein Guter. Brauchen tut sie den Lorenzo nämlich nicht. Sie ist die Einzige, die genauso begabt ist wie er.«

JOHANNA

Mama hat ihr das Bett gemacht und Schnegge neben das Kissen gesetzt, aber sie kann trotzdem nicht einschlafen. Draußen ist es furchtbar still, nur ein komischer Vogel ruft wie ein Geist. Ein Uhu, hat Mama gesagt, aber sie schien auch nicht ganz sicher. Dafür quatscht und wispert das Haus in allen Ecken, und sie versteht es nicht. Zum Glück ist das mit dem Regenwasser über Jaspers Zimmer, nicht über ihrem. Ob er das Tropfen hört? Aber Papa hat gesagt, es habe schon wieder nachgelassen.

Vorsichtig öffnet sie ihre Zimmertür.

»Ich weiß gar nicht«, sagt Mama unten, »warum du so zögerst.«

Johanna bleibt auf nackten Füßen stehen. Das Holz unter ihren Füßen fühlt sich glatt und warm an. Mama wollte den Teppich hinlegen, der auch in Duisburg oben im Flur lag, aber er war natürlich viel zu groß. Mama, wir haben das Haus geschrumpft. Die Klappe zum Dachboden haben sie offen gelassen, und die hängt da wie ein umgedrehtes Krokodil, starr abwartend, dass ihm etwas in den Rachen springt. Noch immer strömt Hitze durch die Öffnung. Auf der Treppe nach unten sitzt Jasper. Er dreht sich um und legt einen Finger vor den Mund. Unschlüssig bleibt sie stehen.

»Sie sagt doch, sie hat den Gutachter kommen lassen.

49

Woher soll sie wissen, dass der seine Arbeit nicht ordentlich macht?«

»Vielleicht hätte sie mal ein paar Bewertungen lesen sollen.« Mamas entschlossene Stimme. Dagegen kann niemand etwas sagen.

»Die guckt doch nicht im Internet nach, dafür ist sie zu alt. Wahrscheinlich hat den eine Nachbarin empfohlen oder so.«

»Alter schützt vor Torheit nicht. Wollen wir mal sehen, was über den guten Mann so geschrieben wurde?« Mamas Hausaufgabenstimme. Auch da muss man nicken.

»Ich glaube nicht, dass das eine wissenschaftlich fundierte Recherche wird, Schatz, dafür bin ich zu sehr Ingenieur.«

Jasper schnauft leise. »Nice.«

Johanna zupft an ihrem Nachthemd herum. Sie hat das alte mit Elsa ausgesucht, das ihr eigentlich viel zu klein ist, und Elsa ist eh Kinderkram, aber das Nachthemd ist so schön weich, weil es so oft gewaschen wurde.

»Ich weiß schon, welche Treppenstufen knarren«, flüstert Jasper.

Johanna verdreht die Augen. In Duisburg ist er oft spät noch mal abgehauen, und Mama und Papa haben es nie mitgekriegt. Aber hier hat er doch noch gar keine Freunde, mit denen er rumhängen kann.

»Wo willst du denn hin?«, flüstert sie.

Er zuckt die Schultern. »Kommst du mit?«

Sie starrt ihn an. Das hat er noch nie gefragt. Schon dass er sie heute mit nach Martgea genommen hat, war seltsam. Viel gesprochen haben sie allerdings nicht. Also, er hat ihr nur ausführlich von einem Playstation-Spiel erzählt, das sie noch nicht spielen darf. Klang auch nicht so interessant. Typisches Jungsspiel.

Dann die Sache mit dem Stein. Creepy – beinahe wären sie erschlagen worden. Sie sind durch die nasse Wiese hingegangen, weil, nass waren sie eh schon, hat sich angefühlt wie durch Wasser zu waten, so schwer war das Gras, und wie das gerochen hat, und dann der Felsbrocken. Er war ganz glitschig und kalt und voller abgerissener Pflanzenreste, wie ein Mörser oder besser das Ding, mit dem man mörsert, und sie war erstaunt, als sie die Hände draufgelegt hat, als hätte sie Hitze erwartet, wie nach einem Vulkanausbruch. Jasper hat Fotos gemacht, auch ein Selfie von ihnen beiden vor dem großen Ding, er hat es Stonie genannt und sich totgelacht. Dann musste sie ein Bild von ihm machen, also, von weiter weg, damit er es seinen Kumpels schicken konnte. Ihr hat er auch ein paar weitergeleitet.

»Kommst du mit?«, wiederholt er.

Langsam schüttelt sie den Kopf und merkt, wie sie sich in den Schultern versteift. Im Dunkeln ist es keine gute Idee, draußen unterwegs zu sein.

»Komm doch mit. Aber zieh dir was anderes an.« Er guckt schnell weg, sie weiß genau, dass ihre Brüste unter dem Hemd zu sehen sind. Mit zwei Schritten ist sie zurück im Zimmer und schließt die Tür. Das Schloss schnappt laut ein. Doch statt wieder ins Bett zu gehen und den heißen Kopf unter das Kissen zu schieben, tastet sie nach den Klamotten. Sie hasst Dunkelheit, seit der Sache mit der Straße … in Duisburg … Nicht daran denken. Wenn Jasper dabei ist, kann eigentlich nichts passieren, und er fragt sie ja sonst nie was.

Richtig angezogen tritt sie wieder auf den Flur. Jasper sitzt noch da.

»Wir können jemanden suchen, und sie bezahlt dafür«,

sagt Mama. »Das wird doch nicht so schwer sein. Ich fange am Montag mit der Arbeit an.«

»Ich weiß.«

»Du hast es mir versprochen«, sagt Mama.

»Ich weiß.«

Jasper steht auf. »Musst du noch mal?«, flüstert er.

Sie schüttelt empört den Kopf. Sie ist doch kein kleines Kind mehr. Dann zeigt er ihr Stufe für Stufe, wie man die Holztreppe runterkommt, ohne Krach zu machen. Ach, sie hat ihr Telefon oben liegengelassen, aber das kann sie jetzt nicht mehr holen. Schuhe an, während Mama und Papa weiter diskutieren, sie kann nicht gleichzeitig zuhören, schwupps, schon sind sie draußen. Der Mond scheint hell, ein leichter, warmer Wind streichelt ihre nackten Arme, und es fühlt sich gar nicht gruselig an. Jasper geht los, sie eilt hinterher.

»Was machen wir jetzt?«, fragt sie.

Jasper bleibt stehen. »Keine Ahnung. Wollte nur raus. Ich hab nicht mal was zu rauchen.«

Sie stehen da, wo es links raus aus Vischnanca geht und rechts hoch zur Kirche.

»Guck mal«, sagt er, »das Haus steht leer.«

Er geht über die Straße und um das Hutzelhaus herum. »Hier kommt man rein.«

Zögerlich folgt sie ihm. Es knirscht unter den Schuhen.

»Jaspi?«

»Ich bin drinnen.« Eine Hintertür steht offen, ihr Bruder ist verschwunden. »Alles leer«, hört sie. »Nur ein alter Kachelofen, wie bei uns.«

»Welche Farbe hat der?«, flüstert sie ins Dunkle. Kachelöfen mag sie. Also, der in ihrem neuen Haus ist hässlich dunkelgrün mit verschnörkelten Fliesen, da sind tanzende Steinböcke drauf und Männer in alten Uniformen mit so Bannern, aber er gefällt ihr trotzdem. Ob es allerdings gut ist, so viel Holz zu verbrennen, ist eine andere Sache. Früher, das hat sie gelesen, als sie im Netz nach Graubünden gesucht hat, haben die Menschen hier so viel abgeholzt, dass ganze Wälder von den Hängen verschwunden sind. Das hat sich vielleicht nicht direkt aufs Weltklima ausgewirkt wie die Rodungen im Amazonas, aber vor Ort bestimmt schon. Irgendwann haben sie es dann kapiert, ta-da, und ganz viele Fichten neu gepflanzt, weil die besonders schnell wachsen. Aber mit den Fichten kommt der Borkenkäfer und frisst sie alle auf. Johanna kann Nadelbäume nicht auseinanderhalten, sind für sie einfach alles Tannen.

»Kann ich nicht erkennen.« Jasper kommt wieder heraus, sie streifen weiter durchs Dorf und schleichen um leere Häuser herum, Jasper immer neugierig, ob er irgendwo einsteigen kann. Darf man doch gar nicht. Gehört doch alles jemandem. Sie nehmen den Weg oberhalb der Kirche, bis Jasper abrupt stehen bleibt.

»Geil, guck mal.«

»Das ist bestimmt das allerälteste im ganzen Dorf«, sagt sie. Die kaum noch verputzten Wände hängen nach außen wie dicke Bäuche, wie Opas Bauch, wenn er sonntags zu viel gegessen hat. Dann lehnt er sich zurück und sagt zu Oma: Die Wampe dankt. Mama verdreht immer die Augen. Die Mama-Großeltern sind ganz anders als die von Papa, nicht so schick.

»Da ist ein Fenster kaputt«, sagt Jasper. »Komm, dieses Mal musst du mit rein. Mutprobe.«

Sie bleibt stehen. Plötzlich ist ihr schlecht.

Jasper fährt herum. »Quatsch. Ist natürlich keine Mutprobe.«

Davon hat sie genug gehabt. Jasper guckt irgendwie verlegen. Heute Nachmittag hat er ihr schon ein Eis ausgegeben, obwohl er sonst genauso geizig ist wie Papa, da hat er auch so geguckt. So langsam ahnt sie, dass das eine Art Entschuldigung werden soll.

Sie folgt ihm und schafft es sogar durch das Fenster. Nur oben hängen noch ein paar Glassplitter, da muss man vorsichtig sein. Stockdunkel ist es und riecht nach Rauch, also nicht Zigarettenrauch, sondern wie bei einem Lagerfeuer. Jasper macht die Taschenlampe am Telefon an. Ein uralter Herd steht in der Ecke, mit so einer Klappe vorn, wo man wohl das Holz reintut.

»Das war bestimmt die Küche«, sagt sie.

»Glaube ich auch«, sagt er. Sie lächelt im Dunkeln. Natürlich ist das die Küche, wenn ein Herd drin steht, er hätte jetzt auch irgendetwas Blödes sagen können, um sich über sie lustig zu machen. *Duh* zum Beispiel, das sagt er gern.

Sie bewegt sich ganz vorsichtig, und er folgt ihr mit der Lampe. Sie grinst immer noch. Ganz schön creepy. Das Ding könnte sie unter sich begraben. Sicher kann das nicht mehr sein, mit den Wänden. Von Papa weiß sie genug über Statik.

Der Flur ist schmal. Spinnweben streicheln ihr über das Gesicht, und sie wischt sie mit den Händen weg. Franzi und Sophie finden es verrückt, dass sie keine Angst vor Spinnen hat. Nicht kreischen muss, wenn sie eine sieht. Aber die tun doch nichts, wir sind ja nicht in Australien oder so.

Sie finden ein uraltes Klo. »Stinkt nach Pisse«, konstatiert Jasper. *Duh.*

Dann ein großes Zimmer, vielleicht das Wohnzimmer damals. In einer Ecke liegt etwas Weißes. Große Tücher, Bettlaken oder Tischdecken. »Da haben sie vielleicht erst die Möbel mit abgedeckt, und als sie die rausgenommen haben, die Tücher vergessen«, sagt sie.

»Gut möglich«, sagt Jasper.

»Oder die Gespenster haben ihre Mäntel vergessen.« Sie kichert, und ihr Bruder lacht auch. Etwas berührt sie auf dem Kopf, aber sie erkennt sofort, dass das der grobmotorische Jasper ist, der ihr ganz leicht mit der Hand über die Haare streicht, damit sie sich gruselt. Tut sie aber nicht.

»Huuuu«, sagt sie laut. Es klingt dumpf unter der niedrigen Zimmerdecke. In Duisburg waren ihre Räume mindestens doppelt so hoch.

»Huuuuuu«, wiederholt Jasper, und dann heben sie beide die Arme, das Licht der Taschenlampe geistert durch den Raum, und sie tanzen einen Gespenstertanz. Sie huen und lachen, bis es mit einem Mal so taghell ist, dass Johanna die Augen zusammenkneift und sich die Hände vors Gesicht schlägt.

Mit tiefer Männerstimme spricht das Licht. Das Licht spricht. Gern würde sie sich hinter Jasper verstecken, aber sie sieht nichts.

»Wie bitte?«, fragt er, hat auch nichts verstanden.

»Was macht ihr da?«

»Nur gucken«, sagt ihr Bruder mit ruhiger Stimme. »Wir haben nix angefasst, keine Sorge.«

»Kommt da mal lieber raus.« Der Mann senkt die Lampe. Sie nimmt die Hände vom Gesicht. Langsam erkennt sie wieder was. Ach so, klar: Er steht vor dem Fenster, das hat kein Glas mehr, und guckt zu ihnen rein.

Jasper nimmt sie am Arm. »Wir gehen hinten wieder raus.«

»Nein, nein, kommt ruhig hier rum. Klettern müsst ihr eh.«

Und so gehorchen sie dem Mann. Dieses Mal gelingt es ihr nicht so leicht, aber Jasper hilft ihr, und dann stehen sie draußen. Der Mann hat Schlappen an den Füßen, aber eine Anzughose und ein elegantes Hemd an, das weiß leuchtet.

Jasper will gleich abhauen, der Mann stellt sich ihm in den Weg. Johanna hört ihren eigenen, schnellen Atem und versucht, sich selbst zu beruhigen. Jasper ist da, und sie könnten schon noch vorbei an dem Kerl. Nein, sie hat keine Angst, nur vielleicht, dass er Mama und Papa Bescheid gibt.

»Dass das gefährlich ist, muss ich euch wohl kaum sagen, oder?«

»Nee«, sagt Jasper.

»Seid ihr die neuen Kinder? Aus Deutschland?«

Jetzt führt er sie bestimmt gleich ab, wie ein Polizist. Ein Polizist in Pantoffeln. Sie versteckt sich doch hinter Jasper.

»Nee«, sagt Jasper erneut. »Wir sind aus Martgea hier.«

»Wers glaubt«, sagt der Mann. »Dann fahrt mal flink wieder nach Martgea und geht da ins Bett. Ist schon spät.«

Er knipst seine Lampe, die er auf den Boden gerichtet hatte, endgültig aus. Jaspers Handy hat auch keinen Saft mehr. Nur der Mond scheint noch. Als sie den Blick hebt, sieht sie, dass im Obergeschoss des Nachbarhauses Licht brennt, nur ganz leise, und davor steht jemand am Fenster. Ein Mädchen, glaubt sie. Das winkt – und verschwindet wieder.

Jasper fasst sie am Handgelenk, sie rennen gemeinsam los, die Dorfstraße hinunter. »Gute Nacht«, ruft sie, plötzlich übermütig, dem Mann zu, vielleicht auch dem Mädchen, und dann kann sie bald gar nichts mehr sagen, so schnell, wie Jasper läuft. Jasper läuft, sie japst. Jasper japst, Jasper japst.

RIA

Hast du gehört, *rosna-tgigl*, was der *bab* gestern gesagt hat? Ich bin begabt für die Landwirtschaft. Ria fährt mit der Mistgabel tief in die Spreu. Ich *bin* begabt für die Landwirtschaft. Sie schleudert den Dreck in den Schubkarren. Das hier ist mein Hof, und ich geb ihn nicht her. Da kannst du noch so viele Steine werfen.

Gian hat sich den Mocken am Abend noch angeschaut. Alle haben ihn angeschaut, außer ihr. Sie hat Angst, dass sie sich vor Ort in ein Monster verwandelt und aus den Kleidern platzt, um das Ding zurückzuschleudern, *tigna la bucca!*

Und dann würde offen Krieg ausbrechen, da ist sie sicher. Sie kennt den Berg.

Sie hebt den vollen Schubkarren an. Kein Wunder, dass sie so begabt für die Landwirtschaft ist, wenn sie den Stall in ihrer Wut dreimal schneller säubert als sonst, kein Monster, sondern Herkules. Deswegen ist es ihnen auch so rasch gelungen, auf Bio umzustellen. Inzwischen erfüllen sie alle Mindestanforderungen, locker sogar, aber Ideen hat sie natürlich immer noch. Brunhild schwenkt den Kopf hin und her und sieht sie aus ihren sanften Kuhaugen an. Ria seufzt und stellt den Karren ab. Sie schlängelt sich an einem Metallgitter vorbei zu Brunhild durch, steigt über einen frischen Fladen, streicht der Kuh längs über den Rücken und lehnt sich mit dem Kopf gegen ihren Hals.

»Na, meine Alte«, murmelt sie. »Geht es dir gut?«

Brunhild ist nicht angebunden, doch sie mag ihre Box. Hier fühlt sie sich sicher, nachdem sie früh im Jahr draußen im Matsch ausgerutscht und hingefallen ist, ganz wie der *bab* wenige Tage zuvor. Was für eine Erleichterung es war, dass sie sich nichts gebrochen hatte, ebenso der *bab*. Der *bab* schafft es noch bis zur Bank vor dem Haus, die Brunhild schaut morgens eine Weile aus der Stalltür ihren drei Cousinen zu und geht zurück an ihren Lieblingsplatz.

Ria streichelt sie und beruhigt sich damit selbst. Sie merkt, wie ihr Atem langsamer wird. Aus dem Inneren des friedlichen Tiers kommen rumorende Geräusche, in einer Kuh ist immer etwas los.

Brunhild hat vier Kälber gehabt, und erst vorhin hat Ria mit Gian wieder einmal überlegt, ob sie aus der Milchwirtschaft aussteigen sollen. Die Milch den Kälbern lassen. Doch sie verdienen viel Geld mit Käse und wissen noch nicht, wie sie den Verlust auffangen könnten. Sie vergräbt den Kopf noch tiefer in Brunhilds Hals. Viermal haben sie ihr das Kalb nach einer Weile weggenommen, und seit Ria selbst Mutter ist, scheint ihr das noch brutaler. Es war so schwer, schwanger zu werden. Viele Jahre haben sie es auf natürlichem Weg versucht, wird schon passieren, wenns passieren soll, aber sie ist ja immer älter geworden, und so sind sie doch irgendwann erst zum Arzt und dann nach Zürich in eine Fruchtbarkeitsklinik, seltsamer Urlaub war das, sie hat gut gegessen, war im See schwimmen und hat ihre Eierstöcke untersuchen lassen. Dann hat es mit verschiedenen Prozeduren und Hormonen drei Jahre gedauert. Am Schluss wurde Blanca im Reagenzglas gezeugt und ihr eingesetzt.

Der Arzt hatte sie gewarnt, dass sie sich, weil die ganze Sache sich so hinzog, nicht all die Zeit nur darauf konzentrieren sollen – viele Ehen würden bei all dem Frust, all der Enttäuschung zerbrechen. Aber den Gian und sie hat es richtig zusammengeschweißt.

Zumindest bis Blanca dann wirklich da war. Ria mag gar nicht so genau darüber nachdenken, aber irgendetwas ist seitdem verlorengegangen, als hätten sie das gemeinsame Ziel erreicht und wüssten nun nicht mehr, wohin.

Dabei wollte sie nie ein Einzelkind haben. Sie ist gern mit Marco zusammen aufgewachsen. Außerdem, denkt sie, würden mehr Babys das Dorf festigen. Die Menschen haben sich schon so lang hier festgebissen, aber je mehr gehen, desto schneller kommt alles ins Rutschen. An böse Flüche und so etwas glaubt sie nicht, aber wer weiß? Schon mit Mierta und Matilda hat es doch offensichtlich angefangen. Verwandt ist sie mit ihnen nicht, aber sie leben auch seit immer im Dorf und haben erst spät ihre Kinder bekommen, und Miertas erster Sohn ist sogar kurz nach der Geburt gestorben. Für die Eli wollte sie dann nicht mehr ins Spital, nachdem sie ihr den Bub davor so aus dem Leib gerissen haben, ganz schlimm, die Schmerzen, hat sie erzählt, viel später, als sie die neugeborene Blanca besuchen kam, und noch schlimmer, dass sie damals niemand ernst genommen hat, auch die Frau eines einfachen Forstwarts hat Schmerzen. Dann fing sie an, über Matilda zu schimpfen, die ganze Zeit mit Blanca auf dem Arm, die in den ersten Tagen noch aussah wie eine verschrumpelte, violette *paloia*, und Ria wollte sie zurückhaben, wollte nicht, dass ihr Baby sich anhören musste, wie Matilda damals Angst hatte, dass Mierta daheim entbinden wollte, allein mit einer Hebamme, und dann war auch noch Winter, es hatte hohen Schnee, aber was wusste Matilda schon, mit ihrem Kaiserschnitt. Die Claire wurde ihr damals rausgeschnitten, während Matilda selig geträumt hat, und heute liest man ja immer wieder, dass darunter die Bindung leidet, und Matilda und Claire waren nie besonders eng. Na, hat Mierta dann noch gesagt, es ist natürlich alles gutgegangen, aber es ist eh eine Unverschämtheit, was der weibliche Körper da tun muss, eine richtige Unverschämtheit, aber das weißt du ja jetzt auch, Ria, und dann hat sie ihr zugezwinkert, als wäre sie aufgenommen worden in eine Geheimgesellschaft.

Sie krault Brunhild zwischen den Ohren, klopft der Alten auf die milchkaffeebraune Flanke, geht zu ihrem Schubkarren und fährt ihn nach draußen. Stella war heute früh schon wegen dem *bab* hier, jetzt kommt auch noch einmal der Arzt vorbei, keine Verschlechterung, er braucht ihm nichts zu geben, kurz darauf kommt Gian mit Blanca von der Kinderärztin wieder, geimpft wurde die Kleine und hat noch einen ganz roten Kopf vom Schreien, klammert sich an ihren Papi, und der bringt sie ins Bettchen, Leute kommen und kaufen Käse, der Fleischer aus dem Nachbardorf liefert das rohe Hundefutter, das sie in der Scheune auf die drei Tiefkühler verteilt, sie zahlt teils bar, teils mit Käse, die Eli kommt zum Plaudern vorbei, aber Raclette und Dino haben aus irgendwelchen Gründen eine Todfeindschaft entwickelt, Dino hat die Hündin aus der Ferne gerochen oder sie auf dem Weg gesehen, jedenfalls steht er da und knurrt Raclette mit steifem Rücken an, die pieselt einmal, zweimal, ganz dreist mitten in sein Revier, bis die Eli sie an die Leine nimmt und weitergeht, Ria lässt Dino drüberpinkeln, sie kocht für die nächsten Tage vor, am Nachmittag kommt ein E-Mail über den Dorfverteiler, dass sie wegen erhöhter Stein- und Blockschlaggefahr ein paar Wanderwege gesperrt haben, die Gefahrenstufe in Vischnanca bleibt gleich, Gian geht mit Saad weitere Zäune ziehen, Jalil, der ältere der beiden syrischen Brüder, die ihnen schon die letzten beiden Sommer geholfen haben, ist krank und liegt im Bett, Ria wird Saad heute Abend Suppe mitgeben. Um sieben ist die Gemeindeversammlung. Sie merkt, dass sie nervös ist, und das passt ihr gar nicht.

Letzte Nacht haben sie und Gian, auf ihre Initiative hin, doch wieder einmal miteinander geschlafen. Danach hat sie sich irgendwie schön gefühlt, egal dass sie keine besonders aufregende Figur hat. Gian jedoch konnte sie in ihrer seltenen Schönheit nicht mehr bewundern – er war eingeschlafen und schnarchte laut. Sie ist raus auf die Terrasse und hat sich die Sterne angeschaut. Je länger man schaut, desto mehr Sterne sieht man hier oben. Der *bab* erzählt auch immer wieder, dass Ria schon als Kind gern in die Sterne geschaut habe, und bisweilen seien sie zu dritt raus, *mamma*, *bab* und die Ria, wenn es dunkel war und keine Wolken hatte, und dann habe sie ihre Ärmchen um die beiden gelegt, und gelispelt: Sooo viele Sterne.

Der Mond ging auf und wies einem schnaufenden Igel den Weg. Sie wollte dem Berg noch ein böses Wort zuzischen, hat es aber doch heruntergeschluckt wie ein Stück ungekautes Brot.

FABIO

Jojo hängt, so hat er zumindest das Gefühl, viel mehr am Handy als in Duisburg, aber er wird sie nicht ermahnen, wenn sie gerade ihre zwei besten Freundinnen zurücklassen musste, da darf sie so viel mit ihnen schreiben, wie sie will. Wenn sie sich nur umsehen würde. Diese Natur! Es ist halb elf, und das Licht wirkt noch klar und frisch.

Wie nebenbei sieht sie auf und zeigt nach links auf die Wiese zwischen den zwei Zufahrtstraßen ins Dorf. »Guck, Papa, da ist der Stein.«

»Der ...« Ihm bleibt fast das Herz stehen. Dieser *Stein* ist größer als ... größer als ein Elefant. »Der ist über die Straße gerollt?«

»Ja, knapp vor Jaspis Karre.«

Sie wären garantiert tot gewesen. Seine zwei Kinder wären garantiert tot gewesen. Er nimmt Jojo in die Arme und drückt sie so fest, wie er kann, ganz egal, ob sie sich wehrt, er muss sie drücken.

»Papa!« Sie windet sich in seinen Armen.

Jetzt lässt er doch los. Seine Tochter sieht ihn unangenehm berührt an und wischt gleich wieder auf dem Handy herum, aber er sieht genau, dass sie gar nichts Bestimmtes macht.

»Ich will euch halt gern noch eine Weile behalten«, sagt er und versucht, einen leichten Ton anzuschlagen.

»Ja, ja.«

Ein Jeep hält in einigen Metern Entfernung, auf der Tür ein Aufkleber: Amt für Wald und Naturgefahren. Ein junger Mann mit kinnlangen, dunkelblonden Haaren und Arbeitshose steigt aus, grüßt sie knapp, nähert sich dem Elefantenstein und macht Fotos. Neugierig geht Fabio auf ihn zu, aber Jojo hält ihn am Arm fest.

»Können wir nach Hause gehen?« Ihr ist es immer peinlich, wenn er fremde Leute anquatscht. »Der Stein ist so gruselig, ich will ihn nicht mehr sehen.«

»Klar.« Er ist sich nicht sicher, ob sie das nur als Ausrede anführt oder es ernst meint. »Ich muss sowieso noch eine 3D-Visualisierung an meinen Vater schicken.«

»Ich dachte, du hast diese Woche frei?«

»Das dachte ich auch.« Er seufzt theatralisch. »Aber wenn der alte Mann etwas will ...«

»Mama sagt immer, du sollst dich nicht so von ihm rumkommandieren lassen.«

Fabio lacht. »Das stimmt. Und die Ironie ihres Befehlstons dabei ist ihr noch nicht aufgefallen.«

Jojo grinst.

»Deine Oma war – oder ist – da immer ganz anders. Ich weiß nicht, ob du dich noch an diesen Skandal mit der Autobahnbrücke bei Rotterdam erinnerst?«

Jojo schüttelt den Kopf. »Nicht wirklich.«

»Ist auch schon acht oder neun Jahre her. Egal. Jedenfalls hat sie ihren Mann immer bedingungslos unterstützt. Er sagt an, sie folgt.«

»Kannste bei Mama vergessen.«

»Und das ist ja auch gut so«, beeilt er sich zu sagen. »Dafür liebe ich eure Mutter ja.«

Jojo verzieht den Mund. Bei Teenagern kann man wirklich gar nichts mehr ansprechen, ohne dass es ihnen peinlich ist.

Seltsam, dass sein Vater und Katja sich nicht sonderlich gut verstehen. Und dann wiederum auch nicht. Sie hat für ihn eine zu große Klappe, einen zu starken Willen, sie als Frau hat sich, na ja, siehe seine Mutter als perfekte Unternehmerinnengattin der Achtziger mit Föhnfrisur und keiner eigenen Meinung. Fabios Vater wiederum ist Katjas Meinung nach ein narzisstischer Hochstapler, der mehr Verbindungen hat als Sachverstand.

Den Verstand hast du, Fabio, du bist viel besser als dein Vater, sagt sie – und dann kommt dieser Satz: Lass dich doch nicht immer so rumkommandieren.

Logisch, dass die Kinder das auch mitbekommen.

Er ist gespannt, was sich alles ändern wird, wenn Katja nun diejenige ist, die den ganzen Tag außer Haus ist. Klammheimlich rühmt er sich, dass er einen besseren Kontakt zu den Kindern hat. Wenn sie reden wollten, haben sie immer gewartet, bis er abends nach Hause kam, ganz gleich, ob Katja schon den ganzen Nachmittag für sie da gewesen war. Und jetzt freut er sich darauf, die Familie morgens zu verabschieden und sie abends mit einem leckeren Essen wieder zu empfangen. Dazwischen in aller Ruhe laufen gehen, Videokonferenzen abhalten und vielleicht alle drei Monate mal nach Rotterdam fliegen, um seinem Vater und seinem Team live das Gesicht zu zeigen. Er hat sich länger beweisen müssen als so mancher Kollege, und ein Lob wird er von seinem Chef – und Vater – in diesem Leben wohl nicht mehr zu hören bekommen. Nun ja, er mag den Job und die Firma ja trotzdem, Jammern auf hohem Niveau.

Auf der breiten Fensterbank in der Küche, hat er gestern schon gedacht, könnte er einen kleinen Kräutergarten anlegen. Vielleicht traut er sich sogar an einen richtigen Garten, Pflanzen für Dummies, da gibt es garantiert ein Buch. Einen grünen Daumen besitzt er bestimmt nicht, er hat noch nie etwas in die Erde gesteckt, aber er stellt es sich schön vor, genauso wie das Instrument, das er nie spielen wird. Vielleicht kann er Frau Vincenz fragen.

Zurück im neuen Haus verschwindet Jojo in ihrem Zimmer, Katja ist in der Küche am Rumoren und räumt alles so ein, wie sie es sich vorstellt, auch wenn letztendlich er mehr kochen wird als sie. Er nimmt ihr zwei Töpfe aus der Hand und umarmt sie. Würde ihr gern erzählen, wie groß dieser Stein ist, von denen die Kinder so la, di, da erzählt haben, aber sie ist in Gedanken bei ihrer neuen Stelle.

»Ich habe gerade mit meinem zukünftigen Assistenten gesprochen. Ich habe einen persönlichen Assistenten, klingt das nicht verrückt?«

»Das klingt genau richtig«, sagt er, »den hast du dir verdient. Hoffentlich ist er nicht allzu attraktiv.«

Er will sie nicht beunruhigen mit dem Stein. Hauptsache ist ja auch, dass nichts passiert ist in ihrem idyllischen Dörfchen. So gibt er ihr einen langen Kuss und klettert die Treppe hoch, über die Kisten und Kartons in seinem Arbeitszimmer und lässt sich auf seinen Stuhl fallen. Das Dachfensterchen ist beschlagen. Gleich steht er wieder auf und stakt wie ein Storch durch das Chaos. Er könnte wenigstens die Ordner ins Regal stellen. Bei Jojo drüben steht auch noch alles rum. Sie sind sich so ähnlich, haben sogar die gleichen Füße, er und seine Tochter, nur diese Schüchternheit ist anders. Er labert zu viel und findet kein Ende, sie sagt nur etwas, wenn sie gefragt wird. Jojo ist ungelogen sein Lieblingsmensch.

Resolut schiebt er zwei Bretter Ordner ins Regal, geht aber doch gleich wieder die Treppe runter, schnappt sich den Karton mit der Ukulele und läuft über die Straße, um bei Matilda Vincenz zu klopfen.

»Ich habe den Gutachter schon angerufen«, sagt sie zur Begrüßung.

Er hebt die Arme ein Stück. »Gestern habe ich es ganz vergessen, aber wir haben noch was von Ihrer Schwester gefunden.«

Augenblicklich ist sie interessiert und öffnet eine Klappe.

»Soll ich Ihnen das hier hinstellen?«

»Kannst du es mir ins Wohnzimmer tragen?«

»Natürlich.«

Sie geht vor ihm her, dann bedankt sie sich steif. Er hat ihr Haus schon gesehen, als sie den Mietvertrag unterschrieben haben, es hat einen ganz ähnlichen Vibe wie ihr eigenes, nur dass hier noch die ganzen alten Bauernmöbel stehen. An der Wand hängen die passenden Bilder dazu, Schweizer Landschaften in Öl und Familienfotos. Er schaut sich die Gesichter an. Bei einem muss er lachen. Eine Gruppe Kinder steht da, und der Pfarrer hat sich zwischen sie gekniet, so dass er nur bis zur Brust zu sehen ist. Als wäre er extrem kurz geraten.

»Das ist meine Schwester Mierta.« Matilda zeigt auf eines der schwarzweißen Mädchen mit Schleifen in den Haaren. »Und daneben, das bin ich. In der *scoligna*. Im Kindergarten. Unser lieber Pfarrer hieß Gion Giatgen Guetg, ein guter Mann und Kapuziner.«

»Sie sind ganz reizend, Sie und Ihre Schwester.«

Auf dem nächsten Bild lächeln ihn zwei junge Frauen an. Die eine erkennt er von gestern, das perfekte Gesicht vergisst man nicht.

»Eli«, sagt er, »und die andere?«

»Meine Tochter Claire. Die beiden sind Cousinen.«

Er nickt. Auch sie ist hübsch, aber neben Eli verblassen wohl alle. Auf dem Weg durch den Flur fällt sein Blick ins Bad, wo das Licht eingeschaltet ist.

Er bleibt stehen. »Um Himmels willen.«

»Ach, das ist nichts«, sagt sie und legt ihm eine Hand auf den Rücken, als wolle sie ihn weiterschieben.

»Das ist ...« Er geht hinein und steht in einem Kriegsgebiet. Risse ziehen sich durch grässlich grüne Fliesen. Er kann nicht anders und streicht mit den Fingern über die Kante. Ein heller Schmerz. Er hat sich geschnitten und saugt den Blutstropfen ab.

»Das ist nichts«, wiederholt sie.

»Was ist mit den Leitungen?«, fragt er. »Hat es die nicht mit zerschossen?«

»Nein, gar nicht. Das ist schon ewig so.« Nun zieht sie ihn wirklich eigenhändig aus dem Bad und drängt ihn zur Haustür. »Die Leute hier regen sich einfach viel zu sehr auf. Oh, wir werden alle sterben. Natürlich werden wir alle sterben. Aber nur, weil wir alle uralt sind. Wenigstens ihr habt eure Kinder hergebracht, das hält das Dorf jung.«

»Aber ...«

»Die Gigers sitzen seit zwanzig Jahren da und glauben, dass der Berg ihnen die Erlösung bringen wird. Jeden Tag hocken die in der Kirche, sogar der Pfarrer will sie lieber loswerden, wenn er hier ist, und der kann sich wirklich nicht über zu viele Besucher beklagen.«

»Aber ... Was?«

»Die werden auch noch die nächsten zwanzig Jahre auf den Berg starren, und dann sind sie über achtzig und müssen ins Altersheim, weil sie sich seit vierzig Jahren nicht mehr um ihre Kinder gesorgt haben.«

»Aber Frau Vincenz ...«

»Ich muss jetzt meine Quizsendung schauen, danke für die Sachen, *a reveir.*«

JOHANNA

Jasper hat ihr beim Frühstück zugezwinkert, ist dann aber doch allein losgefahren, sie weiß nicht, wohin. Sie haben noch Brot aus Deutschland und Nunu aus Deutschland. Die Milch ist aus dem Schweizer Supermarkt. Ob sie die demnächst frisch von der Kuh kaufen? Ob das anders schmeckt? Sie macht ein Foto von dem niedlichen Aufdruck der Milchtüte und lädt es in ihre Instagram-Story.

Mama und Papa reden heute Morgen nur das Nötigste miteinander, sie streiten sich wegen dem undichten Dach und ob sie sich selbst drum kümmern oder auf den Handwerker von der Vermieterin warten sollen. Papa meint, sie hätten doch geplant, alles selber zu machen, und Mama sagt, das ist aber die Aufgabe von Frau Vincenz, und eh sollten sie ohne Renovierungserfahrung vielleicht nicht gleich mit so was Schwierigem wie dem Dach anfangen. Papa hat drei Eimer vom Dachboden geholt, irgendwie extralaut, und hat sie in die Spüle gekippt, aber sie waren kaum voll. Mama hat ihm über die Schulter geguckt. Wahrscheinlich ist der Großteil doch nach außen abgeflossen, hat sie gesagt, Papa hat die Lippen zusammengekniffen und ist in seinem halb eingerichteten Arbeitszimmer verschwunden.

Sie setzt sich mit einem Buch auf die Ofenbank und spürt die kühlen Fliesen im Rücken. Hoffentlich ist bald Winter, damit sie ihn anmachen können. Wobei. Winter bedeutet auch, dass sie da in der Schule ist. Sie legt das Buch hin, geht nach oben. Papas Tür ist geöffnet, alles steht voll, Papa guckt aus dem Fenster, ganz versonnen irgendwie. Er ist richtig verknallt in all das hier, wahrscheinlich kauft er sich als Nächstes ein Alphorn oder einen Fonduetopf.

Er dreht sich auf dem Stuhl, also, der Stuhl dreht sich mit ihm, bleibt aber auf halber Strecke stecken. Papa stößt sich das Knie. Autsch.

»Na, Jojo?«

»Ist ja eher eine Besenkammer als ein Arbeitszimmer.«

Übertrieben strahlt er sie an. »Mir reichts. Und ab nächster Woche will ich hier bitte nicht mehr gestört werden. Ich mache dann die Tür zu, das ist mein Signal an euch.«

Er versucht sich aus seinem Stuhl zu befreien.

»Dann ist ja gut«, sagt sie hastig und geht in ihr Zimmer. Dort steckt sie sich die Kopfhörer in die Ohren, packt bisschen aus. Das Bild im Rahmen von Opa und ihr kommt auf den Schreibtisch. Mit Schnegge auf dem Schoß setzt sie sich. Ihr doch egal, dass sie zu alt für ihn ist. Aber irgendwie ist alles zu klein in diesem noch so chaotischen und fremden Zimmer.

»Kommst du mit, Schnegge?«

Sie sucht nach dem kleinen blauen Rucksack, legt den weichen weißen Pulli hinein, damit Schnegge es gemütlich hat, und setzt ihn darauf.

»Ich mach den Reißverschluss zu«, flüstert sie, »damit dich niemand sieht.«

Sie schaltet die Musik stumm, als sie die Treppe runtergeht – nur eine Stufe knarrt, die hat sie vergessen.

»Ich geh mal raus, Mama, ja?«

Mama hält inne mit dem Geschirr in der Hand. »Wohin?«, fragt sie und lacht dann. »Ach, ich denke immer noch, wir sind in der Stadt. Geh ruhig.«

Weil Mama in der Stadt so gut aufgepasst hat oder was? Weil es auf dem Dorf keine ekligen Kerle gibt oder wie? Stimmt dann aber auch, weil einfach überhaupt niemand zu sehen ist. Sie blickt sich um und stutzt. Am Nachbarhaus ist ein Riss im grauen Putz, der sich ungerührt vom Boden bis rauf in den ersten Stock zieht, wo die Wand mit dunklem, braunschwarz verwittertem Holz verkleidet ist. Sie geht näher und streckt den Arm aus. Der Riss ist breiter als ihre Faust. Sie wundert sich, dass man nicht gleich ins Zimmer reingucken kann. Vorsichtig streicht sie über die Kante und lässt den Arm wieder sinken.

Sie schlägt den Weg ein, den sie gestern Abend gegangen sind. Das erste Haus von gestern, das an der Kreuzung zur Veia Selerign, sieht im Hellen einfach nur alt und eklig aus, wie ein verrotender Zahn. Vor der Kirche bleibt sie stehen, daneben die großen Bäume. Die Bäume hier sind schön, auch die Tannen neben ihrem Haus. Oder was immer es halt für eine Sorte ist. So groß und irgendwie … würdevoll.

Traut sie sich die Gasse hoch zu dem zweiten Haus, wo der Mann sie erwischt hat? Was, wenn er sie wieder sieht? Dieses Mal kann sie sich nicht hinter ihrem großen Bruder verstecken, der hat sie im Stich gelassen. Also, nicht dass sie erwartet hätte, dass sie jetzt jeden einzelnen Tag miteinander verbringen. Sie weiß nicht mal, ob sie ihm nicht immer noch böse ist. Richtig gehasst hat sie ihn manchmal.

Sie geht die Dorfstraße nach links weiter, wo Vischnanca

langsam endet. Da steht ein kleines Geschäft, ein Büdchen fast, ganz dunkel, im Schaufenster Zeitschriften aus dem Frühjahr. An der Tür hängt von innen ein Blechschild. *Back soon.* Und darunter ein zweites Schild, handgemalt auf Karton. *Im September.*

Haha.

»*Tgau.*«

Sie dreht sich um. Ein Mädchen kommt auf sie zu, ungefähr so alt wie sie selbst. Sie trägt ein Blümchenkleid und grüne Ballerinas.

»Bist du nicht gestern nebenan eingebrochen?«, fragt sie.

Johanna wird heiß: das Mädchen vom Fenster. »Wir haben nur geguckt. Nichts gestohlen oder so.«

Das Mädchen zuckt mit den nackten Schultern. »Was soll es da schon geben außer Mäuse und Ratten?« Sie zieht die Augenbrauen hoch, aber vor Mäusen und Ratten ekelt Johanna sich genauso wenig wie vor Spinnen. Dennoch. Sie spielt mit.

»Igitt«, sagt sie und schüttelt sich.

Das Mädchen lacht, ihre Augen werden zu Schlitzen. »Ich bin Wilhelmine. Alle nennen mich Minna.«

»Ich bin Johanna. Jojo, aber das mag ich nicht besonders.«

»Dann nenne ich dich Johanna. Das ist ein schöner Name.« Minna zeigt auf das Geschäft. »Matilda macht ihr Lädali im Sommer immer zu. Aber wenn die Schule anfängt, kann man da Süßigkeiten kaufen. *Tschigulatta.*«

»*Tsch…*«, sagt Johanna.

»Schokolade. *Tschigulatta.*« Sie lässt sich das Wort auf der Zunge zergehen.

»*Tschigulatta.*« Irgendwie hört es sich schön an. »Ich lerne ab nächster Woche Rätoromanisch.«

»Du lernst Rumantsch? Cool«, sagt Minna. »Welches denn?«

»Ähm, das von hier.« Johanna ist sich noch so unsicher, wer wo welchen Dialekt spricht, also, Idiom heißt das hier, wer welches Idiom spricht und wie das dann auf Deutsch und in der jeweiligen Sprache heißt.

»Surmiran«, sagt Minna.

»Genau.«

»Auf welche Schule gehst du?«

»Das Gymnasium in Martgea.«

»Welche Klasse?«

»Zweite.« Also, in Deutschland wäre sie in der achten, aber hier fängt man offenbar neu mit dem Zählen an, wenn man ins Gymi kommt.

»Ich auch.« Minna strahlt. »Dann können wir Freundinnen werden.«

»Hm«, sagt Johanna.

Minna geht weiter und setzt sich in das Häuschen an der Haltestelle. Johanna hat sich online schon den Fahrplan angeguckt. Einmal die Stunde fährt ein Bus.

Minna klopft neben sich auf die blau lackierte Bank. »Setz dich.«

Zögerlich setzt Johanna sich hin, das Metall kalt an den Beinen, ohne den Rucksack abzunehmen. Hoffentlich fühlt Schnegge sich wohl.

Von hier aus hat man einen guten Blick über ganz Vischnanca, weil der Bus praktisch oben dran vorbeifährt. Hinter der Straße wird es gleich steil, und der graue Berg ragt auf. Die anderen Straßen oder Gassen im Dorf sind viel schmaler. Ihre eigene Straße, Veia Carfiol heißt sie, und die darüber, das sind Sackgassen. Die Veia Carfiol mit ihrem abgetretenen Kopfsteinpflaster wird zu einem Wanderweg. Sogar ihr Häuschen entdeckt sie, na ja, die ganze Siedlung ist halt gut überschaubar.

Minna zeigt Richtung Dorf. Johanna sieht, dass sie rosa lackierte Fingernägel hat, ganz kleine Nägel wie Zuckerperlen, zuckersüß, passend zu den Spängchen im Haar. »Siehst du den Kirchturm?«

»Klar.«

»Siehst du, dass er schief ist?«

Johanna nickt.

»Ich schau jeden Tag, ob er sich weiter neigt. Wenn man hier ganz außen auf der Bank sitzt und ein Auge zukneift, dann ist er grad genau vor dem kleinen Gipfel vom Piz Envers.«

Minna kneift das linke Auge zu und zieht dabei den linken Mundwinkel hoch. Dann macht sie Platz für Johanna, die rüberrutscht und auch guckt.

»Und hat er sich schon mal weiter geneigt?«, fragt sie, unsicher, ob sie Minnas Maßstab gefunden hat.

Mit großen Augen sieht Minna sie an. »Fast jede Woche.«

»Hä?«

»Na, wegen dem Berg.« Minna lacht. »Der rutscht doch. Weißt du das nicht?«

»Nein, welcher Berg?« Aber ihre Frage ist eigentlich überflüssig. Sie tritt aus dem Wartehäuschen und lässt ihren Blick die steingraue Flanke hinaufschweifen. Hinter der Straße, also von hier aus, steht eine Mauer, und Johanna ahnt irgendwie, dass die da steht, um kleinere Steine aufzuhalten – nur der Ömmes von gestern scheint drübergeflogen zu sein. Dazu der Riss im Putz. Die vielen leeren Häuser.

»Haben dir deine Eltern das nicht erzählt?«, fragt Minna neben ihr.

Johanna schüttelt den Kopf. »Ich glaube, das wissen die selbst nicht.«

Beide schweigen sie eine Weile.

»Hast du keine Angst?«

Minna zuckt mit den Schultern. »Hast du Geschwister?«

»Einen Bruder, Jasper. Der ist siebzehn. Du?«

»Nein … Magst du ihn?«

Johanna löst den Blick vom Berg und dreht sich wieder zum Dorf. »Geht so.«

Minna setzt sich zurück in das Wartehäuschen, Johanna daneben. Eine Weile sitzen sie da, irgendwann gleicht sich ihr Beinschwung an, links, rechts, links, rechts. Sie schauen sich an und müssen lachen.

»Hast du einen Freund?«, fragt Minna.

»Nein.« Sie sagt das jetzt einfach gerade heraus. Egal. In Duisburg hat sie das Wort manchmal so in die Länge gezogen, damit es bedeutet: Es ist schwierig. Oder: Es ist gerade vorbei. Je nach Tonlage. Dabei hat sie noch nie einen Freund gehabt. »Du?«

»Neeein.«

Johanna kommt aus dem Takt. Sie lässt die Beine hängen. Hat plötzlich Bauchweh.

Wenn sie nur einfach anders sein könnte.

»Meine Eltern sagen immer, Gott wirds schon richten«, sagt Minna mit Blick auf den Kirchturm. »Und der Pfarrer sagt das auch.«

Mit dem kann Johanna nichts anfangen, also mit Gott. Den Pfarrer kennt sie ja nicht. Ob Minna regelmäßig betet? Johanna weiß gar nicht, wie das geht. Wenn, dann könnte sie diesen Gott bitten, dass die neue Schule nicht genauso schlimm wird wie die alte. Dass Jasper nicht wieder weg-guckt. Dass sie einmal nicht so anders ist als alle anderen. Minna hängt ihr rechtes Bein unter Johannas linkes und hebt es in die Höhe. Dann lässt sie es fallen, hebt es wieder an, und so baumeln sie zusammen.

»Schau«, sagt Minna und rückt ein Stück zur Seite. »Ich habe meine Anfangsbuchstaben in das Metall gekratzt.«

Johanna steht auf und kniet sich vor den blauen Sitz. MM, steht da, deutlich erkennbar. Sachbeschädigung nennt man das wohl.

»Ich hab nichts zum Kratzen«, sagt sie.

Minna springt auf. »Vielleicht finden wir einen scharfen Stein.«

Sie sucht neben dem Haltestellenhäuschen auf dem Boden. Johanna nimmt einen Zweig, aber so hart er auch scheint, wenn sie ihn gegen das Metall drückt, geht er na-türlich sofort kaputt.

»Hier.« Minna reicht ihr einen grauen Stein, nicht größer als ihr Daumennagel. Johanna dreht ihn zwischen den Fin-gern hin und her, bis sie mit der schärfsten Kante kratzen kann. Ihre Initialen sind schwieriger als Minnas, so kommt es ihr zumindest vor, weil J und B so rund sind, MM ist eckig.

»Na ja«, sagt sie schließlich. »Wenn man es weiß …«

Die Kirchenglocken läuten. Minna, die neben ihr ge-hockt hat, springt auf. »Schon vier? Ich muss nach Hause, zur Bibelstunde.«

Sie läuft los, Johanna hinterher. »Was ist das?«

»Bibelstunde? Wir lesen gemeinsam in der Bibel.«

»Oh …« Johanna bleibt stehen. Gemeinsam in der Bibel?

Minna winkt, bevor sie hinter der Biegung verschwindet.

Johanna zieht das Telefon aus der Tasche. Instagram ist der einzige Kanal, wo sie einen Account hat. Papa hat ihr gesagt, sie muss ihn auf privat stellen, aber das findet sie okay. So fühlt sie sich sicher. Franzi und Sophie hat sie einfach geblockt, noch auf der Umzugsfahrt. Bye bye, bitches. Sie macht ein Selfie mit dem Dorf im Hintergrund. An den Berg traut sie sich irgendwie nicht ran. Der lauert so. Stattdessen Blumenkästen überall, der Himmel ist dunkelblau, ein paar Schäfchenwolken treiben dahin. Sie selbst erkennt man kaum, weil sie im Schatten steht. Dazu tippt sie: *Angekommen!*

Wenige Sekunden später schreibt Julia Bischoff einen Kommentar. *Viel Spaß in der neuen Heimat. Halte uns auf dem Laufenden, wie es dir gefällt!*

Johannas Herz klopft. Julia organisiert in Duisburg Fridays for Future, Johanna hat sie nie kennengelernt, weil Mama nicht wollte, dass sie streiken geht, du bist noch zu jung, haha, genau darum geht es doch, aber sie hat seit Monaten jeden Beitrag von Julia geliked und kommentiert, bis Julia ihr auch gefolgt ist. Vielleicht hätte sie doch nicht ein ganz so heileweltmäßiges Bild posten sollen. Ihr Blick wandert den kahlen Berg hinauf.

FABIO

Sandro hat Fabio versichert, dass die Gemeindeversammlung auf Schweizerdeutsch stattfände, nur das Protokoll würde danach ins Romanische übersetzt werden, und so treffen sie sich auf der Straße. Katja begrüßt Eli wie eine alte Freundin, während Sandro auf Fabios Nachfrage erklärt, Raclette bleibe daheim.

»Bewacht sie das Haus oder ist sie so ein Hund wie der von meiner Cousine, der allen Einbrechern vor Freude die Füße abschleckt?«, fragt Fabio.

Sandro kramt zerstreut in seiner Hosentasche. »Sie bellt laut genug.«

Auf der anderen Straßenseite tritt Matilda Vincenz aus dem Haus. Sie sieht noch verdrießlicher aus als sonst.

»Hübsches Kleid, *onda*«, sagt Eli und gibt ihr einen Kuss auf die Wange.

»Püh, das alte Ding.«

»Guten Abend, Frau Vincenz«, sagt Katja und versucht, sie in ein Gespräch zu ziehen, was nur schwer gelingt. Auch Eli und Sandro sind wortkarg im Vergleich zu gestern – nervös wirken sie. Als Sandro sich zurückfallen lässt und sich eine Zigarette anzündet, wartet Fabio auf ihn.

»Den ganzen Tag war ich brav«, sagt Sandro mit einem schiefen Grinsen, »und jetzt werde ich doch noch schwach.«

»Ich habe genau einen Sommer lang geraucht«, sagt Fabio, »und das ist lange her. Mein Vater wollte, dass ich einmal im Leben richtig auf dem Bau arbeite.«

Sandro lässt den Rauch aus der Nase in die warme Abendluft steigen. Steht ihm sehr.

»Meine Familie hat ein Ingenieurbüro«, erklärt Fabio ungefragt, »und der Junge sollte nicht einfach studieren und sich dann irgendwann gemütlich in den Vorstandssessel fallen lassen.«

»Der Junge?«

»Ich.«

»Ach so.«

»Früh aufstehen, elendes Schleppen und Buckeln in der Sonne. Wenn ich je Hautkrebs bekomme, dann deswegen.« Aber im Nachhinein verklärt man ja alles, und er hat sowieso die Tendenz dazu. »Wie man da so morgens ankam, die meisten Kollegen noch wortkarg, aber mit frischen Brötchen in der Bäckertüte und einer Zigarette im Mund, das hatte was.«

Sandro zeigt auf die bescheidene Kirche. »Kommt ihr am Sonntag zur Messe?«

»Oh«, sagt Fabio, »also … wir sind wohl evangelisch, na ja, eigentlich nicht einmal das.«

Wenn er nur einmal souveräner lügen könnte. Die Leute grüßen sich auf dem Dorf, aber sie gehen leider auch in die Kirche, das hat er vergessen.

»Willkommen wärt ihr trotzdem. Ich bin übrigens der Sakristan.«

»Ah.« Er wird nachschauen müssen, was genau das ist.

Die Versammlung findet nicht im *Tga communala* statt, dem Gemeinde- und Rathaus, wie Fabio dachte, sondern in dem größeren, weißen Gebäude daneben, Fabio tippt als Baujahr auf Mitte des neunzehnten Jahrhunderts – das stillgelegte Hotel Bela Vista, wie Eli sagt. Katjas Augen glänzen, als sie durch die geöffnete Flügeltür und das hohe Foyer gehen, rechts herum in einen großen Jugendstilsaal. Es riecht nach Staub und alten Vorhängen. Der Boden ist mit altmodisch gemusterten Fliesen belegt, darüber zertretene Teppiche. An den Wänden hängen angelaufene Spiegel, die breiten Deckenbalken hindern zwei weitere Stockwerke daran, auf sie niederzustürzen. Wenn man nach der Einrichtung geht, ist hier spätestens in den Fünfzigern die Zeit stehengeblieben. In einer Ecke stehen kotzgrüne Sessel um einen niedrigen Tisch herum, in den als Intarsie ein Schachfeld eingelassen ist.

»Wem gehört denn das alles, Frau Vincenz?«, fragt Katja begeistert. »Und warum ist es nicht mehr geöffnet?«

»Püh, der alte Kasten?«

Mehr bekommt sie aus der alten Frau nicht heraus. Irgendwie wird sie ihnen gegenüber immer feindseliger.

Eli hakt sich bei Frau Vincenz unter, während sie sich suchend umsieht. »Kommt Claire nicht?«

»Ich habe ihr auf Band gesprochen und nichts gehört.«

Von skeptischen Blicken und neugierigen Grüßen verfolgt suchen sie sich fünf Stühle etwa in der Mitte des Saals. Niemand spricht sie an, überhaupt sind die meisten seltsam still. Wenn das so weitergeht, wird er auch gleich nervös. Worum geht es hier?

An der Stirnseite des Raumes, vor einer mobilen Leinwand, hinter der die honigfarbene Holzvertäfelung fast verschwunden ist, erhebt eine Frau die kratzige Stimme. »*Buna seira*, guten Abend miteinander!«

»Das ist unsere Gemeindepräsidentin«, flüstert Sandro, »Regula Schiess.«

»Und Primarschullehrerin«, flüstert Eli. »Ich war in ihrer Klasse.«

Katja nimmt Fabios Hand und drückt sie. Das ist also dieses urige Schweizer Leben, das sie kennenlernen wollte: Gemeindeversammlungen in einem heruntergekommenen Hotel, Nachbarn, die verhalten miteinander schwatzen, bis die Lehrerin mit Föhnfrisur im roten Jackett das Wort ergreift. Er sieht sich um. Vierzig Leute sind es bestimmt, die gekommen sind, bei sechzig Einwohnern ziemlich beachtlich. Die Fenster stehen weit offen.

»Herzlich willkommen«, sagt die Gemeindepräsidentin, »und das gilt vor allem für unsere Neuzugänge, die Familie Blom.«

Alle drehen sich zu ihnen um. Damit hat Fabio nicht gerechnet, und doch will er sie alle umarmen – die Leute grüßen auf dem Dorf, die Leute werden aufgenommen ins Dorf.

»Wollt ihr ein paar Worte sagen?«

Katja steht auf, Fabio tut es ihr gleich, an ihre Hand geklammert.

»Vielen Dank für die Aufnahme«, sagt er. »Wir sind Katja und Fabio Blom aus Duisburg. Katja ist Hotelfachfrau, ich bin Ingenieur. Wir haben zwei Kinder, Jasper ist siebzehn, Johanna vierzehn. Wir hoffen, dass die beiden im neuen Haus, das die liebe Frau Vincenz uns vermietet, gerade nicht zu viel Unsinn anstellen.«

»Oder in anderen Häusern«, sagt einer mit schneeweißem Hemd, bis oben zugeknöpft. Die Frau und das Mädchen in Jojos Alter, die neben ihm sitzen, sind in Blümchenkleidern genauso ordentlich angezogen. Sie passen außerordentlich gut in die Fünfziger-Jahre-Umgebung. Aber wovon spricht er?

»Kommt doch bitte nachher noch zu mir, liebe Katja, lieber Fabio«, sagt die Gemeindepräsidentin mit ihrer kratzigen Stimme. »Der Zivilschutz braucht noch Informationen von euch wegen der Evakuationspläne.«

»Äh?«, sagt Fabio halblaut, aber die Frau fährt schon fort.

»Und damit sind wir auch schon beim Thema. Wir werden heute nur über eine Sache sprechen, es sind schon viele Gerüchte herumgegangen. Wie ihr seht, haben wir Besuch.«

Nacheinander stellt sie die Männer und Frauen vor, die vorn an die Fensterbänke gelehnt warten. Da sind eine Kantonsbeauftragte, ein Geologe und eine Geologin von der Firma GeoVal sowie ein Ingenieur vom Amt für irgendwas und Naturgefahren. Das ist der mit den windverwehten Haaren, der heute Vormittag den Stein fotografiert hat. Außerdem eine vom Straßenbauamt und ein Bohrmeister.

Ein was? Fabio versteht nicht alles, sein Schweizerdeutsch ist definitiv ausbaufähig.

Die Kantonsbeauftragte, Frau Jäger, ganz jung und eher formell gekleidet, stellt sich neben die Gemeindepräsidentin, die aber weiterhin das Wort führt.

»Es ist nun so … ach, Bengiamin, können wir schon die Präsentation sehen?«

»Der ist neu«, flüstert Eli.

Sandro nickt. »Bis jetzt war da doch diese Luzia so und so.«

Der neue Bengiamin, vom Amt für irgendwas und Naturgefahren, sieht gar nicht aus wie einer vom Amt, sondern sportlich und geschmeidig, kräftiges Kinn, wie ein Snowboarder vielleicht. Dazu passt auch das knallorangene Shirt. Die Brille mit der dunklen Fassung weniger. Er schaltet den Beamer ein und stellt sein Tablet auf. Eine Grafik erscheint auf der Leinwand.

»Das kennt ihr ja alle schon«, sagt die Schiess, »der Querschnitt unseres Berges, die verschiedenen Gesteinsschichten, der tiefgründige Rutschhorizont, auf dem Vischnanca steht. Leider hat sich die Geschwindigkeit in den letzten drei Monaten noch einmal erhöht, und wenn wir es hochrechnen, sind wir bei einem Meter zwanzig pro Jahr.«

Katjas Hand in seiner wird feucht.

Das Dorf rutscht? Einen Meter zwanzig pro Jahr?

Wieso bricht nicht alles zusammen? Und wieso wissen sie das nicht? Fabio spürt, wie sich die Hitze in seinem Körper ausbreitet, Adrenalin rauscht in den Ohren. War der Ömmes gar keine große Ausnahme?

Die wenigen Gesichter, die er sieht, und die zwanzig Kopfrückseiten vor ihnen scheinen ungerührt. Entweder ist das die berühmte Schweizer Zurückhaltung, oder die wissen das alle. So, wie Regula Schiess spricht, wissen sie es alle.

»Dazu kommt, dass in gewissen Bereichen, vor allem am östlichen Rand, die Rutschung immer differenzieller erfolgt.«

»Das heißt, dass der Boden nicht gleichmäßig rutscht«, flüstert Sandro ihm zu, als ob es genau darauf ankäme, »deswegen entstehen zum Beispiel die dicken Risse in den Häusern oder Löcher im Boden.«

Fabio streicht sich mit dem Daumen über den Schnitt am Finger, den er sich in Frau Vincenz' Bad zugezogen hat. Wenigstens, hat sie gesagt, habt ihr eure Kinder hergebracht, das hält das Dorf jung.

»Bund und Kanton«, fährt Regula Schiess fort, »sind zu dem Schluss gekommen, dass akuter Handlungsbedarf besteht, und zwar in Form einer hydrologischen Lösung. Wir haben ja schon öfter von Entwässerung gesprochen. Vor einem Jahr haben wir euch hier die Drainage im Tessin vorgestellt, und ich habe gehört, dass Margarita und Romeo Spinatsch sogar im Urlaub dort vorbeigefahren sind?«

Der angesprochene Mann in blauer Latzhose lässt sein Leberwurstbrot sinken, das bis hierhin riecht. »Entschuldigung, ich hab noch nichts gegessen. Ja, es war schön im Tessin.«

Seine Margarita schließt die Tupperdose mit einem Plopp. Die Blümchenfrau und ihr Mann im feinen weißen Hemd schütteln pikiert den Kopf. Hinter ihnen entdeckt Fabio Mona Leutenegger, in deren Pension sie im März übernachtet haben. Sie hustet leise, in Wahrheit unterdrückt sie wohl ein Lachen. Ein Mann mit Pferdeschwanz neben ihr im Rollstuhl grinst und hat seinen Blick doch hungrig auf das Brot gerichtet.

»Was wir aber auch schon gesagt haben, ist, dass es mit der Positionierung einer solchen Drainage schwierig wird. Bengiamin?«

»Ja«, sagt der und bleibt am Rand stehen. Er ist noch ganz jung, Anfang dreißig, schätzt Fabio, und offenbar noch nicht sehr bewandert im öffentlichen Reden. Seine Befangenheit passt gar nicht zu seinem Aussehen. Er schweigt kurz und stupst die Brille die Nase hoch. Dann zeigt er mit einem Laserpointer auf die Grafik an der Wand. »Wir haben ja hier den Schiefer und den Dolomit, und der Dolomit ist zu rollig, zu locker, um darin einen Zugangsstollen zu bauen, und deswegen …« Er sieht auf und bleibt mit erschrockenem Blick an einer Dorfbewohnerin hängen. Den angefangenen Satz scheint er vergessen zu haben.

»Okay, ich mache das jetzt wie mit einem Pflaster«, sagt Regula Schiess und überfährt den armen Kerl einfach, »ich reiße es mit einem Ruck ab.«

In knappen Worten erklärt sie, dass es keine andere Möglichkeit mehr gäbe, als den Zugangsstollen für die Drainage direkt unter dem Dorf zu bauen. Nicht unterhalb vom Dorf, sondern direkt im Gestein darunter. Das würde zwar in einer stabilen Schicht unter dem Rutschhorizont geschehen, könne jedoch den Boden trotzdem aufgrund der Bohrungen und eventuellen Sprengungen noch instabiler machen. Die Rutschung könnte sich beschleunigen. Demgegenüber könnte es auch, sobald dem Berg das Wasser erfolgreich entzogen würde, zu Geländesetzungen kommen. So oder so könnten Häuser einstürzen. In beiden Szenarien würde Vischnanca höchstwahrscheinlich unbewohnbar werden und bleiben.

Zehn Sekunden lang herrscht absolute Stille im Raum, man hört sogar, wie die langen, weißen Vorhänge im Wind über den Boden streifen. Die allgegenwärtigen Spatzen, die Fabio zu verfolgen scheinen wie ein griechischer Chor, unterhalten sich vor den Fenstern: *An dieser Stelle der Geschichte entpuppt sich unser Held als kompletter Idiot, der sich gerade ein Häuschen in einem dem Tode geweihten Dorf eingerichtet hat. Wie wird er seine Familie aus diesem Desaster befreien?*

»So ein Unfug«, sagt Frau Vincenz laut.

»Leider nicht«, sagt Regula Schiess, doch dieses Mal ist sie es, die unterbrochen wird.

»Das ist also keine Lösung«, sagt laut die Frau, die dieser Bengiamin so erstaunt angesehen hat. Sie hat die Hände auf ihrer zerschlissenen Jeans abgestützt, das dünne T-Shirt zeigt Schweißflecken unter den Armen. »Wie gehen wir weiter vor?«

»Das ist Ria Casparin«, flüstert Sandro ihm zu. »Älteste Familie im Dorf.«

Sie trägt eine Brille und hat einen auffälligen Wirbel, so dass sich die hellblonden, glatten Haare wie ein Strudel um den Kopf winden und ihr der geflochtene Zopf über die rechte Schulter nach vorn fällt. Daneben sitzt ein schlanker Mann, bei der Ähnlichkeit bestimmt ihr Bruder, und auf der anderen Seite ein massiger Kerl mit glänzenden Wangen, die Arme vor der breiten Brust verschränkt. Wenn das ihr Mann ist, könnte er sie wohl mit einer Umarmung zerquetschen. Ob die älteste Familie im Dorf so etwas wie der lokale Adel ist?

Die Gemeindepräsidentin lässt sich nicht einschüchtern. »Wie gesagt, Ria, eine hydrologische Lösung ist das Einzige, was im Moment eine Chance auf Erfolg hat.«

»Eine *Chance* auf Erfolg«, wiederholt diese Ria und steht auf. »Für eine *Chance* sollen wir unser Dorf verlassen?«

»Es ist ja nicht nur das Dorf«, sagt Bengiamin. Er drückt nervös auf den Laserpointer, der unverständlichen Morsecode an die Decke wirft. »Sot im Tal ist gefährdet, weitere fünfundneunzig Einwohner und Einwohnerinnen, zwar nicht durch den Rutsch selbst, aber durch die Flem, die sich aufstauen könnte. Sie verändert sich ja jetzt schon durch das nachrutschende Gestein. Außerdem laufen Versorgungsleitungen für Wasser und Strom direkt durch die Rutschung, und die Straßen gehen kaputt.«

Er schaut sie dabei nicht an, wirkt ganz atemlos. Die Frau vom Straßenbauamt und die Geologin nicken. Die Letzere öffnet den Mund, um etwas zu sagen, kommt aber nicht dazu.

»Das wissen wir doch alle«, sagt Ria. »Wir leben ja schon eine Weile hier.«

Sie sieht Bengiamin böse an, den Oberkörper in Angriffshaltung nach vorn geneigt.

Der Laserpointer erlischt.

Sandro und Eli starren nachdenklich vor sich hin, wie die meisten anderen auch. Anscheinend hat nicht nur Fabio Schwierigkeiten, es zu begreifen. Lediglich Frau Vincenz sieht aus dem Fenster, als ginge sie das gar nichts an. Er spürt Groll in sich aufsteigen. Wenn die Alte ihnen von Anfang an gesagt hätte, was mit diesem verrückten Dorf los ist, könnten sie jetzt in einer schönen Mietwohnung in Martgea sitzen und einen guten Wein trinken.

Ein älterer Mann ganz vorn fragt etwas, das Fabio nicht versteht.

»Das ist nicht gewiss, Walti«, sagt die Schiess. »Im Moment gehen wir davon aus, dass sich innert fünf Jahren mit ausreichend Sicherheit sagen lässt, ob die Drainage funktioniert oder nicht. Dann *könnte* man über eine Rückkehr sprechen, aber wahrscheinlich ist das nicht.«

Fünf Jahre. Die kann man nicht wartend in einem Hotel verbringen oder bei Muttern im nächsten Dorf.

»Wir werden Sie natürlich nicht zwingen«, sagt die Jäger plötzlich. Die Starre im Saal scheint sich ein wenig zu lösen, Gemurmel macht sich breit oder eher ein Grollen. Kein Wunder. Die Jäger tritt einen Schritt vor und legt die Hände in einer beschwichtigenden Geste vor der Brust zusammen. »Sie als Gemeinde haben das letzte Wort. Allerdings müssen wir Ihnen wegen der Dringlichkeit ein Ultimatum stellen. Bei der nächsten regulären Versammlung in drei Monaten brauchen wir einen Entscheid. Das Dorf wird nur aufgegeben, wenn Sie alle mit Ja stimmen. Alle. Keine Ausnahme. Einstimmig. Dann können wir die Drainage bauen, und nur dann besteht auch eine Chance auf Rückkehr. Andernfalls läuft alles weiter wie bisher, das heißt, wir überwachen den Berg, aber er könnte Ihnen weiterhin jeden Tag auf den Kopf fallen. Sicher sind Sie hier auf Dauer nicht.«

Das Murmeln wird immer lauter. So langsam ist die Botschaft in den Köpfen angekommen. Die armen Umzugshelfer, denkt Fabio, die haben alles umsonst ins Haus getragen. Wenn wir nach Martgea ziehen, wird es hoffentlich nicht noch einmal ganz so teuer wie von Duisburg in die Schweiz. Und die armen Kinder, noch hatten sie keine Zeit, sich einzuleben, aber dass sie schon wieder umsiedeln müssen, das macht alles so unsicher. Am besten bringen sie das so schnell wie möglich über die Bühne. Katja drückt ihm die Hand.

»Außerdem«, fährt Regula Schiess fort, »wird es Entschädigungen geben. Man diskutiert noch über die Höhe. Wahrscheinlich wird uns der Grundstückswert ersetzt, nicht aber der Wert für das Haus oder die Häuser.«

»Als die Caminadas letzten Monat weg sind, haben sie gar nichts bekommen«, sagt der Leberwurst-Romeo.

Der alte Walti dreht sich um. »Bei welcher Versicherung waren die?«

»So ein Unfug«, schimpft Frau Vincenz vor sich hin, »so ein Unfug.«

Sandro und Eli unterhalten sich leise, er streicht ihr eine

Strähne aus dem Gesicht. Ria Casparin steht noch immer kriegerisch da, Beine breit, Fäuste geballt, ihr ganzer Körper bebt. Die Leinwand wird schwarz, als Bengiamin den Beamer abschaltet.

RIA

Die Klinke rutscht ihr aus den Fingern, und die Tür kracht gegen die Wand. Verdammt. Ist Blanca wach geworden? Sie wollte die Kleine einfach vom *bab* holen und in ihr eigenes Bettchen tragen. Ein schreiendes Kind kann sie gerade nicht aushalten.

Sie schließt die Tür so leise wie möglich, lauscht und tritt in die Stube.

»Aber meine Frage hast du nicht beantwortet«, sagt der *bab* gerade zu Stella und lässt sich von ihr zurück ins Bett helfen. Er trägt einen frischen Pyjama, und seine weißen Haare stehen um seinen Kopf wie Zuckerwatte, sie hat ihn wohl mit der weichen Bürste hübsch fürs Bett gemacht. »Geht es dir nicht gut heute?«

»Ach, Bruno«, sagt Stella, »ich weiß ja, du bist die große Ausnahme, aber warum sind die Kerle immer solche Idioten?«

Der *bab* lacht heiser und verzieht das Gesicht. Er hat noch Halsschmerzen, auch wenn das Fieber fast wieder weg ist.

»Guten Abend«, sagt Ria.

Er lächelt ihr zu, aber spricht weiter mit Stella, tätschelt ihr die Wange. »Wenn er ein Idiot ist zu dir, dann hast du was Besseres verdient, *matta.*«

Sollen sie sie ruhig ignorieren, sie will ja nur Blanca holen. Stella ist sowieso nicht die beste Babysitterin, sie kann mit

Kindern nichts anfangen, obwohl die doch ähnlich hilflos sind wie ihre alten Leutchen. Trotzdem musste Ria sie heute bitten, weil alle anderen ja auf der verdammten Gemeindeversammlung waren.

»Das eh«, sagt Stella. »So, Bruno, hier hast du was zu trinken. Soll ich dir den Fernseher anmachen?«

Mit welcher Selbstsicherheit die da vorn standen und über Rias Schicksal, ihrer aller Schicksal entscheiden wollten. Erst viel zu spät der Einwurf: natürlich nicht ohne eure Zustimmung.

Das ist typisch die Schiess, Ria hat sie schon nicht gemocht, als sie selbst noch im Vorstand saß, immer musste sie bis zum Letzten ihre winzige Macht ausspielen. Dann dieser Bengiamin Tschalèr mit seinem affigen Laserpointer und seinen Daten, jeden Tag kommen neue hinzu, jeden Tag neue Messwerte und statistische Weißnichtwas-Daten, das sind doch nur Zahlenhaufen. Bunt angemalt hatte er die, aber der Piz Brunclia ist nicht bunt, der Piz Brunclia ist graue Gehässigkeit.

Ria öffnet die Tür zu dem kleinen Zimmer neben der Stube. Blanca hat sich aufgesetzt, und ihre Knopfaugen schimmern im Halbdunkel. Sie streckt die Händchen aus. Ria seufzt und hebt ihre Tochter aus dem Bettchen. Sie vergräbt ihre Nase an Blancas Hals, aber die Kleine hampelt herum und haut ihren Kopf schmerzhaft gegen Rias Kiefer.

Stella zappt zwischen den Lieblingssendern vom *bab* hin und her, Reisereportagen liebt er.

»Schau«, sagt Stella und legt sich eine Hand aufs Herz, »das ist Kroatien. Alles voller windschiefer Pinien.«

Ria tritt neben sie und berührt sie am Ellbogen. »Danke fürs Aufpassen.«

»Mh.« Stella reißt den Blick vom Fernseher los. »Warte, ich komme mit raus.«

Sie verabschiedet sich vom *bab* und atmet tief ein, als sie an die frische Luft treten. »Wie war es bei der Versammlung?«

Ria merkt, wie sie die Zähne aufeinanderbeißt. »Die wollen das Dorf räumen.«

Blanca beginnt zu weinen. Sie muss schnell wieder ins Bett, sonst ist sie gleich ganz wach.

»Willst du mit uns essen?«, fragt Ria. »Wir haben aber nur Brot und Käse. Mein Bruder ist auch da.«

»Warte mal«, sagt Stella. »Muss ich packen? Ist wirklich Evakuation? Ich habe keine Nachricht bekommen. Soll nicht ein SMS kommen? Sollen nicht die Sirenen heulen?«

Blanca kreischt.

»Nicht akut«, sagt Ria laut. »Sondern zur Vorbeugung, weil sie bohren müssen. Komm doch mit rüber.«

»Ich fahr lieber nach Hause, danke.«

Ria ist so unruhig, dass Blanca auch in ihrem abgedunkelten Zimmer nicht einmal die Augen zumacht, sondern laut auf Rias Arm vor sich hin brabbelt. Nimmt sie sie eben mit zum Essen. Aber Ria muss im Flur stehen bleiben und durchschnaufen, bevor sie die Küche betreten kann. Denn da wird dieser Bengiamin Tschalèr sitzen, was für ein merkwürdiger Kerl. Ihr Bruder ist nach der Versammlung auf ihn zu – stellt sich heraus, dass sie zusammen bei einer Reserveübung fürs Militär waren –, und hat ihn eingeladen. Natürlich ohne Ria vorher zu fragen, ihr Hof ist auch immer irgendwie Marcos Hof, da kennt er nichts. Zumindest redet er ihr nicht mehr rein, was das Geschäftliche, das Landwirtschaftliche angeht. Aber diesen Bengiamin hätte er nun wirklich nicht einladen dürfen.

Die Küche ist leer, die Männer sind auf die Terrasse raus, Gian, Marco und der Gast, sie sitzen da mit breiten Beinen. Gian hatte vor der Versammlung keine Zeit zum Essen und jetzt bestimmt einen Mordshunger, er muss morgen wieder früh raus, aber hergerichtet hat er noch nichts. Also ist es jetzt wohl ihre Aufgabe, nicht nur ihren Mann, sondern auch diesen Kerl zu bewirten, der sie von ihrem Hof vertreiben will. Sie gibt Blanca ihrem *barba* Marco auf den Arm.

»Bengiamin«, sagt er, »das ist meine Nichte Blanca.«

»Die wohl überhaupt nicht müde ist«, sagt Gian. »Neun Uhr, *donna* Blanca, warum schläfst du nicht?«

Ria geht wieder rein und knallt in der Küche ein Tablett auf die Arbeitsfläche, sucht Teller und Besteck zusammen.

»Kann ich helfen?«, fragt eine Stimme hinter ihr. Sie fährt herum. Er muss versucht haben, sich das Waldesgestrüpp auf dem Kopf etwas glatt zu streichen, das nach der Versammlung in alle Richtungen abstand. Gelungen ist es ihm nicht. Auch der Bart ist wild.

Sie reden Deutsch miteinander, er scheint kein Surmiran zu sprechen, doch sein Dialekt ist von hier.

»Nicht nötig. Setz dich nur wieder zu den anderen.«

Mit braungebrannten Händen und langen Fingern streicht er über den alten Küchentisch. »Ist der selbst gezimmert?«

»Von meinem Urgroßvater.« Sie schmeißt Brot, Käse und Wurst aufs Tablett und trägt es nach draußen. Die Dunkelheit senkt sich nur langsam, obwohl die Sonne längst hinter den Bergen verschwunden ist.

Gian steht nun doch schwerfällig auf und holt Bier. Sein

Hemd ist am Kragen unappetitlich durchgeschwitzt. Er stellt ihnen allen eine Flasche hin und wirft den Öffner daneben.

»Danke«, sagt Bengiamin.

Ria holt Gläser.

»Bengiamin, was ist denn aus deiner Vorgängerin geworden?«, fragt Gian.

Bengiamin stellt die Bierflasche wieder ab, ohne einen Schluck genommen oder den Inhalt ins Glas geschüttet zu haben.

»Luzia? Mutterschaftsurlaub«, sagt er und legt die Hände in den Schoß.

Sie sieht, wie er es hasst, im Mittelpunkt zu stehen. Selbst schuld. Er hat die Verantwortung übernommen für einen Meter zwanzig pro Jahr, eine einzige rote Zone, die ganz Vischnanca und einen Großteil der Südseite des Piz Brunclia betrifft. Er hat die Verantwortung dafür übernommen, dass sie nun alle vertrieben werden. Wie kann es sein, dass es auf diesem ganzen großen, verdammten Berg wirklich nur eine einzige Stelle gibt, an der man einen Tunnel bohren kann?

Ria holt ein Schüsselchen mit Brei aus dem Kühlschrank, stellt ihn kurz in die Mikrowelle und nimmt draußen Marco das Kind ab. Blanca ist begeistert, sie hat immer den gesunden Appetit eines Bauernmädchens und ist schnell über und über verschmiert. Bengiamin beobachtet die drei kleinen Katzen, die um den Tisch herumstreifen, kleine Clowns mit Gliedmaßen, die sie noch nicht ganz unter Kontrolle haben. Roxy, die Mutterkatze, sitzt würdig abseits. Bengiamin hat dabei einen zärtlichen Ausdruck in den Augen, der Ria rasend macht.

Sie legt den Löffel weg. »Magst einen Käse, Bengiamin?«

»Ja, gern«, sagt er, fährt sich mit beiden Händen in die Haare und sieht endgültig aus wie einer, der aus dem Berg kommt. Sie legt ihm eine Scheibe dunkles Brot und Käse hin.

»Danke.«

»Dann kommst du ja jetzt öfter ins Dorf, Ben«, sagt Marco.

»Ja, schon. Luzia hat mir das Projekt halt übergeben.«

»Projekt.« Am liebsten würde sie ihm das Essen wieder wegnehmen. So einer soll nichts von ihrem Brotprojekt und ihrem Käseprojekt und ihrem Hofprojekt und ihrem Familienprojekt und ihrem Lebensprojekt abbekommen.

»So habe ich das nicht gemeint«, sagt er rasch.

»Ist doch gut, dass du es distanziert betrachtest.« Marco kaut und schluckt mit einer Ruhe, die Ria kaum ertragen kann. »Wenn man so nah dran ist wie wir, dann kann man ja gar keine Entscheidungen mehr treffen.«

»Ob ihr geht, meinst du.«

»Ich wohne ja nicht mehr hier«, sagt Marco. »Aber die Ria und der Gian halt. Und der *bab*. Ist unser alter Familiensitz, seit unserem Urururgroßvater, Baltermia Dosch dem Zweiten. Das gibst du nicht leichten Herzens auf.«

»Die Frage stellt sich auch nicht.« Ria spricht, während sie versucht, Blanca den Mund abzuwischen. »Unser ganzes Geld steckt im Hof. Wenn wir gehen, haben wir nichts und müssen beim Marco unterkriechen. Ach, Blanca, jetzt halt doch mal still.«

»Aber falls die Evakuation kommt?«

»Dann ist alles aus.«

Das ist ausgesprochen, bevor sie nachdenken konnte. Woher kommt diese Hoffnungslosigkeit? Sie ist doch wütend, wieso kann sie ihre Wut nicht ausdrücken? Sie will Bengiamin nicht einmal anschauen. Er will sie hier wegschicken.

»Hast du gehört«, sagt Gian, »dass von dem Stein fast zwei Kinder erschlagen worden sind, Ben?«

»Ja. Das hätte nicht passieren dürfen. Das Warnsystem und dadurch die Ampel hätte früher reagieren müssen, weil eigentlich selbst so ein heftiges Gewitter wie heute keinen Einfluss auf GPS und Radar hat.« Er tönt gleich ganz anders, wenn er über solche Sachen spricht, viel sicherer. Mit der Technik kennt er sich aus. »Ich habe mit den Geologen gesprochen, die sind natürlich auch nicht zufrieden. Wir müssen das neu kalibrieren. Kennt ihr die Kinder?«

»Das sind die Neuen aus Deutschland.« Gian redet mit vollem Mund, sein zerkautes Brot ganz deutlich sichtbar. Hat er das schon immer so gemacht?

»Muh, muh!« Blanca lacht Bengiamin an. Dabei – wie der Vater so die Tochter – fällt ihr Brei aus dem Mund, den Ria wieder versucht reinzuschieben, Bengiamins Blick körperlich spürbar auf sich. Sie schaut ihn weiterhin nur aus den Augenwinkeln an.

»Der Simon«, sagt Gian, »der hat das schon ganz früh gesagt.«

Bengiamin zuckt zusammen. »Der Simon.«

»Der war Wasserschmöcker, und er hat schon immer gesagt, dass zu viel Wasser im Boden ist.«

Ria schiebt die Schüssel weg. »Als der Simon noch Wasser schmöcken gegangen ist, da hatte es noch gar nicht so viel Wasser im Boden.«

»So mit der Wünschelrute ist er gegangen?«, fragt Bengiamin.

Gian und Marco nicken.

»Schläft ein Lied in allen Dingen, die da träumen fort und fort«, sagt Bengiamin.

Die beiden Männer sehen ihn fragend an. Auch Ria hebt den Blick. Das hört sich jetzt gar nicht nach Technik an.

Da springt er auf, dass der Tisch wackelt. »Ich muss los. Danke fürs Essen. War gut.«

Er rennt am Haus vorbei, und wenig später hören sie, wie er so viel Gas gibt, dass er Steinchen auf den Hof prasseln lässt – und gleich wieder bremst.

»Was denn jetzt?«, fragt Gian, trinkt noch einen Schluck Bier und stützt sich auf der Lehne ab, wie um aufzustehen.

»Ich schau schon.« Ria setzt sich Blanca auf die Hüfte und geht den kürzeren Weg durchs Haus. Bengiamins Auto steht auf dem Hof, die Scheinwerfer beleuchten Dino, der seelenruhig genau vor der Ausfahrt steht.

Sie geht am Auto vorbei. Bengiamin hat das Fenster heruntergelassen.

»Der lässt mich nicht vorbei«, sagt er.

Sie nimmt den Bernhardiner am Halsband, tief in seinem Fell versteckt, und zieht ihn zur Seite. Bengiamin hat beide Hände am Lenkrad und schaut sie aufmerksam an, als sähe er etwas, das sie nicht ist. Nie gewesen ist.

JOHANNA

Sie hält die Handykamera auf das Nachbarhaus und macht ein Foto von dem breiten Riss im Putz. Mama und Papa sind gestern ganz aufgelöst von der Gemeindeversammlung nach Hause gekommen. Sie müssen wahrscheinlich bald wieder gehen und noch mal was Neues suchen, weil die hier unter dem Dorf einen Tunnel bauen wollen. Keine Ahnung, was sie davon hält, aber jedenfalls hat sie aufgehört, ihre Sachen weiter auszupacken. Nur Schnegge im kleinen Rucksack hat sie wieder dabei.

Sie versucht sich vorzustellen, wie sich der Boden unter ihr bewegt. Man merkt da ja nichts von. Es zittert oder wackelt nicht. Sie hat sich gestern noch Videos von Erdrutschen angeguckt, in Norwegen ist innerhalb von ein paar Stunden ein ganzes Dorf ins Meer gerutscht. Besonders weird war ein Twitter-Filmchen aus Nordirland, wo sich in einem Moor eine Art Fluss aus Torf gebildet hat, also, das Wasser muss drunter gewesen sein, genauso wie hier mit diesem Rutschhorizont, es sah einfach aus wie Land, Bäume und Sträucher drauf, die ganz vergnügt und gemütlich einen flachen Hang hinabfahren. *Peat slippage* heißt das auf Englisch, und sie musste lachen, als Google es als Torfschlupf übersetzt hat.

Unzufrieden löscht sie das Foto von dem Riss im Haus wieder. Vielleicht eher ein Video. Sie sucht den Anfang des Risses unten auf dem Boden zwischen ihrem Haus und dem der Nachbarn, zwischen den beiden Tannen. Fichten. Whatever. Schon bei der Aufnahme merkt sie, dass das Bild zu sehr wackelt.

»*Tgau*, Johanna.«

Sie blickt auf. Minna, genauso hübsch gekleidet wie gestern, ein helles Sommerkleid mit Flatterärmeln. Also, nie würde sie selbst sich so anziehen, aber Minna ist so hübsch, dass Johanna kaum weggucken kann.

»Mein Telefon ist doof. Oder ich bin zu doof«, sagt sie zur Begrüßung. Meine Begrüßung ist doof.

»Wieso?« Minna nimmt es ihr neugierig aus der Hand.

»Verwackelt immer alles.« Sie kratzt sich am Ellbogen.

»Wie viel MB hat die Kamera denn? Das hast du auch schon seit ein paar Jahren, oder?«

»Drei, glaube ich.«

»Die neueren haben einen besseren Bildstabilisator, der vom iPhone X ist genial.«

»Hast du eins?« Mama und Papa würden ihr nie so ein teures Gerät kaufen, kostet das nicht tausend Euro?

Minna schüttelt den Kopf. »Mein Onkel. Was willst du filmen?«

»Den Riss.« O Mann. Den Riss. Wie doof ist das denn.

Minna reicht ihr das Telefon. »Kannst dich auf meiner Schulter abstützen.«

Johanna entsperrt das Gerät und denkt, dass Minna sich umdrehen wird, so wie wenn man jemandem den Rücken hinhält, um was aufzuschreiben. Aber sie steht da und lächelt und schiebt die Schulter nach vorn.

»Oh, danke«, sagt Johanna. »*Angraztg*.«

Das ist ein irres Wort und heißt einfach nur danke.

Minna kichert. »Du übst also schon. Hört sich gut an.«

Johanna muss lächeln. »*Angraztg.*«

Sie neigt das Telefon, nicht zu weit, damit sie nicht den Stoff von Minnas Kleid drauf hat, und dann geht es wirklich viel besser, den Boden entlang bis dahin, wo das Nachbarhaus anfängt, als sie leichten Druck ausübt, geht Minna vorsichtig einen Schritt zurück, Johanna mit ihr, sie duftet nach Karamell und Honig, und dann hat sie den ganzen Riss drauf, bis nach oben.

Sie sehen sich das Video gemeinsam an, Minnas Haar kitzelt Johanna an der Wange.

»Meins ist noch älter«, sagt Minna, und Johanna braucht einen Augenblick, bis sie versteht, dass Minna ihr Telefon meint. »Kann auch kein 5G. Ich darf es nur mit in die Schule nehmen, für Notfälle, jetzt in den Ferien haben meine Eltern es ganz weggesperrt.«

Johanna steckt ihres auch weg. »Warum?«

Minna zuckt mit den Schultern. »Ist dein Bruder zu Hause?«

»Ist mit Mama zum Baumarkt gefahren. Gibts sonst echt niemanden in unserem Alter hier?«

»Nicht in Vischnanca.« Minna strahlt sie an. »Deswegen bin ich ja so froh, dass du da bist.«

Johanna möchte ihr Jasper nicht vorstellen. Nachher verliebt sie sich in ihn und will nur noch Zeit mit ihr verbringen, weil sie Jasper nahe sein will. Mit Franzi war das auch eine Weile so, bis er ihr ziemlich klargemacht hat, dass sie für ihn noch ein Kind ist, ein Baby, die Freundin seiner kleinen Schwester. Danach ist es dann schlimm geworden.

Aber daran wird sie nicht denken.

Vorhin hat Jasper ihr erzählt, dass er gestern am Brunnen

jemanden getroffen hat. War wieder komisch, dass er ihr so was anvertraut. Sie haben sich seit Kindertagen nichts mehr anvertraut. Johanna dachte zuerst, er meinte jemanden Gleichaltrigen, aber sie heißt Claire und ist über dreißig und hat was geraucht und Jasper hat bei ihr ziehen dürfen, und dann hat er sein eigenes Zeug rausgezogen, was er in Martgea gekauft hat. Keine Ahnung, wie er das hinkriegt, in der Schweiz ist Gras bestimmt genauso verboten wie in Deutschland.

»Eigentlich ist das Video doof«, sagt sie zu Minna. »Ich hätte auch was dazu sagen müssen. Willst du vielleicht? Darf ich dich filmen?«

Minnas Augen werden groß. »Und dann?«

»Würd ich es auf Instagram hochladen. Ich bin bei Fridays for Future.« Also, man muss da ja keinen Mitgliedsschein ausfüllen oder so. »Ich dachte, ich könnte was über das Dorf machen. Weil das abrutscht wegen dem Klimawandel.«

»Aber ich hab das alte Kleid an.« Minna zupft an sich herum.

»Das ist doch schön.«

Sie senkt den Kopf. »Meine Eltern dürfen das aber nicht erfahren.«

»Sind die auf Instagram?«

»Nein.« Minna lacht. Die Aufregung macht sie noch hübscher, findet Johanna. Das gucken sich bestimmt ganz viele an, egal, ob die Kamera wackelt.

Minna stellt sich zwischen die zwei Bäume.

»Sind das Tannen?«, fragt Johanna.

Minna blickt kurz an ihnen hoch und nickt. Na, also.

»Kannst du vielleicht zuerst einen Satz auf Surmiran sagen?«

Sie fangen ein paar Mal neu an, weil immer eine von ihnen kichern muss. Oder weil Minna doch zu dollen Schweizer Dialekt spricht, den man nicht versteht. Einmal vergisst Johanna, den Aufnahmeknopf zu drücken, und sie lachen, bis sie nicht mehr können. Aber Minna ist richtig gut.

»Hey Leute, ich bin Minna.« Dabei winkt sie, wie wenn ein Vögelchen mit einem Flügel flattert. »Seht ihr den Riss hier? Das hat nichts mit schlechten Handwerkern zu tun, sondern damit, dass unser Dörfli abrutscht.«

Sie sagt wirklich Dörfli, wie bei Heidi.

»In unserem Berg ist zu viel Wasser, und es wird von Jahr zu Jahr schlimmer. Die Sommer sind trocken, aber die Winter sind nass, und weniger Schnee macht es noch schlimmer, weil, Schnee schützt eigentlich den Boden.«

Sie laufen zur Bushaltestelle hoch, bis sie direkt vor dem bedrohlichen, grauen Hang stehen. Johanna hockt sich hin und filmt von unten, damit es noch gefährlicher aussieht.

»Das hier ist der Piz Brunclia.« Minna rollt das R und hebt ihren schlanken Arm und den Zeigefinger der rechten Hand, an dem der rosa Nagellack schimmert, in die entgegengesetzte Richtung. »Und das ist unsere Kirche, Nossadonna heißt sie, mit einem Altar aus der Werkstatt von Ivo Strigel.«

»Was du alles weißt«, sagt Johanna. Das muss sie nachher rausschneiden.

»Der Turm steht schräg, wie ihr seht. Von fünfzehnhundertirgendwas ist er, aber jetzt hält er nicht mehr lang. Wenn wir ganz großes Pech haben …«, und da hört sie tatsächlich auf zu lächeln und blickt nachdrucksvoll in die Kamera, die Johanna wieder auf sie gerichtet hat. »Dann rutschen wir nicht einfach nur Tag für Tag weiter. Wenn wir ganz großes Pech haben, kommt der komplette Berg auf uns runter. Googelt mal nach dem Bergsturz von Bondo.«

»Du machst das so smooth«, sagt Johanna, »wie eine Schauspielerin oder Journalistin. Du streichst voll die Dramatik raus.«

»Würden meine Eltern nie erlauben. Sei wie das Veilchen im Moose.«

»Was?«

Minna winkt ab. »Und jetzt lädst du das gleich hoch?«

Johanna schüttelt den Kopf. »Mach ich nachher drinnen mit WLAN, wenn das hoffentlich funktioniert. Zeigst du mir noch was vom Dorf?«

»Filmst du weiter?«

Sie gehen die Veia Carfiol hoch, und hier ist Johanna bislang immer rechts rum, aber Minna führt sie in die andere Richtung.

»Hier würde ich viel lieber wohnen«, sagt Minna mit einem Hüpfer.

»Wieso?«

»Hier an der Ecke«, flüstert Minna, »wohnen zwei Flüchtlinge. Die arbeiten bei der Ria auf dem Hof.«

»Auf einem Bauernhof?«

»Ja.«

»Können wir den angucken?«

»Da müssten wir zurück, unten an den Dorfrand. Aber hier, neben den …«, wieder flüstert sie, Johanna findet das komisch, »neben den Flüchtlingen, da wohnt gerade eine aus der Stadt, die für den Sommer da ist, die Claire Vincenz. Das ist die Tochter von eurer Vermieterin. Und daneben wohnen die Stella Marić und der Mauro Schiess, in einer Wohngemeinschaft. Der Mauro ist der Bruder von

Regula, der Gemeindepräsidentin. Er hat einen Leguan. Der ist so eklig, mit so trockenen Schuppen und ganz leeren Augen. Noch schlimmer als Geißenaugen. Die Claire und der Mauro machen beide was mit Computern.«

Johanna kann sich all die Namen nicht merken, aber bei Claire merkt sie auf. Ob das Jaspers Claire ist? Mehrere wirds in einem Dorf dieser Größe wohl nicht geben. Ihr Blick wandert die Straße entlang. Kurz vor der Kurve stehen Baufahrzeuge, Laster und so.

»Sind die da wegen dem Rutsch?«

Minna kommt ihr hinterher, nicht besonders interessiert.

»Die machen Bohrungen, hat mein Papa gesagt. So Probebohrungen für die Entwässerung.«

Erschrocken dreht Johanna sich zu ihr um. »Ich dachte, das ist zu gefährlich.«

»Nicht die Probebohrungen. Die sind erlaubt, um rauszufinden, wie sie den Stollen dann am besten bauen.«

In einiger Entfernung bleiben sie stehen. Da stehen so viele Gerätschaften und Maschinen, knallgelb unterm Schmutz, dass Johanna sich fragt, wie viel wohl angekarrt werden muss, wenn es an den richtigen Stollen geht. Ein Kran ragt zwischen dem ganzen Kram hervor, Kran-Kram, außer dass er keinen Arm hat, Kran, Kram, Arm.

»Ach, ist das der Bohrer?«, fragt sie laut.

»Bestimmt.« Minna stellt sich in die Mitte der Straße, dreht sich einmal um sich selbst und zupft das Kleid zurecht. »Soll ich noch was vor der Kamera sagen? Mit der Baustelle im Hintergrund?«

Nach zwei Versuchen ist der Akku leer, aber Johanna glaubt eh, dass das reicht. Einer der Bauarbeiter kommt auf sie zu. Er ist unrasiert und trägt eine leuchtend orange

Weste über einem schwarzen T-Shirt, auf dem Kopf einen weißen Schutzhelm. Johanna versteht nicht, was er sagt.

»Wir stehen doch nur auf der Straße«, sagt Minna, »und zwar weit genug weg.«

Der Mann antwortet weiterhin auf Schweizerdeutsch.

»Wenn Sie mit *nach Hause gehen und was für die Schule machen* meinen, dass wir was Richtiges lernen, damit wir später nicht auf dem Bau arbeiten müssen ...«

Johanna glaubt nicht richtig zu hören. Hat die süße, hübsche Minna das gerade wirklich zu diesem unrasierten Mann gesagt, der einen halben Werkzeugkasten links und rechts in den Hosentaschen trägt?

Minna nimmt sie an der Hand und rennt los. Sie dreht sich immer wieder um, natürlich kommt ihnen der Mann nicht hinterher, aber Minna tut so, als würden sie verfolgt. Johanna versucht, ihre Verwirrung nicht zu zeigen, und lacht Minna an. Deren Strahlen ist unwiderstehlich, so merkwürdig das grad auch war. Erst als sie erneut die Häuser mit den Flüchtlingen und dem Leguan erreichen, bleibt sie stehen.

»Sag das bloß nicht meinen Eltern.«

Nee, bestimmt nicht, das würde sie nicht machen.

Aber sie hasst Mutproben und so was wie das gerade.

Sie hat Bauchweh.

RIA

Saad zupft sich an den Socken, aber sie sind und bleiben voller Löcher. Er grinst schief, und sie muss lachen.

»Was meinst du, wie Gians Socken aussehen? Deswegen läuft er ja immer barfuß.«

»Gibt es überhaupt so große Socken, die an Gians Riesenfüße passen?«

»Muss man schon selber stricken.« Sie zwinkert ihm zu. Selbst strickt sie nicht, aber Deta und Nesa, die Pedretti-Schwestern, nehmen ihr immer viel von der Schafwolle ab. Beste Casparin-Qualität, sagen sie, und einige Paar der Fäustlinge, die sie anfertigen, verkauft Ria dann im Hofladen und Matilda in ihrem Laden.

Das alles wollen sie ihnen nehmen.

Nun kommt auch Gian in die Küche. »Redet ihr über mich?«

»Nein, gar nicht.« Sie stellt den Stabmixer an, um die Suppe zu pürieren. Aus gelben Rüben, Sellerie und Kartoffeln wird eine farblose Masse, sie gießt noch etwas Brühe nach, dann rührt sie um und schmeckt ab.

»Jalil will am liebsten gleich weg.« Saad starrt aus dem Fenster und schüttelt den Kopf. »Er meint, er kann das nicht noch mal, alles zurücklassen.«

Ria hält inne. Daran hat sie gar nicht gedacht.

»Aber mit seinem Fieber«, sagt Saad, »hat er gestern noch

nicht rausgefunden, ob wir das dürfen. Er will heute tele-fonieren. Und morgen ist er wieder fit, soll ich euch aus-richten.«

»*Schon bung*«, sagt Gian und setzt sich an den Tisch. Er kitzelt Blanca am speckigen Bein und lacht sie an. All die Zärtlichkeit, die zwischen ihnen, Ria und Gian, verloren gegangen ist, scheinen sie Blanca zu geben.

Saad reicht Ria die gehackte Petersilie. Er beschwert sich nie über ihre Schweizer Hausmannskost, aber wenn er sie hin und wieder zu sich einlädt, gibt es syrische Hochkultur zum Essen, die Ria vor Genuss stöhnen lässt. Wenn sie alle mehr Zeit hätten, würde sie sich ein paar Gerichte beibrin-gen lassen.

»Braucht ihr wohl eine Erlaubnis zum Umziehen?«, fragt Gian.

»Ja, wir brauchen immer für alles eine Erlaubnis. Wenn ihr wegzieht und …«

»Wir ziehen nicht weg«, sagt Ria.

»Aber wenn doch …« Er hält inne.

Wir ziehen nicht weg! Wie leicht sie sich alle einschüch-tern lassen – eine einzige Versammlung, schon wollen sie nachgeben. Dabei können sie sich so einfach durchsetzen, indem sie nein sagen und bleiben, basta. Die Ingenieure zwingen, sich etwas anderes auszudenken.

»Ich meine nur«, sagt Saad, »wir würden beide gern wei-ter für euch arbeiten, wo auch immer ihr dann … was auch immer ihr machen wollt … aber wir brauchen bestimmt auch schriftlich, dass ihr uns gleich weiterbeschäftigt.«

»Klar bekommt ihr das schriftlich«, sagt Gian. »Viel-leicht kann Ria auch mal bei den Landfrauen nachfragen, ob jemand schon einmal etwas Ähnliches hatte.«

»Du meinst, ob schon einmal ein ganzes Dorf davongejagt wurde?«, fragt Ria bissig. »Wir bleiben hier, Saad, hier auf unserem Hof, und euer Arbeitsverhältnis ist weiterhin unbefristet, unbeschränkt.«

Sie stellt die gefüllten Teller auf den Tisch. Fast schwappt die Suppe über. Gian greift nach einem Löffel.

»Darf ich Blanca füttern?«, fragt Saad.

»Ja, mach nur.« Sie schiebt ihm den Stuhl gleich neben Blancas Hochstuhl. Die Kleine quietscht vor Aufregung und lässt das Stück rohe Karotte fallen, an dem sie herumgelutscht hat. »Ich bring dem *bab* was rüber. Im Ofen sind dann die Rouladen, nehmt sie euch einfach.«

Ihr Vater wollte nicht zum Abendessen kommen, fühlt sich wieder müder und schlapp. Außerdem nervt ihn Blanca in letzter Zeit manchmal, sie ist so laut geworden, kräht, wenn ihr etwas schmeckt, kräht, wenn sie es nicht mag, kräht, wenn sie sich ins eigene Fäustchen beißt, das man für eine kleine, weiße Tortellini halten könnte.

Gian hängt stumm über seinem Teller und ist in Gedanken versunken. Gestern nach der Versammlung, als dieser Bengiamin endlich weg war, haben sie nicht mehr geredet, Gian hat ferngesehen, sie ist ins Bett, müde von der Wut, und hatte dann einen merkwürdigen Traum.

Der Bengiamin Tschalèr ist so ein ganz anderer Typ als der Gian. Schlank, athletisch, er macht bestimmt viel Sport. Wandern, Mountainbiken vielleicht, und im Winter fährt er garantiert Ski, sooft er aus dem Büro rauskommt. Er ist Vegetarier, hat er gesagt, als Marco ihm Wurst angeboten hat, außer selbst geschossenes Wild, das isst er. Gian liebt seine Schweins- und Rinderwurst, er ruht in sich, ist zufrieden mit der Welt, mit seinem Platz auf dem Hof, mit Rias Ideen für die Zukunft. Der Bengiamin hingegen, na, er ist noch so jung, aber sie hat das Gefühl, er würde sich nichts von ihr sagen lassen. Ein Schauer durchfährt sie bei der Erinnerung an ihren Traum.

Wie eine Herausforderung.

Nicht ihn zu bezwingen, sondern sich darauf einzulassen.

Beim *bab* stellt sie den Suppenteller auf dem Tisch ab. »Kann man schon gut essen, ist nicht mehr zu heiß. Ich hab ganz viel *peterschegl* drübergemacht.«

»Ich mag nicht aufstehen, Toni«, sagt er, und so stellt sie ihm das Kopfteil hoch und füttert ihn langsam. Er macht den Mund gehorsam auf und lächelt bei jedem Löffel.

»Die wollen, dass wir gehen, *bab*.«

Er blickt sie mit großen Augen an. »Wohin denn?«

So verständlich wie möglich berichtet sie ihm von der Versammlung.

»Den Berg wollen sie retten«, sagt sie und schnieft. »Aber wir gehen doch dabei drauf.«

Der *bab* schaut vor sich hin, sie weiß nicht, ob er alles begriffen hat.

»Was sagt denn der Lorenzo?«, fragt er.

»Der Lorenzo?«

Jetzt sieht sie die Unsicherheit in seinen Augen, weil er ahnt, dass er etwas Falsches gesagt hat, auch wenn er noch nicht weiß, was das ist.

»Du meinst den Gian, *bab*.«

»Den Gian.«

»Ist ja auch sein Hof«, sagt sie, »aber er ist nicht hier aufgewachsen, und solange er die Tiere mitnehmen könnte …«

»Ach, Marieli.« Der *bab* wischt sich mit dem Handrücken über den Mund, bevor Ria ihm ein Papiertuch geben kann.

»Der Berg steht schon so lange. Der wird uns überdauern. Wir zwei bleiben auf jeden Fall, hm?«

Sie muss heftig schlucken und nickt. Dann braucht sie selbst ein Tuch und wischt sich die Augen.

»Wenn es hart auf hart kommt, organisieren wir einen Fähnlilupf.« Der *bab* zwinkert, und kurz fühlt es sich an, als wäre sie wieder zehn, und der *bab* würde gleich anfangen, nach einem anstrengenden Tag mit ihr und Marco aus Spaß zu raufen, während der Münsterländer, der alte Georg, um sie herumtobt, mit unzähligen Disteln im Fell. Früher ist der *bab* mit einem Freund und dem Hund einmal im Jahr zum Jagen in den Schwarzwald.

Die Stille beim *bab* beruhigt sie, der Duft der Suppe, das indirekte Licht, von draußen Vogelgezwitscher – bis sie beide aufhorchen, als Stellas laute Musik ertönt. Ria kennt sich im Metal-Bereich wirklich nicht aus, aber selbst für sie tönt es, als hätte Stella die CD gewechselt.

»War gut, danke«, sagt der *bab* mit Petersilie zwischen den Zähnen.

Da kommt Stella herein. »Guten Abend.«

Ria schnuppert. »Du riechst aber gut heute, Stella.«

Sie verzieht den Mund und greift in die Tasche. »Das bin ich nicht, das ist diese Duftkerze, die mir die Maria Weber geschenkt hat. Ich glaube, ich stinke ihr zu sehr nach Desinfektionsmittel. Willst du sie haben?«

Sie reicht Ria eine dicke, schwere Kerze, einen richtigen Klumpen. *Cinnamon Kiss*, steht auf der Banderole.

»Ach, lieber nicht, danke. Davon bekomme ich eher Kopfweh.«

Stella verzieht den Mund. »Ich auch. Na, verschenke ich sie eben weiter.«

Ria hört ein Auto auf den Hof fahren und geht nachschauen. Sie stockt kurz, bevor sie aus der Tür tritt. Der Bengiamin Tschalèr steht da mit den Unterarmen auf der Autotür abgestützt, wie bestellt und nicht abgeholt, aber doch von ihr bestellt, von ihr maßgeschneidert bestellt.

»Danke noch mal fürs Znacht gestern.«

Die Worte purzeln aus ihm heraus, er trommelt mit den Händen von außen auf die Fensterscheibe.

»Gern.« Sie geht einen Schritt auf ihn zu. Zwei. Dann hält sie lieber inne.

Er blickt sich um. Was sucht er? Er beugt sich ins Auto und zieht etwas vom Beifahrersitz.

»Hier.«

Er streckt ihr ein schmales Buch hin, sie nimmt es entgegen, mit einem tiefroten Leineneinband und einer Prägung auf der Vorderseite. Joseph von Eichendorff. Sie hat das Gefühl, sie müsste wissen, was er damit will, aber im Moment kommt ihr kein Gedanke in den Kopf außer der, dass sie ihm durch die Haare fahren möchte, wie im Traum.

»Ist das für mich?«, fragt sie.

»Wir haben vorsichtshalber ein paar Wanderwege gesperrt.«

»Hab ich im E-Mail gelesen«, sagt sie, in einem Versuch, nur auf das zu reagieren, was ist.

»Aber sonst haben wir die Warnstufe nicht hochgesetzt.«

»Habe ich auch gelesen.«

Sie reicht ihm das Buch zurück, doch er hebt abwehrend die Hände. »Wir haben auch ein mobiles Radargerät auf einem Auto installiert.« Er tönt verzweifelt. »Das macht zusätzliche Testmessungen.«

Sie hält das Buch weiter in der Hand, den Arm ausgestreckt. Er will es einfach nicht zurücknehmen. Da schleudert sie es ihm entgegen, dreht sich auf dem Hacken um und wirft die Haustür vom *bab* hinter sich zu.

»Was ist?«, fragt Stella.

Als Ria sich einigermaßen beruhigt hat und wieder aus dem Fenster schaut, ist er weg.

»Idiot«, murmelt sie. Mein sie ihn – oder sich selbst?

»Wer denn?« Stella tritt hinter sie und schaut ebenfalls nach draußen. Dem *bab* hat sie den Fernseher angemacht.

»Nur ein Kunde für den Laden.«

Stella schnauft. »Bestimmt nicht so ein Idiot wie David.«

Ria erinnert sich, dass Stella gestern schon von idiotischen Männern gesprochen hatte.

»*Der* David?« Sie kennt die Geschichte von *dem* David, dem Sänger von Stellas Metal-Band, mit dem Stella, bevor sie zur Ausbildung in die Schweiz kam, auf nicht sehr freundliche Weise Schluss gemacht hat.

»Er hat vorgestern angerufen, einfach so. Hätte gerade an mich gedacht. Wäre zu Hause in Fažana, weil ein Onkel gestorben ist, und alles hat ihn an mich erinnert. Es war mitten am Tag, ich konnte nicht reden, und wir haben uns für den Abend zum Telefonieren verabredet. Den ganzen Tag …« Sie lacht auf und schüttelt den Kopf. »Den ganzen Tag habe ich mich gefreut, habe meine alten Leutchen schnell abgefertigt, bin nach Hause und habe mich geschminkt.«

»Zum Telefonieren?«

»Mit Video.«

»Ah.«

»Und dann hat er mir vom alten Sofa seiner Eltern aus erzählt, dass er geheiratet hat.«

»Oh, nein, Stella … Deswegen hörst du wohl auch seine Musik nicht mehr?«

Sie schnauft. »Playlist gelöscht. Ich habe echt den ganzen Tag gedacht, zwischen Medikamenten und zitternden Alten und fehlenden Gebissen – vielleicht ist da noch was mit David. So ein Bullshit.«

»Das tut mir leid.«

»Meine Frau ist so wunderbar, hat er gesagt. Ich habe sie in Berlin kennengelernt, sie ist so eine richtige Göre. Das Wort hat er auf Deutsch gesagt. Weißt du, was eine Göre ist?«

»Nein.«

»Bruno, was heißt Göre?«, fragt sie den *bab* laut über den Ton des Fernsehers. Wieder läuft eine Reisesendung.

»Ich war noch nie im Meer schwimmen«, sagt er, als er die Aufmerksamkeit auf sich spürt. »Ich kann nicht einmal schwimmen.«

Er hat ein Stück seiner Bettdecke zwischen die Hände genommen und sieht andächtig zu, wie eine Gruppe Kinder am Strand des türkisfarbenen Ozeans herumtobt.

»Du kannst nicht schwimmen?«, fragt Stella.

Der *bab* hebt die Hände. »Früher haben wir das nicht gelernt.«

»Nicht einmal in einem Bergsee oder in der Flem?«

Stella sieht Ria verwundert an, aber sie kann nur mit den Achseln zucken. »Die Flem ist viel zu gefährlich.«

»Weißt du«, sagt er, »je höher man auf den Berg geht, desto kleiner werden die Lärchen. Irgendwann fällt ihnen das Atmen schwer. Je freier der Kopf wird, desto mehr tut die Lunge weh. Aber wenn man zu weit runtergeht, ganz bis ins Tal, da hat man das Gefühl, erdrückt zu werden.«

»Okay?«

»So viele Menschen.« Er kneift die Augen zusammen.

»So viele Menschen. Und so viel zu kaufen. Uns hat es früher hier genügt.«

»Ihr habt ja auch noch viel selbst gemacht.«

»Ja. Da hatten wir auch einfach kein Geld zum Kaufen. Das kann man sich heute nicht mehr vorstellen, wie viel man damals arbeiten musste. Heute gibt es für alles Maschinen.«

Stella greift nach der Cremetube auf dem Nachttisch vom *bab*, und massiert ihm die Lotion in die knotigen Hände. Die Adern auf dem Handrücken weichen ihrem Daumen aus. Er hält den Blick weiter auf den Fernseher gerichtet.

»Einen Ausflug ans Meer hättest du dir wirklich verdient, Bruno«, sagt sie.

»Ach … Ja … Eigentlich war es im Dorf immer richtig für mich. Immer genug Luft. Ich habe nie weggewollt. Und jetzt ist es wohl zu spät.«

Wenig später ist der *bab* versorgt. Ria nimmt den Teller mit raus.

Stella bleibt auf dem Hof stehen.

»Ich soll von Mauro fragen«, sagt Stella, »ob wir den Mietvertrag ganz normal kündigen sollen oder ob es ein Sonderkündigungsrecht gibt, wegen höherer Gewalt oder so was.«

»Nicht du auch noch.«

»Ich frag ja nur.«

»Für Mauro.«

»Genau. Er ist der Hauptmieter.«

»Ihr müsst nicht wegziehen.«

»Bleibt doch nichts anderes übrig. Mir ist es auch nicht so wichtig, ich muss eh viel fahren, ob von hier aus oder zwei

Dörfer weiter. Mauro will gern wieder einen Schuppen dabei für seine …«, sie holt Luft, »Kronleuchterreparaturwerkstatt. Er findet bestimmt was Neues. Wenn die Leute sehen, dass er im Rollstuhl sitzt, da wollen sie eine gute Tat tun und vermieten ihm alles, was er will. Die kleine Kroatin, die er mitschleppt, ist da nicht mehr so wichtig.«

In Ria steigt schon wieder die Wut hoch. Dabei sieht sie sich doch als pragmatischen Menschen. Natürlich ist sie pragmatisch, als Mutter, als Tochter, als Landwirtin, als Hofbesitzerin. Es ist nichts anderes als pragmatisch, den Hof so lange zu behalten wie möglich. Sie wird ihn nicht aufgeben, nur weil eine *Chance* auf irgendetwas besteht. Das ist unrealistisch. Eine Träumerei, die sie sich nicht leisten kann. Soll sie mit ihren Geißen umherwandern, bis fünf Jahre vorbei sind und Vischnanca wieder sicher? Da ist es doch viel besser, die nie wirklich akute Gefahr in Kauf zu nehmen, die von diesem beschissenen Berg ausgeht. Sie war sicher, dass die anderen auch so denken, aber offensichtlich muss sie es ihnen erst klarmachen.

Als sie zu Stellas Auto gehen, toben mehrere Fledermäuse durch den Himmel. Stella gähnt und nimmt ein Buch von der Sitzbank.

»Joseph von Eichendorff? Ist das von dir?« Stella blättert darin. »Hast ein Reh du lieb vor andern, lass es nicht alleine grasen.« Sie schnaubt. »Ich kann ihm ja nicht einmal Vorwürfe machen, ich hab damals mit ihm Schluss gemacht, außerdem ist es sechs Jahre her, *prokletstvo*, und es ist ja nicht so, als ob ich jeden Tag an ihn gedacht hätte.«

Ria sieht sie verwirrt an, bis sie begreift, dass sie wieder von David redet. Sie will möglichst schnell möglichst weit weg von diesem Buch.

»Danke, dass du dich um den *bab* kümmerst«, sagt sie und wendet sich zum Haus.

»Ist doch mein Job, musst dich nicht bedanken.« Stella lächelt und berührt sie an der Schulter. »Außerdem weißt du, dass ich ihn von allen alten Leutchen am liebsten mag.«

Sie schlägt noch einmal das Buch auf. »Vielleicht steht ja ein Name drin.«

Ria erstarrt und atmet erst weiter, als Stella keinen Eintrag findet. Stella sieht sie verwundert an. »Was ist denn mit dir los?«

»Du kannst es ruhig mitnehmen«, sagt Ria. »Schenks doch auch einer deiner Patientinnen. Der Maria Weber mit der Duftkerze. Oder gibt es in Val nicht einen öffentlichen Bücherschrank für zum Tauschen? Ich brauche es jedenfalls nicht.«

FABIO

Seit er weiß, was dieser Berg für ein Geselle ist, wirkt er gleich noch einmal so bedrohlich in seiner Gleichgültigkeit. Mit Gestein kennt Fabio sich nicht besonders gut aus, sie machen halt Hochbau statt Tiefbau in der Firma, aber auf der Versammlung haben sie von Dolomit gesprochen. Das sind die hellgrauen Felsen. An wenigen Stellen, wo besonders viel abgetragen scheint, ist darunter in einer tieferen Schicht bräunlicher Stein zu sehen, das ist dann wohl der Schiefer. Auf einem Buckel wehrt sich eine einsame Fichte gegen die Leere um sie herum.

Er stellt sich vor, wie es sein muss, Vischnanca und den Piz Brunclia von der anderen Talseite zu betrachten, so wie er die Dörfer dort auf gleicher Höhe sieht, gute tausend Meter über dem Meeresspiegel: kleine Ansammlungen von Häusern, darüber ein Bannwald gegen die Bösartigkeit der Berggeister und Lawinen.

Vischnanca hingegen, von gegenüber gesehen, wirkt vermutlich wie ein räudiger Hund, der zitternd vor seinem Herrn kauert. Als Schutzwald haben sie nur noch auf der rechten Hälfte einen schmalen Streifen. All das verwirrt ihn. Ist zu groß, zu nah, um es zu verstehen. Wenn sie weiter weg wären von dem Ungetüm, dann könnte er es besser in den Fokus rücken, aber dieses Dorf hat sich direkt vor dem bösen Herrchen auf den Bauch gerollt – tu mir nichts.

Gestern nach dem Abendessen haben sie eine Familienkonferenz abgehalten. Schon irre: Bei der letzten ging es darum, in die Schweiz zu ziehen, jetzt reden sie darüber, ob sie wieder wegmüssen.

Erst sollte Jasper seine Meinung sagen. Er spielte mit einem Stück Käserinde herum. »Mal luege …«

»Was heißt das?«, fragte Katja.

»Mal gucken.«

»Das meine ich nicht.«

»Im Zweifelsfall immer Stadt«, sagte Jasper und ließ die Rinde auf den Teller fallen. »Hier ist ja nix los.«

Fabio seufzte. »Ist vielleicht besser, etwas Neues zu suchen.«

»Wir werden nicht gleich in der nächsten Woche etwas finden«, sagte Katja. »Ihr wisst genau, wie schwierig es war, das Haus hier aufzustöbern. Außerdem würde doch wieder die meiste Organisation an mir hängen bleiben.«

»Nein, nein, ich kümmere mich darum. Du gehst arbeiten, Schatz, und ich kümmere mich. Wir könnten nach Orten zwischen hier und Martgea suchen, dann wird der Weg zur Schule für die Kinder nicht zu lang. Und in Martgea selbst sehe ich mich auch um.«

»Jo, was ist mit dir?«, fragte Jasper.

Fabio fluchte innerlich. Dass sie ihre Jojo immer vergaßen, wenn sie so still war.

Sie zuckte nur mit den Schultern. »Weiß nicht.«

»Weiß nicht gibts nicht«, meinte Katja.

»Eigentlich finde ich es schön hier. Ich habe ein Mädchen getroffen, Minna Moser, die mit mir in die Schule geht.«

»Ach, wirklich?«

Katja klang richtig überrascht, und Jojo sank in ihrem

Stuhl zusammen, als hätte sie etwas Falsches gesagt. Sie schwiegen alle.

Jojo hatte eine Freundin gefunden.

Kurz darauf verschwanden die Kinder in ihren Zimmern, ohne auch nur irgendetwas vom Abendbrottisch zurück in die Küche zu bringen. Gleichzeitig kam draußen ein Gewitter über die Berge getrampelt, nicht so heftig wie am Tag des Umzugs, aber Fabio stellte sich ans Fenster, Katja kam zu ihm und legte ihm die Arme um die Taille. Als die Blitze immer näher kamen, zogen sie beide die Köpfe ein, und Katja lachte, als sie merkte, dass ihm die feinen Haare zu Berge standen, so nah schienen die Entladungen zu sein. Schließlich beruhigte sich der Donnergott wieder, sie öffneten das Küchenfenster und lauschten dem ausdauernden Regen. Er meinte, die Tropfen von jeder einzelnen Oberfläche im Dorf abspringen zu hören, all das Pladdern und Platschen und Ploppen und Plinken.

»Findest du nicht, es wäre besser, wenn wir den Kindern schnell etwas Stabileres bieten könnten?«, fragte er sie.

»Sie haben uns.« Katja strich ihm über den Rücken. »Kannst du es glauben? Jojo hat eine Freundin gefunden.«

Das war gestern. Fabio ist sich nicht sicher, ob sie damit wirklich die Entscheidung getroffen haben, aber Jojo hat eine Chance verdient.

Er starrt weiter auf den Berg. Vielleicht bildet er es sich nur ein, aber die Fichten des schmalen Schutzwaldes scheinen sich gegen den Hang zu lehnen, als wollten sie ihn mit aller Kraft aufhalten. Als hätten sie den Kampf gegen die graue Wüste darüber noch nicht aufgegeben. In diesem Moment poltert es, und sein Blick fliegt über den langgezogenen Hang, bis er zwei, drei, vier Steine erblickt, die nach unten springen und zwischen den Bäumen verschwinden. Kein Vergleich zu dem großen Brocken auf der Wiese, der beinahe seine Kinder erschlagen hat. Ihm wird immer noch ganz übel bei dem Gedanken. Ein Rieseln zieht sich hinterher wie ein unsteter Wasserfall, kleinere Kiesel, die sich gelöst haben. Nein, diese Bäume halten nichts mehr. Wie hat er es nur jemals anders sehen können?

»Schatz«, ruft Katja. »Hast du die Gläser gefunden?«

Er dreht sich zum Haus, wo seine Frau ungeduldig in der Tür steht.

»Bin dabei.« Er öffnet das Garagentor und begibt sich auf die Suche nach ihren Sektkelchen. Da sind sie. Als er mit dem Karton über all den Kram wieder ins Freie steigt, läuft ihm fast ein Huhn zwischen die Füße. Es kreischt und rennt davon, die Straße hoch. Mist. Er stellt den Karton ab und läuft hinterher. Das Huhn flüchtet sich mit flatternden Flügeln auf einen Baum. Er wusste gar nicht, dass Hühner so hoch kommen. Da sitzt es nun. Wird bestimmt wieder nach Hause laufen, wenn es sich abgeregt hat, oder?

Zögernd geht er zurück und trifft auf Sandro, Eli und Frau Vincenz. Sie haben sich alle schick gemacht – Katja hat sie zum Essen eingeladen, und Fabio hat ihr immer noch nicht die Sektgläser gebracht.

»Da ist ein Huhn weggelaufen.«

Frau Vincenz seufzt.

»Ach, das ist bestimmt wieder die Mierta«, sagt Eli. »Wird schon wiederkommen.«

Fabio runzelt die Stirn. Hieß so nicht die verstorbene Schwester von Frau Vincenz?

Sandro lacht. »Eli hat sie so genannt – die Ähnlichkeit war einfach zu groß.«

»Ja, das Huhn hat manchmal denselben biestigen Blick, wie meine Mutter ihn hatte.«

Frau Vincenz presst die Lippen zusammen.

»Komm schon, *onda* Matilda, das kannst du einfach nicht abstreiten.« Eli lacht, gibt ihr einen Kuss auf die Wange und wendet sich Sandro zu. Frau Vincenz bleibt stehen, und Fabio sieht, wie ihr plötzlich Tränen in die Augen steigen. Eilig sucht sie nach einem Taschentuch und muss doch die Hände nehmen, um sich über das Gesicht zu wischen. Er weiß gar nicht, wo er hinschauen soll, es ist ihr ganz offensichtlich peinlich. Bevor Eli und Sandro es mitbekommen, nimmt er Frau Vincenz am Arm und zieht sie in Richtung ihres Hauses.

»Ich habe diese kleine Schnitzerei an Ihrem Türstock gesehen«, sagt er und zeigt darauf, etwas über seiner Kopfhöhe. »Ist das eine Rune?«

Sie räuspert sich. »Das ist ein Hauszeichen.«

Er fährt mit dem Zeigefinger über das Holz. Es sieht aus wie ein H mit einem weiteren Strich auf der linken und zwei auf der rechten Seite.

»Was ist denn ein Hauszeichen?«

Frau Vincenz atmet durch. Es scheint zu helfen, dass er wieder einmal ein furchtbar dummer Zugezogener ist und keine Ahnung von nichts hat. »Jede Familie hatte früher so ein Zeichen. Das ist das vom Simon und seinem Vater und Großvater.«

»Bringt es Glück oder so?«

Jetzt sieht man ihr schon nicht mehr an, dass sie geweint hat. Er macht ein Zeichen mit dem Kopf, und sie gehen wieder rüber.

»Das hat mit Glück nichts zu tun. Damit markierte man

122

sein Hab und Gut, zum Beispiel seine Axt oder geschlagenes Holz im Wald. Als der Simon das Haus gebaut hat, hat er den Balken so genommen, dass es eben dort gelandet ist.«

»Ich verstehe.«

Katja ist dabei, die Gäste zu begrüßen, er lässt Frau Vincenz bei ihr, schnappt sich den Karton und wischt rasch die Gläser durch. Nachher wird er einen der Schränke umräumen, damit alles besser reinpasst. Jojo und Jasper kommen von oben herunter und sind höflich und aufmerksam. Jasper wird immer ein wenig rot, wenn er Eli ansieht. Wieder einmal überspült Fabio eine Welle aus Stolz, seine Kinder, wer hat die eigentlich so gut erzogen? Na ja, außer dass sie gestern nicht mit abgeräumt haben und Jasper die letzten Tage doch schon wieder nach Gras gerochen hat. Fabio wird mit ihm reden müssen. Auch in Jojo scheint einiges vorzugehen. Gestern hat er mitbekommen, wie sie mit ihrem Bruder auf dem Sofa saß und er ihr half, auf dem Laptop ein Video zu bearbeiten. Hast du Minna denn gefragt, ob sie das wirklich will, hat Jasper gefragt. Jojo hat genickt, ihr Account sei ja sowieso privat. Minna, das ist das Mädchen, das sie kennengelernt hat. Er war neugierig, aber wollte die seltene traute Geschwisterzweisamkeit nicht stören.

Wenn er nur nicht selbst so durch den Wind wäre.

Als hätte ihm jemand den sicheren Boden unter den Füßen weggezogen.

Kleines Wortspiel.

»Setzen Sie sich doch hierher, Frau Vincenz.« Katja zeigt auf den Platz, an dem man den besten Ausblick hat.

»Duzt ihr euch etwa immer noch nicht?«, fragt Eli. Streng sieht sie ihre Tante an.

»Püh«, sagt die. »Meinetwegen doch.«

Fabio weiß einfach nicht, was er von der alten Frau halten soll. Warum sie ihnen nichts davon gesagt hat, dass das Dorf rutscht. Katja strahlt und gießt einen Pommery ein, den Fabios Cousin ihnen zum Einzug hat schicken lassen. Dieser Teil der Familie hat mit Sparsamkeit nichts zu tun. Dieser Teil der Familie hält sich auch aus der Firma raus, und Fabio weiß, wie gut das seinem Vater, der seinen Bruder schon immer inkompetent fand, in den Kram passt. Sein Vater lässt an den wenigsten Menschen ein gutes Haar, und gerade deswegen nimmt Fabio selbst immer erst einmal an, dass die meisten Leute doch ganz nett sind und etwas auf dem Kasten haben. Wenn nicht als Ingenieur, dann eben als etwas anderes.

»Dein Name passt übrigens gut, Fabio«, sagt Sandro nach dem ersten Schluck, »wir haben einen Mauro, einen Marco, einen Bruno, einen Paolo …«

»Einen Sandro«, wirft Eli ein.

»Und eine Jojo«, sagt Jasper. Alle lachen, und dann gibt es Essen.

»Der Handwerker kommt Donnerstag«, sagt Frau Vincenz, nein, Matilda. »Früher ging es nicht.«

»Beim Gewitter gestern Abend«, sagt Fabio, »war es wieder nass, aber wir haben ja die Eimer. Schlimmer ist es jedenfalls noch nicht geworden.«

»Der Gutachter hat wirklich gesagt, dass alles in Ordnung ist.«

Sandro nickt. »Ich war dabei, Matilda, ich hab das auch so verstanden.«

Matilda runzelt die Stirn. »Da bin ich ja froh, dass ihr euch nicht auf das Gedächtnis einer alten Frau verlassen müsst. Wenn der Sandro das auch so verstanden hat.«

Jasper lacht auf und rettet die Situation, denn Matilda

ist so verwundert über die unerwartete Unterstützung des Jungen, dass sie grinsen muss und dem erschrockenen Sandro eine Hand auf den Arm legt. »*Schon bung*. Du meinst es ja gut.«

Dann verdüstert sich ihr Blick wieder. Fabio hätte nach ihren ersten Begegnungen nie gedacht, dass sie ein so emotionaler Mensch ist. Ob es nur das Haus und die Erinnerungen an ihre Schwester sind?

»Vielleicht müssen wir es ja sowieso bald aufgeben, das Haus«, sagt er.

»Tja ja, jetzt müssen wir uns entscheiden.« Sandro sieht Eli an, Eli sieht Matilda an, Matilda runzelt die Stirn.

»Mich müssen sie hier schon raustragen«, sagt sie böse.

Eli seufzt leise. Fabio kann sich gut vorstellen, wie solche Gespräche gerade in vielen Vischnancer Familien geführt werden, die eine will bleiben, die andere will gehen, niemand will niemanden allein lassen.

»Es ist schon schwierig genug«, sagt Sandro mit ruhiger Stimme, »als Dorf zu entscheiden, ob wir einen neuen Briefkasten brauchen oder ob das Gemeindehaus saniert werden soll.«

»Wobei wir wirklich kein streitsüchtiger Haufen sind«, fügt Eli hinzu.

»Nein«, bestätigt Sandro, »wir kommen gut miteinander zurecht. Wir helfen uns. Sind uns wichtig. Egoismus hat in einem kleinen Dorf keinen Platz. Aber wie kann man so eine große emotionale Entscheidung treffen, ohne jemanden zu enttäuschen?«

»Eine finanzielle Entscheidung ist es auch«, sagt Katja.

»Ja.« Sandro dreht sein Sektglas nachdenklich am Stiel. »Die Spinis, also Margarita und Romeo Spinatsch, die könnten sich einen Umzug leisten und die Mosers vielleicht auch, aber denkt mal an Mimi und Walti. Deren Haus fällt auseinander. Seit dem Wasserrohrbruch in der Pension nebenan nur noch schneller, und Walti hat eine Rente von ein paar hundert Franken im Monat. Wir legen oft sogar für Lebensmittel zusammen, damit die Ria ihnen etwas vorbeibringt, unter dem Vorwand, dass sie es angestoßen oder aufgerissen nicht mehr verkaufen kann.«

»Aber wenn sie hierbleiben, haben sie doch das gleiche Problem«, wirft Katja ein. »Ihr Haus geht ja trotzdem kaputt.«

»Ich habe auch nicht viel Geld.« Matilda sieht ihren Schwiegersohn ärgerlich an. »Im Laden kommt nichts mehr rein, und der Mietzins würde auch wieder wegfallen ...«

Aha, das ist also der Grund – oder ein Grund –, warum sie ihnen nichts gesagt hat? Sie braucht das Geld, das sie ihr zahlen? Das ist zumindest verständlich. Trotzdem findet Fabio, dass sie sich entschuldigen müsste. Jetzt scheinen ihr freilich schon wieder Tränen in die Augen zu steigen. Er weiß auch nicht, warum er meint, die alte Frau, die doch nicht einmal besonders nett zu ihm ist, beschützen zu müssen oder zu können.

Er versucht es mit einem Themenwechsel. »Übermorgen ist Katjas erster Arbeitstag.«

»Ja, Montag geht es los«, sagt sie. »Die Kinder nehme ich mit zu ihrem Romanischkurs, zurück fahrt ihr dann mit dem Bus.«

Jojo nickt. Sie ist bestimmt nervös.

»Vielleicht komme ich dich irgendwann mal in der Mittagspause besuchen, Katja.« Eli lächelt. »Meine Therapiepraxis ist gar nicht weit vom Hotel entfernt.«

»Was therapierst du denn?«, fragt Jasper.

»Ich bin Psychotherapeutin. Da kommen ganz verschiedene Menschen.«

»Bücher schreibt sie auch«, sagt Sandro, »sogar ziemlich beliebte Sachbücher über Psychologie – und ich habe keine Ahnung, wie sie das alles schafft.«

»Ach, komm«, sagt Eli, »du schreibst noch viel mehr als ich.«

»Bist du auch Psychologe?«, fragt Jasper.

Sandro schüttelt den Kopf. »Ich bin Theologe und ...«

Er unterbricht sich und sieht Matilda an. Die scheint erneut mit den Tränen zu kämpfen. Fabio springt auf. »Matilda, kannst du mal in der Küche gucken? Ich wollte dich noch was fragen.«

Eli legt besorgt das Besteck hin, aber als Matilda aufsteht und es gerade nicht sieht, schüttelt Fabio an Eli gewandt rasch den Kopf – lass mich machen –, und sie nimmt Messer und Gabel behutsam wieder in die Hand. In der Küche füllt Fabio ein Glas mit Leitungswasser und reicht es Matilda.

»Danke.« Sie hält es in beiden Händen, offenbar um nicht zu zittern, und stellt es wieder ab. »Das ist nur wegen der Claire.«

»Was ist denn mit ihr?«

Bevor Matilda weiterreden kann, kommt Katja in die Küche, um mehr Brot zu holen.

»Weißt du, Matilda«, sagt Fabio, »ich bin am Überlegen, ob ich hier auf der breiten Fensterbank einen kleinen Kräutergarten anlegen kann. Was meinst du?«

JOHANNA

Schwungvoll öffnet eine Frau die Tür. Das ist also Claire, Matildas Tochter. Jasper kann nicht mehr aufhören, über sie zu reden. So richtig faszinierend sieht sie jetzt auf den ersten Blick nicht aus, nett schon, in Jeansbermuda und T-Shirt, die glatten Haare kinnlang. Johanna hätte gedacht, die müsste mindestens so schön sein wie die Eli, damit Jasper sich in eine so viel ältere Frau verknallen würde. Was er natürlich bestreiten würde, er findet sie halt cool.

Johanna glaubt, er ist verknallt.

»Kommt rein, ihr zwei.« Sie tritt zur Seite, aber Jasper geht auf sie zu, statt an ihr vorbei, und gibt ihr links und rechts ein Küsschen auf die Wangen, o Gott, das will Johanna nicht auch machen müssen.

»Meine Schwester«, sagt er.

»Johanna.« Sie hebt die Hand zu einem kurzen Winken.

»Enchantée«, sagt Claire.

Johanna ist wieder Jaspers Vorschlag gefolgt: Komm doch mit, was willst du sonst machen? Eigentlich hätte sie gern was mit Minna unternommen, aber sie weiß ihre Telefonnummer nicht.

»Entschuldigt diese furchtbare Einrichtung«, sagt Claire, während sie ihnen voran durch den Flur geht. »Das ist eigentlich eine Ferienwohnung, die Gian und Ria mir für den Sommer überlassen haben. Ist nicht so ganz mein Stil.«

»Sehr viel Holz«, sagt Jasper. »Könnte schlimmer sein.«

»Holz ist schlimm. Touristen lieben Holz. So gemütlich.« Sie bleibt stehen und schiebt sie beide voran ins Wohnzimmer. Noch mehr Holz, und zwei Leute sitzen auf der Couch.

»Hi«, sagt Jasper.

Johanna winkt schon wieder und findet sich blöd.

Claire zeigt auf die Frau, die weit nach unten gerutscht ist, den Kopf auf der Rückenlehne, die Füße auf der Sitzfläche eines leeren Rollstuhls. »Das ist Stella.«

Dann zeigt sie auf den Mann. »Und Mauro. Die beiden wohnen nebenan.«

Stella hebt die Hand. »Herzlich willkommen im schönen Vischnanca. Das ist also dein kleiner Freund, Claire?«

Claire lacht. »Wollt ihr Cola? Oder ein Bier?«

»Cola bitte.«

Stella steht auf und öffnet das Fenster. Oder die Tür, eigentlich ist es eine Glastür, Balkontür, aber davor ist kein Balkon. Man guckt direkt auf eine Schafsweide und hört die Tiere mähen.

Johanna bemerkt einen Geruch im Raum, den sie auch von Jasper kennt.

»Ist schon okay, Mauro«, sagt Claire, als sie den Kühlschrank in der Küchenzeile zuwirft und wieder zu ihnen kommt. »Musst ihn nicht verstecken. Jasper ist keine Jungfrau mehr.«

»Aber das Mädchen«, flüstert er.

»Das Mädchen setzt sich erst mal.« Claire schiebt sie auf einen Sessel zu, Jasper lässt sich auf den daneben plumpsen. Sie stellt eine Riesenflasche Cola auf den Tisch, Jasper schüttet ein, während Claire sich im Schneidersitz auf den Boden hockt.

»Ist dir Claire also fremdgegangen«, sagt Mauro zu Stella, die ganz dunkle Augen hat.

Sie zwinkert Jasper zu. »Die Verlockung war wohl einfach zu groß.«

Jaspers Ohren werden noch röter. Mauro hält den Joint weiter neben sich versteckt. Hoffentlich brennt er kein Loch in die Couch.

»Du kannst ruhig rauchen«, sagt Johanna.

»Siehst du.« Claire lacht und sieht dabei ihrer Mutter richtig ähnlich, so die Form der Augen und Wangen.

»Eine schöne Stimme hast du, Johanna«, sagt Stella und wackelt mit den Zehen.

»Danke?«

Das hat ja noch nie jemand gesagt. Was hat sie denn für eine Stimme? Eher dunkel, das weiß sie.

Mauro zieht endlich am Joint und reicht ihn an Stella weiter. Die stöhnt. »Mir tut alles weh, Rücken, Füße.«

Johanna fragt sich, warum der Rollstuhl da steht. Ob Stella nicht laufen kann? Aber nein, wahrscheinlich ist es eher Mauro, der sitzt nicht so entspannt da, sondern aufrecht und gleich an der Sofalehne, als ob die ihn ein bisschen mit festhält. Fies irgendwie, dass Stella dann über ihren wehen Rücken jammert, immerhin spürt sie den noch. Johanna versucht, Mauro nicht zu genau anzugucken.

Komisch, denkt sie, sie ist gar nicht richtig nervös, trotz der fremden Erwachsenen. Vielleicht, weil die alle selbst so gechillt sind. Wirken gar nicht unbedingt erwachsen, was bestimmt das Gras macht. Jetzt zieht auch Jasper am Joint. Kurz sieht er Johanna an, aber sie schüttelt fix den Kopf. Sie hat da viel zu viel Angst vor. Irgendwie interessiert es sie schon, aber vielleicht erst, wenn sie sechzehn ist. Und dann auch nicht mit Fremden im gleichen Raum. Claire scheint ihre Entscheidung gut zu finden. Sie lächelt ihr zu.

Johanna rutscht im Sessel herum und schlägt ein Bein unter. »Wo wohnst du denn sonst?«, fragt sie sie leise.

»Zürich.«

»Und du zahlst die dreifache Miete.« Mauro reibt sich die Nase. »Als Freelancer ist das doch Wahnsinn.«

»Hier würde ich eingehen«, sagt Claire.

Stella verdreht die Augen. »Nicht schon wieder diese Diskussion.«

»Welche denn?«, fragt Jasper.

Stella setzt sich auf. »Mauro will nie wieder in die Stadt, hier ist es viel preiswerter«, sagt sie. »Und all die angeblichen Vorteile, die eine Stadt so bietet, kann er sich auch online holen. Claire hingegen hasst die Hinterwäldlerei und kann sich außerdem nicht vorstellen, so nah bei ihrer Mutter zu wohnen.«

Claire verzieht den Mund.

»Dann«, fährt Stella fort, »sagt Mauro, sie soll froh sein, dass sie überhaupt eine Mutter hat, und das ist sein Totschlagargument.«

»Oh«, sagt Johanna leise.

Mauro guckt Claire an. »Tja, seit gestern gibt es ein neues Argument für dich. Hier ist bald alles vorbei. Und als Mieter bekommen wir definitiv keine Kohle zur Entschädigung.«

Es klingelt noch einmal, Claire springt auf und kehrt wenig später mit einem Mann zurück ins Wohnzimmer. Draußen müssen ein paar Schafe beim Weiden ganz nah ans Haus gekommen sein, es mäht lauter, und ihre Glocken läuten.

»Hallo zusammen.«

»Hey, Saad, wie gehts Jalil?«, fragt Stella.

»Geht so. Er hustet so laut, ich kanns nicht mehr hören ...« Er zuckt mit den Schultern.

»War er beim Arzt?«

»Stella ...«, sagt Mauro.

»Was?«

»Du und dein Kümmerkomplex.«

»Ja, alles gut. Ich habe ihm auch die Medikamente besorgt.« Saad setzt sich und lächelt Johanna und Jasper an. »Hallo.«

»Hi«, sagen sie gleichzeitig.

Ob das einer der Flüchtlinge ist, von denen Minna flüsternd gesprochen hat? Flüsternde Flüchtlinge. Flüchtlinge flüstern. Johanna mag seine Augen. Er nimmt von Claire eine Flasche Bier entgegen. Anscheinend ist Claire echt so was wie der Mittelpunkt dieses kleinen Extradorfs. Wobei sie ja nur vorübergehend da ist. Jedenfalls aber ist das hier ja die coolere Ecke von Vischnanca, das hat Minna so gesagt. Johanna muss fast lachen. Sie in einer coolen Ecke – sie ist doch immer die Uncoole.

Claire hält Jasper ein leeres Glas hin, und er schüttet Cola ein. »Warum bist du denn dann zurück in Vischnanca, Claire?«

»Ist ja nur für den Sommer.« Sie nimmt ihm das Glas ab und trinkt. Dann springt sie auf, geht in den Flur, kommt mit einer Minigitarre zurück, setzt sich auf den Teppich und zwinkert Jasper zu. Wieder schießt ihm die Röte in die Ohren. Von wegen nicht verknallt.

»Schau mal, die lag noch bei euch auf dem Estrich.«

»Auf dem was?«

»Dem Estrich. Dem Dachboden.«

Als Claire was spielt, fühlt man sich gleich wie im Urlaub auf Hawaii. Jetzt weiß Johanna es: Das ist eine Ukulele. Jasper reicht Saad den Joint, aber der schüttelt den Kopf.

Stella setzt sich auf, zieht sich das Haargummi raus und bindet sich den Zopf neu. Sie hat unten so schöne Wellen in den schwarzen Haaren, dass der Zopf fröhlich hin und her schwingt. Solche Haare hätte Johanna auch gern. Ihre sind einfach nur platt.

»Ich dachte, du wärst dir noch nicht sicher, wie lange du bleibst«, sagt Stella.

»Hey, Mauro«, sagt Claire und wechselt ziemlich unelegant das Thema. »Wie war die Gerichtsverhandlung von deiner Schwester?«

»Von Regula?« Er verdreht die Augen. »Sie hat das Haus zugesprochen bekommen.«

Jasper zieht am letzten Rest des Joints. Der Rauch schleicht sich nur ganz langsam zum Fenster, vielleicht wartet er auch auf den Rest der Geschichte.

»Was für ein Haus?«, fragt Jasper. Gut. Weil Johanna würde nie selbst fragen.

»Scheidungskrieg.« Stella schüttelt den Kopf, ihre Augen verraten jedoch, dass sie Spaß am Tratsch hat. »Regulas Mann ist schon seit fast zwei Jahren weg, aber er wollte ihr einfach das Haus nicht überlassen.«

»Nur dass sie jetzt nichts mehr davon hat, wenn wir das Dorf aufgeben. Bitter.« Mauro stemmt sich ein Stück hoch und bittet Stella mit einer Handbewegung, ihm den Rollstuhl hinzuschieben.

Claire klimpert weiter auf der Ukulele. Sie hatte, das erkennt Johanna, überhaupt kein Interesse an der Geschichte. Sie wollte nur von sich selbst ablenken.

»Also merk dir, Josephine«, sagt Mauro und guckt Johanna an. »Wenn du eigentlich auf Frauen stehst, heirate keinen Kerl.«

»Regula steht auf Frauen?« Jetzt hebt Claire doch den Kopf.

»Ich glaub schon«, sagt Mauro. »Aber sie ist so durch und durch katholisch, dass sie sich das selbst noch nicht eingestanden hat. Und wenn du doch heiratest, Josephine, egal ob Männlein oder Weiblein, besteh auf Gütertrennung. Schreib dir das am besten gleich in dein Tagebuch, unter die Glitzersticker und die Liedtexte von Taylor Swift.«

Alle sehen ihn fragend an.

»Sie heißt Johanna, Alter«, sagt Jasper dann. »Und Taylor Swift hat mit dreißig Jahren vierhundert Millionen Dollar auf dem Konto.«

Stella schnaubt. »Großartig. Ich habe ungefähr dreihundert Franken.«

RIA

Dreizehn war Ria, als die *mamma* gestorben ist, kurz nach der Zeit mit dem Lorenzo. Dreizehn war sie auch, als sie zum ersten Mal ihre Tage bekommen hat. Natürlich wusste sie, dass es passieren würde, ihre Mutter hatte es ihr erklärt, aber Ria war trotzdem überfordert. Damals ist sie nicht zu einer Verwandten gegangen, sondern zur Matilda – aus keinem bestimmten Grund. Matilda hatte nach dem Tod der *mamma* nicht nach ihr und Marco geschaut oder so, aber Ria hatte sie immer mit solchen Frauensachen in Verbindung gebracht, wohl weil ihre erste richtige Erinnerung eine war an Matilda mit Baby Claire, da war Ria gerade fünf und ganz verliebt in den Säugling. Matilda war dann auch richtig herzig, hat ihr Binden gegeben und bei einer heißen Schokolade erzählt, dass früher ihr eigener Vater, furchtbar beschämt, seinen beiden Töchtern erzählt habe, die Frau verliere einmal im Monat ein Ei, und Matilda und Mierta hätten sich lange vorgestellt, dass das wie beim Huhn funktioniere.

Ria lässt die Harke ruhen und wischt sich mit dem Tuch über die Stirn, das sie sich ums Handgelenk geknotet hat. Das gemähte Gras riecht nach Kräutertee. Sie hat Bauchkrämpfe. Von der Eli weiß sie, dass sie sich während ihrer Periode mit Wärmflasche und drei Pullis ins Bett legt, auch im Hochsommer. Aber die Eli kann eben auch vom Bett aus arbeiten, außer natürlich sie hat Patienten.

Manchmal überlegt Ria, ob sie nicht auch eine Therapie machen sollte, nicht bei der Eli, das wäre komisch, aber sie denkt schon, dass der frühe Tod von der *mamma* viel damit zu tun hat, wie sie so ist. So wütend und so stur. Aber sie hat ihrer Mutter nun einmal versprochen, sich um alles zu kümmern.

Wochenlang ist Ria damals mit einem Kloß im Hals herumgelaufen, der manchmal so sehr schmerzte, dass sie glaubte, auch einen Tumor zu haben. Wenn sie zur *mamma* ins Zimmer ging, konnte sie nicht mehr schlucken, und der Speichel sammelte sich ihr im Mund. Nur einmal, als die *mamma* ihre Hand nahm und ihr einen Kuss auf jeden einzelnen Finger gab, da konnte sie sich nicht mehr zurückhalten und brach in Tränen aus.

»*Tgerigna*«, flüsterte ihre Mutter und zog sie zu sich, bis Ria sich neben sie ins Bett legte und die ganze Decke vollweinte.

»Meine Große«, sagte die *mamma*, »hör mir einmal zu. Ich möchte dich um etwas bitten.«

Ria wischte sich die Tränen ab und schniefte. Schon war der Kloß zurück.

»Der Marco«, sagte die *mamma*, »und dein Vater, die beiden brauchen dich, wenn ich nicht mehr hier bin. Ich wäre so gern noch bei euch geblieben, bis du etwas älter bist, aber ich weiß genau, dass du es schaffst, *gnocla*.«

Ihre Mutter strich ihr wieder und wieder durchs Haar, und Ria blickte zu ihr auf, als sie sich auf einen Ellbogen aufrichtete. Der Schmerz war ihr dabei genau anzusehen, in ihren Mundwinkeln.

»Du bist bald die Frau im Haus, Ria, und ich möchte, dass du mir etwas versprichst. Kümmere dich um den *bab* und den Marco. Versprich mir, dass du im Dorf bleibst und unseren Hof weiterführst. Wir Doschs, wir gehören seit vielen, vielen Generationen nach Vischnanca, zu unseren Tieren und unserem Land.«

Heute fragt Ria sich, ob die *mamma* das alles wirklich so gesagt hat oder mit weniger salbungsvollen Worten, aber sie hat es ihr versprochen. Hat ihr versprochen, sich um alle und alles zu kümmern.

Wenn die *mamma* ihr Kosenamen gab, verstand Ria immer, warum es Muttersprache heißt. Das Surmiran der *mamma* war so weich und zärtlich, wie sie es bei keinem anderen Menschen je gehört hat, und sie hofft, dass Blanca das auch einmal so empfindet. Sie ist die nächste Generation der Doschs, auch wenn sie inzwischen anders heißen.

Jetzt bekommt sie auch noch Kopfschmerzen. Heute früh hat sie die letzte blaue Farbschicht auf die Fensterläden aufgetragen. Hat den Farbeimer zurück in den Schuppen gestellt und sich zum Berg gedreht. Mein Hof, *portg*. Meine blauen Fensterläden. Die nimmst du mir nicht weg.

Doch seit Mittag ist es nur noch heißer geworden, und die Wolken ziehen sich immer dichter zusammen, ohne dass sie offenbar etwas Bestimmtes vorhaben. Sie recht weiter. Sie hat die Wiese gestern geschnitten – allerdings erst, nachdem sie sie auf neue Löcher abgesucht hat. Die scheinen aber eher weiter oben am Hang zu entstehen. Nun ist das Gras trocken, und sie muss einmal von Hand am Rand entlang, um es weiter in die Mitte zu bringen, weil sie mit der Maschine nicht bis ganz nach außen kommt. Einige Wiesen mähen sie früh, andere lassen sie länger stehen, für die Pflanzen und Insekten.

Sie blickt auf, als ein Motorengeräusch von dorfauswärts

näher kommt und verstummt. Rias Wiese liegt hinter dem Parkplatz gegenüber von der Kirche, praktisch genau unterhalb der Dorfmitte, und so hat sie die letzten Stunden schon beobachtet, wer heute so unterwegs ist. Jetzt steigt Domenic aus seinem alten Golf aus, die Haare seit neuestem raspelkurz, grüßt sie und kommt die hundert Meter über die Wiese mit einer Wasserflasche in der Hand auf sie zu.

»Durst?«

»Danke.« Er weiß, wie anstrengend und gleichzeitig wunderbar es sein kann, Heu zu wenden, Sonnenbrand und Blasen inklusive. Wenn sie als Kinder mithelfen mussten, sind sie manchmal durch das zusammengerechte Gras gestürmt, weil es so gut roch. Natürlich gab es jedes Mal Schimpfe von den Eltern.

»Die sind immer noch am Bohren, draußen an der Anrainerstraße«, sagt er.

»Wie lang kann es dauern, ein Loch zu bohren?« Fast eine Woche sind sie da jetzt schon dran, und das Wummern der Geräte ist manchmal bis hierhin zu spüren. Ria schraubt die fast leere Flasche wieder zu. In der dritten Klasse war sie in Domenic verliebt, hat ihm einmal in der Pause ein Gänseblümchen gepflückt und auf dem Schulhof überreicht, aber er hat sie nur ratlos angeschaut, und als ihn ein Freund zum Fußballspielen rief, ist er weggerannt. Hat das Blümchen fallen lassen. Vermutlich erinnert er sich daran heute nicht mehr.

»Wie geht es deiner Frau?«, fragt sie.

Er wiegt den Kopf hin und her. »Die Chemo ist zwei Wochen her, und sie erholt sich nicht. Schläft viel und will nichts essen. Ich würde sie gern zurück nach Martgea bringen, dann müssten wir nicht immer so weit fahren, wenn sie einen Arzt braucht. Ihre Eltern würden sich auch freuen.«

»Aber sie sagt doch immer, sie kann sich kein Leben in der Stadt mehr vorstellen.«

Domenic sieht sie forschend an. Er kennt sie zu gut, um nicht zu bemerken, dass es ihr in diesem Moment nicht – oder nicht nur – um Tanjas Gesundheit geht. Ria will auf der Stelle im Erdboden versinken.

Doch er seufzt nur. »Deshalb sind wir ja noch hier.«

Er schaut blinzelnd in die Ferne und setzt sich mit einem Mal auf die Wiese, als wären ihm die Knie weich geworden. Er schluchzt einmal laut auf, und Ria hockt sich neben ihn, legt ihm einen Arm um die Schultern.

»Sorry, Ria.« Er wischt sich über die Augen. »Ich heule irgendwie immer, wenn wir uns sehen, oder?«

»Musst dich nicht entschuldigen. Außerdem stimmt das gar nicht.« Anfangs, als er ihr von der Diagnose erzählt hat, da hat er geweint, sonst wirkt er immer ganz gefasst.

»Du kannst sie nicht zwingen«, sagt sie, »solange sie meint, dass es ihr hier bessergeht.«

»Du würdest dich jedenfalls über die Unterstützung freuen, hm?« Er steht auf.

»Warum …« Warum will eigentlich *sie* im Erdboden versinken? Warum schämen sich nicht all die Leute, die Vischnanca so einfach aufgeben wollen?

Er schaut zu ihr herunter. »Warum was?«

»Ihr seid alle so gleichgültig«, ruft sie und kommt ebenfalls auf die Füße. »Die nehmen uns die gesamte Lebensgrundlage weg. Ihr habt doch auch eure Geißen hier. Eure Weiden. Ihr habt ein Haus. Das stehlen die euch alles unterm Arsch weg. Und sagen: Vielleicht könnt ihr irgend-

139

wann zurück, aber das wissen wir nicht. Vielleicht geht das ganze Dorf kaputt, vielleicht auch nicht, aber das wissen wir nicht. Selbst meine Schafe sind schlauer als ihr. Ihr seid ... ihr seid eher wie Ratten, die das sinkende Schiff verlassen.«

Sie wirft mit der Wasserflasche nach ihm, er reagiert prompt und fängt sie auf.

»Aber genau das ist doch der Punkt, Ria«, sagt er, bei weitem nicht so aggressiv wie sie. »Das Schiff sinkt. Niemand kann es mehr aufhalten. Ich glaube nicht einmal an den Stollen, nur daran, dass das Dorf nicht mehr lang bewohnbar ist.«

»Aber es ist auch dein Dorf. Du lässt es im Stich. Du lässt deine Nachbarn im Stich. Mich. Wir haben uns all die Jahre gegenseitig unterstützt.«

Er seufzt. »Ich hab mich damit abgefunden.«

»Du bist hier aufgewachsen, Domenic. Wir haben zusammen gespielt. Ich war als Kind in dich verliebt.«

Er lacht. »Ich auch in dich, aber Marco hat immer allen gesagt, wenn sie was mit seiner Schwester versuchen, bringt er uns um.«

Entgeistert starrt sie ihn an.

»Ich weiß schon auch«, sagt er schließlich, »dass es hier viele Erinnerungen hat, natürlich weiß ich das. Aber du musst es realistisch sehen, Ria. Wir bekommen genug Geld, um woanders etwas Neues zu suchen. Unser Haus ist alt, wir müssten bald die Heizung erneuern und das Dach machen. Tanja braucht Hilfe. Da bleibt wenig Platz für Nostalgie.«

»Das ist es für mich nicht«, sagt Ria. »Für mich ist es mein Leben.«

»Das versteh ich ja auch. Aber für mich ist Tanja mein Leben. Ich mache das, was für sie am besten ist. Da bin ich halt egoistisch. So, wie du es auch bist. Und wer unsere Gemeinschaft letztendlich wirklich kaputt macht, sehen wir wohl beide anders.«

»Und wenn sie …« Wenn sie demnächst stirbt, bist du ganz allein, irgendwo ohne die vertrauten Menschen um dich.

Sein abweisender Blick zeigt ihr, dass er ganz genau weiß, was sie denkt. Er wirft die Flasche in die Luft, wo sie sich einmal dreht, und fängt sie wieder auf.

»Ich glaube, ich gehe lieber, bevor du dich um Kopf und Kragen redest.« Er hält noch einmal inne. »Kannst du uns noch was von deiner Himbeerkonfitüre bringen? Auf Weißbrot ist das manchmal das Einzige, was Tanja isst.«

»Sicher. Wir haben mehr als genug.«

Ria blickt ihm hinterher. Tanja hat sich so dem Dorfleben verschrieben, ist bei den Landfrauen eingetreten, leitet jeden Donnerstag ihren winzigen Kirchenchor und hat Kaffeeklatsch mit Büchertausch unter den Nachbarinnen organisiert, zu dem Ria auch geht, wenn sie die Zeit findet.

Und Domenic will sie hier wegbringen?

Ria fasst den Stiel des Rechens so fest, dass sie das Heu kaum richtig harken kann. Sie ist tief in Gedanken, bis sie das nächste bekannte Motorengeräusch hört. Das wird der lange Sepp sein, der auch gerade am Heuen ist. Doch da sieht Ria einen ganz merkwürdigen Aebi auf den leeren Parkplatz fahren, der gar nicht so ausschaut wie all die anderen Transporter, mit denen in Graubünden Fuhre um Fuhre das Heu vom Berg gefahren wird. Der da ist ein altes Modell mit zwei fröhlichen, kreisrunden Scheinwerfern, wie aus einem Animationsfilm. Auf der Ladefläche hat er einen komischen Aufbau und parkt jetzt mit der Hinterseite zu ihr. Ria recht

weiter und schaut immer wieder in die Richtung des Parkplatzes. Eine Frau steigt aus und öffnet diesen eckigen Aufbau aus Holz auf der rechten Seite, klappt ihn mehrfach
zurück – und dann glänzt da etwas Silbernes in der Sonne.
Ria kneift die Augen zusammen, sie hat die Kontaktlinsen
wegen des Staubs nicht eingesetzt und die Brille vergessen.
Darf auch niemand wissen, dass sie so Traktor fährt.

Die Kirchentür öffnet sich, die Pedretti-Schwestern
kommen heraus, die erkennt Ria an ihrer Körperhaltung,
Deta und Nesa haben beide im Alter einen Buckel bekommen. An Sonnentagen verspüren viele, gerade ältere
Vischnancer einen größeren Drang als sonst, in der kühlen
Kirche beten zu gehen. Ria lehnt den Rechen an die Tro-
ckenmauer und wischt sich noch einmal den Schweiß aus
dem Gesicht. Sie schnuppert sich unter den nackten Achseln, hat nur ein dünnes Top an, geht bis zu dem Mäuerchen,
mit dem die Wiese endet, und springt hinunter auf den zer-
splitterten Asphalt des Parkplatzes. Nackte Füße würde
man sich darauf wohl verbrennen, ihre Arbeitsstiefel halten
die schlimmste Hitze ab.

Jetzt sieht sie den Aebi von nahem und kann ihren ver-
blüfften Blick gar nicht mehr davon lösen.

»Pop. Up. Café«, buchstabiert Deta von einem bunten
Schild.

Das blitzende silberne Ding ist eine Kaffeemaschine. Der
ganze Wagen ist zu einem fahrbaren Café umgebaut. Von
nahem sieht die Frau noch jünger aus, vielleicht gerade
zwanzig, die Farben ihres Maxirocks schillern in der Sonne.

Sie winkt ihnen zu. »Hoi, ich bin Anja. Wollt ihr einen
Kaffee?«

Die Pedrettis sind noch neugieriger als Ria, und während

sie zögert, stehen die beiden schon da mit zwei Porzellanbechern in der Hand.

»Viel zu tun, Ria?«, fragt Nesa.

»Wie immer. Wie gehts dem Bub?« Der fünfjährige Enkelsohn war letzte Woche zu Besuch im Dorf und hat sich beim Toben die Hand gebrochen. Nachdem Nesa ihn schon viel zu oft ermahnt hatte.

»Ach, gut, der Gips stört ihn nicht sehr. Aber er mag nicht darüber reden, es ist ihm unangenehm, weil ich so geschimpft habe.«

»Es gibt da so ein Buch zu dem Thema, das mein Neffe damals mochte«, sagt Ria. »Vielleicht fällt mir der Titel noch ein, oder ich frage Marco.«

»Kann man sich nicht vorstellen, dass hier bald niemand mehr wohnt, oder?«, sagt Deta und trinkt genüsslich einen Schluck ihres Eiskaffees. Ria atmet scharf ein.

Nesa berührt Ria am Arm. »Hast du das Infoblatt gelesen, das Regula nach der Versammlung ausgeteilt hat?«

Ria schüttelt den Kopf. Gian hat es gefaltet und sich in die hintere Hosentasche geschoben, wo es wahrscheinlich immer noch steckt, mitten in einem Haufen Wäsche.

»Was Regula nämlich nicht erwähnt hat«, sagt Deta und würde sich, hätte sie den Kaffee nicht, genüsslich die Hände reiben. Deta lästert gern. Sie mag Regula Schiess nicht und weiß, dass es Ria auch so geht, sie saßen lang genug im selben Komitee.

»Die Entschädigungen, die sie erwähnt haben, gibt es nur, wenn der Entscheid einstimmig ist.«

»Einstimmig«, wiederholt Nesa.

»Da ging es doch um unsere Versicherungen«, sagt Ria.

»Eben nicht. Mit denen dürfen wir natürlich alle allein

kämpfen.« Nesa verdreht die Augen. »Die Entschädigungen für den Grund gibt es von Bund und Kanton. Aber nur, wenn wir das Dorf aufgeben.«

Ria ballt die Hände zu Fäusten.

»Uns wird also der Entscheid überlassen«, sagt sie durch zusammengebissene Zähne, »aber nur, wenn wir auch machen, was sie wollen?«

»So siehts aus.« Deta kann ihr Strahlen kaum zurückhalten.

Ria wendet sich an Nesa, die Vernünftigere der beiden. »Haben das überhaupt alle richtig verstanden? Vielleicht sollten wir noch einmal alle zusammenrufen. Ich versuche mal, Regula zu erreichen.«

Nesa weicht ihrem Blick aus. »Wir werden wohl gehen, Ria. Mit dieser Unsicherheit kann man doch auch nicht ewig leben.«

Ria starrt sie entsetzt an. »Das könnt ihr nicht machen. Die Doschs und die Pedrettis, wir haben Vischnanca gegründet.«

»Die Doschs haben Vischnanca gegründet«, sagt Deta laut, »und Giovanni Pedretti war ihr Knecht.«

»Das ist doch ewig her«, sagt Ria.

»Und deshalb nicht mehr wichtig?« Deta sieht sie mit hochgezogenen Augenbrauen an.

Ria merkt, dass sie sich selbst ein Loch gegraben hat. Erst Domenic, jetzt die Pedrettis.

»Wie könnt ihr einfach so aufgeben?«, ruft sie.

Stellas kleines Auto von der Spitex kommt die Straße hochgeflitzt. Ria winkt, Stella hupt, biegt auf den Parkplatz ab und springt aus dem Wagen.

»Was sehen meine geröteten Augen? Kaffee!«

Ria wendet sich ab und wählt Regulas Nummer. Die Gemeindepräsidentin meldet sich in all ihrer Bescheidenheit mit Titel und ganzem Namen, als würde ihr nicht auf dem Display angezeigt, dass es Ria ist, die anruft.

»Sag mal«, fragt sie nach zwei höflichen Floskeln, »wollen wir vielleicht noch eine Versammlung machen, nur wir aus dem Dorf, niemand von außen?«

»Wofür das?«

»Einfach damit alle zu Wort kommen. Fragen beantworten, Bedenken äußern, wie wir das sonst immer so machen.«

Regulas Stimme wird noch etwas tiefer, noch etwas rauer. »Es gibt ja eigentlich nichts Neues mehr zu sagen. Wir haben alle die Informationen, die wir brauchen. Es geht nur noch um die richtige Entscheidung.«

»Ich habe zum Beispiel nicht mitbekommen«, sagt Ria, »dass die Entschädigung nur gezahlt wird, wenn das Dorf aufgegeben wird.«

»Das hat die Frau Jäger aber ganz genau gesagt. Du warst wütend, Ria, wahrscheinlich hast du nicht genau zugehört.«

Ria beißt die Zähne zusammen. »Das mag sein«, sagt sie so liebenswürdig wie möglich, »aber ich möchte doch gern sicherstellen, dass es nicht noch anderen so geht.«

»Niemand, mit dem ich bisher gesprochen habe, hat etwas falsch verstanden.«

»Was ist denn so schlimm an noch einer Versammlung?« Jetzt wird sie doch etwas lauter. »Ich kann auch gern die Einladungen verschicken und den Saal aufschließen. Das Kennwort für die offizielle Mailadresse habe ich noch.«

Ria merkt, wie ihr die Sonne auf den Hinterkopf brennt.

»Ria«, sagt Regula streng. »Wir brauchen nicht noch eine Versammlung. Ich kann dir aber versprechen, dass ich jeden und jede, die ich auf der Straße treffe, und ich bin doch wirklich allzeit für euch da, dass ich alle fragen werde, ob sie das mit der Entschädigung richtig verstanden haben. Bist du damit zufrieden?«

»Kann es sein, dass du uns nicht alle auf einem Haufen haben willst, weil wir uns dagegen entscheiden könnten? Weil wir uns nicht erpressen lassen wollen?«

»Du siehst Gespenster, meine Liebe. Ich muss jetzt wirklich auflegen, mein Bruder kommt zu Besuch. Wir sehen uns.«

Ria blickt sich um. Stella spricht mit der Café-Anja und dreht sich gerade nach einer Reihe von Männerstimmen um, die immer lauter werden. Ein ganzer Trupp Bauarbeiter kommt näher, auch sie völlig verschwitzt und sonnenverbrannt. Das müssen die von der Bohrung draußen sein.

»An euch bin ich doch gerade vorbeigefahren«, sagt Stella. Unglaublich, wie sie einfach ständig alle Leute anlabert und ihr gar nichts peinlich ist. Neulich hat sie sogar heftig mit Marco geflirtet. Der hat sie abgewiesen, ziemlich deutlich, klar, seine Schwester stand daneben, er ist verheiratet, was hat Stella erwartet? Zumindest Gian scheint vor ihr sicher zu sein, er ist ihr wohl zu alt. Zu sehr Bauer.

Ein älterer Bauarbeiter mit Schnauzer reagiert auf Stella und tippt sich an die Schläfe wie an einen Hut. »Urban Stoffel, Bohrmeister.«

»Hallo, Onkel Urban.« Anja mit dem fahrbaren Café stellt eine Tasse unter die Maschine. »Cappuccino?«

Da sieht Ria, wer mit den Bauarbeitern mitgekommen ist: der Bengiamin Tschalèr. Das muss doch jetzt nicht auch noch sein. Er hat sie noch nicht entdeckt, und sie dreht ihm schnell den Rücken zu.

»Herr Tschalèr«, ruft der Urban Stoffel da. »So was haben Sie noch nie gesehen, oder? Eine Bohrung mit angeschlossenem Café.«

»War das deine Idee?«, fragt Stella die junge Inhaberin.

Die lacht. »Ich wollte eigentlich diese Woche auf dem Lakeside Festival oben am Marmorera-See sein. Ganz neues Event, aber denen ist die Finanzierung schiefgegangen. Wurde abgesagt. Also hat mein Onkel mich kurzfristig engagiert. Er meint, hier hats keine Bäckerei und nichts.«

Jetzt spürt Ria doch Bengiamins Augen auf sich. Sie spürt es einfach im Rücken. Gänsehaut läuft ihr die nackte Haut herunter, sie muss ihren unregelmäßigen Atem unterdrücken und die Arme verschränken, damit ihr nicht die ganze Truppe auf die Brüste schaut.

»Ein Vermögen werde ich wohl nicht machen«, sagt Anja, »aber besser als nichts. Morgen bringe ich noch Gipfeli mit.«

»Die Jungs stehen jedenfalls alle brav an.« Stella zwinkert dem Nächsten zu, der sich eine Latte macchiato bestellt. »Und ich werde deine treueste Kundin, versprochen.«

Ria hat das Gefühl, ihr platze gleich der Kopf. Die Hitze ist zu viel. Sie geht über die Straße und zum Brunnen hinüber. Schatten. Dort stützt sie sich mit den Oberschenkeln am Rand ab, löst das Tuch vom Handgelenk und beugt sich vor, um die Unterarme ins Wasser zu hängen. Sie stöhnt leise und hält vorsichtig den Kopf oben, damit ihr Kreislauf nicht aufgibt. Die Wasseroberfläche ist in unzählige Mosaikstücke zerbrochen und verändert sich von Sekunde zu Sekunde zu einem immer neuen türkis-blau-grünen Rätsel.

»Kaffee?«, fragt Bengiamin und stellt ihr einen Becher auf den Brunnenrand. Schwarz und schwer kriecht ihr der Duft in die Nase. Sie richtet sich auf und hält die Arme von sich gestreckt, so dass die Tropfen zurück ins Wasser fallen. Schon ist ihre Haut wieder trocken.

»Danke.« Sie nimmt einen Schluck. Hat sich zu ihm gedreht, aber schaut ihn nicht an.

Im Wasser spritzt es auf. Ein Buchfink ist von nirgendwoher gekommen und reingefallen. Bengiamin geht um den Brunnen herum, beugt sich vor und hebt das flatternde Tier aus dem Wasser, ganz leicht muss es sein, die Krallen dünn wie Spinnenbeine. Statt sich erkenntlich zu zeigen, kackt es ihm in die Hand, noch bevor er es auf dem Steinrand absetzen kann. Böse schaut es sich um. Bengiamin tritt einen Schritt zurück, kommt wieder zu Ria herüber, damit es in Ruhe trocknen kann. Er wäscht sich die Hand sauber und wischt sie an der Arbeitshose ab.

»Gut, oder?« Der Bohrmeister tritt zu ihnen.

»Der Kaffee? Ja.« Bengiamin trinkt zur Bestätigung etwas.

»Ich habe«, sagt Stoffel, »mein ganzes Berufsleben nichts anderes gemacht, als Löcher zu bohren, aber so etwas wie diesen Berg habe ich noch nicht gesehen. Seit einer Woche sind wir jetzt schon dabei.«

Zwei weitere der Männer stellen sich zu ihnen.

»Die ersten Gesteinsschichten waren kein Problem«, sagt der eine.

»Jo, der Dolomit war ganz einfach.«

»Aber dieser Bündnerschiefer.« Stoffels Stimme wird lauter. »Da bohrst rein und bleibst sofort stecken. Wie in … wie im …«

»Wie im Moor«, sagt der eine.

»Oder Kaugummi. Der Bohrer kommt nicht rein und nicht mehr raus!«

»Was wollen Sie jetzt machen?«, fragt Bengiamin.

Stoffel schnauft. »Tja. Bleibt uns nichts anderes übrig, als weiterzumachen. Außer Sie sagen, wir brechen ab, weil es zu teuer wird.«

Aus der Gemeindearbeit weiß Ria, dass die Kosten schnell fünf- und sechsstellig werden. Sie doktern ja bereits eine Weile an diesem Berg herum. Und es dauert, bis irgendwo ein großes Budget genehmigt wird, vor allem wenn wie hier Gemeinde, Kanton und Bund zustimmen müssen.

Bengiamin nickt nachdenklich. Sie steht weiterhin neben ihm, als gehörten sie irgendwie zusammen. Er wirkt ganz anders als die Kerle, kopflastiger. Er ist nicht so laut, aber umso intensiver.

Sie muss die Wiese fertig machen.

Gerade will sie gehen, da kommt Stella zu ihnen.

»Magst du mich nicht vorstellen?«, fragt sie mit einem schmelzenden Blick auf Bengiamin.

»Das ist der Bengiamin Tschalèr«, sagt Ria, »und Stella Marić, eine Freundin.«

»Ist mir eine Ehre.« Sie lacht ihn an. »Wann schaltet ihr denn die Ampel wieder grün? Es ist so mühsam, durch die Anrainerstraße zu fahren.«

»Ich kann da leider nichts machen. Da muss das Tiefbauamt kommen.«

»Und wann tut es das?«

»Wahrscheinlich übermorgen.«

Stella stemmt die Fäuste in die Seiten. »Ob ich mich so lange noch beherrschen kann?«

»Das sollten Sie wirklich«, sagt der Bengiamin ernst. Er scheint ihre Flirtversuche nicht richtig zu bemerken oder sehr elegant zu ignorieren. Warum kann Ria nicht so locker mit ihm sprechen? Sie wird richtig böse auf Stella.

Stoffel mischt sich ein. »Ist aber auch ein Teufel von einem Berg.«

Noch einmal geben die drei Männer ihre dramatische Vorführung vom monströsen Schiefer zum Besten, der den Bohrer frisst, und Stella hört mit bewundernd hochgezogenen Augenbrauen zu. Sie sonnen sich in ihrem Licht.

Bengiamin beugt sich währenddessen zu Ria und senkt die Stimme. »Ich habe schon an der Wolfsfrage mitgearbeitet, und die ist ja wirklich nicht lösbar.«

»Wie bitte?«

»Die ist trotzdem irgendwie nicht so schlimm wie das hier. Ich komm hierhin und sag euch, ihr müsst gehen.«

Jetzt versteht sie, was er meint. Aber was geht sie es an, ob er damit Schwierigkeiten hat? Immer noch schaut sie an ihm vorbei.

»Warst du überhaupt vorher schon mal hier? Bevor es dein *Projekt* geworden ist?«

Er schüttelt den Kopf. Dabei sind es von Val, wo seine Behörde ist, einfach nur ein paar Kurven rauf. Ria mag die Strecke, die Kurven sind teils so eng, dass Lastwagen und Busse hupen müssen, um den Gegenverkehr zu warnen. Aber was sollte er auch hier?

»Als sie in Marmorera wegen dem Stausee umziehen mussten«, sagt er, »haben sie ein neues Dorf gleich nebenan gebaut.«

»Erstens können wir eben nicht gleich nebenan bauen, weil der ganze Berg rutscht. Und zweitens hat das schon in Marmorera nichts gebracht.« Ihr Kaffeebecher ist leer. Sie geht los, Bengiamin folgt ihr. »Von meinem Bruder die Frau, ihre Großeltern kamen daher. Die Dorfgemeinschaft hat sich komplett aufgelöst.«

»Ja.«

»Außerdem waren sie sich vielleicht einig, aber abgestimmt haben in den Vierzigern natürlich nur die Männer.«

»Ja.«

»Die Nachbarin von den Großeltern von meiner Schwägerin, das war eine Witwe, ganz allein, nicht stimmberechtigt. Die hatte vier Schafe und sonst nichts. Als sie die wegholen wollten, hat sie einen der Verantwortlichen mit der Schrotflinte bedroht.«

Sie schaut ihm auf die Brust. Er hat so ein hässliches Funktionsshirt an. Sie möchte ihre Finger daraufsetzen, Zeige- und Mittelfinger wie eine Pistole.

Heute liegt Marmorera unter Wasser, der Stausee heißt genauso und ist glasklar und erstreckt sich über fast drei Kilometer zwischen den Berghängen. Und Vischnanca? Soll einfach in sich zusammenfallen, wenn sie den Tunnel bauen. Ein Gewehr hat sie nicht zur Hand, aber es können sich doch nicht immer alle so einfach vertreiben lassen. Deta und Nesa mögen vielleicht innerlich schon gegangen sein, aber Ria wird schon noch Verbündete finden.

Sie reicht Anja den leeren Becher und bedankt sich.

»Ich muss wieder zum Heuwenden«, sagt sie zu Bengiamin. »Im Juni haben der Gian und ich Achtzehn-Stunden-Tage.«

»Ja.«

Dennoch, er bleibt stehen, sie auch, neben ihnen Stellas kleiner Flitzer, und da entdeckt sie auf dem Beifahrersitz das rote Buch. Eichendorff. Er folgt ihrem Blick. Dann schaut er wieder auf, sie zu ihm hoch, und ihre Blicke treffen sich.

FABIO

Dieser Vormittag hat sich bislang deutlich anders entwickelt, als er das geplant hatte. Nach dem Laufen hätte er eigentlich arbeiten müssen, sein Vater wartet auf die Auswertung, aber jetzt sitzt er im Postauto und fährt ins Tal nach Val. Er hat sich in Jaspers Musik eingehackt und hört zum dritten Mal *Should I Stay Or Should I Go*, einfach nur, weil es so wunderbar ironisch ist.

Jedes Mal, wenn er diesen Piz Brunclia anschaut, fühlt er sich mulmig. Er scheint nur noch raus auf die Straße zu gehen und das Ding anzustarren, das sich auf sie stürzen will. Manchmal meldet seine Uhr ihm schon mittags, dass er genug Schritte getan hat, einfach nur, weil er ständig aufsteht und gucken geht.

Deswegen tut es gut, spontan nach Val zu fahren. Er konnte nicht noch länger in den Immobilienportalen herumklicken, sich von den wenigen Wohnungsangeboten in Martgea frustrieren lassen und dann auf Maps schauen, welche Orte zwischen Vischnanca und der Stadt liegen. Da ist ihm auf der digitalen Karte der Name der Geologenfirma in Val mit dem originellen Namen GeoVal aufgefallen, von der zwei Mitarbeiter auf der Gemeindeversammlung waren. Er hat Dachfenster und Laptop geschlossen und ist nun auf dem Weg, fünfhundert Höhenmeter in drei Kilometern, der Bus schwankt ein wenig in den Kurven, und wenn Fabio aus dem Fenster sieht, fallen ihm immer wieder die erratischen Risse im Asphalt auf, die ganze Straße ein Jackson Pollock aus Bitumen. Was man alles übersieht, solange man nicht weiß, was es bedeutet.

Heute ist Mittwoch, die ersten beiden Tage Sprachkurs scheinen den Kindern einigermaßen gefallen zu haben, sie sprechen am Abend merkwürdige Worte mit langsamen, runden Vokalen und rollendem R. Jojo fällt das schwer, die Zunge bleibt ihr am Gaumen kleben, sagt sie – er hat einfach zu wenig Niederländisch mit ihr gesprochen. Bei Jasper war er in den ersten Jahren konsequenter, der kann sich deshalb auch besser mit Fabios Eltern unterhalten, aber sein Vater ist auch zu den Enkeln nicht herzlicher als zu seinem Sohn. Wenn er mal mit Jasper spricht, fragt er ihn immer, was er mal werden will, und schlägt gleich selbst vor: Ingenieur natürlich. Fabio mag seinen Beruf, aber Jasper soll vollkommen frei entscheiden. Das hat er ihm auch schon einige Male gesagt, möglicherweise zu oft, aber es ist ihm wichtig.

Katjas Eltern waren jedenfalls immer die besseren, zugänglicheren Großeltern.

Katja ist müde, aber zufrieden mit ihrem neuen Job. Viel zu lernen, ein besonders schwer zu verstehender Kollege, aber ein gutes Haus, meint sie, mit viel Potenzial. Vielleicht muss Katja sich eher dort umhören, ob jemand etwas weiß oder jemanden kennt, meist findet man doch so die besseren Wohnungen. Wobei sie dann zu Recht das Gefühl haben wird, dass alles an ihr hängenbleibt. Nein, er muss anders fündig werden.

Da ist Val. Schnell drückt er auf den Knopf, und eine Minute später steigt er an der Haltestelle aus. Halb elf. Jetzt hat er genau eine Stunde Zeit, bis der nächste Bus wieder hoch nach Vischnanca fährt. An der Hauptstraße ohne Bürgersteig entlang, dann quer über einen Kreisel, er springt wie ein Ziegenbock, der Autoverkehr hält sich zum Glück in Grenzen, wirkt jedoch ungleich viel lauter hier unten, die Häuser viel schwerer und größer als oben im Dorf, erkennbar jahrhundertealt, richtige Bollwerke gegen den Schnee und die Kälte, dicke Wände und kleine Fenster, hinter denen sich ganze Großfamilien verschanzen können. Wenn man die Augen zusammenkneift, könnte es auch achtzehnhundert sein. Dann läuft er jedoch an einer Autowerkstatt vorbei, und der Eindruck ist dahin. Da ist GeoVal. Er hätte anrufen können, aber er wollte ja eh weg vom Berg. Er schwitzt.

Wenig später sitzt er mit einem Kaffee und der etwa gleich alten, muskulösen Cathrina Arpagaus in einer großen, hellen Büroküche, die sogar klimatisiert zu sein scheint – anders als sein Arbeitszimmerchen unter dem Dach. Es dauert eine Weile, bis sie mit ihm warm wird, bleibt überhöflich, aber schließlich rückt sie, von Ingenieurin zu Ingenieur, doch mit Informationen raus: Laser-Tachymetrie und Reflektoren entlang des Berggrats, Fotogrammmetrie, Seismometer, Georadar, Geoelektrik, GPS-Raketen, jedes Instrument, jede Zahl hilft ihm, es zu begreifen.

»Euer Berg ist auch keine so große Ausnahme, wie du denken magst«, sagt sie, »etwa ein Fünftel bis ein Viertel von ganz Graubünden rutscht.«

»Wie kommt das?«

Sie breitet die Arme aus. »Die ganze geologische Genese. Der Hang vom Piz Brunclia lag in der letzten Eiszeit genau an der Kreuzung von zwei Gletschern und wurde halt mechanisch stark belastet.«

»Ein Berg denkt doch in anderen Zeiträumen als wir Menschen«, murmelt er.

Cathrina schmunzelt. »Allerdings. Für den seid ihr, du und deine Familie, ein Atemzug. Es war wahrscheinlich wirklich nicht die beste Entscheidung, hinzuziehen, aber wir beobachten so genau, dass du dir unmittelbar keine Sorgen um deine Kinder machen musst.«

»Außer dass die Ampelanlage nicht funktioniert hat.«

»Ja, das hat uns auch schockiert, das kannst du mir glauben. Die Kollegen haben das inzwischen behoben, jetzt muss nur noch die Straße wieder freigegeben werden. Aber, Fabio, davon abgesehen – ich weiß, das tönt schräg, wenn deine Kinder so nah dran waren, aber selbst so ein Stein, der macht die Gefahr ja nicht größer als vorher. Es kommt ständig was runter, das meiste schafft es nur nicht bis zur Straße.«

Fabio nickt langsam.

»Unser Warnsystem funktioniert. Militär und Zivilschutz haben einen Evakuationsplan gemacht, der greift, wenn der Berg uns ein Zeichen gibt. Es gibt verschiedene Zonen auf dem Berg und entsprechend verschiedene Szenarien. Bengiamin hat zum Beispiel das Dorf Sot im Tal erwähnt, aber es ist extrem unwahrscheinlich, dass denen etwas passiert, die liegen nicht mehr in der roten Zone und haben auch keinen Evakuationsplan. Beim langsamsten Szenario hättet ihr sogar zweiundsiebzig Stunden Zeit, beim schnellsten immerhin noch sechs. Wenn man einen Berg so genau überwacht wie wir, dann kann uns ein Bergsturz nicht überraschen, nicht in wenigen Minuten. Wenn Alarm ausgelöst werden sollte, kommt zuerst die Feuerwehr, ist praktisch sofort vor Ort und für vierundzwanzig Stunden Dauereinsatz ausgerüstet.«

»Apropos, die Frau Schiess hatte etwas erwähnt.«

»Ja, der Zivilschutz braucht eure Handynummern, ihr bekommt ein SMS als Warnung. Ich kann das für dich weitergeben, wenn du magst.«

Zum Mittag ist er wieder zu Hause. Deutlich beruhigt. Technik beruhigt ihn. Bevor er sich ein Brot schmiert, geht er die drei Stellen im Dorf ab, die Cathrina erwähnt hat, und schaut sich ein Häuschen und zwei Verschläge aus hellem, frischen Holz an, in denen die Überwachungsgeräte stehen, mit klarer Sicht auf den Grat. Auch die hat er bisher einfach übersehen. Ebenso wie ein wirklich schräges Haus, das von einer Armee aus Gartenzwergen bewacht wird. So etwas gibt es also hier auch, klar. Daneben ist ein Stück Grund mit Maschendraht eingezäunt. Hühner und Gänse leben auf trockenem Erdreich und ein wenig Stroh. Ein flauschiges, graues Küken sieht auf den ersten Blick aus wie eine Staubmaus. Dem Tierchen fallen immer wieder die Augen zu, dann sackt sein Köpfchen nach vorn, wie wenn man im Bus oder Zug einschläft und wieder aufschreckt. Fabio braucht lange, um aus seiner Verzückung zu erwachen.

Auf dem Weg zurück betritt er die Kirche, einfach so, damit er mal drin war. Es ist kühl und still und riecht nach trockenem Staub. Er sieht sich um. In Kirchen wird man einfach nie überrascht, überall die gleiche Stimmung, die gleiche Architektur, die gleiche Inneneinrichtung. Er schrickt zusammen, als er in der vordersten Reihe zwei Menschen knien sieht, Mann und Frau, beide mit gebeugtem Kopf. Vielleicht sind das die, die Matilda erwähnt hatte. Das Paar, das selbst dem Pfarrer auf die Nerven geht.

Als er die schwere Tür nach draußen drückt, sieht er gegen die Helligkeit erst die zwei Frauen gar nicht, aber dann erkennt er sie.

»Du musst Minna sein«, sagt er und lächelt Jojos Freundin an. »Ich bin Johannas Vater, Fabio Blom.«

Die Mutter tritt einen Schritt vor, als müsse sie ihm die Sicht auf ihre Tochter versperren. Minna lächelt scheu und blickt auf den Boden.

»Sehr erfreut«, sagt die Mutter, »Ladina Moser und meine Tochter Wilhelmine. Wie schön, Sie in der Kirche zu sehen, Herr Blom.«

»Gleichfalls«, sagt er und wundert sich, dass sie ihn siezt. »Ist jetzt Gottesdienst? Da drinnen sitzen schon zwei.«

Ladina Moser schnalzt mit der Zunge. »Die Gigers sollten gar nicht in unsere Kirche dürfen.«

Die beiden verschwinden im Inneren. Beten, mitten am Tag. Warum ist Minna überhaupt schon zu Hause?

Vor seiner Haustür neben der Fußmatte stehen zwei Gläser Honig. Auf einem der Deckel ist mit Tesa ein Zettelchen mit Blumenmuster befestigt: *Vielen Dank für die Einladung. Matilda Vincenz.* Das bezieht sich wohl auf letzten Samstag. Fabio schließt die Tür auf und nimmt die Gläser mit rein. Er liebt Honig, könnte er löffelweise essen. Spontan dreht er sich um und geht zu Matilda hinüber. Heute ist wohl sein spontaner Tag. Er klingelt – und im selben Moment riecht er, dass sie gerade am Kochen sein muss.

»Ich wollte nicht stören«, sagt er gleich, als sie öffnet. »Entschuldige – und danke für den Honig.«

»Möchtest du mitessen?«, fragt sie. »Ich habe zu viel gemacht.«

Er freut sich über ihr Zutrauen. Anscheinend hat es geholfen, dass er am Samstag so rücksichtsvoll war. So hilft er ihr beim Tischdecken.

Es gibt Pasta mit einem selbstgemachten Pesto.

»Die Kräuter sind aus meinem Garten. Ich mag es manchmal exotisch.« Sie lächelt sogar. »Der Simon und ich, wir sind oft nach Italien gefahren, ach, das ist jetzt auch schon wieder lange her. Aber seitdem gibt es bei mir keine klassische Schweizer Küche mehr.«

Er möchte lachen und sie gleichzeitig in den Arm nehmen.

»Köstlich. Kommt denn deine Tochter nicht zum Essen?«

Matilda zuckt mit den Schultern. »Püh. Sie hat bestimmt zu tun.«

Er betrachtet aus den Augenwinkeln, wie Matilda ihre exotischen Nudeln auf die Gabel dreht, und kann sich gut vorstellen, wie sein eigener Vater genauso wortkarg ist, wenn es um den Sohn geht, der in die Berge gezogen ist und einfach nie in seinem Leben die Erwartungen erfüllt hat, die an ihn gestellt wurden.

»Ich bin mit meinen Eltern auch nicht sehr eng«, sagt er schließlich. »Zu hohe Ansprüche, zu wenig Gemeinsamkeiten.«

Matilda lässt die Gabel fallen und verschluckt sich fast, weil sie schnell den Mund leer haben will. »Ich habe keine zu hohen Ansprüche an die Claire.«

Das war wohl ein Fettnäpfchen. Er lächelt beruhigend, hoffentlich ohne Kräuter zwischen den Zähnen. »Wollte ich damit auch nicht sagen. Aber ich wollte dich noch etwas fragen.«

Sie streicht mit der flachen Hand über die gemusterte Tischdecke und weiß offenbar sofort, worum es geht. »Man hat das nicht wissen können mit dem Dreimonatstermin, als wir den Vertrag unterschrieben haben.«

»Aber du hast nicht einmal erwähnt, dass es hier nur bergab gehen kann.«

»Unfug. Es kann bergab gehen, aber es kann sich genauso gut beruhigen. Die machen Panik, wo man keine braucht. Autofahren ist gefährlicher. Beim Autofahren sind schon viele Leut gestorben, unser Berg hat noch niemanden umgebracht.«

Eine Entschuldigung hält sie also wirklich nicht für nötig. Es ist aber auch eine blöde Idee, sich zum Essen einladen zu lassen und ihr dann Vorwürfe zu machen.

»Hast du den Honig eigentlich selbst gemacht?«

»Nein.« Sie nimmt die Gabel wieder in die Hand. »Der Simon hat ganz früher mal versucht, Bienen zu züchten. Nach dem ersten, eiskalten Winter waren sie tot. Man muss höllisch aufpassen, wegen all den Krankheiten, wegen Milben und Pestiziden.«

»Das mit den Milben habe ich schon mal gelesen, glaube ich.«

»Der Simon hat es noch einmal versucht, im Sommer drauf, da sind gleich zwei Stöcke ausgeschwärmt, der eine hat sich in einen Baum gehängt, der andere unter den Dachfirst bei den Steiners. Die sind inzwischen weggezogen.« Jetzt ist sie plötzlich ganz redselig. »Im dritten Sommer ist der Simon dann so oft gestochen worden, dass er eine Allergie entwickelt hat und Atemnot bekam. Nicht einmal Honig hat er danach noch vertragen, dabei war er so ein Süßmaul.«

Matilda steht auf und holt ein Glas aus dem Schrank. »Das ist der Honig von den Wiesen hier, den ihr auch habt.

Vom langen Sepp. Kannst ihn ja mal besuchen gehen, er wohnt über der Kirche.«

»Ist das der mit den Gartenzwergen?« So langsam hat er einen Lageplan vom Dorf im Kopf. Nach nur einer Woche. Nicht schlecht. Nur, ob er jemals die Namen der Berge um sich herum lernen und sie sofort an ihrer Form erkennen wird? Das machen die Leute hier mit derselben Selbstverständlichkeit, als ginge es um ihre menschlichen Nachbarn.

»Ja, das ist er. Ist ein Guter. Raucht schon seit fünfzig Jahren und kommt immer noch bei mir im Laden Zigaretten kaufen. Ohne ihn könnte ich wahrscheinlich ganz schließen. Früher haben die Kinder nach der Schule immer Süßigkeiten und Micky-Maus-Hefte gekauft.«

»Machst du das gern?«

»Ich brauch das Geld. Außerdem hilft es mir, nicht auf der faulen Haut zu liegen.«

»Dann schicke ich dir mal meine Kids vorbei«, sagt er. »Jasper liebt Lakritz und saure Apfelringe.«

JOHANNA

Die erste Woche Surmirankurs ist vorbei. *Premaveira, stad, aton, anviern.* Und dann: *Glindesde, marde, mesemda, gievgia* (das Wort mag sie besonders), *venderde, sonda* (klingt dummerweise wie Sonntag), *dumengia* (und das heißt dann wirklich Sonntag). Die Lehrerin ist lieb, sie sind nur zu viert, die anderen beiden sind auch Geschwister, Jungs, erst zehn und zwölf, aber sehr witzig. Kommen aus Verona und finden, Rätoromanisch klingt wie eine Mischung aus Italienisch und Portugiesisch, nur nicht so schön. Ihre Eltern sind auch wegen dem Tourismus her, wie Mama. Heute in der Pause haben sie Fußball gespielt, und in der Schule war das immer schlimm, wenn die zwei Jungen und das eine Mädchen, die auch in der Freizeit Fußball spielen, eigentlich nur gegeneinander kämpften, alle anderen rannten hin und her und hatten Angst, dass sie von den viel zu kräftigen Schüssen getroffen wurden. Hass. Mit den Verona-Jungs und Jasper war es lustig. Viel zu heiß allerdings, sie hat danach einen ganzen Liter Wasser auf ex getrunken.

Deutschland heißt *Tera tudestga,* deutsches Land, deutsche Erde, klingt bisschen eklig, aber ist ja nicht so gemeint. *Ia sung da Duisburg dalla Tera tudestga ma ia stung a Vischnanca.*

Als der Bus sie im Dorf abgesetzt hat, wollte Jasper gleich nach Hause, weil er sich mit zwei Kumpels aus Duisburg zum Zocken auf Discord verabredet hatte. Aber Johanna hat sich vorgenommen, sich was zu trauen: bei Minna zu klingeln. Jasper hat ihren Rucksack mitgenommen und ihr auf die Schulter geklopft, wie zur Ermutigung. Wieder so ein Miniding. Genauso wie am Wochenende bei Claire, das war auch nur mini, aber er hat sie wirklich verteidigt: *Sie heißt Johanna, Alter.* Und mit dem Video hat er ihr am Samstag schon geholfen, jetzt weiß sie, wie man schneidet. Julia Bischoff von FFF hat gefragt, ob sie das Filmchen teilen darf. Irre. Johanna hat es ihr dann per E-Mail geschickt, weil ihr Instagram ja privat ist, da kann man nicht teilen, aber am Montag, nachdem sie gesehen hatte, wie viele Leute bei Julia kommentieren, hat sie ihren Account öffentlich gemacht, ohne Papa zu fragen, also, er kriegt das ja nicht mit, aber sie weiß schon, dass Nichtssagen auch Lügen ist. Mal gucken, wann sie es ihm gesteht.

Auf dem Weg die Dorfstraße hoch steckt sie sich die Kopfhörer in die Ohren und sieht sich das Video noch einmal an. Sie hat, weil Minna ja davon geredet hatte, ein paar Links zum Bergsturz von Bondo und dem Piz Cengalo in die Folgestory gestellt, dem größten Bergsturz in Graubünden seit Jahrzehnten, und zwar war das erst 2017 im Bergell. Sie hat ein Highlight draus gemacht, also, komisch klingt das, aus einem Bergsturz mit acht Toten ein Highlight zu machen, aber so heißt das halt bei Instagram. Das haben dank Julias Hinweis schon tausend Leute gesehen, und Johanna hat jetzt dreihundert Follower. Sie will Minna fragen, ob sie noch ein Video machen.

Vor dem Haus der Mosers steht ein Heizöllieferant, ein dicker Schlauch führt ins Haus. Niemand zu sehen. Johanna atmet durch – bäh, es stinkt – und klingelt an der Haustür. Eine schlanke Frau in Rock und Bluse öffnet. Auf den ersten Blick sieht sie Minna ähnlich, aber sie wirkt alt und vertrocknet. Kein netter Gedanke.

»Guten Tag, kann ich mit Minna sprechen bitte?«

Die Frau mustert sie, Johanna wird heiß, hoffentlich läuft sie nicht rot an. War das unhöflich?

»Ich bin Johanna Blom«, schiebt sie hinterher. »Wir sind gerade ins Dorf gezogen. Aus Deutschland.«

Jetzt lächelt Minnas Mutter, zumindest ein bisschen. »Komm herein, ich rufe meine Tochter.« Wie gedruckt redet sie, richtig gestelzt. »Aber ziehe bitte die Schuhe aus.«

Ähm. Lieber nicht. Aber was soll sie machen. Hoffentlich ist nichts zu riechen, hoffentlich ist nichts zu riechen.

Minnas Mutter legt die Hand an das Treppengeländer.

»Wil-hel-mi-ne«, sagt sie, jede Silbe wird betont, aber so leise, dass Minna oben sie bestimmt nicht hört. Doch da kommt sie tatsächlich zur Treppe, hüpft zwei Stufen herunter und geht dann, mit einem Blick auf ihre Mutter, langsam und gesittet weiter. Sie trägt einen bunten Rock und eine weiße Bluse ohne Ärmel. Johanna traut sich nicht zu lächeln. Hier wirkt alles so sauber, wie desinfiziert. Erst als Minna unten steht, begrüßen sie sich.

»*Scu vogl*, Johanna?«

»*Stupent! Vot te* … Äh, magst du mit rauskommen?«, fragt Johanna.

Ihre Mutter antwortet stattdessen. »Nur eine halbe Stunde.«

Minna nickt, nimmt sich ein Paar Sandalen, Johanna bückt sich nach ihren Sneakern und hält dabei die Luft an. Erst draußen vor der Tür ziehen sie sich die Schuhe an. Minna verdreht die Augen, als ihre Mutter es nicht sieht.

»Bis gleich, *mamma*.«

»Seid vorsichtig.«

Sie gehen in Richtung Dorfmitte, gesittet, irgendwann rennt Minna dann doch los. Vielleicht hat sie einen Riecher dafür, wann ihre Mutter ihr nicht mehr hinterherguckt.

»Geht deine Mami arbeiten?«, fragt sie.

»Ja, sie leitet ein Hotel in Martgea.«

Minna macht Kulleraugen. »Cool. Und dein Papi?«

»Der ist Ingenieur. Arbeitet jetzt von zu Hause für die Firma und macht einen auf Stay-at-home-Dad.«

»Meiner ist Buchhalter bei der Caritas.«

»Und deine Mom?«

»Die ist Hausfrau.« Minna springt auf eine niedrige Steinmauer und auf der anderen Seite wieder herunter. »Soll ich dir den Bauernhof von den Casparins zeigen?«

»Ja, gern.« Johanna ist froh, dass sie sich getraut hat, bei Minna zu klingeln. Sie springt hinterher, es geht über eine schmale Wiese und dann durch ein Wäldchen, bis zur nächsten Gasse, das muss die Veia Rischmelna sein. Auf der Weide stehen drei braune Kühe. Daran grenzt ein großes Gebäude aus so ganz schlanken Holzstreben mit Sonnenkollektoren auf dem Dach.

»Das ist der Stall für Geißen und Schafe.«

»Was für ein Riesentor. Das kriegt man doch gar nicht bewegt.« Es steht ein Stück offen.

»Der Gian«, sagt Minna, »ist ein riesiger Bär, der schafft das schon. Er braucht auch so viel Platz, wir passen bestimmt gleichzeitig durch.«

»Dürfen wir denn da rein?«

»Klar.«

Minna drückt sie kichernd an sich, und gemeinsam schieben sie sich durch die Öffnung. Johanna meint, Minnas

Vogelherz in ihrem schmalen Körper zu spüren. Sie ist ganz warm und gleichermaßen weich und knochig, wie auch immer das geht.

Von drinnen sieht der Stall noch viel größer aus als von außen, vor allem, weil er so hoch ist. In der Mitte eine große Fläche, in deren Mitte ein paar quaderförmige Heuballen gestapelt sind. Oder Stroh, keine Ahnung. Rundherum sind Metallgitter angebracht. Nur rechts gleich, wenn man reinkommt, stehen Schafe, vielleicht so dreißig Stück oder so, also, Stück, das passt ja nicht zu Lebewesen, dreißig Tiere halt, die sie mit lautem Mähen begrüßen.

»Sind da auch Kleine dabei?«, fragt Johanna.

»Nicht mehr so richtig klein, ist ja schon Sommer. Aber die da sind von diesem Jahr. Siehst du die beiden schwarzweißen?«

Gott, sind die alle süß und zottelig. Minna klettert sogar über das Gitter, aber das traut Johanna sich erst mal nicht. Sie hockt sich hin und streichelt die Schafe von außen. Plötzlich hat sie eine kalte Nase an der Wange und erschrickt.

»Das ist Luna.«

Ein Border Collie guckt sie freundlich an.

»*Tgau*, Luna.«

»Und hier ist Dino.«

»Ist der riesig. Und so lieb.« Dino, ein Bernhardiner wie aus dem Bilderbuch, wirft sich gleich auf den Boden und lässt Johanna den Bauch kraulen. Tief greift sie in das feste, leicht fettige Fell.

»Sie sind beide schmusig, aber Luna hütet die Herde, und Dino passt auf den Hof auf und lebt die ganze Zeit draußen. Die Ria hat erzählt, er hat schon mal einen Wolf vertrieben.«

»Oh.« Johanna setzt sich in den Schneidersitz. Am liebsten würde sie Dino als Kissen benutzen. »Hier gibt es Wölfe?«

»Ja.« Minna klettert auf das Gitter und bleibt darauf sitzen, mit dem Gesicht zu ihr. »Zwei Rudel sogar, und alle haben Angst vor ihnen: Oooh, die werden uns das Vieh reißen und uns bestimmt auch gleich mit auffressen.«

»Wölfe sind toll.« Schon während sie es ausspricht, wird ihr klar, dass sie wahrscheinlich so richtig schön dämlich klingt, wie gerade aus der Stadt eingewandert, und das ist sie ja auch. In Deutschland liest man ja auch immer wieder, dass Landwirte sich beschweren, wenn sich Wölfe ansiedeln. Weil sie sich halt wirklich ab und zu ein Schäfchen genehmigen. Allerdings sind Menschen garantiert die schlimmeren Raubtiere.

Minna quietscht auf, als ihr ein Schaf in den Hintern zwickt.

»Warum haben einige von denen Farbe auf dem Rücken?« Neongrün passt definitiv gar nicht in diesen Stall in all seinen Naturfarben.

»Weiß ich nicht genau. Irgendeine Kennzeichnung, ob die Tiere schon entwurmt wurden oder ob sie ihnen die Nägel geschnitten haben oder so.«

»Was heißt Schaf auf Surmiran?«

»*La nursa.*«

»Hund weiß ich: *Igl tgang.*«

Minna nickt. »Versuch, das *tg* weiter vorn auszusprechen und das *tsch* hinten.«

Sie üben *tg* und *tsch* und klingen wie zwei kleine Dampfloks.

Dann springt Minna auf. »Komm mal mit. Ich zeige dir den Heuboden, das ist das Allerschönste.«

Sie müssen erst wieder raus, wo das Licht ganz komisch geworden ist, kupferorange, ist das eine Farbe? Und noch während sie eine schräge Auffahrt hochgehen, und von da aus führt dann eine Treppe nach oben, sozusagen ins Obergeschoss des Stalls, noch währenddessen fängt es an zu regnen. Und zwar so richtig in Strömen. Sie ziehen die Köpfe ein – und sind schon wieder im Trockenen. Minna wischt sich über den Nacken und lacht. Es rauscht in der Traufe, rauschende Traufe, die Traufe rauscht.

»Warum haben denn die beiden Hunde die Herde eigentlich nicht vor uns beschützt?«, fragt Johanna. »Warum dürfen wir hier einfach so rumklettern?«

»Sie kennen mich«, sagt Minna mit einem Schulterzucken. »Ich kümmere mich während der Lammsaison und der Erntezeit oft um Luna und bringe ihr Tricks bei, damit sie sich nicht langweilt. Die will immer gefordert werden. Und du scheinst ihnen wohl auch harmlos.«

»Bin ich ja auch.« Johanna lacht. »Ich esse keine Schafe.«

»Schau.«

Heu. Überall Heu. Feste Ballen, rund und eckig, aber auch Heu, das einfach so rumliegt. Sofort sieht sie die Szene bei Heidi vor sich, wo Heidi sich oben auf dem Boden beim Almöhi ein Bett aus Heu zusammenschiebt und sie ein Laken drüberdecken und Heidi wie mit einem Fallschirm kurz in der Luft schwebt.

»Und in der Mitte ist ein Loch, von dem aus man das Heu nach unten werfen kann.«

Minna stapft über die Heuberge und fällt plötzlich um. Ist weg.

»Minna?« Vor Schreck flüstert Johanna nur.

»Komm ruhig her.«

Sie klettert in die Richtung der Stimme. Da liegt Minna auf dem Bauch.

»Ich dachte schon, du wärst runtergefallen.«

Minna klopft neben sich auf die weiche Unterlage, und Johanna legt sich ebenfalls hin, in sicherer Entfernung von der großen Öffnung. Die Schafe unten gucken nicht mal hoch, nur Luna und Dino heben die Köpfe und lassen sie wieder sinken. Oh, Johanna will gleich wieder runter und sie alle knuddeln und fotografieren. Das Heu pikst überall, aber es riecht echt gut. Ob man runterspringen kann? Nein, viel zu hoch.

Da schiebt sich eine große, dunkle Gestalt durch die Toröffnung.

»Pscht.« Minna legt einen Finger an den Mund.

Johanna schüttelt den Kopf. Das ist doch doof, sollen sie sich wirklich verstecken? Der Mann unten wischt sich den Regen aus den Haaren, die Hunde stehen auf und begrüßen ihn mit heftigem Schwanzwedeln. Er brummelt ihnen etwas zu und streicht ihnen über die Köpfe. Das wird wohl der Bauer sein.

Minna hat den Kopf eingezogen. Jetzt müssen sie die ganze Zeit hier liegen und still sein? Sie hätten sich einfach gleich bemerkbar machen sollen, aber mit jeder Sekunde wird es peinlicher. Der Bauer steigt über das Gitter, der muss nicht mal klettern, steigt einfach drüber, und scheint nach einem bestimmten Schaf zu suchen oder so. Da kommt noch jemand durch das Tor. Johanna kneift die Augen zusammen und erkennt Stella von neulich Abend. An ihrem eleganten Gang. Stella sieht sich um, muss dunkel hier sein, wenn man von draußen reinkommt, also, obwohl es ja draußen mit dem Regen grad auch nicht so megahell ist.

»Ach, hey, Gian, ich dachte, du wärst deine Frau. Hab nur das Auto gesehen.« Stella zieht sich das Gummi aus den Haaren und schüttelt den Pferdeschwanz aus.

»Die Ria ist unten«, sagt der Mann, der Gian heißt.

»Na, dann fahr ich mal runter.« Stella dreht sich wieder zum Gehen, aber bleibt doch im Trockenen stehen. Der Regen ist ein richtiger Vorhang aus Wasser, nur dass man ihn nicht mal eben zur Seite schieben kann.

»Wart besser noch eine Weile.« Gian steigt aus dem Gehege oder wie man das nennt und wischt sich die Hände an der Hose ab. »Bei euch im Haus alles beim Rechten?«

»Klar.« Stella nickt und geht wieder auf ihn zu. »Bei so einem aufmerksamen Vermieter.«

»Ach was.«

Sie schweigen und sehen in den Regen. Stella kann offenbar nicht ruhig stehen bleiben und wechselt von einem Bein auf das andere.

»Mir tun die Füße weh.« Stella lacht. »Viel herumgelaufen heute.«

Sie sieht sich um, setzt sich auf einen breiten Heuballen, zieht einen Turnschuh aus und knetet sich die Fußsohle. Gian folgt ihr und setzt sich in einiger Entfernung neben sie.

»Fährst jetzt aber immer unten rum, oder?«

»Wegen der roten Ampel?« Stella schüttelt den Kopf. »Ich nehm die Dorfstraße. Das sind wertvolle Minuten, jeden Arbeitstag. Wenn die vom Amt sich nicht rühren.«

»Ist aber zu gefährlich.«

»Wird schon nicht noch so ein Brocken runterkommen.«

»Weiß man nicht. Wär doch schad um dich. Der Bruno mag dich.«

»Der Bruno, ja?« Sie lacht.

Währenddessen liegen Johanna und Minna da wie erstarrt. Minna wackelt mit der Nase. Johanna guckt sie warnend an: Bloß nicht niesen. Minna schüttelt grinsend den Kopf: Alles gut, keine Sorge.

Die beiden Erwachsenen unterhalten sich, fast genau unter ihnen, aber der Regen auf dem Dach und vor dem geöffneten Stalltor wird so laut, dass sie oben nichts mehr verstehen. Eigentlich ist es ziemlich schön hier. Johanna dreht sich auf den Rücken und guckt an die hohe Decke. Wie gut geschützt sie sind. Hier wäre sie auch gern Schaf. Deren Glocken klimpern beruhigend vor sich hin.

Nach einer Weile rüttelt Minna an ihrem Arm.

Johanna dreht sich wieder um. Minna hat die linke Hand vor den Mund gelegt, ihre Augen sind groß mit unterdrücktem Lachen und bisschen Entsetzen. Johanna schaut nach unten. Äh, was ist denn jetzt passiert? Stella hat sich, einen Fuß im Schuh, einen im Socken, dem breiten Gian auf den Schoß gesetzt – und sie küssen sich.

Wie das aussieht.

In ihr zieht etwas.

»Film das mal«, flüstert Minna.

Johanna schüttelt heftig den Kopf. So was macht sie nicht.

Minna legt ihr eine Hand auf den nackten Unterarm. »Bitte.«

Alles klebt vom Schweiß, aber das Ziehen in Johanna wird heftiger. Zögerlich nimmt sie das Telefon aus der Arschtasche und öffnet mit einem Wisch die Kamera. Sie kann das doch nicht wirklich aufnehmen, oder? Schnell tippt sie auf die Taste, ein Foto wird schon nicht so schlimm sein, vor allem weil ihre Kamera ja echt schlecht ist, man wird bestimmt nichts erkennen. Gian schiebt seine Pranken unter Stellas Poloshirt. Minna guckt den beiden mit flammenden Wangen zu, Johanna kann sich nicht entscheiden, wohin mit den Augen. Was, wenn die da unten jetzt wirklich Sex haben? O Mann, sie hätten sich echt bemerkbar machen sollen.

Minnas rosa Lippen sind ein Stück geöffnet, sie ist so gebannt von dem Schauspiel, und dann merkt Johanna, dass sie so gebannt von Minnas Lippen ist, dass sie den Blick erst wieder löst, als Minna den Kopf zu ihr dreht.

»Schade«, flüstert sie.

Die beiden unten sind aufgestanden, und Stella zieht sich Shirt und BH zurecht, Gian die Hose. Der Regen hat ein wenig nachgelassen, ist aber immer noch viel zu dicht, um irgendwie trocken nach Hause zu kommen. Trotzdem lacht Stella, als Gian etwas sagt, legt ihm eine Hand an die Wange und verschwindet.

Zehn Minuten später oder so geht auch Gian. Minna setzt sich sofort auf. Sie hat einen Fleck auf der weißen Bluse, gleich an der linken Brust.

»Das war Ehebruch«, sagt sie ganz begeistert.

Johanna kommt auf die Füße. »Ehebruch?«

»Der Gian ist verheiratet, mit der Ria Casparin. Und er betrügt sie!« Triumphierend klingt sie.

»Du hast da Dreck.« Johanna zeigt möglichst vage.

Minna wischt an ihrer Bluse herum, aber der Fleck bleibt. »Oh nein, die *mamma*! Ich muss sofort nach Hause. Und verrat bloß niemandem was.«

JULI

FABIO

Wegen der Hitze liegt ein Dunstfilm über der Landschaft. Der Mond irrt um sechzehn Uhr dreizehn am Himmel herum. Fabio muss superattraktiv aussehen in seinen Shorts und Flipflops, aber hey, er ist mittelalt, verheiratet und hat nachmittags frei, da wird man ja fast gezwungen, sich so nachlässig zu kleiden. Rasiert hat er sich seit drei Tagen nicht mehr, auch wenn sein Gestoppel nicht aussieht wie ein ordentlicher Dreitagebart. Er trägt zwei Müllbeutel zu der Sammelstelle im Pastregl, dem ehemaligen Backhaus.

Drei Wochen sind sie jetzt hier. Immer noch ist nichts Alltag, immer noch sitzt der Berg da und kratzt sich den Schieferrücken. Tagsüber backt das Gestein, am frühen Abend türmen sich wie im Zeitraffer Wolken auf, und man muss sich innerhalb weniger Minuten vor sintflutartigen Regengüssen in Sicherheit bringen. Vielleicht ändert ja der Juli etwas am Wetter.

Die Sammelstelle liegt gegenüber von Matildas kleinem Laden. Er meint, im Dunkeln hinter den Fenstern ein Schemen zu sehen. Ja, das ist sie, und sie winkt. Fabio will über die Straße gehen, da kommt ein älterer Kerl im Blaumann auf ihn zu. Den hat er doch auch auf der Gemeindeversammlung gesehen, oder?

»Grüezi. Deinen Namen hab ich leider vergessen.«

»Fabio Blom.«

»Ich bin der Romeo Spinatsch.« Er betont den Vornamen auf der zweiten Silbe, wie beim gleichnamigen Auto. Er ist der mit der Leberwurst, der jetzt seinen Müllbeutel mit großem Schwung in den Container wirft, den Deckel zuknallen lässt und hustet wie eine leere Wasserleitung, bevor er weiterredet. »Auch Urlaub?«

Fabio blickt an sich herunter. »Nur heute Nachmittag frei.«

Wie jeden Nachmittag. Aber das zuzugeben ist verdammt schwer. Ein viel zu leichtes Leben. In der Bürowelt muss man doch immer beschäftigt und überarbeitet sein, und bei Menschen wie diesem Romeo gelten wahrscheinlich eh alle Büroleute als Memmen. Ein Hoch auf alte Vorurteile, und leider kommen sie von ihm selbst und nicht von Romeo.

»Da müsst ihr ja schon bald wieder wegziehen, oder?«, fragt der.

Fabio kratzt sich am Kopf. »Gebt ihr denn das Dorf wirklich auf?«

»Wenn es nach uns geht, dann schon. Wir kaufen uns eine Wohnung in Lai. Haben schon eine Anzahlung geleistet, und mit dem zusätzlichen Geld vom Kanton reicht es. Margarita geht im Winter in Rente, und das Haus ist viel zu groß, seit die Kinder weg sind.«

»Dann wollt ihr nach fünf Jahren auch nicht wieder zurück?«

Romeo lacht. »Ich glaube nicht, dass das irgendjemand will. Fünf Jahre halte ich eh für sehr kuraschiert.« Er zeigt auf Matildas Laden, ohne zu wissen, dass sie da ist. »Aber wie ich das sehe, wird *sie* dagegen stimmen, dann müssen die von der Behörde sich etwas anderes ausdenken.«

»Ich habe mit einer der Geologinnen gesprochen, die

meinte, die Drainage ist eigentlich der einzige sichere Ausweg.«

»Sag das der Alten.«

Der gute Romeo ist vielleicht fünf Jahre jünger als Matilda und soll sich mal nicht so unhöflich ausdrücken, findet Fabio. Aber er kann verstehen, dass Romeo nicht gut auf sie zu sprechen ist, wenn er hier keine Zukunft mehr sieht. Er hat das Gefühl, dass niemand richtig diskutiert – alle entscheiden für sich selbst. Na ja, vielleicht treffen sie sich hier und da auf der Straße, sprechen darüber und er bekommt es einfach nicht mit, als Outsider.

Der Mann verabschiedet sich, Matilda kommt aus dem Laden, als hätte sie nur darauf gewartet. Sie habe nur einmal nach dem Rechten gesehen, sagt sie, und dann gehen sie gemeinsam zurück. Heute will sie ihm ihren Kräutergarten zeigen. Sie haben noch einmal zusammen gegessen: Fabio hat sie eines Mittags zu sich eingeladen, hatte sich an vegetarischem Sushi versucht, so richtig exotisch. Sie war skeptisch, hat dann aber zugelangt.

Sie gehen außen an Matildas Haus vorbei, eine Katze verfolgt sie und streicht ihnen um die Beine.

»Das ist er.« Matilda klingt durchaus stolz.

Der Garten auf dem leicht abschüssigen Boden hinter ihrem Haus wirkt wunderbar gepflegt, und die Beete sind in schmale Kieselreihen eingefasst. Sieht aus wie ein wohlgestalteter, kleiner Klostergarten.

»Hast du eine bestimmte Ordnung?«

»Selbstverständlich. Hier sind die Pflanzen gegen Entzündungen und Hautausschläge. Hier gegen Frauenleiden, na ja. Hier wenn man nervös ist oder nicht schlafen kann ...«

»Baldrian?«

»Baldrian, Melisse, Beifuß, Lavendel.«

Er sucht nach einer Lavendelblüte, in der gerade kein Insekt hängt, zerreibt sie vorsichtig zwischen den Fingern und riecht daran.

»Hier gegen Erkältung und andere Erkrankungen der Atemwege.«

»Thymian.« Kennt er als Teebeutel und vom italienischen Kochen. Und von Simon und Garfunkel.

»Obacht«, sagt Matilda. »Daneben steht der Eisenhut, der ist giftig.«

»Oh?« Die Pflanze mit den helmartigen Blüten reicht ihm bis über das Knie.

»Ich benutze ihn nicht mehr. Zu gefährlich. Aber sein Blau ist so schön. Soll ich dir das Stück Land zeigen?«

Gestern hat er wieder einmal geschwärmt, dass er vielleicht einen Garten haben wollen würde. Grüne Bohnen, Stachelbeeren, gleich aus der Erde in den Topf. Sie, die ja nicht daran glaubt, dass ihr Aufenthalt hier nur vorübergehend ist, hat ihm gesagt, sie besitze ein kleines Stück Land, die Gasse runter. Könne er sich anschauen. Also nickt er. Es sind wirklich nur wenige Schritte, kurz bevor die Gasse sich in eine Wiese und einen schmalen Pfad verläuft.

»Ist nicht abgesteckt, aber es geht ungefähr bis zu den Bäumen.«

Er hat es sich viel größer vorgestellt und Angst gehabt, was sie ihm da zutraut. Jetzt verspürt er ein aufregendes Kribbeln. Das könnte wirklich was sein.

»Ist ziemlich steinig« meint Matilda, »da müsste man erst einmal mit der Spitzhacke durch.«

Wenn sie das sagt … Er bräuchte wahrscheinlich mit allem Hilfe, entweder von ihr oder aus dem Internet oder beides. Bei dem Gedanken daran, mit einer Spitzhacke auf den Hang einzudreschen, wandert sein Blick gleich wieder hoch zum Piz Brunclia. Würde der sich rächen? Ob das Weidevieh auch immer nur mit langen Zähnen das Gras rausrupft und die Ziegen auf Zehenspitzen klettern? Ach, Moment, tun Ziegen das nicht eh? Cathrina Arpagaus von der Geologenfirma meinte, dass sie teils auch schon bei den Sondierbohrungen vorsichtig sein müssen, weil die unheimlich viel Wasser brauchen, das entsprechend in den Boden geht. Je nachdem, in welche Art Gestein man in welchem Bereich des Rutschgebiets bohrt, kann es gefährlich werden. Sie hat ihm ein Stück Bohrkern auf den Tisch gestellt, fünfzehn Zentimeter Durchmesser vielleicht, einen halben Meter Länge, ein schöner Dolomitstein, hellgrau mit weißen Adern durchzogen, kühl unter seinen neugierigen Fingern.

»Kannst es dir ja überlegen.« Matilda wirkt ein wenig beleidigt.

»Entschuldige.« Er lächelt sie an. »Ich gerate schon ins Träumen. Aber so schön wie dein Garten wird er bestimmt nicht.«

»Ach«, sagt sie geschmeichelt.

»Und ich bräuchte definitiv deine Hilfe. Kann man im Juli noch was Schönes pflanzen? Irgendwas, wo man schnell ein Ergebnis sieht?«

»Was Schönes? Sonnenblumen?«

»Das klingt doch gut.«

»Ich glaube, ich habe noch Samen.«

Gemeinsam gehen sie zurück. Sonnenblumen. Am liebsten würde er es gleich ausprobieren, auch wenn er genau weiß, dass das doch alles keinen Sinn ergibt. Ein Garten auf einem so instabilen Berg. Außerdem muss er überlegen, was er für die Kinder zu Abend kocht. Katja hat schon geschrieben, sie komme spät.

»Kann man im Internet nach jemandem suchen?«, fragt Matilda plötzlich.

Fabio bleibt stehen, das Schlüsselband bereits in der Hand schwenkend. »Sicher. Nach jemandem Bestimmten?«

»Ach, nein.« Matilda winkt ab. »Bis später. Ich bringe dir die Samen.«

»Bis später.« Als er aufschließt, ist die Katze wieder da und maunzt ihn an. Er schiebt sie vorsichtig mit dem Fuß zur Seite. Da steht plötzlich Matilda wieder hinter ihm, er fährt zusammen.

»Nach der Geschäftspartnerin von meiner Tochter will ich suchen.«

»Von Claire? Wieso?«

Richtig verzweifelt sieht Matilda mit einem Mal aus.

»Komm rein«, sagt er und führt sie in die Küche, wo er Mineralwasser aus dem Kühlschrank holt und zwei Gläser eingießt. Im gleichen Moment hört er einen Rumms aus dem Wohnzimmer.

»Ach.« Matilda dreht sich um. »Da ist bestimmt wieder ein Vogel gegen die Scheibe geflogen. Irgendwas an der Ausrichtung zur Sonne und der Spiegelung, wir haben es nie herausgefunden, aber immer wieder fliegen Vögel dagegen.«

Er nimmt sich das Tablet und folgt ihr.

»Eine Dohle«, sagt Matilda. »Da hockt sie.«

Draußen sitzt einer der schwarzgrauen Vögel, wirkt etwas verwirrt und scheint sie mit einem Auge anzusehen, aber wahrscheinlich erkennt er durch das Glas nichts. Vorgestern, als Fabio und Katja laufen waren, haben sie einen ganzen Schwarm Dohlen von einem frisch gedüngten Feld gescheucht, der sich laut krächzend auf dem nächsten Baum niedergelassen hat. Nachts verwandeln die sich bestimmt in eine Horde Hexen mit schwarzen Umhängen, hat Fabio gesagt.

Beim Weiterlaufen dachte er darüber nach, ob man einen Berg kennen, ihn vorhersagen kann. Das Wetter, ja, wenn man lang genug irgendwo lebt, kann man die Anzeichen deuten, er hat schon von Sandro gehört: Wenn an dem und dem Gipfel der Nebel aufsteigt, holt man besser schnell die Sitzpolster der Gartenmöbel rein – in einer früheren Version ging es eher um die Bleichwäsche oder das Heu. Fabio hat das Gefühl, Sandro hat deutlich öfter recht als seine Smartwatch. Aber kann man den Berg selbst kennen, der die ganzen Jahre nichts macht, als einfach nur dazustehen und, im Fall des Piz Brunclia, ab und an mit Steinen zu werfen? Die Wissenschaft in Form von Cathrina Arpagaus und Kollegen lauschen ihm, aber dafür brauchen sie mehr als nur ein Gespür. Nämlich jede Menge Technik.

Und wie ist es andersherum mit dem Berg? Kennt der Berg die Menschen, die sich seit Generationen auf ihm fortpflanzen wie unzerstörbares Ungeziefer, ihn bewirtschaften und mit der Spitzhacke auf ihn einprügeln? Interessiert ihn das?

Die Dohle vor seinem Wohnzimmerfenster erholt sich langsam und hüpft ein paarmal, bevor sie die Flügel ausbreitet und wegfliegt.

»Vielleicht könnte man so Vogelaufkleber an der Scheibe anbringen«, sagt er.

»Die Claire hat vierzigtausend Franken Schulden.« Matilda sieht weiter aus dem Fenster und knetet sich die knorrigen Finger.

Er entsperrt das Tablet. »Wie heißt die Geschäftspartnerin?«

Matildas Hände halten inne. »Nina. Mehr weiß ich nicht.«

»Dann wird es schwierig.«

Sie seufzt ärgerlich und lehnt sich an die Rückenlehne des großen Sofas.

»Was ist denn passiert?«, fragt Fabio. »Vielleicht kann ich sonst irgendwie helfen.«

»Kannst du meine Tochter von ihrer Dummheit heilen?«

Fabio weiß nicht, was er antworten soll, aber sie redet zum Glück gleich weiter.

»Sie haben eine Firma gegründet. Startup, heißt sie.«

»Die Firma heißt Startup? Oder die Firma ist ein Start-up?«

Matilda wirft ihm einen bösen Blick zu und sieht dann wieder aus dem Fenster. »Was weiß denn ich alte Frau.«

»Ist ja auch egal«, sagt Fabio nach einer Weile. »Sie haben eine Firma gegründet?«

»Eine Firma gegründet, einen Kredit aufgenommen, Räume gemietet, Computer gekauft.«

»Was ist sie noch mal von Beruf?«

»Informatikerin.«

»Ach ja.« Jasper und Jojo haben über sie gesprochen. Vierzigtausend Franken Schulden und ein Start-up machen sie natürlich nicht gleich zu einem schlechten Menschen, aber warum sind die Kinder so fasziniert von ihr? Ob sie der richtige Umgang ist – Gott, er hört sich an wie sein eigener Vater.

Matilda sagt nichts mehr, und er muss sie erneut anstoßen. »Und das mit der Firma ist nichts geworden?«

Matilda versenkt die Hände in ihren Rocktaschen. »Diese Nina hat das Geld genommen und ist abgehauen.«

»Oh.«

»Spurlos verschwunden ist sie.«

»Und Claire?«

»Claire hat kein Geld, um den Kredit zu bedienen. Da kommt sie zurück, sagt, sie will einfach mal wieder einen Sommer bei ihrem Mami daheim sein – und verrammelt sich in der Wohnung vom Gian und der Ria. Kommt ihr Mami nicht einmal besuchen. Ich musste zu ihr gehen. Sie hat ihre Wohnung in Zürich aufgegeben und versteckt sich vor der Bank.«

»Vierzigtausend Franken?«

»Wo soll denn ich das bitte hernehmen?«

RIA

Die drei Jungen von Marco und Sarah haben Blanca in Beschlag genommen und toben schon den ganzen Nachmittag mit ihr herum. Sie wird nachher furchtbar überdreht sein, wie so oft, wenn sie Rias Bruder in Masein besuchen. Neben Ria und Gian sind die Balzers aus Bergün da, Donata und Conradin, beide inzwischen über sechzig, bei denen Ria damals ihre zwei Praxisjahre für die Berufsprüfung abgeleistet hat. Sie sind bis heute befreundet geblieben und helfen sich untereinander, wo es nur geht. Donata steht auch in Rias Notfallkontakten für die Evakuation.

Sie sitzen auf der Terrasse, Donata hat ihre schweren, breiten Arbeitshände, mehr Geräte als menschliche Gliedmaßen, auf dem Bauch abgelegt. Die Stimmung ist merkwürdig, seit Sarah ihnen auf dem Handy Fotos von einem Hof im nächsten Dorf gezeigt hat.

»Entfernte Verwandte, die verkaufen und in die Stadt wollen. Wie so viele«, sagt sie düster. »Schaut mal, wie viel Land dabei ist. Die angrenzenden Äcker und Wiesen werden auch gerade auf Bio umgestellt, so dass ihr da keine Probleme haben solltet. Wäre euch der Schafstall groß genug?«

Ria lächelt ihre Schwägerin an. »Wir ziehen nicht um, Sarah.«

»Irgendwann müsst ihr«, erwidert die und streicht sich eine Haarsträhne aus dem rosigen Gesicht. »Ob nun wegen dem Tunnel oder später wegen dem Berg. Irgendwann kommt er runter, Ria.«

»Bis dahin könnten wir aber auch schon alt und klapprig sein, wie der *bab*.«

»Willst du euren *bab* wirklich die ganze Zeit mit der Bedrohung leben lassen? Er braucht doch Ruhe.«

Ria sieht Marco an, der einfach nur dasitzt und seinen Kaffee trinkt.

»Der *bab* braucht seine vertraute Umgebung.« Ria lächelt immer noch. Sie mag ihre Schwägerin und dass die sich immer so für Sachen begeistern kann. Nur ist das hier halt die falsche Sache. »Das weißt du doch selbst von deinem Vater.«

Der wollte ins betreute Wohnen, damit Sarah mehr Zeit für die Kinder hat, und da ist seine Demenz dann mit einem Mal so schnell fortgeschritten, dass er seine Tochter nach ein paar Wochen nicht mehr erkannt hat. Die neue Umgebung war zu viel.

Wieder sieht Ria ihren Bruder an. »Sag mal was.«

»Tja. Was meinst denn du, Gian?«, fragt er stattdessen.

Gian hat sich auf dem Stuhl nach vorn gebeugt und drückt sich eine Faust in den linken unteren Rücken. In letzter Zeit hat er oft Schmerzen, die Ria ihm wegmassiert. Eigentlich eine intime Sache, aber entweder reden sie dabei über die Tiere oder sie schweigen. Es ist so viel einfacher, kein Gespräch zu führen.

»Tja.« Gian knetet seinen Rücken.

»Wo sollten wir hin?« Ria spricht für ihn, als er nichts weiter sagt. »Einfach einen anderen Hof kaufen? Das ist doch nichts.«

»Ans Meer.« Gian grinst.

Sie lacht ungläubig. »Bist du seit neuestem auch so einer, der Sehnsucht nach dem Meer hat? Hat Stella dich angesteckt?«

»Was?« Sein Blick flackert.

»Sie vermisst es doch auch, das Meer. Warst du überhaupt schon jemals da?«

»An der Adria, als Kind.«

»Ach, richtig.« Ein Casparin-Großgroßonkel ist damals wie so viele Bündner nach Italien gegangen und Zuckerbäcker geworden. Er ist dort geblieben, ein anderer ist wiedergekommen und hat das alte Hotel Bela Vista errichtet. Heimweh, die älteste Krankheit der Bündner.

Sie will nicht ans Meer. Da erdrückt einen der Himmel. Hier wird er von den Gipfeln oben gehalten, und Ria meint, auch so genug Last auf den Schultern zu tragen.

»Und runter?«, fragt Donata. »Val liegt nicht im Schadenperimeter.«

Mit welchen Begriffen sie um sich werfen, als hätten sie ihr ganzes Leben damit jongliert. Es sind Begriffe, die nicht zu ihnen passen sollten – wie Hunde in Tüllröcken sehen sie aus darin, im Zirkus tanzend. Ria schüttelt nur den Kopf. Im Tal muss man ständig den Kopf einziehen und stößt sich an den eng an den Gassen stehenden Hauswänden, zwischen denen man nicht einmal die Arme ausbreiten oder die Sonne sehen kann.

»Denkst du wirklich darüber nach, Gian?«, fragt sie. »Seit wann?«

»Seit der Versammlung halt. Ultimatum ist Ultimatum.«

»Das ist doch verrückt.« Ria steht auf und stellt sich ans Fenster. Draußen ist Blanca mit den drei Buben dabei, einen Sandkuchen zu backen. Ria hat das Gefühl, sich umdrehen, sich gegen die Wand stellen zu müssen, damit sie niemand von hinten anspringen, ihr in den Rücken fallen kann, auch nicht ihr eigener Ehemann.

Sarah und Conradin sehen sich schon wieder die Fotos an und fachsimpeln. Marco schaut nachdenklich zu Ria auf.

Eine halbe Stunde später sitzen sie im Auto. Zwanzig Minuten brauchen sie nach Hause, Gian fährt, Blanca schläft auf dem Rücksitz und schnarcht wie ein kleiner, matschdreckiger Elefant. Während die Sonne im Winter immer nur geradeso ihre Pflicht erfüllt, prahlt sie im Sommer mit einer Kür, die kein Ende findet, wirft lange Schatten auf die Gipfel. Gian biegt von der Kantonsstraße nach Vischnanca ab. Immer noch ist die Anrainerstraße die provisorische Hauptzufahrtsstraße. Sie bröselt unter dem gesteigerten Verkehr vor sich hin. Hoffentlich wacht das Kind bei dem Gewackel nicht auf. Rias Augen bleiben am Gesteinsbrocken auf der Wiese hängen, bevor sie weiter zum grauen Hang wandern. Der große Mocken hat dich ganz schön erschöpft, hm, *tgigl*? Stell dir nur vor, wie anstrengend so ein Bergsturz sein muss, du tust dir doch nur selbst weh. Bleib, wo du bist.

Gian scheint ihren Blick zu bemerken und hält an.

»Fahr ruhig weiter.«

Aber er steigt aus, lässt die Tür offen stehen, und die Wildblumen locken auch sie nach draußen, es ist so ein friedlicher Duft am Abend, Kleeblüten und Sauerampfer, am Wiesenrand entlang zieht sich eine Spur aus Klatschmohn. So friedlich. Aber sie müssen noch Futter bestellen und Beatrix wegen Brunhild kommen lassen, die frisst nicht mehr, außerdem überlegen sie, ob sie Luna decken lassen sollen.

Gian legt ihr den Arm um die Schultern, eine so selten gewordene Geste, und Ria kehrt in die Gegenwart zurück.

»Ich weiß es doch auch nicht«, antwortet er auf ihre nicht gestellte Frage, in seinem beruhigenden Brummeln, das sie so gut kennt und jetzt traurig macht. Vielleicht hat er auch die Vertrautheit zwischen Sarah und Marco bemerkt, die ihnen in letzter Zeit so fehlt. »Es ist etwas anderes, sich bewusst zu entscheiden, statt sich jagen zu lassen.«

»Das verstehe ich ja. Aber kannst du dir vorstellen, woanders zu leben und praktisch von vorn anfangen zu müssen? Wie sollen wir uns das leisten? Und gleichzeitig wird Vischnanca zerstört? Kannst du dir vorstellen, dass unser Hof leer dasteht und irgendwann zusammensackt, weil drunter gebohrt wird? Tut dir das nicht weh?«

»Doch.«

»Und dann stellt sich irgendwann heraus, dass die Entwässerung auch nicht alles besser macht. Ich glaube einfach nicht, dass es die eine magische Stelle am ganzen Hang geben soll, die alles gut macht.«

Er gibt ihr einen Kuss auf die Stirn, und sie würde sich gern an ihn schmiegen, aber stattdessen macht sie sich los. Sie hört ein Lachen und Musik.

»Da hockt jemand hinter dem Mocken.« Gians jetzt lautere, tiefe Stimme sorgt dafür, dass zwei Köpfe hervorschauen, einer von links, einer von rechts, als wüchsen sie direkt aus dem Gestein heraus.

»Hey!« Claire Vincenz ist es. Sie winkt, springt auf und kommt auf sie zu.

»Wie gehts den Casparins?«

Claire ist in etwa so alt wie Eli, fünf Jahre jünger als Ria, und bereits früher waren sie so wenige Kinder im Dorf, dass sie alle zusammen herumgerannt sind, die Größeren passten auf die Kleineren auf. Aber mit Claire war Ria nie so gut befreundet wie mit der Eli. Dennoch ist es gut, sie zu sehen, denn sie erinnert Ria an Matilda, und bei Matilda zumindest ist sie sich sicher, dass sie sich genauso wenig wie Ria selbst aus dem Dorf vertreiben lässt. Da müssen sie mich schon wegtragen, hat Matilda gestern erst gesagt. Wir bilden eine Front, Ria.

Ein Junge mit Zigarette im Mund trottet hinter Claire her, schaltet den Lautsprecher aus, den er am Hosenbund hängen hat, und grinst. »Hallo, ich bin Jasper. *Fò plascheir.*«

Ria lächelt. »Freut uns auch. Das ist Gian, ich bin Ria. Herzlich willkommen im Dorf. Wir wollten euch schon längst einmal zum Kaffee einladen, aber bislang war so viel zu tun.«

»Fühlst du dich in der Ferienwohnung wohl?«, fragt Gian, und Ria verdreht innerlich die Augen. Immer dieselbe Frage, ob Stella oder Claire. Sie war überrascht, als Claire sich meldete – für den Sommer wolle sie bleiben, vielleicht auch länger, ob sie das spontan entscheiden könne. Mehr hat Ria nicht aus ihr herausbekommen.

»Ja, alles gut«, sagt Claire jetzt.

Jasper schaut drein, als ob sie ihm etwas anderes erzählt hat. Er ist niedlich, etwas unscheinbar, aber niedlich, und scheint sie anzuhimmeln, und welche Frau wünscht sich das nicht mit fast Mitte dreißig? Sie selbst wäre ja auch acht Jahre älter als der Bengiamin Tschalèr. Wo dieser Gedanke immer herkommt.

Die beiden verabschieden sich und schlendern aufs Dorf zu, Jasper macht seine Musik wieder an, Claire läuft barfuß mit den Schuhen in der Hand.

Ria meint, die Augen ganz weit aufsperren zu müssen, die Ohren ebenfalls, das Herz nur noch mehr, das hier ist ihr Zuhause, da hinten ist ihr Hof, ihr *bab*. Ihre Tiere warten auf sie, die Wege und Gässlein kennen ihre Schritte, ihre Stimme. Sie ist nicht nur ein Mensch mit zwei Beinen, zwei Armen, der hier zufällig gelandet ist. Sie ist Vischnanca, und Vischnanca ist sie. Und sie ist der Berg. Der Piz Brunclia ist Teil von ihr, vielleicht gerade der Teil, der am stursten ist, am härtesten.

Da kommen auch noch die Mosers aus Richtung des Dorfes heranspaziert. Ladina winkt. „Gian, Maria, guten Abend.«

Sie grüßen sich alle gegenseitig und kommen überein, dass es ein wunderschöner Abend ist, der große Stein wird bewundert, Gott gelobt, dass niemandem etwas passiert ist, auch nicht den Kindern auf dem Töff.

»Aber aufpassen sollte man auf die deutschen Kinder«, sagt Pierre, und Ladina nickt. »Die sind neulich ins alte Steier-Haus eingestiegen, und man hört, der Junge nimmt Drogen.«

»Er sah eigentlich ganz harmlos aus«, sagt Ria.

»Mit der Claire Vincenz ist er unterwegs …« Ladina flüstert es nur, wie sie immer flüstert, wenn ihr Mann dabei ist.

»Gian, wisst ihr schon mehr über die Geldbeträge, die fließen sollen?«, fragt Pierre. Er spricht immer den Herrn des Hauses an – der ihm in ihrem Fall zwar etwas über den Gesundheitszustand seiner Geißen, Schafe und Kühe sagen kann, mit Geld hingegen nicht so viel am Hut hat.

»Wir wissen genauso viel wie ihr«, sagt Ria.

»Für unser großes Grundstück haben wir damals ziemlich viel bezahlt, ich hoffe, dass sie nicht irgendwelche Pauschalsummen anbieten, sondern sich auch am Kaufpreis orientieren.«

»Ihr wollt also gehen?«, fragt Gian und schaut Ria dabei nicht an.

»Selbstverständlich.«

»Minna ist aber doch hier daheim«, sagt Ria.

Pierres Stimme wird lauter. »Unsere Wilhelmine braucht Stabilität. Die können wir ihr hier nicht mehr bieten.«

»Gerade hier, wo sie aufgewachsen ist«, sagt Ria. »Vischnanca ist doch die perfekte Umgebung für ein junges, unschuldiges Mädchen wie eure Minna. Für meine Blanca wünsche ich mir jedenfalls genau das.«

»Der Herr Pfarrer hat uns auch geraten zu gehen«, flüstert Ladina.

»Der kommt ja nicht von hier.« Ria mag den Pfarrer nicht, ihn, sein Muttermal auf der Wange, den immer gelblichen Hemdkragen. Dass die Mosers auf ihn hören, wundert sie nicht. Die leben nach ihrem Glauben.

Ob es das einfacher macht?

»Ein paar Gleichaltrige wären bestimmt auch nicht schlecht«, sagt Gian.

Ria mag nicht mehr so dicht neben ihm stehen und geht aufs Auto zu.

»Das deutsche Mädchen ist jedenfalls nicht der richtige Umgang.« Pierre stützt die Fäuste in die Seiten. »In ein fremdes Haus einsteigen, gleich am ersten Abend.«

»Wir müssen heim«, sagt Ria. »Blanca muss ins Bett.«

Die Kleine schläft immer noch im Auto, nun still und leise, ihr Erdbeermündchen geschürzt.

Zu Hause stößt Ria die Fenster auf, während Gian das Kind ins Bett legt. Bevor sie unter die Dusche geht, muss sie noch einmal nach dem *bab* sehen. Die letzten Tage waren nicht gut, immer wieder war er verwirrt, einmal saß er ratlos mit einer Scheibe Brot da und wusste nicht, was er damit sollte. Ihm macht das Angst, ihr auch. Als die *mamma* gestorben ist, hat er eine Weile zu viel getrunken. Dann ist er schwermütig geworden und saß in der Küche auf der alten Eckbank und hat mit dem Finger die Muster auf der Wachstuchdecke nachgefahren. Nach etwa einem Jahr ist es besser geworden, für sie alle, und jetzt wird es wieder schlimm. Anders schlimm. Und vermutlich nie mehr besser.

Stella sitzt bei ihm auf der Eckbank und tippt in ihren Laptop. Der *bab* ist beim Fernsehen eingenickt.

Ria setzt sich neben Stella. »Schöne Grüße von Marco.«

»Ach je.« Stella verzieht den Mund. »Danke.«

»Arbeitest du noch?«

»Ja, bin heute nicht dazu gekommen, alles einzutragen. Maria Weber mit der Zimtkerze hat sich übrigens sehr über dein Eichendorff-Buch gefreut.«

Wenn Ria gehässig sein kann wegen Marco, kann Stella das offenbar auch wegen des Buchs.

»Das war nicht meins.«

Sondern das vom Bengiamin Tschalèr, der damit ankam wie ein Literaturprofessor, sie hat seit der Schule kein Gedicht mehr gelesen, selbst als der Marco zu einem runden Geburtstag vom *bab* ein paar Verse zurechtgedrechselt hat, hat sie sich geweigert, die auswendig zu lernen.

Stella reckt sich. »Bei dir alles gut?«

Ria seufzt müde. »Nicht besonders.«

»Hey, hast du schon die Videos über Vischnanca gesehen?«

»Was meinst du?« Einige Journalisten sind da gewesen

und haben in Fenster und Ecken geschaut, hauptsächlich die Regionalpresse. Sie haben Regula Schiess befragt und einen der Geologen und den Bengiamin vor den Berg gestellt. Auch in der Zeitung hat was gestanden: Wie fühlt man sich hier? Haben Sie keine Angst?

Stella öffnet auf dem Laptop Instagram. »Schau mal, das deutsche Mädel macht uns berühmt. Jo Blom.«

Zuerst bricht die WLAN-Verbindung ab, wie sie das in letzter Zeit öfter tut, als hätte sie das Dorf auch schon halb aufgegeben. Dann sehen sie Fotos vom Piz Brunclia, den schiefen Kirchturm davor. Fotos von Rissen in Häusern, Rissen in der Straße, und zwischendrin Idylle mit Geranien und blauem Himmel, mit Schmetterlingen und Bienen in Blütenkelchen. Das Mädchen hat ein gutes Auge. Oh, auch Fotos vom Hof. Bizzis Kuhnase von nahem, ihr Holzschrank an der Ecke, mit Honig, Wildsalami, Bündner Nusstorte und getrockneten Pilzen. Ria tut das Herz weh, als sie all das dort sieht, was ihr gehört, was sie geschaffen hat. Jo Blom hat ganz offensichtlich erfasst, mit wie viel Liebe Ria ihre Ecke von Vischnanca gestaltet. Sie hat sogar den Hof- laden verlinkt, das ist gut fürs Geschäft.

Stella klickt auf ein Video, das mit zwei nackten Mäd- chenfüßen in einem Bach beginnt, dann fährt die Kamera nach oben.

»Ist das nicht die Minna?«, fragt Ria.

»Ja.«

»Interessant.« Es wundert Ria, dass die Mosers es ihrer Tochter erlauben, sich im Internet zu zeigen. Oder sie wis- sen es nicht.

»*Allegra e bavegna*, hier sind wir wieder aus Vischnanca. Das hier ist kein Bach, sondern ein kaputtes Wasserrohr.«

Sie wackelt mit den Zehen, und Tröpfchen sprühen zu allen Seiten.

»Wann ist das denn schon wieder passiert?«, murmelt Ria.

»Unser Piz Brunclia – kennt ihr ihn noch?« Wusch, die Kamera geht nach links, sogar mit Soundeffekt, da ist der graue Hang, wusch, zurück zur Minna. »Er hat einen Rohrbruch verursacht, weil sich der Boden verschoben hat. Wir sollen bald alle wegziehen, damit sie den Berg mit einer Entwässerung stabilisieren können. Könntet ihr euch das vorstellen? Johanna gibt euch noch ein paar mehr Infos. Wink mal, Johanna!«

»Sie ist gut, oder?«

Ria nickt. Es folgen Links zu Zeitungsartikeln und Twitter-Konten, die man anklicken kann, und dann gibt es noch eine Abstimmung: *Vischnanca – gehen oder bleiben?* Dort stehen die beiden Optionen nebeneinander, eine grün, eine blau, GEHEN, BLEIBEN, beide haben gleich viel Platz, beide sehen gleichermaßen bestimmt aus. Niemand auf Instagram hat auch nur irgendeine Ahnung und irgendetwas zu sagen, aber Ria wird ganz unruhig. Stella bewegt den Mauszeiger nicht.

»Willst du nicht abstimmen?«

Schon ist das Bild verschwunden.

»Geht nur übers Handy.«

Stella packt zusammen. Der *bab* ist nicht aufgewacht. Ria schaltet den Fernseher und das Licht aus, schließt den Vorhang und geht mit Stella nach draußen. Dort schaut der Gian auf dem Hof herum, Dino und Luna toben miteinander, die Kätzchen sehen ihnen mit großen Augen zu.

»Bis morgen dann«, sagt Stella und winkt.

»Bis dann.« Ria geht zu Gian hinüber, der sich schon wieder eine Hand in den Rücken drückt. »Weißt du noch, wie man sich bei Instagram anmeldet?«

»Ich weiß nicht mal, was das ist.«

»Der Marco hat uns das doch gezeigt, für den Hofladen.«

Er zieht die Hose hoch. »Weiß ich wirklich nicht mehr. Ich geh noch eine Runde durchs Dorf.«

Ria schaut ihrem Mann hinterher. Zu Beginn einer Ehe kann man sich nicht vorstellen, welche Gedanken nach so vielen Jahren in einem hochkommen und wie lange man sie verdrängen kann.

Im Haus gießt sie sich einen Kräutertee auf und geht noch einmal in den Stall zu Brunhild. Die hat sich hingelegt und blinzelt ihr mit langen Kuhwimpern zu. Ria würde sich gern zu ihr legen, den Kopf an ihren warmen Hals, aber dann hört sie nichts, falls Blanca weint. Also zurück zu ihrem Tee. Hatte ihr der Marco nicht Instagram sogar schon installiert? Sie muss unbedingt für BLEIBEN stimmen. Damit das deutsche Mädchen Bescheid weiß. Wie sucht man nach einer installierten App? Sie lässt den Bildschirm wieder schwarz werden.

Bleiben. Natürlich will sie bleiben. Aber was Deta und Nesa gesagt haben … Geld gibt es nur, wenn alle fürs Gehen stimmen. Sie wagt nicht, diesen Gedanken weiterzudenken, er macht sie so unglaublich hilflos.

Verdammt, und wie alt ist sie eigentlich, eine App suchen, manchmal kommt sie sich vor wie achtzig mit dieser Scheißtechnik. Sie wirft das Handy auf den Tisch und nimmt es doch wieder auf. Wenigstens E-Mails abrufen kann sie, und da ist eine Anfrage von Ursula und Lukas aus Zürich, die schon seit Jahren jeden Sommer zum Wandern herkommen und nun verängstigt fragen, ob sie denn schon alle ausgezogen seien. Die Nachricht von dem Ultimatum für ein kleines Bündner Bergdorf hat offenbar in der ganzen Eidgenossenschaft die Runde gemacht. Hoffentlich entsteht jetzt nicht noch so eine Art Katastrophentourismus.

Ria öffnet den Browser, gibt *Eichendorff* ein und liest einen Artikel über ihn. Dann sucht sie auf dem Wäscheberg nach der Hose, die Gian letzten Donnerstag anhatte. Schließlich findet sie ihn im Altpapier, den Zettel mit den Kontaktnummern, die Regula bei der Versammlung hat austeilen lassen. Gian ist im Dorf unterwegs, Blanca schläft.

Sie wählt die Nummer.

Es wird seine Arbeitsnummer sein, an die er am Samstagabend nicht rangeht, nicht wenn er mit seiner Freundin oder so beim Essen sitzt. Nach dreimal Tuten nimmt er ab.

»Hier ist die Ria Casparin.«

Er braucht eine Weile, bis er antwortet. »Guten Abend.«

»Warum hast du mir das Buch gegeben?«

Wieder Stille, bevor er antwortet. »Das war nur eine dumme Idee.«

»Aber warum?«

»Wegen der Wünschelrute.«

Jetzt ist sie es, die eine Weile braucht.

»Dein Mann«, sagt er, »hat erzählt, jemand ist früher zum Wasserschmöcken.«

»Der Simon.«

»Von Eichendorff gibts ein Gedicht, das heißt *Wünschelrute*.«

Sie atmet aus.

»Aber es war nur eine dumme Idee.«

»Liest du wohl viel?« Sie legt ihre freie rechte Hand um

die Teetasse, weil ihre Finger plötzlich so kalt sind, während ihre Ohren viel zu heiß scheinen.

»Mein Grosi hat mir früher viel vorgelesen. Sie wollte auch, dass ich Literatur studiere.«

»Um Dichter zu werden?«

»Ja, vielleicht.«

Rias Hand zittert. Wo er wohl ist? Was er macht? Wobei sie stört?

»Sie hat mich großgezogen. Zum Einschlafen gab es immer ein Gedicht.«

Wie er wohl wohnt? Ob er schon duschen war? Ihr Traum fällt ihr wieder ein, nein, ganz ehrlich hat sie ihn schon die ganze Zeit vor Augen.

»Und deine Eltern?«

»Einen Vater hatte ich nie. Meine Mutter ist bei einem Autounfall ums Leben gekommen, als ich fünf war.«

Er sagt das so, wie sie sagt, ihre Mutter sei an Krebs gestorben. Es ist eine Tatsache, ein Fakt, ein Mensch lebt nicht mehr, ein Mensch ist verschwunden, aber eigentlich öffnet sich dahinter ein ganzer, leerer Raum, in dem man sich verliert, sobald man ihn betritt.

»Fünf ist jung«, sagt sie leise.

»Bei dir?«

»Dreizehn.« Sie stehen am Eingang ihrer leeren, schwarzen Räume, doch einander zugewandt, das hilft, um nicht hineingezogen zu werden. Sie möchte ihn vor sich haben, ihm in die blauen Augen schauen. »Was hat sie dir noch vorgelesen?«

SEPTEMBER

FABIO

Wie selten er Vischnanca verlässt, fällt ihm erst auf, wenn er die Autotür hinter sich zuzieht: Bislang hat er sich erfolgreich darum gedrückt, nach Rotterdam fliegen zu müssen, und auch heute ist er nicht wegen der Firma unterwegs. Videokonferenzen sind ausreichend, des Vaters schnarrende Stimme über das Mikrofon ist reichlich unangenehm, aber die Kollegen und Kolleginnen beneiden ihn jedes Mal ausführlich um seine malerische Umgebung, und er kann sein Strahlen nicht unterdrücken: Ja, wir haben es schön hier, sagt er, und es läuft gut für uns alle, auch die Kinder haben sich eingelebt.

Katja erledigt in Martgea die Einkäufe, er geht jede Woche in den Hofladen, um Brot, Milch, Eier und so zu besorgen, Jasper fährt manchmal mit dem Roller in den nächsten Ort, wo es einen kleinen Spar gibt, der seine Lust auf Kartoffelchips und Lakritze stillen kann, und ansonsten braucht Fabio einfach nichts. Ach, doch, Bartwichse, die hat er sich online bestellt. Er sieht in den Rückspiegel. Er trägt jetzt Vollbart, und es steht ihm. Findet er. Ja, könnte an den Wangen ein bisschen voller sein, aber er hat sich ein YouTube angesehen, wie er die Pracht am vorteilhaftesten schneidet. Katja ist noch unentschieden, sie sagt, er sehe aus wie sein Vater Anfang der Achtziger.

Fabio fährt das Auto aus der Garage auf die Gasse. Katja

hat ausnahmsweise den Bus in die Stadt genommen. Jojo und Jasper sind in der neuen Schule. Und er fühlt sich, als stünde ein großes Abenteuer an, obwohl er eigentlich nur mit Matilda in den Gartenmarkt und zu einer Baumschule fahren will.

Er steigt aus. Ihre Haustür steht offen, wahrscheinlich prüft sie noch, ob alle Fenster zu sind und der Herd abgeschaltet. Er klopft und tritt ein, als er Stimmen aus der Küche hört.

»Ich habe dich aber doch nie darum gebeten.«

Fabio klopft an den Türrahmen. »Guten Morgen. *Bun de.*«

Drei Frauen blicken ihn an. Matilda, Eli, und das muss Claire sein, die, die nie darum gebeten hat. Er hat sie ja schon auf dem Foto im Flur gesehen. Eli hat sich über den Küchentisch gebeugt, herrje, sie trägt schon wieder keinen BH. Sie grüßt ihn und wendet sich dann gleich wieder an ihre Tante.

»Aber schau mal. Wenn wir alles zusammenrechnen, was die aufgelistet haben – das Grundstück von deinem Haus hier, *onda*, dem von meiner Mutter, unserem, außerdem Simons Werkstatt und dein Lädali, mit denen sind sie besonders großzügig, weil sie als kommerzielle Flächen gelten. Da kommt eine ziemliche Summe zusammen.«

»Aber nicht genug.«

»Ich will doch eh nichts«, sagt Claire. »Ich muss nur …«

Matilda unterbricht sie. »Mit deinem Privatvermögen, Claire, wirklich!«

Wie ähnlich die beiden sich sind, die gleiche Gestik, die gleiche Mimik. Jojo und ihm sieht man die Verwandtschaft sicher auch an. Claire hat die Arme vor der Brust verschränkt, Matilda ihre Hände so tief in den Rocktaschen vergraben, dass sie fast darin verschwindet. Beide sind sie aufgebracht und versuchen, ihre Tränen wegzublinzeln. Niemand darf sehen, wie schlecht es ihnen geht.

Er tritt einen Schritt näher und lächelt Claire an. »Hallo, ich bin Fabio Blom von gegenüber, der Papa von Jasper und Jojo.«

»Enchantée«, murmelt sie, aber sie lässt sich die Haare ins Gesicht fallen, und ja, er weiß doch selbst, dass er sich anhört, also ob seine Kinder noch im Grundschulalter wären. Der Papa.

Matilda funkelt ihn an.

Eli legt ihm eine Hand auf die Schulter. Sie riecht ein bisschen streng, das ist ihm schon öfter aufgefallen. »Matilda ist gleich startklar, Fabio. Vielleicht magst du bei Gelegenheit mit nach Lantsch kommen?«

»Was ist denn da?«

»Da gibt es schöne Neubauten.« Eli wendet sich wieder an Matilda. »Darüber haben wir schon öfter gesprochen, *onda*, es wird langsam Zeit, dass du sie dir mal anschaust.«

»Die sind doch nur zur Miete«, sagt Matilda.

»Vielleicht ist das gar nicht so schlecht.« Eli schiebt die Dokumente zusammen.

»Oh, ich verstehe.« Jetzt wird Matilda richtig giftig. »Vielleicht ist es besser, wenn ich miete, weil man sowieso nicht mehr weiß, wie lange ich noch lebe?«

Die beiden jungen Frauen stöhnen. Eli schüttelt den Kopf.

»Wir beeilen uns besser, Fabio«, sagt Matilda und nimmt ihre Handtasche. »Wer weiß, wann mich der Schlag trifft …«

»*Schon bung*«, sagt Eli, »viel Spaß bei eurem Ausflug. Ich muss eh weiterarbeiten. Mein Abgabetermin für das Buch ist in zwei Wochen, und ich bin hoffnungslos spät dran.«

Claire und Eli verabschieden sich, Eli richtet ihm noch liebe Grüße an seine Frau aus.

Katja ist nicht nur unentschlossen, was sie von seinem Bart halten soll, sondern auch, was seine Freundschaft zu Matilda angeht. Eifersüchtig muss ich wohl nicht sein, hat sie spöttisch gesagt, aber was findest du an ihr und ihrer schlechten Laune? Dabei kann Matilda richtig witzig sein, wenn sie einmal Zutrauen gefasst hat. Sie haben noch Anfang Juli am vorderen Rand des potenziellen Gartens Sonnenblumen gepflanzt, die schnell in die Höhe geschossen sind und wochenlang geblüht haben, bis sie doch vor der trockenen, unnachgiebigen Hitze die Köpfe neigen mussten.

Die größte Aufgabe war das Umgraben, was für eine Scheißarbeit, ihm taten nach einer Viertelstunde die Arme so weh, dass er weinen wollte. Matilda hat sich nichts anmerken lassen, aber letztendlich sind sie runter zu den Casparins, um zu fragen, ob die nicht passende Maschinen hätten. Gian Casparin hat sich das Stück Land angesehen und gesagt, da könnten sie nicht manövrieren, außerdem würden die vielen Steine das Pflugblech kaputt machen. Aber dann ist er mit seinem Kollegen Jalil Khoury gekommen, und die beiden haben das Grundstück bearbeitet wie eine Schüssel Buttercreme, in null Komma nichts waren sie fertig. Fabio hatte drei Tage lang solchen Muskelkater, dass er sich die Haare nicht bürsten konnte.

Eigentlich wäre es besser gewesen, mit jeglichem Pflanzen abzuwarten, aber der Garten macht so einen Spaß. Irre stolz ist er auf seine Sonnenblumen gewesen, egal, wie es weitergeht.

Auch mit der Immobiliensuche hat er weitergemacht. Bislang erfolglos. Er hat auf einige Anzeigen hin angerufen, aber nur Absagen bekommen. In Zukunft wird er sich auf E-Mails verlagern, da hören die Leute nicht gleich, dass er kein Schweizer ist. Vielleicht, denkt er manchmal, merken sie aber auch, dass er eigentlich gar nicht will, und das nicht nur wegen Jojo. Katja hätte bestimmt schon zwanzig Besichtigungstermine organisiert bekommen, aber er will all das weiter von ihr fernhalten. Wäre doch gelacht, wenn er das nicht hinkriegt.

Jetzt, wo es nicht mehr lange bis zur Abstimmung ist, spürt er jeden Tag, wie viel Freude ihm sein Stück Erdreich macht. Er setzt sich auch einfach dort hin, sieht den Pflanzen mit einer Geduld, die er gar nicht von sich kennt, beim Wachsen und Vergehen zu und begrüßt jeden Käfer, der darauf landet. Es bläst einem den Ingenieurkopf frei.

Er fährt mit Matilda auf dem Beifahrersitz aus dem Dorf. Die obere Straße wurde im Juli freigegeben, auch das Postauto fährt wieder, in das Katja heute früh eingestiegen ist. Matilda hat immer noch schlechte Laune. Er tritt auf die Bremse, als sie Val und etwas später den nächsten kleinen Ort, Sot, durchfahren.

»Was für ein Brief war das«, fragt er, »über den ihr euch unterhalten habt?«

Matilda blickt geradeaus.

»Wegen der Entschädigungen?«

Sie schweigt beharrlich, schließlich zuckt er mit den Schultern.

»Hast du überhaupt einen Führerausweis?«, fragt sie schließlich.

»Einen was?«

Verärgert sieht sie ihn an. »Na, zum Autofahren.«

»Ach so.« Einen Führerschein. »Ja, natürlich.«

»Einen Schweizer Führerausweis, meine ich?«

»Ich denke, der deutsche tut es auch.«

»Püh.«

»Wie viel bekommst du denn für deine Immobilien? Dir gehört ja fast das halbe Dorf.«

»Unfug.«

»Aber Eli hat doch eine ganze Latte von Häusern aufgeführt.«

Matilda ballt die Fäuste. »Ich glaube nicht, dass sie das wirklich zahlen würden. Das schreiben sie nur, um uns zu locken. Außerdem will die Eli auch nur, dass ich Claire unter die Arme greife.«

Vierzigtausend Franken, hat Matilda gesagt. Sie bekommt doch bestimmt mehr ausbezahlt als vierzigtausend, oder?

»Ich weiß ja nicht, was zwischen euch vorgefallen ist ...«, fängt Fabio an.

»Nichts ist vorgefallen. Außer dass ich ihr erst wichtig bin, wenn sie Geld braucht.«

»Sie sagt aber doch, sie will gar nichts.«

»Was macht sie dann hier?«

»Ich weiß nicht.« Fabio nimmt die nächste Serpentine mit Schwung. »Vielleicht leckt sie sich die Wunden. Wenn ihre Geschäftspartnerin einfach abgehauen ist, muss sie sich ganz schön blöd vorkommen.«

»So ist sie nicht.«

»So zeigt sie sich nicht«, wendet er ein. »So, wie du dich auch nicht gern verletzlich zeigst.«

»Püh.«

Mit den letzten Kurven erreichen sie das Tal.

»Interessant«, sagt er.

»Was?«

»Wie man hier nicht einfach in jede Richtung kommt.«

»Was meinst du damit?«

»Nur so ein Gefühl«, sagt er. »Wenn du in Duisburg das Haus verlässt, kannst du zum Kiosk, zur Bushaltestelle, in die Fußgängerzone, zum Gym, zur Arbeit, zur Schule, zum Aldi ...«

»Ja, ja«, unterbricht sie ihn.

»Hier«, fährt er fort, »kannst du erst einmal nur links oder rechts dem Tal folgen und musst jeden einzelnen Ort durchfahren, und erst dann kommst du langsam in die richtige Welt.«

»Mehr als zwei Richtungen brauchts nicht«, sagt sie. »Links und rechts, das reicht doch.«

Er grinst. Wie man sich in wenigen Wochen so zu Hause fühlen kann. Jeden Abend geht er mit Katja laufen, er wird immer fitter – und ist froh, dass sie mitkommt und ihn antreibt, sonst würde er wie ein kleines Kind überall stehen bleiben und mit dem Finger auf all die faszinierenden Dinge zeigen, die ihn umgeben. Er hat eine neue App und bestimmt die Pflanzen, die am Wegesrand wachsen. Schafgarbe und Engelwurz. Aber vor allem die zahllosen Insekten und Schmetterlinge werfen ihn um. Schmetterlinge sind doch angeblich am Aussterben, und im Ruhrgebiet hat er schon seit Jahren keine mehr gesehen, und hier flattern sie überall durch die Gegend. Es gibt einen einzigen Bach in der Nähe, mit plätscherndem, rauschendem, gluckerndem Wasser, das weiß über Steine springt und trockene Zweiglein und Tannenzapfen mit sich nimmt. An einer lauschigen Stelle unter den Bäumen kann man auf weichem Moos und winzigen gelben Blüten sitzen, eine ganz geschützte Stelle ist es, dachten sie zumindest, als er Katja das Oberteil auszog, um sich tanzende Sonnenflecken auf ihrer Haut anzusehen – und dann Gian Casparin mit dem Traktor vorbeikam und hupte.

Außerdem sind da immer so tolle Wolken am Himmel, und manchmal sehen sie drei junge Raubvögel auf einem Häuschen der Wasserwerke sitzen. Die nehmen Flugunterricht und werden immer besser.

Matildas Birnbaum ist von einem Parasiten befallen, der seltsam schöne Gebilde auf dem Laub hinterlässt, und der kurze Sepp hat ihn ihr vor vierzehn Tagen abgehackt. Nun könnte sie einfach irgendeinen neuen Birnbaum pflanzen, aber sie hat einen Bekannten, der eine ganz besondere Baumschule führt, für die sich angeblich die Fahrt von über einer Stunde lohne. Fabio hat ihnen ganz übermütig Bütterken als Proviant gemacht und Apfelschnitze geschnitten. Jojo hat er gleich welche mit in die Schule gegeben. Sie sind alle erleichtert, dass es ihr dort gut zu gefallen scheint. Er freut sich, dass sie so offen auf diese neue Erfahrung zugeht. Mit dem Stoff passt es in den meisten Fächern gut, nur in Physik hat sie Schwierigkeiten, aber da kann er ihr helfen. Das habe ich studiert, hat er ihr gesagt. Ich weiß doch, Papa, hat sie genervt geantwortet. Manchmal muss man etwas nur ein einziges Mal erwähnen, und die Kinder meinen, man rede über nichts anderes. Aber er ist ja froh, dass sie nicht so viel Respekt vor ihm haben wie er früher vor dem großen Patriarchen. Der jugendliche Fabio hätte nie mit den Augen gerollt, nie.

Erst, als sie auf die Autobahn fahren, erwacht Fabio langsam aus seinem Bündner Bergkoma. Die Landschaft wird ihm unangenehmerweise vertrauter, als immer mehr Industriegebäude und Lastwagenparkplätze auftauchen.

RIA

Sie muss noch einen Rhythmus finden, wie oft sie den *bab* im Heim besuchen kann. Seit genau einer Woche ist er jetzt dort, sie war schon dreimal da, um ihm noch etwas zu bringen und einfach sicherzugehen, dass es ihm gutgeht.

Es wird Zeit, Marieli, hat er gesagt, und sie hat sich den ganzen Sommer gesperrt, wollte ihren Vater nicht zum Sterben wegschicken, wenn er es doch hier zu Hause so gut hat. Warum hatte es ausgerechnet jetzt sein müssen? Der *bab* war, das spürt sie immer deutlicher, außer Matilda wohl ihr einziger Verbündeter. Nie im Leben hätte er fürs Wegziehen gestimmt. Aber er war selbst so überzeugt, dass sie genau jetzt das freigewordene Zimmer im Heim nehmen sollten, und Marco, Gian und Stella haben ihn unterstützt, du schaffst das nicht mehr, Ria, und es ist ein gutes Heim, Stella hat dort ein Jahr gearbeitet, bevor sie zur mobilen Alterspflege gewechselt ist, und wie soll Ria sich gegen den Willen ihres Vaters stellen, wenn es ihr doch immer so wichtig ist, ihn nicht als trotteligen Alten zu behandeln?

Und es *ist* ein gutes Heim.

Bist eine gute Tochter, hat er heute gesagt. Auf einen Kratzer am Arm hatten die Pflegerinnen ihm ein Snoopy-Pflaster geklebt, das ihn bei jedem Anschauen gefreut hat. Seine Haut ist so dünn, dass man den Puls darunter sieht, Blut, das träge durch die ausgetretenen Pfade fließt.

Bist ein guter Vater, hat sie geantwortet, und er hat heiser gelacht.

Sie muss lächeln, als sie das Auto auf den Hof lenkt und den Motor ausschaltet. Sie hat doch Glück gehabt mit ihrem *bab* – und Blanca mit ihrem auch. Ria schnallt sie ab und nimmt sie auf den Arm. Gian war von Anfang an ein guter Vater, er hat bislang bestimmt drei Viertel aller Windeln gewechselt, oft ist er nachts aufgesprungen, um ihr die Kleine zum Stillen zu bringen. Schlaf ruhig weiter, hat sie ihm so oft gesagt, ich muss eh wach werden, aber du doch nicht. Dino steht da mit hängendem Schwanz und hängenden Augenlidern und schaut sie an. Ein merkwürdiges Geräusch kommt aus dem Kuhstall.

»Was ist denn los?«, fragt sie den Hund.

Sie läuft in den guten Schuhen rüber und folgt besorgt dem Ton, der zum Herzerweichen tönt. Brunhild liegt an ihrem Lieblingsplatz, und daneben sitzt Luna und weint. Heult nicht wie ihr Urahn, der Wolf, sondern weint wie ein untröstliches Kind. Das hat Ria noch nie gesehen oder gehört. Leise sagt sie den Namen der Hündin.

»Was ist mit dir?« Luna leckt ihr die Hand, und dann ahnt Ria es. Sie kniet sich mit Blanca auf dem Arm neben Brunhild. Der große, braune Körper ist noch warm, aber nicht so warm, wie er sein sollte, und liegt ganz still da, kein Atem hebt und senkt ihn, die Augen sind für immer geschlossen. Luna winselt, und Ria legt ihr eine Hand in den Nacken. Mit der anderen streicht sie der Kuh über die breite Wange und den schlaffen, weichen Hals.

»Gute Brunhild, *bunga vatga.*«

»Muh, muh«, ruft Blanca.

Luna stupst mit der Nase gegen die Nüstern der Kuh

und schleckt sie ab. Ria bleibt einfach sitzen und lässt auch Blanca das borstige Fell streicheln. Nach einer Weile hört sie, wie die drei anderen Kühe in den Stall kommen und sich um sie scharen. Ihre Glocken scheppern leise, Barbara muht.

»Hallo-ho!«

Ria steht auf. Sie wird Gian rufen, sie kann das nicht, hat es noch nie gekonnt, seit den Kaninchen früher. Sie klopft sich den Hosenboden sauber. Luna folgt ihr bis zum Tor und kehrt dann wieder zurück zu ihrer toten Freundin.

Auf dem Hof steht Regula Schiess und tippt auf dem Handy herum. Sie trägt zu enge Hosen und Gummistiefel.

»Ach, da bist du, Ria, ich hab schon geklingelt.« Die Gemeindepräsidentin fletscht die Zähne, was bei ihr immer ein Lächeln sein soll.

»Ja.«

»Ich drehe gerade eine Runde durchs Dorf und dachte, ich sag hallo.«

Ria nickt, ohne eine Miene zu verziehen. Sie kennen beide die Dorfregeln, und die besagen jetzt genau eins: »Willst du einen Kaffee?«

»Ach, warum nicht.«

Gemeinsam betreten sie das Haus. Ria bittet Regula, sich an den Küchentisch zu setzen, schnallt Blanca in ihr Stühlchen, räumt das Geschirr von heute früh zur Seite und faltet die Zeitung zusammen.

»Wo ist der Gian?«

»Die Schafe wechseln morgen die Weide, er schaut, ob die Zäune in Ordnung sind.«

Während der Kaffee durchläuft, tippt sie eine Nachricht an Gian. Arme Brunhild. Sie blinzelt die Tränen weg.

»Und was sagt ihr zu der Summe?«, fragt Regula. »Ganz beachtlich, oder?«

»Welche Summe?« Ria wischt sich über die Augen und stellt zwei Kaffeetassen auf den Tisch.

»Der Kanton hat geschrieben wegen der Entschädigungen. Habt ihr noch keinen Brief?«

Ria geht in den Flur und schaut nach dem Stapel Post auf der Kommode. Unter der wöchentlichen *Pagina da Surmeir* zieht sie den weißen Umschlag mit spitzen Fingern hervor. Was soll sie mit einer Entschädigung? Die kann niemanden trösten, und verfüttern kann Ria sie auch nicht.

Sie schiebt den Brief wieder unter die andere Post.

»Hör mal«, sagt sie und geht zurück in die Küche. »Ich muss dich leider wieder ausladen, ich muss auch schnell raus zu den Schafen. So ist das bei uns Bauern.«

Regula bleibt sitzen, beide Hände flach auf den Tisch gelegt. »Hör du mal, Ria. Ich verstehe, dass dir das nicht leichtfällt, aber es ist wirklich die beste Möglichkeit. Schau dir die Summe an, dafür könnt ihr euch einen anderen Hof kaufen. Werden doch jeden Tag genug Betriebe aufgegeben.«

Ria presst die Lippen zusammen und sagt nichts.

»Oder ihr nehmt das Geld und kauft euch ein kleines Häuschen. Ich würde fast sagen, es dürfte ausreichen. Große Ansprüche habt ihr ja nicht.« Herablassend sieht sie sich in der alten Küche um.

In der alten Küche, in der schon die *mamma* gekocht hat, eine Maßanfertigung vom Simon Vincenz, gutes, schweres Fichtenholz mit Knäufen, die wie Perlmutt schimmern. Dem Einbauschrank mussten sie vor einiger Zeit neue Türen machen, als Marco mit den Kindern da war, Gian über ein

Bobbycar gestolpert und rückwärts in den Schrank gefallen ist. Ein ganzer Herbst voller eingekochter Zwetschgen war hinüber, ein Kompottmassaker, aber Gian hatte zum Glück nur einen Kratzer am Unterarm.

Diese Küche also zeugt von keinen großen Ansprüchen, diese Küche, die sie auch so gelassen haben, um genug Mittel für die Ställe zu haben, in denen hell und luftig und so artgerecht wie nur irgend möglich ihre vier, nein, drei Kühe, ihre einunddreißig Schafe und fünfundzwanzig Geißen leben, denen es an nichts fehlt.

»Barbara, Bertha, Bizzi. Brunhild«, sagt sie.

»Wie bitte?«

»Maxi, Minnie, Ursula, Ursulina, Iris, Fanny, Gelgia, Anina, Cilgia, Fina, Rembrandt, Poldi, Helga, Sandra, Moscha, Ninali, Christel, Vreni, Bini, Trudi, Mia, Liese, Lotte, Tim, Fridolin, Franz, Moritz, Laura, Karla, Emil, Tini.«

»Ria …«

»Nein, eine Ria haben wir nicht. Aber das sind unsere Schafe. Soll ich dir auch noch die Geißen vorstellen? Da sind Oleander, Nadja, Elfi, Fiona …«

Regula hebt beide Hände. »Ich verstehe schon. Zwingen kann dich niemand. Aber denk stattdessen auch an Walti und Mimi, an den langen Sepp und den kurzen Sepp, an die Mosers, an Matilda, an die Goldingers, an die Spinatschs, an meine Tante, an die Pedrettis und die Peterellis. Wir Schweizer:innen waren doch schon immer solidarisch, *in per tuts, tuts per in*.«

Jetzt ist es Ria, die unterbricht. »Ich muss zu den Schafen.«

»Natürlich.« Regula wirft die Haustür hinter sich zu.

»*Tschavola!*« Ria schmeißt das Geschirrtuch in die Ecke und stellt die Kaffeemaschine aus. Viel zu höflich war sie noch zu der Schiess, die sich für alles Mögliche einsetzt, nur nicht für die Gemeinde, den Zusammenhalt, wie es eigentlich ihre Aufgabe wäre. Sie will einen Erfolg verzeichnen, reibungslos das Dorf auflösen, sie in alle Winde verstreut sehen.

Ria setzt sich zu Blanca an den Tisch und wischt der Kleinen das Gesicht sauber. Gian hat noch nicht geantwortet, aber das macht er nie. Sie scrollt nach oben. Immer nur ihre Nachrichten, meist mit Sachen, die noch zu erledigen sind oder die sie gerade erledigt hat, nie gibt es eine Antwort darauf, weil er lieber anruft, statt zu schreiben. Da, vor drei Monaten: *Rasierschaum, Duschgel.* Richtig, da war sie einkaufen. Sehr romantisch. Ihr Daumen schwebt eine Weile über einem anderen Namen, bevor sie den Messenger schließt. Zwei Bücher hat Bengiamin ihr zuletzt empfohlen, aber sie hat doch eh keine Zeit zum Lesen. Sie will auch nicht, dass seine Nachrichten ihr so wichtig sind, jedes Mal muss sie sich hinsetzen, wenn sie sieht, dass er geschrieben hat, weil ihr die Knie schwach werden, das scheint ihren Kopf zu umgehen und gleich im Körper zu landen, und sie will das nicht. Vor lauter Angst meldet sie sich dann eine halbe Ewigkeit nicht mehr bei ihm und merkt drei Tage später, dass doch nur drei Tage vergangen sind und sie schon wieder etwas tippt. Wenn er vorbeischaut, weil er im Dorf ist, um die Messgeräte zu überprüfen, die Sondierbohrungen anzuschauen, Ria zu nahe und nie nahe genug zu kommen, stehen sie einander gegenüber, und da ist ein Summen zwischen ihnen, das sie beide hören können. Die Sehnen und Muskeln in seinen Armen spielen dazu eine Melodie. Er trägt keinen Ring, aber was heißt das schon.

Sie holt Handtücher aus der piependen Waschmaschine

und wirft sie in den Trockner. Sie bezieht die Betten, schaut aus dem Schlafzimmerfenster auf den Berg, sammelt Blancas Stofftiere ein, nimmt Mangold aus der Tiefkühltruhe, flechtet sich bei einem hastigen Blick in den Spiegel den Zopf neu, steigt in die Stiefel, bindet sich Blanca um den Bauch, schnappt sich den Schlüssel, tritt auf den Hof und pfeift nach Luna. Zögerlich kommt die Hündin aus dem Stall. Ria wird der Hals ganz eng, wenn sie daran denkt, dass die gute Brunhild da drinnen liegt. Soll sie die anderen Kühe aussperren oder sie trauern lassen? Sie lässt sie im Stall – Brunhild war alt, garantiert nicht krank, Beatrix war erst vorgestern da und hat sie untersucht.

Luna rennt vor ihr her.

An der Kreuzung steht Regula Schiess und spricht mit Ladina Moser, die mit der großen Tasche in der Hand wohl gerade zum Einkaufen im Hofladen wollte, und dem Pfarrer. Dass der mal unter der Woche hier ist.

Sie hält an und grüßt. Wieder dreht sich die Unterhaltung um den anstehenden Entscheid und Entschädigungen und wer sich bereits entschlossen hat und dass niemand auf die fünf Jahre setzt und Bund und Kanton mit ihren Angeboten doch wirklich großzügig seien, und Regula sagt, ihr Haus sei ohnehin bald nicht mehr bewohnbar, und wiederholt, dass Solidarität bei ihnen in Vischnanca doch immer großgeschrieben worden sei, *tuts per in*, und selbstverständlich sei es traurig, diese wunderbare Gemeinschaft aufzugeben, aber man müsse …

»Gibt es«, unterbricht Ria sie laut, »für unsere beiden Angestellten eigentlich genauso eine Entschädigung wie für Haus und Stall? Sind die abgewogen und einkalkuliert worden? Jalil ist jünger, ist der mehr wert?«

Regula schaut sie verblüfft an. »Also …«

»Bei allem Respekt«, sagt Ladina und schiebt sich die Tasche auf die andere Schulter, »aber das sind ungelernte Kräfte, die werden etwas anderes finden, und ihr werdet jemanden anders finden.«

Respekt, schon klar. »Ungelernte Kräfte, die seit drei Jahren bei uns arbeiten und jeden Handgriff kennen. Außerdem ist Jalil Musiker und Klavierlehrer und Saad Geigenbauer.«

»Dann können sie ja …«

Ria unterbricht sie. »Oh, Ladina, sag jetzt nicht: nach Hause gehen.«

Ladina verschränkt die Arme. Warum, fragt Ria sich, sollte sie ihren Hof für jemanden wie Ladina Moser aufgeben? Was für eine Solidarität wird da von ihr eingefordert, die diese Frau nicht für zwei Männer aufbringen kann, die Beruf und Familie in Syrien zurücklassen mussten? Der Pfarrer sagt nichts, der gute Hirte, nur Regula ist das Gespräch offenbar auch unangenehm geworden. »Ich glaube, über Angestellte hat wirklich noch niemand nachgedacht, nur über Wert von Haus und Grund, über Mieter:innen und Vermieter:innen.«

»Dann denkt mal weiter.« Ria geht an ihnen vorbei.

Regula ruft ihr hinterher. »Ihr seid die Einzigen, Ria, da findet sich bestimmt eine Lösung.«

Als sie an der großen Wiese zwischen den beiden Zufahrtstraßen ankommt, sehen die Zäune alle gesetzt aus, aber Gian und Jalil sind nicht zu sehen. Blancas Köpfchen ist zur Seite gefallen, sie schläft. Ria hakt ein Stück Zaun aus und betritt die Weide. Luna folgt ihr erst auf Aufforderung. Die Hündin hält gern mehrere Meter Abstand zu allen Zäunen, nachdem Gian sie als Welpe einige Male in den Elektrozaun hat laufen lassen. Damit sie es lernt.

Mit festem Schritt und noch festerem Blick geht Ria auf den Gesteinsbrocken zu, der seit Juni da liegt, unbeeindruckt. Sie hebt das rechte Bein und tritt ihn, mit der ganzen Fußsohle, tritt und tritt, bis ihr der Oberschenkel brennt. Dann drückt sie mit beiden Händen fest dagegen, mit ihrem ganzen Gewicht, die weichen Handballen drücken in den Stein, und das Scheißding bewegt sich einfach nicht. Sie stöhnt mit zusammengebissenen Zähnen und würde am liebsten laut schreien, aber Blanca würde aufwachen und es sind doch immer irgendwo ein Paar Augen, die einen beobachten. Andererseits halten die sie eh schon für verrückt, wie sie hier auf den Mocken einprügelt. Sie senkt den Kopf an Blanca vorbei, beißt sich in den linken Oberarm und erstickt ihren Schrei in ihrem eigenen Fleisch. Luna bellt beunruhigt.

Zurück Richtung Hof, vermutlich hat sie Gian gerade verpasst, und Brunhild muss nun wirklich abgeholt werden.

Vor dem Schafstall hält sie an. Die Tür zum Heuboden steht offen, sie klettert den trockenen Hang hoch. Nichts mehr ist zu sehen vom Gras, die Natur knackt und knistert überall. Ria zieht die Tür auf, schaut um die Ecke und ruft den Namen ihres Mannes. Sie hatte nicht den Eindruck, etwas gehört zu haben, aber mit einem Mal ist es so still, dass sie stockt.

»Gian?«

Sie geht zwei Schritte in den Raum, und dann sieht sie ihn. Es ist eine Geschichte so alt wie die Zeit, der Bauer mit der Magd im Stall, heutzutage ist es eben die Alterspflegerin. Er versucht nicht, sich zu verstecken, sich zu bedecken, ist einfach erstarrt. Und unter ihm Stella, deren Blick geistesgegenwärtiger wirkt als der von Gian, aber er drückt sie so tief ins Heu, dass sie sich kaum bewegen kann. Sie hebt eine Hand von seinem breiten, behaarten Betrügerrücken, aber bevor daraus ein Winken werden kann, hat Ria kehrtgemacht.

JOHANNA

Nur einer aus ihrer neuen Klasse fährt mit dem gleichen Bus Richtung Vischnanca. Gion heißt er, also, wie John ausgesprochen, aber sie hat sich noch nicht getraut, ihn anzusprechen, und zwei Stationen nach ihrer Schule steigt auch ein anderer Junge zu, der ihn kennt, dann quatschen die beiden. Manche Haltestellen haben Namen wie Gedichte oder so: Clavadoiras, Barbatschauns. Zum Surmirankurs am Mittwochnachmittag geht sie am liebsten.

Heute war in der Schule schon um halb elf Schluss, wegen einer Konferenz oder so, sie hat das nicht gewusst, und der Bus um diese Zeit fährt nur nach Lai hoch. Jetzt muss sie eine Stunde auf den nächsten warten.

Sie setzt sich auf die Bank an der Haltestelle und schließt die Augen. Sie hasst die Schule. Sie hasst die Schule, wie sie die Schule in Duisburg auch gehasst hat. Alle sind doof zu ihr oder zumindest gleichgültig, aber meistens doof, also, sie reden alle tiefstes Schweizerdeutsch, und sie versteht kein Wort. Ihr Surmiran bringt ihr auch überhaupt nichts. Eine Mitschülerin sieht aus wie eine Schildkröte, normalerweise sind es doch die schönen Mädchen, die die Klasse anführen, aber hier ist es diese Schildkröte namens Laura, die ihr grundsätzlich den Rücken zudreht, nein, nicht mal das, sie kann einfach stehen bleiben, wie sie steht, und trotzdem fühlt Johanna sich krass ausgeschlossen. Minna ist in der Parallelklasse und hat sie in einigen Pausen zu sich geholt, sie hatte rosa Lipgloss drauf, das sah süß aus und bisschen klebrig, und Johanna hat sich gefragt, ob sie schon mal mit einer anderen Freundin zusammen auf dem Heuboden lag, und war zu aufgeregt, um herauszukriegen, wo sich das Minna-Kribbeln dieses Mal im Körper befand, aber so supernett sind ihre Freundinnen auch nicht, also, nicht so doof wie ihre eigene Klasse, aber sie entschuldigen sich ständig, dass sie Schweizerdeutsch reden und machen dann doch damit weiter, und Minna flüstert lächelnd »Sorry«, und Johanna sagt, das ist schon okay, ich mein, warum sollten sie auch nur für sie so eine Art Fremdsprache sprechen? Sie ist diejenige, die es lernen muss.

Vielleicht muss sie Minna bitten, in Zukunft doch mit ihr Dialekt zu reden und nur für Instagram weiter Hochdeutsch. Sie hat inzwischen schon tausend Leute, die ihr folgen. Ende August hat sie mit Alba aus Zürich in einem FFF-Podcast gesprochen, den es jetzt überall herunterzuladen gibt. Es ging um die Gefahren des tauenden Permafrosts in den Schweizer Alpen und über schrumpfende Gletscher. Weil sie sich ja mit dem Berg auseinandergesetzt hat, auf dem ihr Dorf steht, aber in Vischnanca geht es gar nicht um Permafrost, sondern nur, na ja, nur, um zu viel Wasser im Boden. Deswegen war ihre erste Reaktion auf Albas DM auch: Panik! Das kann ich doch nicht! Das mach ich nicht! Alba ist die Greta der Schweiz, wie soll sie mit so jemandem reden? Und dann, was sie selbst noch nicht glauben kann, hat sie einfach zurückgeschrieben, dass ihr der frühe Abend am liebsten ist und ob sie übers Handy sprechen, oder wie geht das sonst mit dem Aufnehmen? Zwei Wochen hatte sie Zeit, um sich alles anzusehen und anzulesen. Jetzt weiß sie zum Beispiel, dass bis 2050 die Hälfte aller Schweizer Gletscher abgetaut sein wird, und in Island haben sie kürzlich eine Trauerfeier für einen verschwundenen Gletscher abgehalten. War krass spannend, und sie durfte die Folge vor der Veröffentlichung hören und fand sich gar nicht schlecht. Demnächst will Alba noch mal mit ihr sprechen, für eine Folge über den Tagebau im Ruhrgebiet und die ganzen Dörfer, die dadurch verloren gehen. Klar, hat Johanna ganz lässig gesagt, und jetzt wird sie noch mal recherchieren, bis sie umfällt. Sie hat sogar ein passendes Goethe-Zitat gefunden, aber das wird sie nicht nehmen, wäre zu peinlich, auch wenn er wohl recht hat: Die Natur versteht keinen Spaß, und Fehler und Irrtümer macht immer nur der Mensch oder so.

Aus ihrer neuen Klasse weiß von der ganzen Sache natürlich niemand.

Weil sie ja mit niemandem redet. Sie hasst das. Sie hasst sich selbst.

Und was passiert, wenn die Vischnancer das Dorf aufgeben? Dann müssen sie auch wieder gehen. Zurück nach Duisburg oder noch woanders hin. Ist doch irgendwie alles das Gleiche. Sie ist immer diese Komische, diese Dumme, Doofe, die mit niemandem redet.

Sie hat Kopfweh und legt die Stirn auf die hochgezogenen Knie. Die Stunde scheint ewig. Dann kommt doch irgendwann der Bus, der Fahrer nimmt pfeifend die Kurven ins Dorf. Das Radio läuft, drei alte Frauen sitzen unregelmäßig verteilt um sie herum. Als sie in Vischnanca aussteigt, hilft sie einer der Frauen, den schweren Einkaufsroller die drei Stufen hinunterzutragen.

»Bist du das deutsche Mädchen?«, fragt die Frau lächelnd.

»Ja. Johanna Blom, *bun de.*«

»Oh, um Himmels willen, ich spreche kein Rumantsch. Ich bin die Mimi Cadotsch.«

Sie gehen die wenigen Meter bis zur Kreuzung zusammen, Mimi Cadotsch spricht übers Wetter, dann verabschieden sie sich. Als Johanna in ihre Gasse einbiegt, merkt sie, wie die Kopfschmerzen weniger werden. Sie rennt sogar fast, so froh ist sie, zurück zu Hause zu sein, aber dann steht sie vor der Tür und stellt fest, dass sie ihren Schlüssel vergessen hat, und gerade heute ist Papa nicht da. Eigentlich hat sie gedacht, gut, wenn er mal wieder weg ist, er ist immer zu Hause und schwärmt ständig vom Garten und von den Bienen und dann auch noch dieser Bart. Dafür ist er doch viel zu alt.

Sie legt die schwere Tasche neben dem Eingang ab. Und jetzt?

Ein Hubschrauber schwebt über den Piz Brunclia, und sie hebt das Handy, um zu filmen. Ein Seil wird herabgelassen, man sieht nicht wohin, es reicht bis zwischen die Bäume des Schutzwalds. Nach einer Weile steigt der Hubschrauber höher und zieht gleichzeitig das Seil ein Stück ein. Ein großes Gerät, ein Stromgenerator oder so, hängt am Ende und wird fast über ihren Kopf wegtransportiert. Da oben, das weiß sie, haben sie gerade eine dritte Sondierbohrung beendet, die Stelle ist so schwierig zugänglich, dass sie die Gerätschaften durch die Luft transportieren müssen.

»Na, da bist du ja schon wieder«, sagt Mimi Cadotsch, die ihre Einkäufe abgeliefert zu haben scheint und jetzt mit einer Schachtel Pralinen durch die heiße Sonne läuft. »Ich dachte gerade, ich bringe euch etwas Leckeres vorbei.«

»Danke.« Johanna lässt das Telefon sinken. »Aber es ist niemand da, und ich bin ausgesperrt.«

»Oh, das geht aber nicht.« Mimi lächelt sie an. »Dann komm mit zu uns, Walti hat Kartoffelsalat gemacht, mit eingelegten Gurken von der Ria.«

Sie ist eine süße alte Frau, hat das ganze Gesicht voller Falten und auf dem Kopf graue Locken, eine richtige Omi, und deshalb traut Johanna sich wohl auch, mit ihr zu gehen. Nach drei großen Gläsern Wasser und einer kleinen Portion Kartoffelsalat von Walti – mit Speck, den sie aus Höflichkeit leicht angeekelt mitisst – geht es ihr wirklich wieder besser.

Sie merkt, wie sehr sie ihre Großeltern vermisst, und erzählt vom Rhein und Omas Schrebergarten, den sie inzwischen aufgegeben hat, und wie Opa nach dem Essen sagt: Die Wampe dankt. Walti kriegt einen Lach- und dann einen Hustenanfall, Mimi klopft ihm auf den Rücken, bis er die Hand hebt und sagt: Der Buckel dankt.

Sie hilft noch beim Abwasch: Mimi spült, sie trocknet ab, Walti räumt weg und summt dabei. Johanna formuliert Sätze im Kopf, will etwas sagen, um nicht unhöflich zu wirken. Sie könnte fragen, wie die beiden abstimmen wollen, aber vielleicht ist das zu privat? Vorsichtig wischt sie die schwere Salatschüssel trocken. Walti nimmt sie ihr lächelnd ab, und Mimi bedankt sich noch für ihre Hilfe.

Jetzt machen die beiden bestimmt ein Nickerchen.

Draußen ist es noch heißer geworden.

Wo wohl Jasper ist? Sie zieht das Telefon aus der Hosentasche. Gerade will sie ihn anrufen, da hört sie, bevor sie es auch sieht, wie wieder ein paar Steine den Berg runterkommen. Geistesgegenwärtig schaltet sie die Kamera ein und bekommt sie tatsächlich aufs Bild. Yes. Ist ihr bislang nicht gelungen, das wird gleich hochgeladen. Sie huscht von Schatten zu Schatten, bis sie bei Claire ankommt.

»Ist Jaspi da?«, fragt sie, als Claire lachend die Tür öffnet.

»Hey, komm rein.« Claire gibt ihr ein Küsschen links, Küsschen rechts, Gott, was hasst sie das, aber zumindest riecht Claire gut nach Erdnussbutter.

»Joooo«, ruft Jasper aus dem Wohnzimmer. Er hängt auf dem Sofa und raucht. »Hast du auch geschwänzt?«

Die Fenster sind alle geöffnet, aber die Luft ist drückend. Claire reicht ihr ein Glas Wasser, das überraschend nach Gurke und noch was schmeckt.

»Minze.« Claire legt ihr eine Hand auf die Schulter. »Von Ria Casparin. Alles klar bei dir?«

»Klar.« Der Kartoffelsalat grummelt ihr im Magen.

Jasper reckt einen Arm in die Luft und lässt ihn da, einfach so, die Finger gestreckt. Jazz hands. Er ist so was von high. Claire bemerkt ihren kritischen Blick.

»Ist nicht mal mein Zeug«, sagt sie, aber hätte sie es ihm nicht einfach wegnehmen können? Oder ihn rauswerfen. Gestern Abend war er schon viel zu lange weg, Mama hat sich Sorgen gemacht. Aber sie sagt nichts, sonst nennt er sie garantiert Spielverderberin.

Claire seufzt. »Hör mal, Jaspi …«

Jaspi, so nennt eigentlich nur Johanna ihn. Sie glaubt nicht, dass ihm das gefällt, wenn Claire es sagt, so herablassend, hör mal, Kleiner.

»Ja, Klärchen?«

Sie lacht. »Ich muss echt noch arbeiten. Kommt einfach später noch mal wieder, ja?«

»Du musst eh mit nach Hause, Jasper«, sagt Johanna. »Ich habe meinen Schlüssel vergessen.«

»Chill mal, kleine Schwester.« Jasper steht auf, zieht sich Hose und Shirt zurecht, geht zu Claire hinüber und will ihr einen Kuss geben. Sie dreht sich, ohne eine Miene zu verziehen, so, dass er nur ihre Wange erwischt. Jasper blickt auf ihren Bildschirm. »Was machst du da eigentlich?«

»Eine Website programmieren.«

»Wofür?«

»Geht dich nichts an.«

»Ist das etwa geheim?«

»Ist halt meine Arbeit. Meine Kunden vertrauen mir.« Sie klappt den Laptop zu.

»Sag mal ...« Jasper kriegt große Augen. »Können wir nicht mal was hacken?«

Claire schnauft. »Was hacken?«

»Ja, irgendwie das Pentagon oder so.«

Johanna muss lachen. Ihr Bruder mag high sein, aber ein ziemlicher Depp ist er auch.

Claire stimmt ein. »Das machen wir dann, wenn ich mit der Website fertig bin, okay? Und dann vielleicht lieber eine Bank. Ich brauch Geld.«

»Klaro.« Jasper gibt ihr noch einen Kuss auf die Wange. »Ciao, *bella*.«

Nach ein paar Schritten auf dem Weg nach Hause fasst Jasper sich an den Kopf. »Scheiße, wann hört das endlich mit der Hitze auf?«

»Nächste Woche angeblich«, sagt Johanna. »Dann gehts bestimmt auch mit dem Reinhacken ins Pentagon einfacher.«

Sie grinst, aber er wird böse und läuft richtig rot an. »Halt die Klappe.«

RIA

Regula Schiess trägt Schwarz und dazu ein rotes Hundehalsband mit weißen Kreuzen darauf – genauso eins hat
Dino. Ria runzelt die Stirn.

»Willkommen zur Gemeindeversammlung«, sagt Regula laut. Alle verstummen. »Wir wollen gleich mit der Abstimmung beginnen, um keine Zeit zu verlieren.«

Walti in der ersten Reihe fragt noch etwas und wedelt
dabei mit einem Schweizer Fähnchen.

»Nein, Walti«, sagt Regula, »die Toiletten sind gesperrt,
bis wir abgestimmt haben.«

Das geht doch nicht, will Ria sagen, bei den vielen alten
Leuten. Der *bab* zum Beispiel kann auch nicht mehr so leicht
einhalten. Sie haben ihn im Bett in den Hotelsaal geschoben,
damit er doch noch mit abstimmen kann, es ist schließlich
auch sein Dorf. Er hält ebenfalls eine Papierflagge in der
Hand.

»Ruhe bitte.« Regula klopft mit einem Hämmerchen auf
den Tisch, hinter dem sie sitzt. Sie haben ihr ein kleines Podest gebaut. »Also, bitte melden: Wer ist dafür, dass Gian
Casparin und Stella Marić gleich hier auf der Stelle ihren
Sex fortsetzen?«

Alle Hände schnellen in die Höhe, und erst jetzt sieht
Ria, dass ihr Mann und Stella bereits nackt neben der kleinen Bühne stehen, Hand in Hand, Gian extrem erregt.

226

»Nein! *Na!*«, schreit sie und erwacht.

Mit einem Ächzen schiebt sie den Kopf unter das warme Kissen, doch Blancas Weinen ist lauter. Sie steht auf. Es ist noch dunkel, das Bett neben ihr ist seit Freitag leer, seit sie sein Zeug wortlos auf das Schlafsofa im Gästezimmer gelegt und die Tür hinter sich geschlossen hat. Er versucht immer wieder, mit ihr zu reden, und sie blockt alles ab. Sie weiß nicht, was sie machen soll. Denken soll. Wenn nur die Eli Zeit zum Reden hätte, aber die steckt so tief in ihrem Buch, dass sie Ria, ohne zu wissen, worum es geht, bislang immer vertröstet hat.

Die Tür zum Gästezimmer steht offen. Er ist schon bei den Tieren. Nachdem Ria mit Blanca gefrühstückt hat, bindet sie sich die Kleine vor den Bauch und steigt zu den Geißen hoch. Der Berg war die letzten Tage still, aber das hat nichts zu sagen, im Herbst ist er meistens ruhig.

Die dritte Sondierbohrung ist durch, das weiß sie von einem Telefonat mit Bengiamin.

»Jetzt müssen sie nur noch den Bagger wieder vom Berg bekommen«, hat er gesagt, »der ist zu schwer für den Heli.«

»Gibt es schon Ergebnisse?«, fragte sie.

Er schwieg zwei, drei Sekunden, bevor er antwortete. »Wir sind so tief runter wie sonst nirgendwo, über dreihundert Meter. Und haben Markierstoff ins Wasser gegeben.«

»Was heißt das alles?«

»Mit dem Markierstoff wollen wir die Fließrichtung des Grundwassers im Berg nachverfolgen. Dann wissen wir besser, wo wir im Stollen die Drainagen setzen.«

»Aha.« Sie war mit dem Abfüllen der Käsemasse fast fertig, telefonierte mit Kopfhörern, um beide Hände frei zu haben.

»Je tiefer wir runter sind, desto poröser wurde das Gestein«, sagte er schließlich. »Manches zerbröselt einem regelrecht in der Hand.«

Sie legte die Plastikdeckel auf die Käseformen und schaltete die Presse ein, deren Summen langsam lauter wurde.

»Das bestätigt nur, was wir schon wussten. Die Drainage muss sein, Ria«, sagte er und sprach ihren Namen aus, wie um sie zu besänftigen.

Ria legte auf, ohne sich zu verabschieden. Sie will nicht darüber nachdenken, warum er sich immer wieder bei ihr meldet. Vielleicht fragt er sich dasselbe. Manchmal weiß sie auch nicht, wo eigentlich der Unterschied ist zwischen dem, was Gian gemacht hat, und dem, was sie selbst macht.

Tagsüber haben sie so viel zu tun, dass sie ihre vertrauten Handgriffe ohne Worte erledigen, und wenn es doch etwas zu bereden gibt, dann nur Geschäftliches. Erst spät abends murmelt Gian durch die geschlossene Tür, es sei ein Ausrutscher gewesen. Ist er wohl so ausgerutscht, dass er direkt auf Stella gelandet ist?

Und Ria kennt Stella ja. Stella macht sich nicht viele Gedanken um so etwas, da mag Ria noch so sehr gedacht haben, dass sie Freundinnen sind. Das macht Gians Anteil, Gians Verantwortung nicht geringer, aber er war halt noch nie besonders willensstark. Stella ist jung, Stella ist schön, und wenn sie es aus reiner Langeweile oder Frust wegen David auf ihn abgesehen hatte, tja.

Jetzt kann sie dem *bab* im Heim jedenfalls doch noch etwas Gutes abgewinnen, nämlich dass Stella nicht mehr jeden Tag auf den Hof kommt.

Gian hat den Brief mit der angebotenen Entschädigungssumme geöffnet und auf den Küchentisch gelegt. Sie hat ihn ins Altpapier geworfen, am nächsten Tag lag er, wieder glattgestrichen, im Büro bei all dem anderen Papierkram. Sie hat einen Ordner daraufgelegt.

Der Gian und sie sind meist einer Meinung, was politische Themen angeht, und bislang haben sie seit Beginn ihrer Ehe bei jeder Volksabstimmung dasselbe angekreuzt. Manchmal diskutieren sie vorher darüber, am Abend auf dem Sofa, während er ihr die Füße knetet, er wollte zum Beispiel das Burkaverbot, sie war dagegen und konnte ihn tatsächlich überzeugen. Aber es scheint unmöglich, sich nun mit ihm hinzusetzen und über das Für und Wider ihrer Dorfabstimmung zu sprechen. Genauso unmöglich ist es allerdings, dass er sie im Stich lässt. Er denkt über die Sache nach, wie die anderen, ist unentschlossen, wie die anderen, aber er wird es ihr nicht antun und fürs Gehen stimmen.

Während des letzten Anstiegs hoch zur Weide gerät sie außer Atem. Blanca im Tragetuch brabbelt vor sich hin. Noch kann Ria sich nicht vorstellen, Gian zu verzeihen, aber so wird es wohl kommen, oder? Er hat Brunhild abholen lassen, damit Ria es nicht machen musste. Er steht früher auf als sie, um zu melken und auszumisten. Er kann den alten Traktor reparieren und weiß, wen er anruft, wenn es einmal nicht mehr geht. Er verhandelt mit den Futtermittelhändlern und anderen Lieferanten. Er weiß, wie er mit Ria reden muss, wenn sie in der Ablammsaison keinen Schlaf bekommt, er weiß, wo ihr immer wieder die Schulter weh tut und wie er den Schmerz mit zwei kräftigen Daumen herauskneten kann. Sie schluchzt auf.

Vielleicht hat er sich doch schon auf eine gewisse Weise von ihr verabschiedet, denn wenn ihre Ehe noch zu retten wäre, wenn er das noch wollte, dann hätte er nicht mit Stella geschlafen.

Außerdem – und das macht sie noch trauriger: Wenn ihre Ehe noch zu retten wäre, würde Ria sich nicht zwanzigmal am Tag vorstellen, sich von Bengiamin zur Begrüßung an die Wand drücken zu lassen, irgendeine Wand, und ihm einfach das T-Shirt auszuziehen.

Am Abend passt Saad auf die schlafende Blanca auf. Ria hofft, dass er es sich auf der Couch bequem machen und fernsehen kann. Blanca war müde und zufrieden und ist mit einem neuen Stoffschaf ins Bett gegangen, schon ganz die Bauerstochter. Sie muss einfach hier aufwachsen, Ria will sehen, wie sie hier groß wird.

Schweigend laufen sie zum Hotel Bela Vista hoch, Gian als der Mensch neben ihr, den sie am besten kennt von allen acht Milliarden Menschen auf der Welt, und doch weiß sie nicht mehr, wer er ist. Wer sie ist. Und sie ist zu stolz, ihn zu fragen.

Marco und Sarah fahren an ihnen vorbei und hupen, sie wollen dabei sein, wenngleich sie nicht abstimmen dürfen. Auf dem Weg treffen sie nacheinander Mauro Schiess, Margarita und Romeo, Domenic und seine krebskranke Tanja, ganz ausgemergelt sieht sie aus. Eine Ortsveränderung könne sie sich wirklich nicht vorstellen, hat sie neulich gesagt, als Ria ihr einen Auflauf und eine selbstgehäkelte Mütze vorbeigebracht hat, es sei ohnehin gerade alles so unsicher. Jetzt lächelt sie Ria an und hakt sich bei ihr unter, auf der anderen Seite stützt sie ihr Mann. Ria merkt, wie eiskalt ihre eigenen Hände sind, obwohl sie eigentlich nichts zu fürchten hat. Sie wird Nein sagen, Matilda wird Nein sagen, und damit hat sich die Sache. Trotzdem kann sie nichts antworten, als Tanja sie fragt, ob es ihr gutgehe. Sie nickt so locker wie nur möglich. Eine Casparin zeigt keine Angst.

Regula Schiess trägt zum Glück kein Hundehalsband, es gibt keinen Podest und kein Hämmerchen, Gian trägt Hemd und Hose. In dem Moment bringt Stella die alte Maria Weber mit ihrem Rollator herein und hilft ihr, sich ganz vorn hinzusetzen. Stella hält den Kopf gesenkt. Natürlich sitzen Ria und Gian nebeneinander, aber sie glaubt, dass alle wissen, was geschehen ist, und sie ist sich nicht sicher, ob sie alle Gian die Schuld geben. Oder sie als die Störrische sehen, mit der man nicht mehr zurechtkommt.

Sandro zieht einen Stuhl heran, Eli will sich neben sie fallen lassen, aber Ria hält eine Hand über die Sitzfläche. »Cò tschainta Matilda.«

Eli schiebt ihre Tante durch die Reihe, und Ria lächelt Matilda zu, als sie sich neben sie setzt. Am liebsten würde sie ihre Hand halten. Wir zwei, notfalls gegen den Rest. Matilda scheint jedoch gereizt zu sein oder vielleicht einfach ärgerlich, dass sie ihre Zeit für solche Dinge vergeuden muss.

Auch die deutsche Familie ist da. Früher sind Kinder nie mit zu solchen Versammlungen gekommen, aber warum eigentlich nicht, so wenige junge Menschen, wie sie hier haben. Der Vater setzt sich hinter Matilda und redet leise mit ihr. So nebeneinander sehen die vier Bloms sich extrem ähnlich. Das Mädchen gefällt ihr, sie hat irgendetwas an sich. Endlich schlängeln sich auch noch Marco und Sarah in den Saal, finden zwei Stühle hinter ihr, Marco drückt ihr die Schulter, gibt Gian die Hand, Sarah streift ihr ein Küsschen auf die Wange.

Bengiamin steht da, wo er das letzte Mal auch stand, an

der Fensterbank. Heute früh hat er noch geschrieben, dass sie sich am Abend sehen, und sie hat nicht geantwortet. Nun kann sie ihn nur hilflos ignorieren und beobachtet ihn doch ununterbrochen, er trägt ein helles Hemd mit aufgekrempelten Ärmeln und schiebt mit einem Finger die Brille auf der Nase nach oben, während er mit Regula und der Kantonsbeauftragten spricht. Neulich hat er Ria seine Brille geliehen, als sie ihre wieder einmal vergessen hatte und nicht erkennen konnte, wie Luna die Schafe zusammentrieb. Ohne das schwere, schwarze Gestell sah er so hilflos aus, so federleicht, dass sie ihn festhalten wollte. Endlich schaut er in ihre Richtung. Sie nickt einsilbig. Es ist ein ständiges Heranziehen und Wegstoßen, ein Sehnen und Verweigern. Er muss sie unausstehlich finden.

Claire Vincenz kommt gemeinsam mit Mauro Schiess herein. Regula und die Frau Jäger zählen durch. Sie heißt alle willkommen, beide Beine fest auf dem Boden, die Hände staatstragend in Rautenform, und erklärt ein weiteres Mal, worum es geht. Ihre Stimme wird pathetisch, ob der Wichtigkeiten, die sie verbreitet. Von *uns* und *wir* spricht sie die ganze Zeit. Bengiamin zieht sich aufs Fensterbrett hoch und bleibt dort sitzen.

»Gibt es noch Fragen?« Sie ist in den letzten Tagen so häufig im Dorf unterwegs gewesen, dass sich tatsächlich niemand mehr meldet. Ria hat sie das Versprechen gegeben, sich persönlich bei der Behörde für Saad und Jalil einzusetzen, damit eine mögliche Kündigung nicht als solche einen negativen Vermerk in den Akten finde. Ihre Worte.

»Gut.« Regula setzt sich hinter den Tisch und zieht sich ihren Laptop heran. Die Jäger setzt sich neben sie und klickert mit dem Kugelschreiber.

»Wir gehen alphabetisch vor. Ich bitte um ein Ja oder Nein, wenn ich eure Namen aufrufe.« Regula wischt auf dem Trackpad herum und bewegt den Kopf wie ein Uhu. »Warum ist das denn falsch rum?«

Die Jäger hört mit dem Klicken auf und rückt näher zu Regula.

»Was meinst du?«

»Die Namensliste ist falsch geordnet, fängt hinten im Alphabet an.«

»Das kann man bestimmt irgendwie ändern.« Sie stecken die Köpfe zusammen.

Claire Vincenz legt die Stirn in eine Hand, und der Blom-Junge schnaubt belustigt. Ansonsten ist es still, bis der gute Romeo den Hals reckt.

»Frauen und Technik, hm?«

Ein Zischen geht durch den Raum und konzentriert sich auf ihn wie eine vielköpfige Schlange.

»Kennt sich hier jemand mit Excel aus? Bengiamin?« Die Jäger schaut ihn bittend an.

Aber noch bevor er aufstehen kann, lacht Regula Schiess gekünstelt auf.

»Ach, was solls, wir machen es einfach von hinten nach vorn. Ich fange an.«

Bengiamin rutscht wieder zurück. Es ist unglaublich, wie sie ihn behandelt, einen kleinen Schuljungen in kurzen Hosen, und Ria möchte ihr am liebsten den Hals umdrehen. Ihr oder ihm, sie ist sich nicht sicher.

»Weber, Maria.«

Die alte Frau mit dem Rollator reckt den Rücken. »Wie lautet denn die Frage?«

Alle lachen.

Regula seufzt laut, als hätte sie nicht tatsächlich vergessen, die Frage genau zu formulieren. »Die Frage lautet: Bist du bereit, für die dir schriftlich mitgeteilte Entschädigungssumme auszuziehen, damit ein Entwässerungsstollen unter unserem Dorf gebaut werden kann?«

»Bist du bereit, dich erpressen zu lassen«, flüstert Ria Matilda zu. Die schaut konzentriert nach vorne und denkt bestimmt: So ein Unfug!

»Mir wurde nichts mitgeteilt«, sagt Maria Weber.

Stella neben ihr schaut auf ihre Füße. Claire massiert sich die Nasenwurzel. Die Mosers schütteln unisono den Kopf.

»Dir wurde nichts mitgeteilt, Maria, weil du kein Haus und kein Grundstück mehr besitzt«, sagt Romeo.

»Nein, das habe ich alles verkauft.« Sie wohnt in einer Einliegerwohnung bei den Cadotschs.

»Eben.«

»Also«, sagt Maria, »ich bin jedenfalls einverstanden.«

»Kannst du bitte laut ja oder nein sagen?« Regula schaut sie streng an.

»Ja«, ruft Maria Weber.

Regula nickt und macht ihr Häkchen. »Vincenz, Matilda.«

Ria verschränkt die Arme. Damit ist diese Abstimmung dann eigentlich schon gelaufen, denn wenn nur eine nein sagt, ist es vorbei mit dem Entwässerungsstollen, und Matilda findet das alles einen Unfug.

Matilda schaut an die Decke. »Ja.«

Eli greift nach der Hand ihrer Tante und drückt sie. Ria starrt auf die ineinander verschränkten Finger von Tante und Nichte und spürt jeden einzelnen Herzschlag in ihrer Brust. Sie sieht Matilda fragend an.

»Wegen der Claire«, flüstert die.

Ria schüttelt verständnislos den Kopf.

Matilda winkt ab. »Ich erklärs dir später.«

Gian legt Ria eine Hand auf den Arm, aber Ria zieht ihn zornig weg.

»Vincenz, Claire.«

Claire richtet sich auf. »Ich hab auch eine Stimme? Ich bin eigentlich nur zur Unterhaltung hier.«

Der Blom-Junge grinst. Matilda schaut sie böse an.

»Du bist gelistet, du hast eine Stimme«, sagt Regula voller Abscheu.

»Na dann. Ja, natürlich ja. Weg mit dem Kaff!«

»Das ist eine Unverschämtheit«, murmelt Urs Ullmann, nur um im nächsten Moment auch mit Ja zu stimmen.

»Schmid, Tanja.«

»Ja.«

Ria schließt die Augen. Tanja, du wolltest doch nicht weg …

»Schmid, Domenic.«

»Ja.«

Alle stimmen sie mit Ja. Rias Magen krampft sich zusammen, sie muss sich vorbeugen, um nicht laut zu stöhnen.

»Moser, Pierre.«

»Ja.«

»Moser, Ladina.«

»Ja.«

Ihr Handy summt, und sie zieht es aus der Tasche. Ist etwas mit Blanca? Nein, eine Textnachricht von Bengiamin. Schnell steckt sie das Gerät weg. Die Nachricht brennt ihr ein Loch in die Tasche und eine Wunde in die Haut. Aus den Augenwinkeln sieht sie, wie Bengiamin sein Telefon neben sich auf die Fensterbank legt.

»Goldinger, Sandro.«

»Ja.«

»Goldinger, Elisabeth.«

»Ja.«

Sie werden nach Martgea ziehen, dann muss Eli nicht mehr so viel pendeln, Sandro wird mit Raclette im Park spazieren gehen oder mit der Seilbahn auf einen der umliegenden Berge fahren. Vielleicht bekommen sie doch noch ein Kind. Vielleicht zieht Verräterin Matilda bei ihnen ein.

»Giger, Thomas.«

O ja, die verrückten Gigers! Dieses graue Ehepaar, das auf den Berg starrt und erwartet, dass eines Tages der Messias heraussteigen wird. Aber sie sind nirgendwo zu sehen. Wollen sie nicht abstimmen?

»Keine Stimmabgabe«, sagt Regula Schiess.

Ria begegnet Bengiamins ruhigem Blick.

»Casparin, Maria.«

Sie öffnet den Mund. Bengiamin unterbricht den Augenkontakt keine Millisekunde.

»Nein.«

Ein Aufschrei geht durch den Raum. »Ria!« – »Das kann doch nicht wahr sein!« – »Machst du Witze?«

»Was habt ihr denn erwartet?«, ruft sie.

»Ruhe bitte!« Regula klopft mit der Faust auf den Tisch. »Das hier ist eine offizielle Abstimmung, und wir akzeptieren, was die anderen sagen.«

Sie wussten doch alle genau, dass sie dagegen ist. Ria beißt die Zähne zusammen und hofft, dass man nicht sieht, wie ihr der Unterkiefer zittert. Sie löst die verschränkten Arme, zieht das Telefon aus der Tasche und öffnet die Nachricht. *Du schaffst das.*

»Ria«, sagt Regula, »kannst du noch einmal bestätigen, dass du nein sagst?«

Sie blickt nicht auf, sondern starrt auf die drei Worte. »Ich sage nein.«

Noch einmal schwillt die Aufregung an. Regula steht auf. »Bitte, meine Lieben!«

Ihr Bruder legt Ria eine Hand auf die Schulter, aber Ria dreht sich nicht zu ihm um.

»Casparin, Gian«, sagt Regula laut, und alles wird still.

Ria presst die Kiefer so fest zusammen, dass ihr der Kopf schmerzt.

»Ja.«

Ihr steigen Tränen in die Augen, aber sie blinzelt sie weg. Die anderen murmeln, niemand traut sich, etwas zu sagen. Ria starrt nach vorn und will keinem Blick begegnen.

JOHANNA

Heftig. Eine einzige Frau hat für ganz Vischnanca entschieden. Jetzt stehen sie alle herum, ein unangenehmer Geruch nach Empörung hängt über ihnen. Mama steht da mit verschränkten Armen. Papa schweigt und beobachtet, genauso wie sie selber. Während der Abstimmung hat sie die ganze Zeit auf den Bengiamin Tschalèr geachtet. Der wiederum hat Ria Casparin angestarrt. Er will bestimmt diesen Tunnel bauen.

Johanna ist aufgeregt, fast ist ihr übel. Aber sie wird ihn jetzt fragen. Sie wird, sie wird. Noch ist er von allen belagert: Was passiert denn jetzt, Herr Tschalèr, welchen Plan B haben Sie in der Tasche? Er scheint nett zu sein und sehr geduldig. Ria Casparin steht ganz allein da, nur ihr Bruder legt ihr einen Arm um die Schultern und führt sie nach draußen. Der dicke Gian tapst hinterher. Johanna hat immer noch das Bild vor Augen – und auf dem Handy –, wie er mit Stella rumknutscht. Ob Ria davon weiß? Johanna würde so was niemals verzeihen, nie. Das macht man doch nicht, wenn man sich liebt, aber was redet sie, sie hatte noch nie einen Freund.

Johanna hört die Eltern Moser hinter sich. Minna ist nicht mit zur Abstimmung gekommen.

»Der Herr Pfarrer wird der Ria Casparin schon noch gut zureden«, flüstert Minnas Mutter.

Minnas Vater grummelt vor sich hin. Johanna hat bisschen Angst vor ihm – hätte sie auch, wenn er sie nicht am ersten Abend davongejagt hätte. Er trägt immer ordentliche Klamotten, aber er wirkt irgendwie aggro, als wäre er ständig auf irgendwen sauer, nicht zuletzt auf seine Frau oder seine Tochter. Johanna hofft so sehr, dass er Minna nicht schlägt.

Jetzt hätte sie fast vergessen, Herrn Tschalèr zu beobachten. Tatsächlich hat er seine Sachen zusammengepackt und will gehen. Sie drängelt sich an den Herumstehenden vorbei, sorry, sorry, *stgise*, und holt ihn in der Empfangshalle des Hotels ein.

»Entschuldigung, Herr Tschalèr?« Das war zu leise, er geht weiter. Sie ruft lauter, und er dreht sich um. O Gott.

Okay. Los jetzt.

»Entschuldigung, aber ich wollte fragen, ob ich Ihnen ein paar Fragen für Fridays for Future stellen darf.«

Er zieht die Augenbrauen hoch. »Was denn für Fragen?«

Der Typ ist so groß, dass sie jetzt schon Nackensteife kriegt. »Zum Rutsch.«

»Der hat aber wenig mit dem Klimawandel zu tun.«

Sie nickt übereifrig. »Ich weiß. Weil es kein Permafrost ist. Aber trotzdem haben ja die vielen heftigen Regenfälle und die Trockenheit im Sommer auch Auswirkungen.«

Jetzt lächelt er ein kleines bisschen. Puh. Es sieht nett aus, wie sich seine Augen zusammenziehen.

»Na, dann frag mal. Kannst mich ruhig duzen. Ich bin der Bengiamin.«

»Und ich Johanna Blom. Enchantée.« Keine Ahnung, wo das jetzt herkam, aber ihr hat es gefallen, als Claire das gesagt hat. Bisschen peinlich, na ja, es ist ja niemand hier, der über sie lachen könnte, wie Franzi und Sophie zum Beispiel, aber die muss sie echt langsam aus dem Gedächtnis streichen, weg damit. Sie zieht ihr Handy aus der Umhängetasche. »So richtig cool wäre ein kleines Video, aber ich weiß nicht, ob Sie … ob du das willst?«

»Wo willst du das veröffentlichen?«

»Auf meinem Instagram.«

Er sieht sich um und deutet auf eine der verstaubten Sitzecken, gleich neben einem Fenster, so dass es ausreichend hell sein sollte. Sie zieht den kleinen Gorillapod aus der Tasche, den sie in Martgea im Fotogeschäft gekauft hat, und klemmt das Smartphone fest.

Ihre Hände zittern ganz schön. Sie macht ein Interview. Mit einem richtigen Experten, wie ihre Recherche ergeben hat, er hat an der Fachhochschule in Martgea Ingenieurwesen und Geologie studiert. Papa ist auch Ingenieur, aber Bengiamin ist viel jünger als Papa. Hoffentlich macht er nicht auch so blöde Scherze, Wortspiele und so. Hoffentlich versteht sie ihn.

Immer wieder kommen Leute vorbei und gucken neugierig. Sie zieht ihren Notizblock aus der Tasche. Da hätte sie mal was Professionelleres kaufen sollen, es sind kleine Katzen drauf.

Sie räuspert sich. »Was passiert denn jetzt, wo das Dorf nicht aufgegeben wird?«

Er wühlt sich mit den Händen in den langen Haaren herum. »Tja, was soll ich sagen? Wir machen so weiter wie bisher.«

»Sind Sie böse auf die Neinsagerin?«

»Na, nai. Das ist ihr gutes Recht, und die Ria …« Er hebt die Hände. »Es ist ihr gutes Recht.«

»Werdet ihr weiterforschen, ob es doch noch eine andere Stelle für die Drainage gibt?«

»Das haben wir leider schon ausgeschlossen.«

»Kannst du vielleicht erklären, was ein Felssturz genau ist. Oder ein Bergsturz?«

»Das sind unterschiedliche Größen. Es fängt an mit Steinschlag, den du in Vischnanca ja schon ganz direkt mitbekommen hast.«

Sie nickt. Ist ja auch nur fast erschlagen worden. »Kannst du es bitte trotzdem noch mal definieren?«

»Allgemein bedeutet so ein Ereignis, dass Gestein oder Erdmassen von einem Hang oder einer Felswand abbrechen.«

»Ja.«

»Wenn mehr als hundert Kubikmeter abgehen, nennen wir es Felssturz.«

Sie schreibt sich die Zahl auf. Das muss sie später nachgucken.

»Das sind ungefähr vier Lkw-Ladungen«, sagt er zur Erklärung, als hätte er ihre Überlegung mitgekriegt. »Und ein Bergsturz ist es dann ab einer Million Kubikmetern.«

»Wie viel ist das in Lkw-Ladungen?« Sie versucht, lauter zu sprechen als sonst, damit man sie auf der Aufnahme hört.

»Viertausend.«

»Und viertausend Lkw-Ladungen würden Vischnanca verschütten.«

»Definitiv.«

»Wie viel war es in Bondo?«

»Drei Millionen Kubikmeter. Mit zweihundertfünfzig Kilometern pro Stunde.«

»So schnell kann man nicht davonrennen.«

»Nein, deshalb passen wir in Vischnanca so auf und haben all die Frühwarnsysteme. Hier wird niemand überrascht.«

»Und wenn es passiert, wird evakuiert?«

»*Bevor* es passiert, ja. Im allergrößten Notfall.«

Sie will wirklich nicht evakuiert werden. Sie will hier bleiben. So verrückt wie Papa ist sie nicht nach Vischnanca, aber es gefällt ihr schon. Obendrein würde sie dann auch Minna gar nicht mehr sehen.

»Kann es passieren«, sagt sie, während Bengiamin geduldig wartet, »dass ihr euch zu früh für eine Evakuierung entschließt?«

Evakuierung? Evakuation? Vielleicht ist eins davon Schweizerdeutsch.

Bengiamin nickt. »Ja, das ist unsere große Angst. Weil die Menschen dann bei einem zweiten Mal nur noch unwilliger sind.«

»Wie meinst du das?«

Seine Antwort geht unter, weil jemand neben Johanna auftaucht und Bengiamin einfach anlabert. Regula Schiess ist es, die Johanna überhaupt nicht beachtet.

Sie schaltet die Kamera aus. Erst jetzt bemerkt sie wieder, wie aufgeregt sie ist. Aber sie hat es geschafft, und er war so lieb. Sie guckt ihn an und grinst. Ganz stolz.

Er lächelt zurück und unterbricht die immer noch redende Frau mit einem Handzeichen. Die schaut Johanna empört an, dabei war sie doch die, die sie unterbrochen hat.

»Hat dir das gereicht?«, fragt er.

»Ja, danke, perfekt. Ich …« Sie zögert. »Ich kann dir ja einen Link schicken, wenn du willst.«

»Sehr gern.« Er steht auf und zieht eine Visitenkarte aus

einem kleinen Etui. Johanna nimmt sie, schmeißt ihr ganzes Zeug in die Tasche – und dann rennt sie raus. Es ist dunkel geworden.

Huch! Da stehen ihre Eltern und warten.

Papa strahlt sie an. »Na, Jojo, du rasende Reporterin, wars gut?«

Johanna versucht, ihre Freude zu unterdrücken. »Ja, war okay.«

»Okay, so, so.« Papa streicht ihr über den Kopf, sie duckt sich weg. »Dann mal ab nach Hause.«

»Ich will noch kurz zu Minna, darf ich?«

»Nur kurz«, sagt Mama.

Johanna läuft los. Keine Ahnung, ob Minna so spät noch mit ihr reden darf, also, spät, es ist halb neun, aber wie gesagt, dieser komisch strenge Vater, bäh. Umso überraschter ist sie, als Minna ihr entgegenkommt.

Johanna rennt auf sie zu. »Ich hab mich getraut!«

»Du bist mega!« Minna lacht.

Johanna kann nicht aufhören, herumzuspringen, und nimmt Minna an der Hand. Sie rennen noch ein Stück die Straße rauf. Johanna klettert auf eine Steinmauer und balanciert ein paar Schritte.

»Es war echt toll, er hat sich aufnehmen lassen und alles erklärt, ich war wie so ein halber Profi.«

»Du musst mir das unbedingt zeigen, wenn es fertig ist, ja?«

Johanna nickt. »Klar. O Mann, hoffentlich ist es gut geworden.«

»Bestimmt.« Minna stellt sich vor Johanna und dreht ihr den Rücken zu. »Komm, ich trag dich.«

Johanna lacht. »Du spinnst, ich bin viel zu schwer.«

»Wetten nicht?«

Vorsichtig legt sie die Arme um Minnas Schultern. Minna beugt sich ein Stück vor, und nacheinander schlingt Johanna ihre Beine um Minnas Hüften. Minna greift mit den Händen in Johannas Kniekehlen, ihre Finger ganz warm. Sie wackelt, aber hält sie fest.

»Siehst du, ich bin viel stärker, als ich aussehe.«

Sie läuft ein paar Schritte und lacht. Johanna hat ihre Nase an Minnas Haaren. Heute duften sie nicht nach Honig, sondern nach Kokos und frischem Schweiß. Ihr wird ganz schwindelig, sie verliert die Körperspannung, Minna quietscht, und dann fallen sie gemeinsam lachend in die Wiese.

RIA

Sie rückt die Konfitürengläser im Regal zurecht und dreht sie so, dass die Etiketten gut lesbar sind. Das Johannisbeergelee sieht aus wie gestocktes Blut. Im Eisschrank herrscht auch Unordnung, sie öffnet die Glastür und stapelt die kleinen Becher mit dem Filisurer Glace neu. Seltsam, dass Walnuss so wenig gekauft wird, es ist Rias Lieblingssorte. Und die vom *bab*. Wenn er nur mit auf der Versammlung gewesen wäre, er wäre ihr nie in den Rücken gefallen. Der *bab* hätte gewusst, wie wichtig es ist, Haus und Hof und Familie zusammenzuhalten. Sie wird ihm morgen im Heim gleich berichten, dass sie Vischnanca gerettet hat.

Mit Matilda hat sie noch nicht gesprochen. *Wegen der Claire.* Plötzlich ist Ria erschöpft. Marco und Sarah sind heimgefahren, Gian ist im Schafstall, ob allein oder mit Stella, wer weiß. Er hat sie endgültig verraten.

Das Babyphone steht stumm neben den Guetzli. Sie lehnt sich an die Verkaufstheke und sieht sich in ihrem Hofladen um. Wenn sie die Augen schließt, spürt sie ihre Eltern neben sich stehen, die Eltern vom *bab* und bis hin zum Ururururgroßvater Baltermia Dosch dem Zweiten, der sich hier niedergelassen hat, auf der wunderschönen Sonnenterrasse am Hang des Piz Brunclia. Sie alle wären stolz auf sie, da ist sie sich sicher.

Wenn nur nicht dieser bittere Geschmack im Mund wäre.

Auf den *tgigl* von einem Berg wütend sein, das ist verständlich, auf Leute wie Matilda oder Ladina Moser, auf Stella und Gian, verdammter Gian, auch das. Aber auf sich selbst? Warum ist sie auf sich selbst wütend, wenn es doch so richtig ist, für ihr Dorf zu kämpfen?

Sie beugt sich über die Kräutertöpfchen und schließt die Augen. Links vorn riecht es nach Petersilie, links hinten nach Basilikum. Zitronenmelisse, Zitronenverbene, Pfefferminz. Sie seufzt leise. Die Gerüche streicheln sie, bis es ihr hinter den Augen prickelt.

Bengiamin sagt ihren Namen. Sie dreht sich um. Er steht in der offenen Tür, hinter ihm Schwärze. Sie geht auf ihn zu, streckt die Hand aus und drückt den Lichtschalter neben dem Eingang. Dunkelheit. So nahe ist er, dass sie ihn schmeckt – scharf wie die Petersilie, frisch wie Zitrone – und seine Körperwärme spürt, die er ihr mit jedem Pulsschlag entgegenschickt. Sie schließt die Tür, erst dann greift sie nach seiner Hand, hart und fest, die langen Finger schließen sich um ihre, sie geht rückwärts, zieht ihn mit bis zum Durchgang ins Büro. Die Wände im Laden sind vollgestellt, so lehnt sie sich gegen den Türrahmen. Er drückt sie gegen das harte Holz, und sie stöhnt unwillkürlich. Sie findet den Saum seines Hemds, zieht es hoch, ihm über den wirren Kopf.

Das Innere seines Mundes ist heiß. Er legt ihr die Hände an die Hüften, ihre Zungen berühren sich. Wenn im Herbst Wolken aufziehen, dann zeigen sich die Berggrate wie Scherenschnitte. In den Schutzwald sind die Wölfe zurückgekommen, die Welpen sind schon fast erwachsen und toben im Unterholz, quieken und jaulen und hauen sich ihre Zähne ins Nackenfell. Wird es warm, liegen sie in der

Sonne. Der Wald ist ein Netzwerk aus unzähligen Wurzeln und den feinen Fäden der Pilze, die den Boden durchziehen wie Nerven den menschlichen Körper. Signale schießen von der Zungenspitze hinunter in die Wirbelsäule, hinauf bis zum höchsten Scheitelpunkt der Schädeldecke, wo sie sich leise rieselnd unter der Kopfhaut verteilen, leise und gleichzeitig so laut, dass sie ihren eigenen Atem nicht mehr hört. Sie fährt ihm über den flachen Bauch, ihre Fingerspitzen entziffern ungeduldig seine angespannten Muskeln, sie greift ihm in die Haare, mit beiden Händen greift sie zu, lässt Blitze entstehen, die sich auf seinen Lippen entladen, blau funkeln, sich einspeisen in den Stromkreis und durch die Leitungen pulsieren. Die Bergbahnen setzen sich in Bewegung, fahren ins Dunkel der Gipfel hinauf. Das rote Neonschild der Ustareia unten an der Flem flackert. Er atmet aus, ein langgezogenes Oh, an der Dorfstraße schließen die Laternen die Lider, vertraut der Nacht, flüstern sie. Am Waldrand kommen die Wölfe zwischen den Bäumen hervor und verharren. Ein Knurren entweicht einer Kehle, Finger tasten nach der Kuhle zwischen den Schlüsselbeinen, die klare, helle Töne von sich geben, Finger streichen den Hals hinauf bis hinter die Ohren, bis zum Haaransatz, vergraben sich dort erneut. Lippen lösen sich voneinander, die Welt muss Luft holen. Die Wölfe verschwinden zwischen den Bäumen.

FABIO

Er hat am heiligen Sonntag das Wohnzimmerfenster geputzt, um vier schwarze Vogelsilhouetten aufzukleben, aber noch während er von innen den zweiten Aufkleber befestigt, knallt von außen die nächste Dohle gegen das Glas und bleibt beduselt auf dem Boden sitzen. Langsam hat er das Gefühl, es ist immer dasselbe Tier und deshalb nicht das hellste. Wenn du hier wohnst, *vriendje*, musst du doch irgendwann mal verstehen, dass es da nicht weitergeht. Sollt ihr nicht ähnlich schlau sein wie Krähen oder Raben? Er befestigt die übrigen Sticker und wischt mit einem Lappen seine Fingerabdrücke vom Glas. Über dem Berg steht ein schwacher Regenbogen, Fabio kneift ein Auge zu und poliert auch ihn.

Inzwischen bleibt immer öfter Schnee auf den Berggipfeln liegen, der auch tagsüber nicht mehr schmilzt, die Wiesen sind morgens mit Raureif bedeckt. Der Winter wird vor seinen Augen sorgsam vorbereitet.

Jasper kommt ins Wohnzimmer, sieht ihn und dreht gleich wieder um.

»Hey«, sagt Fabio. »Komm doch mal her.«

»Muss noch Hausaufgaben machen.«

Fabio lässt sich nonchalant aufs Sofa fallen, wo noch ein Haufen Socken darauf wartet, zusammengelegt zu werden. »Okay, die lasse ich mir dann vor dem Abendessen zeigen.«

Und schon ist Jasper zurück. »Wasn?«

Fabio schiebt ihm die Hälfte der Socken hin. »Hast du eigentlich mal bei dem Verein angerufen? Du wolltest doch klettern lernen.«

»Nee.« Lustlos greift der Junge nach zwei dunklen Socken und wurschtelt sie zu einem Ball zusammen.

»Das war ein blauer und ein schwarzer«, sagt Fabio.

Jasper verdreht die Augen und zieht die Socken wieder auseinander.

»Sollen wir gemeinsam hinfahren? Oder brauchst du mehr Spritgeld?«

Sein Sohn schüttelt den Kopf. »Nee, schon gut.«

Fabio wirft ihm einen Sockenball an die Stirn, Jasper grinst und revanchiert sich.

»Ich dachte«, sagt er, »vielleicht könnte ich von der Schule abgehen.«

Das Gespräch hatten sie in Duisburg auch schon ein paarmal, nur dass Faulpelz Jasper nie weiß, was er stattdessen machen will.

»Und dann?«

»Könnte ich eine Ausbildung zum Fachinformatiker machen.«

Immerhin etwas Konkretes. Das ist neu, und Fabio versucht, sich darauf einzulassen. »Muss man das nicht studieren?«

»Claire hat auch nicht studiert.«

»Dann hättest du dich aber ganz umsonst durch die letzten beiden Schuljahre gekämpft.« Die zehnte Klasse hat er sogar wiederholt, um mit einer besseren Grundlage in die Oberstufe zu starten. Fabio weiß noch, welch ein Kampf die Entscheidung war, weil Jasper natürlich seine Freunde nicht verlieren wollte. Das hat sich zum Glück ziemlich gut gehalten, er ist immer noch mit einigen Kumpels aus dem alten Jahrgang in Kontakt, selbst jetzt.

Es klingelt, und Jasper springt auf. Wenig später kommt er mit heißen Ohren und Eli zurück ins Wohnzimmer, verschwindet aber gleich nach oben. Fabio wirft die Socken, so wie sie sind, alle in den Wäschekorb und steht auf. Eli trägt enge Jeans und hohe Schuhe.

»Ich hoffe, ich störe nicht?«

»Gar nicht. Kaffee?«

»Danke, ist schon zu spät.« Sie lächelt ihn an. »Und wie geht es euch?«

»Tja.« Er hebt die Schultern.

Sie könnten ja jetzt bleiben.

In diesem knorzigen Haus in diesem knorzigen Dorf, das alle verlassen wollen außer Ria Casparin – und er, der knorzige Fabio Blom. Fabio will Blumen pflanzen und Gemüse ernten. Außerdem hat Mona Leutenegger ihn eingeladen, einmal eine Runde an ihrer Töpferscheibe zu drehen.

»Wir könnten also bleiben«, hat Katja am Tag nach der Gemeindeversammlung beim Abendessen gesagt, ein Aussagesatz, aber dennoch ein Fragezeichen am Ende.

Jasper, rotäugig, gähnte.

Jojo blickte ihren Vater an, und Fabio musste lächeln. Seine kleine große Reporterin. »Was hat denn dein Interviewpartner gesagt? Sind wir sicher?«

Sie nickte. »Er vertraut der Technik. Sonst hätten sie uns schon längst rausgeholt.«

»Ich vertraue ihr auch. Wir Ingenieure wissen, wovon wir reden.«

Katja schnaufte. »Dann haben die Männer ja entschieden.«

Fabio hat nicht verstanden, warum sie so angefressen war. Er will sie entlasten, und sie wollte doch auch bleiben.

»Und euch?«, fragt er nun Eli, ohne wirklich geantwortet zu haben.

»Sandro möchte weg, aber ohne das Geld wird's schwierig. Er will noch mal mit der Regula sprechen oder gleich mit der Frau Jäger vom Kanton. Wenn sie das Geld haben, können sie es uns doch auch unter anderen Voraussetzungen geben, oder?«

»Wahrscheinlich haben sie das nicht einfach so rumliegen.«

Eli verzieht ratlos den Mund. »Ich muss unbedingt mit der Ria reden. Die ist so stur. Apropos stur, ich weiß auch nicht, was ich mit Claire und Matilda machen soll.«

»Seid ihr eng, du und Claire?«

»Wir sind zusammen aufgewachsen, aber seit sie weg ist, haben wir kaum noch Kontakt. Gerade finde ich es extrem schwierig, keiner von beiden in den Rücken zu fallen. Könntest du mir mit Matilda helfen?«

»Tja«, sagt er. »Ich hab's ja schon versucht …«

»Bitte, Fabio?« Sie lächelt ihn an, mit diesen weißen Zähnen und den dunklen Augen, und dazu ihr Geruch, den man als unangenehm empfinden könnte oder aber … Er steht auf. So macht sie das also. Fast muss er lachen, er will nicht darauf reagieren, aber er mag es trotzdem, rein körperliche Anziehung in einer so verkopften Welt.

Sie hören, dass die Tür aufgeschlossen wird. Katja ist von der Sonntagsarbeit zurück. Eli wird umarmt, Fabio auch, sie riecht warm und vertraut.

»Der lange Sepp hat mir gerade erzählt«, sagt sie und zieht die hohen Schuhe aus, »dass gleich um sechs zum letzten Mal die Kirchturmglocke geläutet wird.«

»Ist es schon so spät?«, fragt Eli. »Dann ist Sandro bestimmt schon allein zur Kirche. Kommt ihr mit?«

Jasper hat keine Lust, aber Jojo kommt aus ihrem Zimmer, wo sie den Nachmittag ins Bett gekuschelt mit einem Fantasyroman und ihrer ehemals zotteligen, inzwischen nur noch abgegriffenen Schnegge verbracht hat. Das letzte Glockenläuten will sie für ihr Instagram festhalten.

»Bald sind Herbstferien in NRW, oder?«, fragt er auf dem Weg.

Sie nickt. »Glaub schon.«

»Willst du vielleicht für ein paar Tage Sophie und Franzi einladen?«, fragt Katja.

»Die machen bestimmt wieder so ein …« Jojo unterbricht sich, als sie die zwei Stufen rauf auf den mit kopfgroßen Steinen gepflasterten Kirchhof klettern und dort schon das halbe Dorf wartet. Sie blickt sich um, und Fabio sieht die Enttäuschung in ihren Augen, dass Minna Moser nicht da ist. Sophie und Franzi scheinen nicht mehr so wichtig, und vielleicht ist das bei der doch sehr großen Entfernung gar nicht so schlecht.

Ganz am Rand steht das graue Ehepaar, das er in der Kirche gesehen hat. Eine der alten Pedretti-Schwestern hat ein weißes Spitzentaschentuch in der Hand, sie erwartet wohl Tränen. Matilda fehlt.

Der Pfarrer räuspert sich, ein runzliger Typ mit Halbglatze und schlechten Zähnen. Nach einer Begrüßung überlässt er das Reden zum Glück Sandro.

»Es geht mir nahe«, sagt Sandro laut zu allen, und seine

Stimme klingt tatsächlich belegt, »dass ich jetzt hier stehen muss und wir uns von unserer letzten Glocke verabschieden müssen. Auch wenn wir inzwischen über Telefon und Textnachricht kommunizieren, wisst ihr alle noch von euren Eltern oder Großeltern, wie viele Funktionen eine Glocke im Dorf früher hatte. Sie wurde sturmgeläutet, wenn es einen Brand gab, damit nicht wie so oft während eines heftigen Föhnwinds ein Funke das ganze Dorf in Schutt und Asche legte.«

Föhn, das ist, wenn die Leute Migräne kriegen und ihre Scheidungsunterlagen einreichen. Angeblich gelten vor Schweizer Gerichten strafmildernde Umstände, wenn ein Verbrechen während eines Föhnwinds getätigt wurde, aber das hat er nur gelesen und weiß nicht, ob es stimmt.

»Und wenn jemand gestorben ist, wurde mit der großen Glocke angeläutet, dann dreimal zehn Minuten mit den zwei kleinen, die schon vor einigen Jahren abmontiert wurden. Anläuten mit den kleinen Glocken und dreißig Minuten Durchläuten, das bedeutete, dass ein Kind von uns gegangen ist.«

Fabio muss blinzeln und legt Jojo einen Arm um die Schultern. Natürlich macht sie sich gleich wieder los. Die Pedretti-Schwester schnäuzt sich.

Sandro merkt offenbar selbst, dass das keine besonders fröhliche Rede geworden ist. »Aber auch zu Geburten wurde sie geläutet.«

Nach ein paar Minuten leitet der Pfarrer ein Gebet ein, Fabio murmelt das Amen mit, nein, er hat's wirklich nicht mit der Kirche, dann beginnt die Glocke zu läuten, eine Viertelstunde lang, das ist den meisten aus der Nähe doch zu laut, sie kehren wieder nach Hause zurück, Jojo blickt sich zögernd immer wieder um, aber die Mosers tauchen nicht auf. Seltsam, wo die doch so geil auf Religion sind. Vielleicht können sie sie mal zum Kaffee einladen, die Familie besser kennenlernen.

Katja bleibt stehen und nimmt seine Hand. »Guck.«

Sie haben schon einige Sonnenuntergänge betrachtet, aber der hier ist einfach spektakulär. Der Piz Envers steht vor ihnen in Flammen. Das ist also dieses Alpenglühen. Als die Glocken nicht mehr läuten, verstummt auch ein jaulender Hund aus Richtung des Casparin-Hofs. Pure Stille zieht sich durch die Gassen wie Nebel. Erst, als der Berg im Schatten versinkt, gehen sie weiter.

Sie sind daheim. Sie sind zu Hause.

Vor der Tür steht Jasper, Schreck in den Augen.

»Jetzt ist unser Dach wirklich eingestürzt.«

.

RIA

Selbst wenn keiner der Menschen im Dorf etwas merken sollte – die Tiere sind unruhig, sie wissen genau, dass etwas anders ist. Luna zwickt Jalil in die Hacken, und selbst Oleander, die friedfertigste aller Geißen, fängt Streit mit Leut und Vieh an.

Ria steht vor dem Spiegel und zieht die Gesichtshaut glatt, streicht sich über die Ohrläppchen. Zwei Bremsenstiche auf der salzigen Schulter hat er ihr mit Spucke und Puste gekühlt. Innerlich hat er sie verschoben, aber von außen sieht sie noch genauso aus wie vorher. Immer wieder richten sich an all den Stellen, an denen er sie berührt hat, die feinen Härchen auf, warten darauf, seine Hände und Lippen noch einmal zu spüren. Sie weiß nicht, ob das geschehen wird.

Seit sie nein zur Drainage gesagt hat – und dann ja, zu ihm –, spürt sie zum ersten Mal, dass Vischnanca unter ihnen rutscht, wie ein Gletscher, der ins Tal will. Mit jedem neuen Riss verändern sich die Geräusche und Gerüche im Dorf, werden neue dunkle Ecken beleuchtet. Heute früh musste sie hoch zur Weide, Blanca im Tragetuch. Dino begleitete sie. Eigentlich bleibt der alte Herr am liebsten auf dem Hof, aber manchmal ist ihm nach einem gemütlichen Spaziergang. Schon von weitem sah sie Ladina Moser vor dem Haus auf einer Trittleiter stehen, um mit geblümter Schürze einen Blumenkasten vor dem Fenster zu versorgen. Ria bekam nicht mit, wie sie nach ihrem Mann rief, aber plötzlich stand er da, mitten auf der Straße, und Ladina huschte dahinter wie eine Maus, die dem Rattenkönig huldigt.

»*Bun de*, Pierre«, sagte sie ruhig und hielt Dino am Halsband fest.

»Du hast keinen Anstand, Maria.«

»Und du meinst, du hast welchen, wo du dich hier so vor mir und meiner Tochter aufbaust?«

Er hob die Hände, und Ria glaubte schon, dass er sich auf die Brust trommeln wollte, aber er stemmte sie nur in die Hüfte.

»Du redest immer, wie wichtig dir das Dorf ist, aber du denkst nur an deinen eigenen Vorteil.«

»Ich bin offenbar die Einzige, der das Dorf wichtig ist«, sagte sie, »und ich denke daran, zu überleben. Sie wollen mir meinen Hof, meine Lebensgrundlage wegnehmen, ohne dass sie überhaupt eine funktionierende Lösung haben.«

»Sie haben den Entwässerungsstollen«, flüsterte Ladina.

»Der möglicherweise funktionieren könnte, aber vielleicht auch nicht.« Ria seufzte laut. »Wir drehen uns doch hier im Kreis. Die Sache ist ausdiskutiert.«

»Deinetwegen!« Plötzlich war aus dem ärgerlichen Pierre ein brüllender Pierre geworden, und sie zuckte zusammen, obwohl sie wirklich keine Schwäche vor ihm zeigen wollte. Dino begann zu bellen, und sie ließ ihn los. Sollte er dem Blödmann nur Angst machen, dachte sie, aber dieser Blödmann trat nach dem Hund, der in seiner Schwerfälligkeit nicht rechtzeitig ausweichen konnte und laut aufjaulte. Ria bekam ihn zu fassen, bevor er davonlief.

»Hast du sie noch alle?«, fragte sie wütend.

»Man sollte dich für unzurechnungsfähig erklären lassen«, sagte Pierre.

Dino hörte nicht mehr auf zu bellen, und sie musste sich gegen ihn stemmen, damit er stehen blieb.

Sie lachte laut, obwohl sie am liebsten ebenfalls auf Pierre zugestürzt wäre. »Tja, ihr hättet uns Frauen damals einfach nicht das Stimmrecht geben sollen, oder was meinst du?«

Sie ging an ihm vorbei, zugegebenermaßen in einem sicheren Abstand, und zog den schweren, aufgebrachten Bernhardiner hinter sich her. Die andere Hand hielt sie schützend um Blanca gelegt, die angefangen hatte zu weinen.

Inzwischen ist Nachmittag, sie hat sich beruhigt, zumindest wenn sie nicht erneut an diese Begegnung denkt. Sie setzt sich mit Blanca auf die Bank vorm Haus, wo der *bab* so gern gehockt hat. Dino trottet herbei, legt ihr den Kopf auf die Beine und schaut sie wissend an: Da haben wir etwas erlebt. Blanca beugt sich in Rias Arm nach vorn und wühlt in seinem Fell. Ria hält das zappelnde Kind fest und schließt kurz die Augen. Es gibt so viel zu tun. Ein leichter Nebel ist über die Landschaft gezogen wie ein Morgengrauen zur falschen Tageszeit. In der Ferne hämmert jemand, so dass das Echo durchs Tal wabert. Unter dem Walnussbaum sitzt der alte Kater von den Leuteneggers, den haben sie ganz früh kastrieren lassen, und seitdem läuft er wie eine alte Frau durch die Gassen und steckt seine graue Nase überall rein. Alle zwei Wochen ist er verschwunden, dann sucht ganz Vischnanca und findet ihn missgelaunt in irgendeinem Kellerloch. Genau so ist ihr Dorf. Der Kater nervt, alle schimpfen über ihn, vor allem Matilda versucht immer wieder, ihn zu fangen, weil er ihr ständig in den Garten markiert und es stinkt, aber die Leuteneggers wollen ihn nicht im Haus einsperren, der liebt doch seine Freiheit, sagen sie, und schlimmer sei doch der, den die Steiers einfach zurückgelassen haben, als sie ausgezogen sind, weil der nämlich nicht kastriert ist, und von ihm stammt bestimmt auch der Juniwurf von Rias Roxy. Sie streiten und vertragen sich im Dorf und akzeptieren all ihre Macken. Wer wird das noch tun, wenn sich Vischnanca quasi in Luft auflöst?

Gestern ist Ria doch endlich zu Matilda, wollte hören, was sie zu sagen hatte zu ihrem Meinungsumschwung. Sie war trotzig wie ein Kind, sie weiß genau, dass sie Ria im Stich gelassen hat, aber eine Entschuldigung würde ihr nie über die Lippen kommen. Von Claires Firma und der kriminellen Geschäftspartnerin hat sie erzählt und dass Claire die Schulden so nie bezahlt bekommt. Matilda selbst finde schon irgendwo eine kleine Mietwohnung, am liebsten in der Nähe von der Eli, den Laden werde sie auch nicht vermissen, sie hat ihn diesen Herbst gar nicht mehr aufgesperrt. Ria ist in Matildas Flur gestanden, und da hingen all die Bilder, ihre Eltern, ihre Schwester, ihr Kindergartenfoto, ihr Schulfoto, eine Luftansicht von Vischnanca, da ist vor vielen Jahren einmal ein Fotograf mit dem Flugzeug über das Tal geflogen, und von den Bildern konnte man dann einen Abzug bestellen. Der *bab* hat eins vom Hof genommen, das noch gerahmt im Büro hängt. Wahrscheinlich haben alle eins gekauft, fasziniert davon, einmal zu sehen, wie wohl ein Adler ihr Dorf über dem Tal sitzen sieht und wie sie, die Menschen, ganz besondere Menschen, genau dort hingehören, ein Teil der Alpenwelt.

Da stand Ria also in Matildas Flur und zeigte auf die Bilder.

»Ach, Ria«, sagte Matilda. »Das weiß ich doch alles. Aber jetzt kann ich der Claire nicht helfen. Außerdem ist bei den Bloms das Dach kaputt, und das kostet.«

»Das Dach ist kaputt?«

»Ja, nicht allzu schlimm, sie können weiter drin wohnen. Ein Balken ist eingeknickt, die Schindeln sind auf den Dachboden gepoltert. Aber bevor es richtig kalt wird, muss es repariert werden. Und hast du mitbekommen, dass bei Mimi und Walti heute früh eine Wand abgesackt ist? Die können jetzt aus dem Wohnzimmer nach draußen schauen. Maria Webers Einliegerwohnung ist auch nicht mehr sicher.«

Ria wunderte sich, dass ihr das noch nicht aufgefallen war und ihr niemand davon erzählt hatte. Mimi kommt eigentlich immer mit allem zu ihr – als Walti ins Spital musste, als ihre Heizung leckte, als der Junge ihrer Tochter so krank war und sie dachten, er würde sterben. Auf dem Rückweg klopfte Ria bei ihnen, wollte den beiden vorschlagen, bei ihnen auf dem Hof unterzukommen. Gian hätte wieder ins Schlafzimmer gemusst, aber das hätte sie schon ausgehalten.

»Schon in Ordnung, Ria«, sagte Mimi mit verschlossenem Gesicht. »Wir gehen alle drei nach nebenan in die Pension. Dann müssen wir sehen, wo wir schnell das Geld für einen Umzug herbekommen.«

Sie hat sie nicht einmal hereingelassen, um ihr die Zerstörung zu zeigen.

Die Leute sind alle wütend auf sie.

Gian kommt auf den Hof gefahren und steigt schwerfällig aus. Wie anders sein Körper ist im Vergleich zum Bengiamin. Dabei hat sie den Gian immer so gemocht, wie er ist, hatte nie das Gefühl, er müsse abnehmen. Bei ihm würde eh nie so etwas herauskommen wie beim Bengiamin.

Gian nimmt ihr Blanca ab, die ihm freudig die Ärmchen entgegenstreckt, und geht in die Hocke, um Dino zu kraulen, der ihm seinen breiten Kopf auf die Schulter legt.

»Der Mauro Schiess zieht nach Lantsch.«

»Ach ja?«

»Da hat es eine behindertengerechte Wohnung für ihn, ein Zimmer wird frei.«

»Und die Stella?«

»Noch nicht. Es ist eine WG, und das zweite Zimmer ist bis Dezember belegt. Aber dann will sie auch hin.«

Ria steht auf und dreht sich zur Tür. »Kümmerst du dich um den Vertrag?«

Als Gian nichts sagt, bleibt sie stehen.

»Hast du doch immer gemacht«, sagt sie. Wenn sie sich jetzt auch noch um den Mietkram kümmern müsste …

»Ich ziehe in Mauros altes Zimmer.«

Ein Lachen bleibt ihr im Hals stecken. Sie starrt ihn an, mit seinem weichen Mund und den blanken Augen.

»Meinst du das ernst? Du ziehst bei Stella ein?«

»Nur so lange …«

Sie unterbricht ihn. »Gian, das kannst du nicht machen. Sie ist unsere Mieterin, sie ist von dir abhängig. Sie ist siebzehn Jahre jünger als du.«

Am liebsten will sie Blanca die Ohren zuhalten, sie soll nicht hören, was gerade zwischen ihren Eltern passiert. Gian stellt sich noch breitbeiniger hin. Verteidigungshaltung.

»Hat sie es dir vorgeschlagen?«, hakt Ria nach.

»Ich habs vorgeschlagen. Sie fands okay.«

Ria schüttelt den Kopf. »Findet sie nicht. Ich würd meinen Hof darauf verwetten, dass sie es eigentlich nicht okay findet.«

»*Deinen* Hof.« Er gibt ihr Blanca zurück. »Wenn ich gehe, kannst du ja den Lorenzo herholen.«

»Was?«

»Niemand ist so begabt für die Landwirtschaft wie der Lorenzo. Wenn das Marieli doch nur den Lorenzo geheiratet hätte.«

»Ach«, sagt sie, »der *bab* ist halt alt, das weißt du doch.«

»Du hast ihm nie widersprochen.«

»Weils Quatsch ist.« Blanca patscht ihr ins Gesicht.

»Ich bin nicht gut genug für *deinen* Hof.«

Jetzt macht sie einen Schritt auf ihn zu, aber er geht im weiten Bogen an ihnen vorbei zum Haus. »Ich packe ein paar Sachen.«

Sie folgt ihm, zuerst zur Abstellkammer unter der Treppe, wo er seine Sporttasche rauszieht, seit langem nicht mehr gebraucht, seit Löcher in ihrem provisorischen Fußballplatz aufgetaucht sind. Die Stufen hoch ins Schlafzimmer.

»Weißt du, Maria«, sagt er, und es fühlt sich so falsch an, wie er ihren ganzen Namen benutzt, »du hast gehört, dass ich nicht sicher bin. Dass wir vielleicht wirklich aufgeben sollten. Aber du sperrst dich, es zu hören. Zu verstehen.«

»Und deswegen schläfst du mit Stella?«

Da ist es endlich, das Gespräch, das sie so lange nicht geführt haben, und es läuft nicht gut.

»Nein, aber deswegen gehe ich jetzt.«

»Du hättest dich ja auch mal früher beschweren können.«

Er stopft dicke Sockenbündel in die Tasche, dann noch Unterwäsche drauf. »Habe ich. Hab ich mehrfach. Du hast nicht gehört.«

Wann soll das gewesen sein? Aber wenn sie ihn das jetzt fragt, gibt sie ihm recht.

»Ria?« Von unten ruft jemand.

Gian erstarrt kurz, und auch Ria erkennt die Stimme.

»Holt sie dich jetzt ab?«, fragt sie scharf.

Er schüttelt den Kopf und weiß offenbar genauso wenig wie vor zwei Wochen im Stall, wie er reagieren soll. Ria lässt ihn stehen und läuft mit Blanca die Treppen herunter. Da steht Stella in ihren Arbeitsklamotten und weißen Schuhen, das junge Gesicht, die jungen, straffen Arme, siebzehn Jahre jünger als Gian.

»Muh«, ruft Blanca.

»Gian kommt gleich«, sagt Ria und geht an Stella vorbei in die Küche.

Stella atmet scharf ein. »Ist er hier? O Gott, das habe ich nicht gewusst. Ich wollte …« Sie kommt Ria hinterher. »Ich wollte mit dir reden.«

Ria setzt Blanca ins Stühlchen und stellt einen Topf mit Wasser auf den Herd. Sie hat keine Ahnung, was sie damit machen will, aber sie kann Stella jetzt nicht anschauen.

»Ich mach einfach alles falsch, Ria«, sagt die von der Tür aus.

Ria holt Kartoffeln aus dem Blecheimer im Schrank unter der Spüle, den schon ihre Mutter dort stehen hatte.

»Ich wollte das wirklich nicht, Ria. Grad mit Männern mache ich immer alles falsch, seit David damals.«

Ria sucht nach dem Schälmesser auf dem Abtropfgitter, in der Spülmaschine, findet es schließlich in der Schublade, wo es hingehört.

»Das hast du mir schon so oft gesagt«, meint sie schließlich und nimmt die erste Kartoffel. »Aber wenn du es weißt, dann könntest du es ändern.«

Stella seufzt.

»Du schwelgst darin, Stella, Dinge falsch zu machen. Du hast Spaß daran und tust anderen weh.«

Stella schweigt, Ria wirft eine Kartoffel nach der anderen in den Topf. Sie schneidet sich leicht in den Daumen und lässt das Blut laufen.

»Du und der Bengiamin Tschalèr«, sagt Stella plötzlich, Ria springt die Kartoffel aus der Hand und rumpelt in die Spüle, wo der Plastiklöffel aus Blancas unabgewaschenem Breischüsselchen springt.

»Ihr habt euch beim Kaffeewagen so angeschaut«, fährt Stella fort.

Ria wischt sich die feuchten Hände an einem Küchentuch ab. »Du gehst jetzt besser. Dein neuer Mitbewohner ist bestimmt auch inzwischen fertig.«

JOHANNA

Sie drückt sich die Kopfhörer tiefer in die Ohren, als das Hämmern über ihr einfach nicht aufhört. Gerade heute, Mann, wo sie mit Alba den Podcast aufnehmen will. Mama und Papa haben entschieden, die Kosten für die Reparatur zu übernehmen, Hauptsache, es wird nicht alles nass. Als Jasper meinte, das Dach sei eingestürzt, hat sie echt gedacht, das ganze Haus wäre kaputt, aber zum Glück ist nur der Speicher beschädigt, und da oben toben jetzt zwei Zimmerleute herum.

»Sorry«, sagt sie zu Alba, »das wird wohl nichts mit der Aufnahme.«

»Kannst du nicht in ein Café gehen oder so? Die nächsten Tage habe ich kaum Zeit.«

»Ein Café haben wir hier leider nicht.« Johanna guckt auf die Uhr – halb fünf – und überlegt. Vielleicht kann sie Claire fragen.

»Am Freitag ist in Martgea eine kleine FFF-Demo«, berichtet sie Alba, während sie die Veia Carfiol hochläuft. »Ich habe bei der Organisation geholfen, also, ich habe die Anmeldung eingereicht.«

»Cool.«

»Kommst du auch?«, fragt Johanna. »Dann würden wir uns mal live sehen.«

»Kann ich noch nicht sagen. Aber wenn, dann schreibe

ich dir. Dein Interview mit dem Bengiamin Tschalèr war auch mega.«

Johanna grinst. »Danke.«

Da sieht sie Minna oben an der Bushaltestelle sitzen, und ihr Herz klopft schneller. »Du, Alba, ich ruf dich gleich zurück, ja?«

»Klar.«

Johanna legt auf und läuft schon von weitem winkend zu Minna, die in einem Schottenrock und dunkler Strumpfhose zögerlich von der Bank aufsteht, auf der sie so gern mit den Beinen baumelt.

»Hi.« Johanna strahlt sie an. »*Scu vogl?*«

Minna zieht das Näschen kraus. »Ich darf nicht mit dir reden.«

Das schnell klopfende Herz setzt mit einem Mal aus. »Was? Wieso nicht?«

Unruhig schaut Minna die Dorfstraße rauf nach links. »Meine Eltern holen mich gleich ab.«

»Aber was habe ich denn gemacht?« Johanna will am liebsten weinen, immer muss sie gleich weinen, sie hasst das.

Minna nimmt sie in die Arme. Johanna laufen zwei Tränen aus den Augen.

»Mein Papi hat rausgefunden, dass wir die Videos gemacht haben. Dass ich im ganzen Internet zu sehen bin.«

»Oh.«

Minna nimmt sie an der Hand und führt sie hinter das Haltestellenhäuschen, dessen Rückseite aus harzigem Holz ist. »Deswegen darf ich nicht mehr mit dir reden. Du bist ein schlechter Einfluss.«

Schlechter Einfluss. Hört sich an wie dreckiges Wasser, stinkende Rohre.

»Wie hat er das denn rausgefunden?«, fragt sie.

Wieder runzelt sich Minnas Nase. »Ich habe dem Pfarrer davon erzählt. Wie toll du das machst und wie du dich für die Umwelt einsetzt.«

»Und er hat es deinem Vater erzählt?«

Minna nickt.

»Gibt es da nicht so was wie ein … wie heißt das? Beichtschutz?«

»Ich habe nicht gebeichtet, ich habe es ihm einfach so erzählt, und außerdem …« Sie zuckt mit den Schultern. »Er will nur das Beste für mich.«

Johanna schüttelt den Kopf. »Der hat dich doch verraten.«

Sie hört ein Auto kommen, und Minna drückt sie an den Schultern gegen die Außenwand der Haltestelle. »Bleib hier, bis wir weg sind.«

Aber nur ein paar Sekunden später steht Vater Moser vor Johanna, groß und breit, und Johanna macht sich ungelogen fast in die Hose vor Angst. Er hat die Arme vor der Brust verschränkt, man sieht die Adern auf den Handrücken und dunkle, lange Haare, sogar auf den Fingerknöcheln.

»Wir möchten nicht, dass du mit Wilhelmine Umgang pflegst«, sagt der Moser. »Steig ein, wir fahren zu deinen Eltern. Da wirst du dann die Videos von Minna löschen, aus dem Internet und von deinem Handy.«

Er streckt die Hand aus, und Johanna drückt sich gegen das Häuschen, will sich nach links wegdrehen, um Abstand zwischen sich und ihn zu bringen. Aber er greift sie an der Schulter, gleitet mit der Hand ein Stück nach unten und hält sie am Oberarm fest. Hilfesuchend blickt Johanna sich nach Minna um, als der Moser sie zu sich zieht. Sie riecht schon sein Aftershave, und mit einem Mal fängt sie an zu zittern und dann zu kämpfen und macht sich mit einem Aufschrei von ihm los.

»Nein! Geh weg! Geh weg!«

Sie schlägt noch einmal um sich und rennt los. Rennt an dem Auto vorbei, in dem die Moser-Mutter sitzt und glotzt, die Straße runter, immer weiter, bis sie das Haus von Claire erreicht. Oder ist es das nicht? Sie wischt sich über die Augen und blinzelt das Klingelschild an, Khoury, nein, das müssen die zwei Syrer sein, eins weiter ist es, sie rennt hin, ja, das ist es, sie klingelt. Johanna sieht sich um. Das Auto ist nirgendwo zu sehen, sie sind ihr offenbar nicht gefolgt.

Claire öffnet ihr.

»Kann ich bitte ganz schnell bei dir Pipi machen?«, fragt Johanna hastig.

Claire lässt sie rein und zeigt auf die Gästetoilette im Flur rechts. Johanna schließt ab, setzt sich aufs Klo und beugt sich vor. Es schüttelt sie. Langsam vergeht der Schrecken, sie wäscht sich in dem Miniwaschbecken mit kaltem Wasser die Hände und das Gesicht. Ein Handtuch gibt es nicht.

Einen Spiegel zum Glück auch nicht.

»Alba wartet auf dich«, flüstert sie. »Das ist jetzt wichtig. Der Kerl kann dir nichts anhaben. Gar nichts. Und dass Mama und Papa von der Sache mit den Videos erfahren, wird schon nicht so schlimm.«

»Alles klar bei dir?« Claire klopft von außen an die Tür.

»Ja.« Johanna tritt in den Flur. »Danke.«

»Dein Bruder ist im Wohnzimmer.«

»Jasper ist hier?« Eigentlich wundert sie das nicht. »Ich wollte dich nur fragen, ob ich hier irgendwo einen Podcast aufnehmen kann, also ich brauche nur ein Zimmer und Stille. Bei uns hämmern sie.«

»Deswegen ist Jasper ja auch hier.« Claire seufzt. »Oben rechts ist ein unbenutztes Schlafzimmer.«

Jetzt kommt Jaspi auch in den Flur und sieht sie forschend an. Er erkennt bestimmt, dass sie geweint hat, aber er sagt nichts.

»Ich bin mit Alba wegen dem Tagebau verabredet«, sagt sie.

»Du kannst dir bestimmt die Matratzen von dem Stockbett so aufstellen, dass der Ton richtig gut ist.« Ganz begeistert läuft er die Treppen hoch und wurschtelt ihr alles zurecht, während sie sich im Schneidersitz auf den Boden setzt, sich ins WLAN einwählt und wieder bei Alba anruft. Zum Glück ist ihre Nase vom Weinen nicht allzu verstopft.

Sie fangen gleich an mit der Aufnahme.

»Du kommst also aus dem Ruhrgebiet«, sagt Alba. »Erzähl doch mal. Da gibt es tatsächlich noch so Tagebau mit Glück auf und Kohlestaub?«

Johanna lacht. »Na ja, ich selbst hab ja in der Stadt gewohnt, aber mein Uropa Franz war Bergmann, und dass es in der ganzen Region so eine Art Erbe gibt, das sieht man schon.«

»Okay, Duisburg ist also nicht von Zwangsumsiedlung bedroht«, sagt Alba scherzend.

»Nee. Das sind nur die kleinen Dörfer, die literally im Steinbruch verschwinden sollen. Ein paar sind schon aufgegeben, in anderen sperren sich die Leute noch. Ne richtige Chance haben sie aber wohl nicht.«

Wie in Vischnanca. Huh.

Auf Albas Seite rauscht und knattert es. »Jo?«

»Hallo?«

»Hörst du mich?«

Die Verbindung geht ganz verloren, dann finden sie sich noch einmal wieder und werden wieder getrennt.

Verdammt, schreibt Alba schließlich. *Können wir auf nächste Woche vertagen?* Das rotwütende Emoji hinterher.

Johanna schickt die schulternzuckende Frau. *Machen wir. Sorry!*

Allein kriegt sie die Matratzen nicht auf die Betten zurück. Langsam öffnet sie die Tür und geht den Flur entlang.

Unten hört sie Jasper. Er flüstert, aber viel zu laut.

»Scheiße.«

Lange Stille.

»Shit«, sagt Claire. »Shit, shit, shit.«

»Kann man das denn nachverfolgen?«

Wieder Stille.

Claire wird laut. »Bestimmt kann man das. Das war ne Anleitung für Dummies, das war garantiert nicht sicher.«

Sie hört Jasper auf und ab laufen, er tritt immer so mit den Hacken auf.

»Schau mich nicht so an«, zischt Claire. »Ich dachte doch nicht, dass das wirklich funktioniert.«

»Aber warum kannst du es nicht wieder zurückändern?«

»Weil das fucking Internet weg ist!«

Johanna weiß nicht, was sie machen soll. Also, bleibt ja nichts zu tun, als runterzugehen, aber sie will nicht wissen, was die beiden da getan haben. Oder doch? Sie achtet darauf, möglichst laut aufzutreten und räuspert sich sogar noch. Sofort sind die beiden still. Sie sitzen nebeneinander an der Theke zwischen Küchenzeile und Wohnzimmer. Claire klappt ihren Laptop zu und zieht sogar den Stecker aus der Steckdose, hastig, als ob er brennen würde. Jasper wippt fieberhaft mit dem Bein.

»Die Verbindung ist weggebrochen«, sagt Johanna und hebt die Schultern wie das Emoji.

Jasper lacht bisschen wahnsinnig auf.

»Hier auch«, sagt Claire. Sie ist blass und steht auf, um unruhig hin und her zu laufen und sich übers Gesicht zu reiben.

»Ist was passiert?«, fragt Johanna, so ahnungslos wie möglich.

»Alles gut.« Claire guckt zwar auf die Uhr, aber Johanna glaubt nicht, dass sie ihr jetzt sagen könnte, wie spät es ist. »Ihr müsst bestimmt nach Hause, oder?«

»Claire …« Jasper hört auf zu zappeln.

Sie zieht ihn am Arm, dass er aufsteht, und schiebt ihn zur Tür. »Wenn du mir die ganze Zeit über die Schulter sabberst, finde ich erst recht nichts raus. Ich ruf einen Kumpel an. Geht nach Hause. Los.«

Johanna folgt ihnen. Claire verabschiedet sich nicht.

Es regnet, Jasper stapft einfach los, ohne ein Wort. Dabei ist ganz offensichtlich irgendwas passiert, etwas, das man nachverfolgen und nicht zurückändern kann. Schweigend laufen sie im Halbdunkeln nach Hause.

FABIO

Es ist noch dunkel, aber der Wind scheint so zu stehen, dass er das Guten-Morgen-Muhen der Casparin-Kühe bis zu ihnen ins Schlafzimmer trägt. Ist er davon aufgewacht? Katja dreht sich ebenfalls um und richtet sich auf.

»War das dein Handy oder meins?«, fragt sie müde.

Ah, ein Handy. Fabio wälzt sich aus dem Bett, er kann neuerdings morgens erst einmal die Füße nicht gut abrollen, laut Internet eine Plantarfasziitis vom Laufen. Er humpelt in den Flur. Wo hat er gestern Abend …

Er zuckt instinktiv zusammen, noch bevor die Hörnerven den nächsten lauten Ton ans Hirn weiterleiten. Die Höhlenmenschenmuskeln, fight or flight.

Schon steht Katja neben ihm. »Das ist die Sirene!«

Sie haben sie schon mehrere Male gehört, jeden Samstagmittag Punkt zwölf ist Probealarm.

»Aber es ist Dienstag.« Sechs Uhr morgens. Der laute Ton lässt Fabio das Adrenalin durch die Blutbahnen schießen, gleichzeitig ist er noch viel zu müde. Heißt das jetzt wirklich, dass der Berg runterkommt? So oft er auch über den Piz Brunclia nachgedacht hat – wirklich geglaubt hat er es offenbar nicht. Völlig überfordert steht er einfach nur da.

Jojo und Jasper kommen aus ihren Zimmern gestolpert, ihre Telefone in der Hand, Jaspers Pyjamahose hängt auf Halbmast, er hat eine Heidenangst in den Augen. Katja hat inzwischen auch ihre beiden Handys gefunden. Alle haben sie eine Nachricht bekommen. Am schlimmsten ist der Moment, in dem die Sirene leiser wird und er denkt, jetzt ist es überstanden. Aber dann wird sie wieder lauter und er wieder taub. Wie soll er da einen Gedanken fassen?

»Zahnbürste, Zahnpasta, all so was ist in euren Notfalltaschen«, ruft Katja und hat sich bereits angezogen. »Tampons auch, Jojo. Zieht euch besser eine Schicht zu viel als zu wenig an. Unterhemd, Shirt, Pulli. Nehmt eure Portemonnaies mit, Telefon und Ladekabel, Laptop, was zu lesen, unten eure Jacken.«

Wenn man ein ganzes Hotel managt, ist eine gelähmte Familie Peanuts. Er hingegen kriegt grad gar nichts auf die Reihe, so sehr er seine Frau auch unterstützen will. Muss.

»Los!« Sie rüttelt Fabio an der Schulter, und er riecht ihren schlechten Morgenatem. »Zieh dir was an, Schatz. Ich mache uns noch eine Thermoskanne Tee. Was zu essen ist in den Taschen. Jasper, beweg dich.«

Fabio sieht zu seinem Filius hinüber, der genauso untätig dasteht wie er selbst.

»Können wir nicht noch duschen?«, fragt Jasper.

»Nein«, ruft Katja auf halber Treppe.

Jasper hebt die Hand, in der er sein Telefon hält. »Aber wir haben doch sechs Stunden.«

Sechs Stunden. Das dramatischste Szenario überhaupt ist eingetreten. Pünktlich zum Mittag, zu dem seit vorgestern keine Glocke mehr läutet, wird also der Piz Brunclia gen Tal poltern und Vischnanca mitnehmen.

»Nein«, ruft Katja noch einmal von unten. »Zieh dich an!«

Fabio versteht Jasper nicht: Da war Panik in seinen Augen, die hat er ganz genau gesehen, und auch jetzt scheint er auf zitternden Knien zu stehen, trotzdem will er nicht so schnell wie möglich weg? Genau in diesem Moment tritt wieder Stille ein. Nur ihr Atmen ist zu hören, kein Ton von außen.

»Papa?«, fragt Jojo.

Endlich kann er sich wieder bewegen.

»Jasper, duschen ist nicht«, sagt er. »Jojo, brauchst du Hilfe beim Packen? Bin sofort da.«

Er geht rasch ins Bad zum Pinkeln und hört währenddessen draußen seine Kinder flüstern, ohne dass er etwas versteht. Beide Zimmertüren knarren und fallen zu. Fabio spritzt sich Wasser ins Gesicht, das muss reichen. Zurück ins Schlafzimmer. Er ist so fahrig, dass er sich auf Kleinigkeiten konzentrieren muss, um überhaupt etwas zu tun. Während er sich seine Jeans zuknöpft, stößt er gegen das Bügeleisen, und es stürzt kopfüber in den Holzfußboden, wo es eine tiefe Narbe hinterlässt. Fabio klopft bei Jasper, dann bei Jojo. »Habt ihr alles?«

Von Jasper hört er nichts, aber Jojo – bei der er mit Tränen gerechnet hätte – kommt fertig angezogen aus ihrem Zimmer, die Haare zu einem strengen Pferdeschwanz gekämmt, Jeans, Pulli, kleiner Rucksack.

»Ich geh schon mal runter.«

RIA

Sie zieht den Pulli halb über die noch nassen Haare – und schlängelt sich doch wieder hinaus. Eine Strickjacke ist besser. Im Dunkeln klappern zwei Kleiderbügel auf den Boden.

Erst vor gut einer Stunde ist sie wieder eingeschlafen, nachdem Blanca die halbe Nacht durchgeweint hat, ihr tat das Bäuchlein weh. Nun schlummert sie tief und fest, die Sirene hat sie nicht geweckt. Ria hingegen ist hellwach.

Jetzt ist es also so weit.

Wie im Notfallplan vereinbart, hat sie ihren Bruder angerufen und Donata Balzer, die beide sofort ins Auto gestiegen und im Dunkeln losgefahren sind.

Als sie das Fenster öffnet, hört sie die Kühe im Stall muhen. Gian ist schon da.

Jetzt ist es also so weit, du *portg* von einem Berg. Hast dir gedacht, heut ist ein schöner Tag, um die kleinen, geschäftigen Wanzen auf deinem Rücken loszuwerden. Bist ein Frühaufsteher.

Ihr Herz schlägt viel zu schnell, als sie so leise wie möglich runtergeht. Als sie in die Küche will, geht hinter ihr die Haustür auf, und als schwarzer Umriss kommt Gian herein.

»Morgen.« Er tritt sich die Stiefel von den Füßen. Luna stürzt auf ihn zu, sie hat ihn in der Nacht vermisst und ist auch nicht zur Ruhe gekommen.

Ria verspürt kurz den Impuls, es der Hündin nachzutun,

sich in seine Arme zu schmiegen, sich richtig hineinzuwer-
fen und den Kopf an seiner Brust zu verbergen. Mach du all
das, was wir machen müssen, Gian, wir können doch nicht
einfach abhauen und alles hier so stehen und liegen lassen!
Aber er ist gestern wirklich zu Stella gefahren – obwohl
Mauro garantiert nicht von heute auf morgen ausgezogen
ist, und das bedeutet, dass ihr Ehemann in Stellas Zimmer,
in Stellas Bett geschlafen hat, mit Stella geschlafen hat. Jetzt
ist er zwar hier, aber nur, weil er ihr versprochen hat, heute
früh wie immer in den Stall zu gehen, die Arbeit darf nicht
drunter leiden, und allein deshalb ist er schon hier. Nicht
ihretwegen.

»Sind die Kühe schon im Wagen?« Sie schaltet in der
Küche das Licht ein und holt einen Topf aus dem Schrank.

Er lehnt sich an den Türrahmen. »Was machst du?«

»Brei für Blanca.«

Er runzelt die Stirn. »Wir haben doch Gläschen für sie in
der Notfalltasche.«

»Die mag sie morgens aber nicht.«

Gian schaut sie an.

»Was?«, schnappt sie.

»Du hast die Sirene gehört, oder?«

»Natürlich.« Sie füllt Wasser in den Wasserkocher.

»Wenn du nicht gehst, kommt die Polizei dich holen.«

Ria knallt einen Kaffeebecher auf den Tisch. »Natürlich
gehe ich. Ich bin ja nicht lebensmüde.«

»Wollte nur sichergehen.«

»Sind die Kühe im Transporter?«, wiederholt sie.

»Ja.«

»Ich trinke noch einen Kaffee, bis Marco kommt. Willst
du auch?«

Gian stellt seinen Becher mit dem BUUR-Aufdruck daneben. Wie gut, dass der *bab* nicht mehr hier ist. Wenn sie jetzt noch rüber und ihn wecken und anziehen müsste … Vorgestellt hat sie sich, dass sie bei so einer Evakuation völlig cool bleiben, ihre Familie in Ruhe einpacken und noch alle Nachbarn durchtelefonieren würde, um sicherzugehen, dass sie wissen, was sie zu tun haben, aber ihr zittern die Hände, als sie Gian die Milch in den Kaffee gießt. Zum letzten Mal.

Gian ist es, der zum Telefon greift und bei Jalil und Saad anruft. Sie seien schon so gut wie auf dem Weg zur ihrer Sammelstelle, sagt Saad. Der östliche Teil des Dorfs, zu dem Ria und Gian gehören, trifft sich oben vorm Tga communala, der westliche Teil, wo Jalil und Saad wohnen, auf dem Parkplatz im Zentrum. Aber wir melden uns, sagt Saad. Ria schaut Gian nicht an, als sie ihn bittet, auch bei Matilda durchzurufen. Die antwortet missmutig. Eli ist im Hintergrund zu hören, und so ist auch da alles gut.

Alles gut. Nichts ist gut. Wenn du das wirklich machst, *tgigl*, bringe ich dich um.

Sie trinken noch zwei, drei Schlucke zu heißen, zu bitteren Instantkaffee und stellen die Becher in die Spüle, als sie draußen einen Motor hören. Das wird Donata sein, für die Schafe. Luna schlängelt sich durch den schmalsten Spalt in der Haustür nach draußen.

Donata sieht Ria an und nimmt sie rasch in die Arme.

»Tut mir leid, dass wir deinen ganzen Arbeitsmorgen durcheinanderbringen«, sagt Ria.

»Würdest du doch genauso machen.«

Gemeinsam bringen sie die Tiere aus dem Stall in den Transporter. Luna macht ihre Arbeit. Gian lockt Roxy heran, die scheu geworden ist, seit sie die Babys bekommen hat.

In seinen großen Händen kann er sie fast alle vier auf einmal in die bereitgestellte Transportbox setzen. Klappe zu, Roxy faucht.

Als sie mit den schlecht gelaunten, fahrigen Schafen fertig sind, rollen Marco und Sarah auf den Hof. Donata muss zweimal rangieren, bis sie aneinander vorbeipassen. Die Schafe werden auf einer ihrer Weiden unterkommen, die Geißen gehen mit zu Marco. Ria sieht auf die Uhr. Kurz nach halb sieben. Laut SMS müssen die menschlichen Vischnancer bis Punkt sieben an der Sammelstelle sein.

»Die haben uns überprüft«, sagt Marco und springt aus dem Führerhäuschen, Sarah klettert vom Beifahrersitz. Marcos Haare sind linksseitig plattgelegen, er scheint wirklich direkt aus dem Bett in den Wagen gesprungen zu sein. »Wir mussten unsere Ausweise vorzeigen, damit sie uns ins Dorf lassen.«

»Die Polizei?«, fragt Gian.

»Ja. Die stehen an den Zufahrtstraßen, mit blinkendem Blaulicht. Den Ben habe ich auch schon gesehen, er wollte zum Gemeindehaus.«

Er ist hier!

Trotz allem spürt Ria, wie ihr heiß wird.

Die Geißen freuen sich, so früh am Tag schon etwas zu erleben, immer neugierig, und Rambo schubbelt sich fröhlich an ihrem Bein, bevor er den anderen hinterherspringt. In wenigen Minuten ist alles erledigt.

Marco winkt und fährt allein los. »Bis später.«

Gian übergibt Sarah den Schlüssel für den Kuhtransporter.

»Danke, Gian. Bis gleich. Ich mache euch Pancakes zum Frühstück, ja?«

Als alle Motorengeräusche außer Hörweite sind, merkt Ria, wie still es ist. Kaum ein Vogel zwitschert. Auch die halten den Atem an.

»Willst du Blanca schlafen lassen?«, fragt Gian. »Dann lege ich sie gleich ins Auto.«

Ria nickt, und er verschwindet im Haus, während sie die Taschen auf dem Rücksitz des Vans verstaut, Luna in den Kofferraum des Kombis springen lässt und Dino hilft, sein schweres Hinterteil hochzuhieven. In einem Anflug von Verzweiflung wirft sie drei ihrer Jacken von der Garderobe auf den Beifahrersitz, zwei Paar Schuhe hinterher, ihren Regenhut. Den Korb mit dem Feuerholz lässt sie stehen.

Gian kommt mit Blanca aus dem Haus, wie ein nasser Sack hängt ihm das schlafende Kind auf dem Arm. Zehn vor sieben. Ria versucht, durchzuatmen, aber ihr ganzer Brustkorb ist verkrampft. Gian zieht die Tür hinter sich zu, schließt ab, steckt den Schlüssel in die Hosentasche. Zum letzten Mal.

JOHANNA

Also, nicht dass sie es besser könnte, aber darüber nachgedacht, wo die ganzen Autos parken sollen, wenn alle zum Sammelpunkt vor dem Tga communala kommen, hat wohl niemand. Dabei scheint sonst alles so gut geplant.

Bengiamin Tschalèr ist da, und das beruhigt sie total. Er weiß, was er tut, und deswegen weiß sie, dass sie nicht in Gefahr sind. Fast wirkt es wie ein Abenteuer, der Start in eine Urlaubsfahrt, und klar weiß sie, dass es das nicht ist, sie verlieren vielleicht ihr gesamtes Zuhause. Bengiamin grüßt sie. So lieb, dass er sie noch kennt, er hat sich auch letzte Woche schon für den Link bedankt, den sie ihm geschickt hat, und sie abonniert. Er selbst hat nur wenige Bilder von Bergwanderungen online. Jetzt spricht er mit Regula Schiess und zwei Feuerwehrmännern. Ein Polizeiwagen steht auch da, der Polizist versteckt sich vor der Schiess und raucht. Papa, früh um sieben schon in Laberlaune, nachdem er sich aus seiner Erstarrung vorhin gelöst hat, fragt ihn nach einer Zigarette. Was er jetzt wohl denkt von seinem geliebten Vischnanca? Jasper sieht sich um, wahrscheinlich nach Claire, aber die ist nicht da. Claire musste, genauso wie Stella, Mauro, Saad, sein Bruder, Eli und Sandro, zu der anderen Sammelstelle. Und weil Eli ihre Tante im Auto mitnimmt, ist auch Matilda Vincenz drüben. Ob sie ihre Hühner eingepackt hat?

Jasper tritt nervös auf der Stelle herum. Wenn sie es nicht besser wüsste, würde sie glauben, dass er Angst vor dem Bergsturz hat. Aber es ist was anderes.

»Was habt ihr gestern Abend gemacht?«, hat Johanna ihm oben im Flur zugeflüstert, als Mama und Papa nicht mehr dabeistanden.

»Was sollen wir denn gemacht haben?«

»Ihr habt so geflucht, als wär was mit dem Computer schiefgegangen.«

»Nix«, hat er gezischt und ist in seinem Zimmer verschwunden.

Seitdem hat er kein Wort mehr gesagt. Fühlt sich alles schon wieder an wie früher. Wann immer er still stehen muss, zippelt er an irgendwas rum, dem Reißverschluss seiner Jacke, seinen zu langen Haaren im Nacken oder einem Bändel seines Rucksacks.

»Der Alarm wurde also gestern Abend schon ausgelöst.« Regula Schiess' Stimme zerkratzt den unruhigen Morgen noch mehr. »Habe ich das richtig verstanden?«

Johanna guckt zu ihr rüber und sieht, wie Bengiamin Tschalèr nickt. Sie geht näher.

»Und warum haben wir dann nicht schon gestern Abend eine Nachricht bekommen?«, fragt Regula Schiess.

»Wir haben ihn erst einmal geprüft«, sagt er.

»Geprüft«, wiederholt sie.

»So, wie es die Notfallplanung vorsieht.« Langsam scheint er auch genug davon zu haben, dass sie ihn immer so respektlos behandelt. Er spricht nicht laut, aber sehr bestimmt, erklärt ihr, dass es nicht der erste Alarm war, der in den letzten Jahren oder Monaten ausgelöst wurde, aber dass sie davon halt nichts weiß, weil Amt und Geologenfirma gemeinsam über die tatsächliche Gefahr entscheiden. »Und heute ist die Gefahr real. Sechs-Stunden-Szenario, zentrale Rutschung.«

»Ich bin die Gemeindepräsidentin«, sagt sie. »Ich möchte in Zukunft früher informiert werden.«

In Zukunft. Ist doch wohl sehr fraglich, ob sie heute Mittag überhaupt noch eine Gemeinde hat, über die sie präsidieren kann. Johanna will sich am liebsten neben Bengiamin stellen, zwei Schüchterne, denkt sie, werden doch wohl gegen die nervige Kuh ankommen. Bengiamin guckt auf die Uhr, Johanna tut es ihm nach. Zwei nach sieben. Hinter den Bergen wird es heller, seit langem und zum Abschied sind die dichten Wolken mal wieder verschwunden. Ziemlich kalt ist es, sie ist froh um das Halstuch, das Mama ihr noch umgewickelt hat, ein Seidentuch von sich, sieht blöd aus, aber ist weich und überraschend warm. In den Tannen, die um den Friedhof stehen, krächzen Vögel. Die haben den Morgen sonst bestimmt für sich.

Und heute ist die Gefahr real. Ihr wird doch mulmig. Dann entdeckt sie Minna und möchte gern gleich zu ihr laufen. Macht sie aber natürlich nicht, weil, der Ekelvater ist dabei. Er meldet sich bei dem hochgewachsenen Feuerwehrmann, der sie auf seiner Liste abhakt.

»Jetzt sind wir vollzählig«, sagt er zu Bengiamin.

Regula Schiess zählt ebenfalls.

Johanna folgt ihrem Finger. Dreiundvierzig Leute sind sie. Ria Casparin, die als Einzige gegen die Aufgabe des Dorfes gestimmt hat, ist ganz blass und steht abseits. Also, das hier ist ja nicht ihre Schuld, weil, so schnell wären sie ja nicht alle schon weg gewesen, nach ein paar Tagen. Trotzdem ist das bestimmt ein komisches Gefühl. Ihr Mann, der

Ehebrecher, steht daneben und macht Spökes mit seiner kleinen Tochter, während Ria Bengiamin mit den Augen folgt. Ihr Zopf ist schief geflochten. Johannas Blick bleibt an Minna hängen. Sie ist auch morgens um drei nach sieben unglaublich hübsch. Minna hat ihr erzählt, dass sie als Notunterkunft ihren Onkel angegeben haben, der auf halber Strecke nach Martgea wohnt. Sie selbst, also die vier Bloms, werden gleich ins Ökohotel von Mama fahren.

Dass das Hotel ihre Notunterkunft wird, mussten sie im Voraus festlegen und dem Zivilschutz melden. Jetzt guckt Minna endlich rüber, lächelt sie an und formt mit den Lippen das Wort »Sorry«, und Johanna hat wieder das Gefühl, so richtig meint sie das nicht, und während sie darüber nachdenkt, was genau sie eigentlich sagen will, kriegt sie kaum mit, dass Minnas Vater direkt auf sie und Papa zusteuert, die Mutter bleibt mit beiden Händen auf Minnas Schultern stehen. Vor Schreck versteckt Papa die Zigarette hinterm Rücken. Der Kerl baut sich auf, schaut über Papa weg.

»Guten Morgen«, sagt Papa.

Grußlos legt der Kerl los. »Ihre Tochter hat ohne unsere Einwilligung Videos von unserer Tochter Wilhelmine im Internet veröffentlicht.«

Papa guckt verwundert, Mama daneben zieht die Augenbrauen hoch, aber Minnas Vater redet weiter. Johanna ist schlecht, weil sie wieder seine haarige Hand an ihrem Arm zu spüren meint, und sie muss tief durch die Nase einatmen.

»Ich brauche das Handy Ihrer Tochter, damit ich die alle löschen kann.« Er streckt die Pranke aus, erst in Papas Richtung, dann blickt er sich um und sieht sie, kommt auf sie zu. Johanna huscht hinter Jasper, der in diesem Moment zu erkennen scheint, dass das der Typ ist, der sie auch aus dem leerstehenden Haus vertrieben hat. Aber da stehen schon Mama und Papa zwischen den beiden, und Johanna war noch nie so erleichtert wie in diesem Moment. Die perfekten Eltern sind sie vielleicht nicht, aber da stehen sie.

»Das haben wir nicht gewusst«, sagt Papa, »und es tut uns leid, Herr Moser. Da hätten wir besser aufpassen sollen.«

»Sie sollten generell besser auf Ihre Kinder aufpassen. Gib mir das Handy, Johanna.«

Sie hält es in ihrer Jackentasche umklammert und guckt Papa auf den Hinterkopf.

Mama dreht sich zu ihr hin und legt ihr den Arm um die Schultern. »Das machen wir selber, Herr Moser.«

Er bleibt stehen, das Kinn so weit rausgefahren, dass er fast einen Unterbiss hat. »Jetzt sofort.«

Mama drückt ihr den Arm. »Gib es mir bitte.«

Johanna entsperrt das Gerät und reicht es ihr, zeigt ihr, wo die Videos gespeichert sind. Der Kloß im Hals tut richtig weh, und sie blinzelt und blinzelt. Sie will nicht heulen vor allen, sie will einfach nicht heulen. Sie blinzelt. Und schluckt. Und blinzelt.

»In der App auch«, sagt Minnas Vater.

Mama öffnet Johannas Instagram. Johanna beißt die Zähne zusammen. Gerade hat sie noch ein Foto von dem Autochaos hier gepostet, und sie kriegt inzwischen Likes für alles, aber die beliebtesten Bilder und Videos sind die mit der süßen Minna, klar. Über dreitausend Leute folgen ihr, und jetzt löscht Mama das alles. Warum hat Minna nur mit ihrem blöden Pfarrer darüber geredet, wer macht denn so was? Sie traut sich nicht aufzusehen, bestimmt starren sie alle an.

RIA

Pierre Moser hat wohl herausgefunden, was das deutsche Mädchen und seine Minna im Internet getrieben haben, und die Blom-Eltern versuchen, die Wogen zu glätten. Wie er das Mädchen bedroht hat, Brust raus, Hahnenkamm aufgestellt, fehlt nur noch, dass er sich an die Eier greift. Ria weiß genau, wie die Kleine sich fühlen muss, als sie mit vor Tränen glitzernden Augen ins Auto klettert, obwohl sie als eine der letzten fahren werden. Ihr Vater hat einen roten Kopf und lächelt entschuldigend in alle Richtungen, ohne dass ihn jemand anschaut. Sie selbst blickt auch weg.

Ein Auto nach dem anderen verlässt das Dorf. Ria zittert so stark, dass sie sich fast die Brille von der Nase stößt, statt sie zurechtzurücken.

»Frierst du?«, fragt Gian.

Sie schüttelt den Kopf.

»Ich hol dir eine Jacke.«

Mit geballten Fäusten bleibt sie stehen. Sie spürt ihren hastigen Puls und schließt die Augen. Autotüren werden zugeschlagen, Motoren gestartet. Eine Windböe weht ihr eine Haarsträhne ins Gesicht.

»Ist alles okay?«

Sie öffnet die Augen und saugt Bengiamin in sich auf, seine Stimme, seine Größe, seinen Duft. Zum ersten Mal seit dem Aufstehen kann sie durchatmen.

»Du siehst müde aus«, sagt sie heiser und räuspert sich.

»Nicht viel geschlafen.«

Sie sehen zu, wie drei weitere Autos wegfahren.

Wie sie Vischnanca verlassen.

»Wir haben«, sagt er, »erst heute früh Bescheid gegeben, weil wir uns dachten, es ist besser, früh am Morgen nur noch sechs Stunden zu haben als mitten in der Nacht mit vielleicht zwölf Stunden einpacken und aufbrechen zu müssen.«

»Die Tiere hätten wir in der Nacht nicht so einfach wegbekommen.«

»Dachte ich mir.« Bengiamin beißt am Nagel seines linken Zeigefingers herum. Sie folgt seinem Blick und schaut ihm doch lieber wieder ins Gesicht. Sie kann den Berg, den Hang einfach nicht mehr anschauen. Sie kann nichts mehr um sich herum anschauen, nicht das Dorf, nicht ihre Nachbarn und Nachbarinnen, die nach und nach verschwinden.

»Was denkst du?«, fragt sie.

»Warum der Laser nicht funktioniert. Wenn der Georadar ausgeschlagen hat, muss auch der Laser was melden. Wir können doch nicht nach der Ampel gleich den nächsten Bug in der Technik haben.«

Sie studiert sein Gesicht, während er den Berg anstarrt, als erwarte er von diesem Arschloch eine Antwort. Wenn Blicke ihn einschüchtern könnten, hätte Ria schon längst gewonnen, er wäre ausgetrocknet bis in mehrere Kilometer Tiefe und würde sich so etwas hier nicht leisten.

»Meinst du, dass es vielleicht doch falscher Alarm ist?« Sie hört selbst, wie hoffnungsvoll ihre Stimme tönt: Kann ich doch wieder zurück, Ben, und einfach etwas später als sonst den Tag beginnen? Kann ich frühstücken, Ben, in den

Stall, in den Wald und auf die Weiden gehen? Zäune setzen, Steuern zahlen, Obst einkochen? Kommst du mit, Ben?

Er schaut ihr in die Augen. »Nein.« Streicht ihr über den Arm. »Nein, vergiss es.«

Sie zieht die Augenbrauen zusammen, dass der Kopf schmerzt.

Gian kommt mit ihrer Jacke zurück, Blanca streckt die Ärmchen nach ihr aus. Die Kleine ist das Wichtigste, und Ria muss weder um Blancas Leben fürchten noch um ihr eigenes, und dennoch fühlt es sich so an, als ob sie jemand aus dem Boden reiße und die Erdkrumen von ihren bleichen Wurzeln bröselten, die noch nie das Tageslicht haben sehen müssen.

Wenige Minuten später verlassen sie ihr Dorf, Gian fährt mit den Hunden vor ihr her. Es ist der 23. September, und am Mittag – Bengiamin hat versprochen, sie anzurufen – wird eine Steinlawine über das menschenleere Vischnanca herabstürzen.

FABIO

Martgea, das ist der Name der Stadt, aber das Wort kommt wohl auch vom Wort *Markt*, das sieht man ja, und wie er hier so am Fenster des Hotelzimmers steht und hinausblickt auf die schmale, dunkle Gasse, da kommt er sich vor wie in einem mittelalterlichen Marktflecken, nur das Säuseln der Klimaanlage bringt ihn ins einundzwanzigste Jahrhundert. 1847, hat er gelesen, ist Vischnanca zum letzten Mal durch einen Brand verwüstet worden. Ob die Leute auch damals in die Stadt geflüchtet und viele geblieben sind?

Es ist schon später Nachmittag, und Jojo aktualisiert alle Viertelstunde jegliche Lokalnachrichten. Noch bewegt sich der Piz Brunclia nicht, aber Fabio meint, ihn auch in dreißig Kilometer Entfernung über sich zu spüren und die ersten Steinchen, die pling, pling, pling nach unten hüpfen, bis es die Felsmasse nicht mehr aushält.

Eine junge, blonde Reporterin mit Kamerabegleitung von nau.ch hat den guten Romeo Spinatsch getroffen, der über Ria Casparin herzieht. Draußen an der Kantonsstraße stehen die beiden, der Berggipfel so gerade noch im Hintergrund. Näher ran darf niemand mehr. Man sieht Absperrungen, blinkende Warnlichter und ein Polizeiauto, aus dem zwei uniformierte Beine hängen. Die Sonne scheint, die Herbstbäume strahlen in einem unwirklichen Goldgelb, und Romeo Spinatsch berichtet, dass sie schon längst alle hätten weg sein können, wenn nicht die Ria Casparin, er nennt wieder und wieder ihren ganzen Namen, wenn sie ihnen nicht die Chance auf eine angemessene Entschädigung zunichtegemacht hätte. Dann spuckt er sogar auf den Boden. Unglaublich. Fabio muss sich das Video dreimal ansehen, um alles zu verstehen.

Sandro hat geschrieben, dass es ihnen gutgeht.

Jojo ist ganz still. Verständlich. Bevor Katja zum Arbeiten runtergegangen ist, haben sie sich mit ihrer Tochter hingesetzt und ihr einen ziemlichen Einlauf verpasst. Aber nötig wars. Du kannst nicht Videos von einer Vierzehnjährigen ins Netz stellen, Johanna. Außerdem sind wir beide sehr enttäuscht, dass du unser Vertrauen missbrauchst und dein Konto öffentlich gemacht hast. Jojo hat die Augen gesenkt und genickt.

»Jojo«, hat er gesagt, »guck mich bitte mal an.«

Trotzig leistete sie seiner Bitte Folge.

»Verstehst du uns? Wir wollen dich damit doch nicht ärgern, sondern beschützen.«

Sie schluckte. »Aber …«

»Was aber?«, fragte Katja.

Jojo sah zu Jasper hinüber, der auf der Fensterbank hockte, mit dem rechten Bein wackelte und aus dem Fenster sah, als wäre er gar nicht da. Als Jojo nicht weitersprach, wandte er ihr den Kopf zu. Die Geschwister schienen sich ohne Worte zu unterhalten. Fabio ist aufgefallen, dass er sie nicht mehr so gut lesen kann wie früher, und das fühlt sich so an, als hätte er plötzlich die Feinmotorik verloren oder als fehle ihm einer seiner Arme.

Jojo schüttelte den Kopf. »Nichts.«

»Du wirst sauer auf uns sein …«, sagte Katja.

»Aber uns bleibt erst einmal nichts anderes übrig«, unterbrach Fabio sie, um die böse Botschaft zu überbringen, »dir Instagram ganz zu verbieten.«

Katja nickte.

»Vorläufig für einen Monat«, sagte er, »dann sehen wir weiter.«

Jasper wollte raus, und Fabio dachte, dass er die Warterei nicht aushält und sich die Stadt ansehen will, aber jetzt läuft er mit gesenktem Kopf in der Gasse unter ihrem Fenster hin und her, vermutlich ohne zu wissen, dass sein Vater ihm dabei von oben zuguckt. Er ist so unruhig, spricht aber nicht mit ihnen. Ob er Jojo irgendwie überredet hat, ihr Profil öffentlich zu machen? Wer ist sauer auf wen, wer nimmt wen in Schutz? Wird das jetzt so bleiben, dass seine Kinder ihm entgleiten? Am schlimmsten ist, dass er nicht mitbekommen hat, wann es passiert ist.

Mit einem Seufzen lässt er sich auf das Bett fallen. Dieses Mal haben sie nicht die Supersuite bekommen, sondern zwei Doppelzimmer, die mit einer Tür verbunden sind und je zwei getrennte Betten haben. Ein paar Tage werden sie es hier aushalten. Er freut sich schon darauf, wenn Katja Feierabend hat und sie zum Schlafen die Betten zusammenschieben werden. Vorhin konnten sie auf dem Korridor kurz allein reden. Danke, dass du so gelassen warst heute Morgen, hat er gesagt. Wie konnten wir unseren Kindern das mit diesem Dorf nur antun? Sie hat ihm über die Wange gestrichen und gemeint, jetzt sei es wohl zu spät, so zu denken, und den Fehler würden sie nicht noch einmal machen. Trotzdem hat er das Gefühl, Jojo und Jasper im Stich gelassen, sie nicht beschützt zu haben. Das wäre seine Aufgabe gewesen.

»Hast du deine Schnegge eingesteckt?«, fragt er Jojo, die auf dem einzigen Stuhl herumhängt.

»Klar.«

»Gibts was Neues vom Berg?«

»Nein.«

»Willst du was essen?«

»Nein.«

»Willst du jemanden anrufen wegen Hausaufgaben? Was du heute verpasst hast?«

»Nein.«

Vierzehn ist einfach ein beschissenes Alter, dabei versuchen sie doch wirklich, den Kindern alle Freiheit und jede Menge Liebe zu geben. Sie sollen nie, wirklich nie um Liebe betteln müssen, wie er früher bei seinem Vater. Fabio, armes, reiches Kind.

Jojo steht auf und schlüpft in ihre Schuhe. »Ich geh mal raus, ja?«

»Sei vorsichtig. Hast du einen Stadtplan?«

Sie hält ihr Handy hoch.

»Gut. Bleib in der Nähe.«

Die Tür fällt hinter ihr zu.

Er ist allein und fühlt sich auch so. Jojo mag sein Lieblingsmensch sein und wird es auch immer bleiben, aber was würde sie antworten, wenn man sie fragte? Bestimmt nicht der Papa. Nicht mehr. Das ist wohl ganz normal, und trotzdem schmerzt es.

Er aktualisiert die Nachrichten. Der Berg steht noch immer. Verdammtes Ding. Er steht auf und starrt an die Wand. Nicht nur ihre Besitztümer sind bald unter Stein und Staub begraben, sondern auch sein Garten. Sein schöner Garten. Er hätte einen Teich anlegen können.

JOHANNA

Wie Jasper geguckt hat. Wie letztes Jahr, als er ihren, ja, schon, ihren Nervenzusammenbruch mitgekriegt hat. Als sie plötzlich einfach so am Mittagstisch zu Hause nicht aufhören konnte zu heulen, zwei Wochen nach dieser Party, an die sie nicht denken will.

Als Papa versucht hat, sie zu trösten, ohne dass er wusste, was los war. Als er sie irgendwie ablenken wollte mit Geschichtchen von keine Ahnung was, sie konnte nicht zuhören, sondern nur heulen.

Wie sie vorhin Jasper drüben auf der Fensterbank mit den Augen angefleht hat, sie wusste nicht einmal, worum. Oder doch: Zeig mir, dass du mich nicht wieder im Stich lässt, dass du dieses Mal zu mir hältst. Aber er hat sie einfach nur angeguckt, hart und eisig, und ist so schnell wie möglich verschwunden.

Johanna betritt die Lobby. Mama ist nirgendwo zu sehen. Johanna geht auf die Straße. Es ist wolkig, aber trocken.

Von Martgea sieht sie meist nur die Schule. Auf größere Ausflüge durch die Innenstadt hat sie sich noch nicht getraut. Sie dreht sich nach links und bleibt doch wieder stehen. Weiß nicht, wohin. Sie wollte nur raus, aber das ist hier nicht so einfach wie in Vischnanca, und sie hat sich offenbar an die Einfachheit gewöhnt. Irgendwie wird sie das Dorf vermissen.

Da sieht sie aus den Augenwinkeln Jasper in der Seitenstraße. Er läuft auf und ab. Immer noch weiß sie nicht, was er eigentlich genau gemacht hat, aber irgendwas Schlimmes ist passiert. Und er sagt nichts und lässt Mama und Papa auf sie einhacken wegen den Minna-Videos. Ja, war blöd von ihr, sie hat nicht drüber nachgedacht – oder doch, sie hat drüber nachgedacht, aber sie wollte unbedingt all diese Follower.

Sie wird Jasper jetzt sagen, dass sie ihn feige und scheiße findet, scheiße und feige. Er dreht sich sogar weg, als er sie sieht, da wird sie nur noch wütender. Sein Telefon rutscht hinten halb aus der Hosentasche. Entschlossen geht sie auf ihn zu und zieht das Gerät vorsichtig heraus. Er bekommt es nicht mit, weil sie ihm gleichzeitig an die Schulter tippt. Ziemliche Herausforderung, so koordinativ.

Er dreht sich um, und sie sagt: »Du bist scheißfeige.«

Sein Handy steckt schon in ihrer Jackentasche.

Dann geht sie. Als sie um die Ecke ist, fängt sie an zu laufen. Nicht weit, nur dass er sie aus den Augen verliert, sie merkt sich genau, welche Ecken sie nimmt, sie darf sich nicht noch mal verlaufen, wie letztes Jahr, sonst stirbt sie wirklich.

Da steht eine schöne Bank unter einer schönen Straßenlaterne. Zum Glück kennt sie Jaspers PIN, sie hat oft genug gesehen, wie er sein Handy entsperrt.

Telefonbuch.

Haha, er hat heute schon dreimal bei Claire angerufen, aber sie hat nicht abgenommen. Sie tippt auf den Hörer. Es klingelt einige Male, und Johanna will schon auflegen, als Claire doch noch drangeht.

»Ich finds nicht«, sagt sie zur Begrüßung.

»Hier ist Johanna.«

Claire atmet scharf ein. »Was ist mit deinem Bruder?«

»Nichts, ich hab ihm nur das Handy geklaut.« Sie will so klingen, als wäre es das Natürlichste der Welt, und irgendwie hat sie es so meisterdiebisch getan, dass es das auch war. »Was findest du denn nicht?«

»Wie bitte?«

»Du hast gesagt, ich finds nicht.«

Claire stöhnt. »Hat Jasper dir nichts erzählt?«

Sie setzt sich ganz gerade hin, um überzeugt zu klingen. »Doch, doch. Ich weiß nur nicht, was du meinst.«

»Die Protokolldatei.«

»Ach so. Und jetzt?«

Eine Taube kommt mit ruckelndem Kopf an, und Johanna zieht die Beine hoch, was ihr einen bösen Blick von einem alten Mann einbringt. Sie guckt in die andere Richtung.

»Tja. Habt ihr es schon jemandem gesagt?«

Was ist jetzt die richtige Antwort? So langsam kommt sie ins Schlingern. »Nein.«

»Hör zu«, sagt Claire. »Das ist alles … Ich nehm das alles auf meine Kappe. Ich bin die Erwachsene, auch wenn ich weggerannt bin. Jasper ist erst siebzehn.«

»Weggerannt?«, fragt sie.

»Ich bin wieder in Zürich.« Sie schnauft. »Inkognito, bei einer Freundin in der Bude. Aber … Hat Jasper … Jo, du weißt überhaupt nicht, was passiert ist, oder?«

Sie verzieht das Gesicht.

»Johanna?«

»Nein, weiß ich nicht«, sagt sie schließlich trotzig und stellt die Füße wieder auf den Boden. »Aber ihr habt irgendwas am Computer gemacht und geflucht, und jetzt sind wir alle evakuiert worden.«

»Gott.« Claire lacht gequält. »Du wirkst so brav und unauffällig, und Jasper spricht von dir immer wie von einem kleinen Mädchen, aber du bist echt topfit, oder?«

Johanna spürt, wie ihr Kopf rot wird. »Ich bin kein kleines Mädchen. Und ich hab nichts gemacht, außer euch zu beobachten.«

Claire gibt einen frustrierten Laut von sich. »Wir haben Scheiße gebaut, Johanna. Die Firma in den Sand zu setzen und mich von meiner besten Freundin betrügen zu lassen wie die größte Idiotin, das hat nicht gereicht. Jetzt habe ich noch mehr Scheiße gebaut. Dein Bruder wollte doch das Pentagon hacken, weißt du noch?«

»Ähm.«

»Was wir natürlich nicht gemacht haben. Hallo, NSA, falls jemand zuhört.«

»Dann würde ich wohl auch nicht mehr mit dir telefonieren können.«

»Auf dem Handy, das du deinem Bruder geklaut hast.«

»Was habt ihr denn sonst gehackt?«, fragt sie schnell.

»Nichts. Nicht wirklich. Aber wir haben rumgeblödelt, und ich hab mich von deinem Brüderlein einwickeln lassen. Er hat gesagt, wie genervt er von dem blöden Berg ist, und da sind wir auf die Idee gekommen, mal bei den Geologen rumzugucken, einfach so.«

»Bei den Geologen?«

»GeoVal. Die den ganzen Kram überwachen, mit Laser und GPS und bla. Stellt sich raus, dass die mit der ETH hier in Zürich zusammenarbeiten und deren Messwerte alle auf einem Uniserver liegen.«

»Wie habt ihr das rausgefunden?«

»Du meinst technisch?«

»Ja?«

»Ich habe einen Portscanner über ein paar Server laufen lassen.«

»Aha.«

»Sagt dir nichts, hm?«

»Nee.«

»Ist nichts Illegales. Ist ein Programm, das du auch benutzen könntest. Netzwerk-Admins arbeiten damit, ich hatte letztes Jahr einen Auftrag in der Richtung und hatte die Anwendung noch.«

»Okay.« Johanna versteht nichts, aber das ist garantiert illegal.

»Die Uni hatte den Server nicht gesichert. Der war einfach so zugängig, wenn man wusste, wo man reingehen muss.«

»Und das wusstest du?«

»Ich habs ausprobiert, ohne zu glauben, dass es funktioniert, und zack, standen wir drin.«

»Ich hätte gedacht, eine Uni ist besonders gut abgesichert.«

Claire schnauft. »Da sind irgendwelche Hiwis verantwortlich, die Profs sind alt und haben eh keinen Plan ...«

»Und dann?«

Sie hört Claire atmen und ein schabendes Geräusch, als ob sie sich das Gesicht reibt oder durch die Haare fährt.

»Wir waren am Rumalbern und fanden es so lustig, dass es so einfach ging«, sagt sie und schweigt.

»Hattet ihr was geraucht?«

»Nein.« Sie stöhnt. »Scheiße. Jedenfalls meinte Jasper,

komm, können wir da was dran ändern, und dann ging das auch noch so einfach mit der Anmeldung, und wir haben ein paar Werte hochgesetzt, absurd hoch im Vergleich zu den anderen, als hätte es ein fettes Erdbeben gegeben oder eine Atomexplosion.«

Sie kann sich vorstellen, wie Jasper daneben saß und vor Freude wieherte und Claire anhimmelte, die in ihrem Zynismus auch nicht weiterdachte als bis zu ihrer Stirn. Was da wohl mit ihrer Firma und ihrer Freundin passiert ist?

»Und dann?«, fragt Johanna erneut.

»Dann ist das Internet weggebrochen.«

Johanna muss lachen. Sie weiß noch, wie sie mit Alba nicht mehr weitersprechen konnte, was ärgerlich genug war. Währenddessen saßen Jasper und Claire also eine Etage tiefer und hatten richtig Mist gebaut.

»Lach du nur.«

»Konntest du denn nicht wieder rein und die Werte zurückändern?«

»Als eine halbe Stunde später das Netz wieder da war, habe ich es versucht und bin nicht mehr reingekommen.«

»Wieso nicht? Meinst du, es hat so schnell jemand gemerkt?«

»Vielleicht hatte einfach die Firewall grad Mittagspause oder so, ich habe keine Ahnung. Heute früh ist es wieder gegangen, aber wie du weißt, war es zu spät.«

»Ja.«

Nun sitzen sie hier in Martgea und warten darauf, dass der Berg runterkracht, der aber genauso stabil-instabil dasteht wie sonst auch. Da können sie wohl demnächst wieder zurück. Zumindest, sobald die Geologen oder Bengiamin Tschalèr merken, dass sie jemand verarscht hat.

»Jetzt versuche ich schon den ganzen Tag, die beschissene Protokolldatei von dem Server zu finden, damit uns niemand auf die Schliche kommt. IP-Adresse und Zeit und so wurden garantiert geloggt.«

Claire und Jasper, ein unschlagbares Deppenduo. Feuerwehr, Zivilschutz, Polizei, Amt, GeoVal. Was das wohl kostet? Sechzig Leute plus ein Bauernhof, sie hat gesehen, wie die Schafe abtransportiert wurden, hoffentlich nicht zum Schlachter. Berichte in allen Onlinezeitungen und im Fernsehen.

»Ich muss es wohl beichten«, sagt Claire, aber Johanna spürt, dass sie etwas anderes von ihr hören will: Nein, nein, such nur weiter nach der Datei, dann weiß es niemand, und ich verrate euch nicht.

Jasper hat bestimmt die ganze Nacht nicht geschlafen. Ob er weiß, dass Claire abgehauen ist? Heftig.

Sie steht von der Bank auf. »Kann ich dich noch was fragen?«

Claire seufzt. »Ist dein Computer kaputt?«

Johanna lacht. »Nein. Also, nein. Aber es hat schon was mit Technik zu tun.«

»Okay, shoot.«

»Kann ich aufm Handy einen zweiten Benutzer anlegen oder so?«

»Wofür das?«

»Damit meine Eltern nicht sehen, dass ich Instagram benutze.«

»Android?«

»Ja.«

Claire überlegt kurz. »Wüsste nicht, wie das geht. Aber warte.«

Johanna hört sie tippen.

»Ich schick dir was. Gib mir mal deine Telefonnummer.«

Johanna diktiert sie ihr.

»Das ist eine kurze Anleitung, wie du dir ein anderes Icon anlegen kannst. Dann hast du, was weiß ich, Wikipedia da stehen oder Mein Hausaufgabenheft. Und dahinter ist Instagram versteckt.«

»Cool, danke.«

»Immer gern. Was machst du jetzt?«

Johanna seufzt. »Jetzt kann ich euch wohl erst recht nicht verraten, oder?«

Claire atmet aus. Dann lacht sie ihr helles Lachen.

OKTOBER

RIA

Wie ein Tier hat sie sich die ganze Woche gefühlt, raues Fell und Haut hart wie Baumrinde, Krallen wie ein Falke. Sieben Tage bei ihrem eigentlich sehr geliebten Bruder Marco, sieben Tage Warten auf das Grauen von oben. Doch der Piz Brunclia steht noch, das Warten ist vorbei, und sie ist zurück in ihrem Vischnanca, wo der erste Schnee gefallen ist. Dies ist mein Fels, dies ist mein Stein.

Sarahs Pancakes am ersten Morgen konnte sie nicht essen, und überhaupt konnte sie nichts zu sich nehmen, sie stillt auch Blanca nicht mehr, es kam keine Milch. Zurück auf dem Hof hat sie als Erstes das alte Birnbrot aus dem Kasten genommen und dick mit Butter beschmiert. Dann hat sie über die Gemeindeadresse ein Mail an alle geschrieben. Zwar hatte Regula Schiess das Passwort geändert, aber wenn die Gute ihren eigenen Namen plus Geburtsjahr nimmt, lässt sich das erraten.

Ria hat das Gefühl, es wären heute Abend ohnehin alle, die bereits wieder zurück im Dorf sind, zum Bela Vista gekommen. Sie haben sich auf der Straße zusammengefunden, ihnen steht der Schrecken ins Gesicht geschrieben, der vor einer Woche, früh am Morgen, unter all dem Organisatorischen wohl teils auf der Strecke geblieben ist. Die meisten scheinen erst in ihrer Notunterkunft gemerkt zu haben, was wirklich geschehen ist.

Oder nicht geschehen ist.

»Ärgerlich und unnötig ist das gewesen«, sagt Domenic und haucht sich in die kalten Hände.

»Bestimmt anstrengend für Tanja, oder?«, fragt Mimi Cadotsch. »Und wem kann man jetzt noch trauen?«

»Ich habe wirklich gedacht, dass alles vorbei ist«, sagt Deta Pedretti.

»Mir ist das Herz in der Brust herumgepoltert, das glaubt ihr nicht«, ergänzt Nesa. »In unserem Alter ist so eine Angst lebensgefährlich.«

»Ist es wieder besser?«, fragt Domenic.

Als Ria sich dazustellt, pressen sie alle die Lippen zusammen und schweigen sie an.

»Ich habe doch gleich gesagt«, hört man Matildas Stimme schon von weitem, »dass von dem Berg keine Gefahr ausgeht. Komm, wir gehen rein, Ria.«

Widerwillig folgt Ria ihr in den Saal. Was ist aus Matildas Geldgier geworden, dem Wunsch, ihrer Tochter zu helfen?

»Setz dich ruhig schon mal«, sagt Ria und hält nach Bengiamin Ausschau, der vorn steht und ihr entgegenblickt. Gestern Abend war sie noch bei ihm, und die Erinnerung fährt ihr zwischen die Beine. Alle sind so in ihre Gespräche vertieft, dass sie zu ihm geht und nach seiner Hand tastet, warm und trocken. Sie hört ihn atmen – und sieht, wie Stella hereinkommt und sie gleich anschaut. Statt sofort loszulassen, drückt Ria noch einmal zu. Und Stella lächelt. Ganz leicht. Schaut weg. Lässt sich auf einen Stuhl am Fenster fallen.

Ria vermisst sie. Verzeihen kann sie ihr nicht, aber abgesehen davon ist Stella immer eine ehrliche Haut gewesen, und ihre trockene, offene Art hat ihr gutgetan. Unter

Schweizerinnen ist man immer so furchtbar höflich. Einmal, erinnert Ria sich, wollte der *bab* seiner müden, verschnupften Enkelin eine Geschichte aus dem Märchenbuch vorlesen, das er als Kind von seiner Gotte geschenkt bekommen und dessen Rücken er bereits mehrfach mit Klebeband hatte reparieren müssen. Blanca war nicht einmal ein Jahr alt und würde nichts verstehen, aber er wollte so gern und bat Stella, es für ihn zu übernehmen. Stella begann in ihrem stockenden Surmiran das Lieblingsmärchen vom *bab*, das mit dem Glaspalast und Frau Luna auf dem einen Berg und Herrn Sonne auf dem anderen – bis sie mitten im Satz abbrach und das Buch zuschlug. Der *bab* zuckte zusammen.

»*Patrijarhalno, seksističko sranje.*«

Ria versuchte zu raten. »Sexistisch …«

»Sexistische, patriarchalische Kackscheiße!«

Der *bab* schob die Unterlippe vor, als sie ihm das Buch zurückgab, und drückte es gegen seine Brust. Doch dann lachte er. »Recht hast du wohl, *matta*, vielleicht ist es Zeit für etwas Neumodischeres.«

Nannte sie doch wieder Mädchen, die siebenundzwanzigjährige Frau. Blanca hatte sich in der Zwischenzeit ganz viel Rotz im Gesicht und am Ärmel verteilt und ließ sich klaglos ins Bettchen bringen.

Mehrfach war Ria in den letzten Tagen den *bab* im Heim besuchen, ohne ihm etwas von der Evakuation zu erzählen, und das ist auch gut so. Gestern und vorgestern hat Bengiamin sie alle persönlich angerufen, Ria als Erste.

»Die Lage hat sich wieder beruhigt.« Sie hörte, wie er mit den Zähnen knirschte. »Oder nein, ich übe noch für all die anderen Telefonate: Die Lage war nie unruhig. Es gab diese eine Reihe von Extremwerten bei den Georadardaten, die ganz deutlich gezeigt haben, dass ein Bergsturz bevorsteht.«

»Aber?«

»Wir haben nicht genug geprüft und abgeglichen, um zu sehen, dass es ein Glitch war.«

»Ein was? Wie passiert so etwas?«

»Tja …«

Sie hätte wütend sein müssen. Er ist verantwortlich. Seinetwegen hat sie alles zurücklassen müssen. Wie konnte sie da nur solch eine Zärtlichkeit für ihn verspüren?

»Was denkst du?«, fragte sie sanft.

»Wenn es nicht gleich schlimme Verdächtigungen mit sich bringen würde, tät ich sagen, dass es Absicht war.«

»Oh.«

»Aber, Ria. Das sage ich nur dir. Offiziell ist es ein technischer Fehler, bis wir wissen, was passiert ist. Wir haben die IT der ETH darauf angesetzt, bei der die Messwerte gehostet sind.«

Einige, die später im Alphabet dran waren und die er mit der Nachricht deshalb später erreichte, wussten schon, dass sie zurückkehren konnten, hatten es von ihren Nachbarinnen und deren inoffizieller Telefonkette gehört. Erschüttert bis wütend seien die meisten gewesen, berichtete er, hätten ihn beschimpft – wie Romeo und Margarita Spinatsch – oder ohne ein Abschieds- oder Dankeswort aufgelegt – wie Matilda Vincenz.

Jetzt steht er hier vor ihnen allen, langsam kommen die anderen herein, die Geologin Cathrina Arpagaus ist da, die Kantonsbeauftragte Jäger, alle wirken sie unsicher, wie die Stimmung sein wird.

Regula Schiess schiebt sich an Ria und Bengiamin vorbei

und klatscht in die Hände. »Ihr Lieben! Da sind wir wieder, und ich habe euch zusammengerufen, damit wir alle noch einmal hören, was da passiert ist.«

Sie dreht sich zu Ria um, die immer noch neben Bengiamin steht, sie spürt seinen Arm an ihrem, nur die Hände haben sie losgelassen. Regula zieht die Augenbrauen hoch. »Möchtest du dich setzen, Ria?«

Zur Zuschauerin degradiert, sie hat nichts zu suchen hier vorn. In den Märchen vom *bab* zeigt sich der Teufel gern als grüngekleideter Herr, und manchmal fragt Ria sich, ob Regula ihm regelmäßig auf ihren Dorfkontrollgängen begegnet.

Ria lächelt. »Nein, danke.«

Aber sie tritt zumindest ein wenig zur Seite.

Bengiamin als Projektleiter erklärt nun mit einigen Details, dass die Daten nicht zuverlässig gewesen seien. »Trotzdem sind wir alle noch der Meinung, dass wir richtig gehandelt und euch rausgeholt haben. Es war ein ausgelöster Alarm weit außerhalb festgelegter Grenzen. Es ging nicht anders.«

Ria sieht, wie die Geologin den Mund verzieht. Alle sehen es. Sie ist wohl nicht einverstanden. Ria lässt den Blick über die Anwesenden schweifen. Stella sitzt an einer Seite des Saals, Gian an der anderen. Rias Blick trifft den ihres Mannes. Sie kennen sich schon so lang, dass sie von all ihren Narben wissen, auf einem Bauernhof gibt es viele Gelegenheiten, sich selbst Wunden zuzufügen. Nun verletzen sie sich zum ersten Mal gegenseitig.

Claire ist nach der Evakuation nicht wiedergekommen, dafür hören Saad und Jalil aufmerksam zu, die grauen Gigers fehlen erneut, und Ria überlegt, ob sie die eigentlich letzten Dienstag früh am Sammelpunkt gesehen hat, sie muss Ben nachher fragen, Johanna Blom kaut so heftig auf einem Kaugummi herum, dass ihre Mutter sie anstößt, Romeo Spinatsch steht mit einem lauten Ächzen auf.

Eli hat Ria den Videoclip von nau.ch zugeschickt, in dem er über sie hergezogen ist. Sie hat sich nie besonders gut mit Romeo verstanden, doch dass er so gehässig war, hat sie überrascht. Es tat weh.

Er verschränkt die Arme. »Wer zeichnet denn verantwortlich?«

»Ich natürlich«, sagt Bengiamin.

»Und wie sehen die Konsequenzen aus?«, fragt Romeo.

»Nun, wir werden die Systeme überprüfen und …«

»Ich meine: personell?«

Bengiamin stutzt, und Regula ergreift die Gelegenheit. »Man könnte darüber nachdenken, dass jemand anders die Projektleitung übernimmt.«

Ria tritt einen Schritt vor, um neben Bengiamin zu stehen. »Warum? Das ändert doch nichts.«

»Nun«, sagt Regula, »technisches Versagen ist immer auch menschliches Versagen, und so gern wir den Bengiamin auch haben …«

Jetzt tätschelt sie ihm sogar den Arm, bis er ihn zurückzieht und Regulas Blick ihre Mordgedanken verrät.

»Niemand weiß so viel über das Projekt wie Ben«, ruft Ria und bemüht sich, nicht auf die Gesichter der anderen zu achten, auf ihren Mann und auf Stella. Domenics spöttischen Blick sieht sie jedoch.

Bengiamin lächelt sie dankbar an, aber dann wendet er sich an die anderen. »Wenn das euer Vertrauen in uns hier vorn wiederherstellt, trete ich gern zurück.«

»Frau Arpagaus«, sagt Regula und wendet sich an die Geologin, die so auffällig negativ auf Bengiamins Aussage reagiert hat, »würden Sie die Leitung übernehmen?«

Die schaut schweigend Bengiamin an.

»Wollen wir darüber abstimmen?«, fragt Regula in die Runde. Mit einem Mal steht Johanna Blom auf. Still und aufrecht steht sie da, die langen blonden Haare glänzen in der Oktobersonne, sie wirkt wie eine Marienerscheinung und öffnet den Mund, um etwas zu sagen.

Sogar Regula Schiess verstummt, und alle schauen sich nach dem Mädchen um. Sie ist so bleich, dass Ria denkt, sie wird gleich ohnmächtig. Stattdessen stolpert sie über die Beine ihrer Mutter und stürzt aus dem Saal.

»Was war das denn?«, murmeln mehrere.

Ria nutzt die Gelegenheit und tritt noch einen Schritt vor. »So sehr ich unsere ständigen Abstimmungen auch liebe – das ist doch hier kein geeigneter Weg, um eine Entscheidung zu finden. Es ist doch wirklich so, dass niemand je so ein Projekt geleitet hat. Die Technik ist Aufgabe von GeoVal. Wäre es da nicht besser, wenn GeoVal sich mit allem verfügbaren Personal auf die Fehlerbehebung konzentrieren würde? *Navot ampermal, donna* Arpagaus.«

Die lächelt etwas steif, aber Ria glaubt, dass sie eigentlich ganz einverstanden ist. Fabio Blom steht auf und folgt seiner Tochter nach draußen.

»Ich kann der Ria Casparin da nur zustimmen«, sagt die Kantonsbeauftragte Jäger. »Ich bin auch weiterhin der Meinung, dass die Evakuation richtig war, und da wir vom Kanton den Bengiamin Tschalèr eingestellt haben, können auch nur wir ihn entlassen. Was wir nicht machen werden.«

FABIO

Er hört noch, wie Romeo Spinatsch protestiert. »Dann haben Sie viele von uns hiermit vollkommen verloren!«

Was für ein Unsympath. Der Bengiamin Tschalèr ist doch ein guter Kerl. Statt sich auf Personalkram zu konzentrieren, müsste jemand die Technik komplett durchchecken. Ein kleiner Fehler kann sich auf so vieles auswirken, und das darf nicht passieren. Fabio hat Bengiamin schon seine fachmännische Mitarbeit angeboten – frische Augen sehen mehr, aber Bengiamin meinte, merci vielmals, sie hätten ihre Leute.

Vielleicht sollte Fabio noch einmal nach Val fahren, eigentlich wollte er Cathrina Arpagaus gleich nach der Versammlung fragen, aber dann ist Jojo weggerannt. Seine Tochter wird ihm immer fremder, inzwischen scheint er schon zwei Arme verloren zu haben, wenn es um sie geht.

Er blickt sich um – da ist sie, bleibt vor dem schmiedeeisernen Friedhofstor stehen und läuft dann doch weiter durch den Schnee, dorfauswärts. Er folgt ihr und ruft ihren Namen, aber sie dreht sich nicht um. An Matildas endgültig geschlossenem Laden vorbei geht sie zur Bushaltestelle und verschwindet im Wartehäuschen. Zwei Minuten später setzt er sich dazu. Sie weint.

Das tut ihm so weh, sein Mädchen weinen zu sehen, und sie sagt nie, was sie hat. In Duisburg hatte sie auch schon einmal so einen Anfall, und er weiß bis heute nicht, was da los war. Liebeskummer? Er wünscht sich nichts mehr, als dass sie noch einmal acht oder neun wäre und alles mit ihm teilte, ihm, dem Papa, der doch alles konnte und alles wusste. Fast kommen ihm selbst die Tränen, er schiebt die Hände zwischen die Oberschenkel, damit er nicht noch versucht, Jojo zu umarmen. In diesem Moment fahren die Mosers vorbei, kommen wohl gerade von ihren Verwandten zurück. Zum Glück sehen sie sie nicht. Fabio kann diesen Widerling nicht ausstehen, und wenn er ganz ehrlich ist, hat er auch ein bisschen Angst vor ihm.

»Was ist los, Jojo?«

Sie wischt sich die Augen und bekommt einen Schluckauf.

»Wenn man hier sitzt und den Kirchturm anguckt«, sagt sie nasal und kneift ein Auge zu, »sieht man, wie er immer weiter kippt.«

Das ist keine Antwort, aber immerhin spricht sie mit ihm, und er will sie nicht drängen.

Er folgt ihrem Blick und merkt, dass er viel zu oft auf den Berg starrt und die Aussicht in diese Richtung gar nicht mehr richtig wahrnimmt. Dabei hat man hier eine wirklich schöne Übersicht über das ganze Dorf, das im Schnee noch einmal völlig anders aussieht. Wieder einmal verdammt idyllisch, wenn man nichts von diesem Berg weiß. Die Dorfstraße ist geräumt, die Gassen nicht. Die Dohlen hocken abwartend in den kahl werdenden Bäumen, sein griechischer Spatzenchor – *zurück ist unser großer Held und ganz so schlau als wie zuvor* – eher in Hecken und Sträuchern, wo er sich vor den größeren Vögeln sicher weiß.

»Bist du nicht froh, wieder zu Hause zu sein?«, fragt er

seine Tochter. »Ich nämlich schon. Vielleicht hast du ja mal Lust, mit mir zu überlegen, was wir nächstes Frühjahr im Garten anpflanzen können, hm? Oder magst du mal mit mir zu den Leuteneggers, zum Töpfern?«

Sie steht auf. »Vielleicht.«

»Ach, da würd ich mich freuen.«

Als sie zurücklaufen, kommen die Leute gerade aus dem Hotel. Matilda, Sandro und Eli warten neben Katja und Jasper auf sie. Er ist so froh, wieder hier zu sein: Es ist wirklich keine größere Gefahr vom Berg ausgegangen. Trotzdem gilt ja immer noch sein Versprechen seiner Frau gegenüber, nach einer Wohnung oder einem Haus zu suchen. Dass sie Jojos wegen bleiben, hat sich erledigt. Den Kontakt mit Minna hat der Moservater strikt verboten, und das wird sich nicht mehr ändern. Dass Jojo aber auch so dumm war mit diesen Videos.

»Wir hätten einfach hierbleiben sollen«, sagt Matilda gerade und hält am Brunnen an, der wohl auch bei kalten Temperaturen nicht ausgeschaltet wird. Sie holt Blätter aus dem Wasser und legt sie triefend auf dem Rand ab. »Der Berg kommt nicht runter.«

Eli verdreht die Augen. Sie haben wohl auch alle drei etwas zu lang aufeinandergehockt. Sandro bietet Fabio eine Zigarette an, aber er lehnt ab.

»Ich bin am Überlegen«, sagt Sandro, »was wir noch wegen der Entschädigung machen können. Ich muss mal mit der Frau Jäger reden.«

»Was genau meinst du?«, fragt Fabio.

»Vielleicht können sie uns noch eine Frist setzen. Vielleicht lässt sich Ria noch überzeugen.«

»Glaubst du das?«

Er zieht so stark an der Zigarette, dass sich seine Wangen nach innen wölben. »Einen Versuch wäre es wert. Jetzt, wo sie gesehen hat, wie schnell es gehen kann. Vielleicht könnte man auch ausmachen, dass es bei einer Evakuation Geld gibt.«

»Das fände ich sinnvoll. Den meisten von uns ist wahrscheinlich jetzt erst aufgefallen, wie endgültig es ist. Also, wenn es endgültig gewesen *wäre*. Alles zurücklassen, wirklich alles.«

Sandro brummt zustimmend. »Wir haben noch so viel eingepackt, den ganzen Computer von der Eli, weil sie kein Back-up gemacht hat. Zwei Koffer mehr als die Notfalltaschen, die wir eigentlich mitnehmen wollten. Und unseren Luftbefeuchter.«

Fabio lacht. »Prioritäten.«

»Du hast doch bestimmt schon so einige Formulare ausgefüllt und Projekte geleitet oder begleitet oder so, oder?«, fragt Sandro.

»In der Firma? Ja, klar.«

»Würdest du mir wohl helfen? Wir könnten einen Brief an Frau Jäger aufsetzen und Unterschriften sammeln, aber ich glaube, wir sollten das professioneller aufziehen. Damit mehr Menschen davon wissen und der Druck größer wird. Nach dem Fehlalarm wäre dafür jetzt bestimmt der richtige Zeitpunkt.«

Fabio freut sich, dass Sandro ihn um Unterstützung bittet. Aber will er helfen, den Auszug aus dem Dorf zu beschleunigen, wenn er doch so verrückt froh ist, dass sie wieder hier sind?

RIA

Die Geißen und Schafe werden sie erst morgen zurück-
holen. Donata Balzer hat vorgeschlagen, die Schafe dauerhaft bei sich zu behalten, aber das will Ria nicht. Schon nach
der einen Woche auf den Nicht-Bio-Wiesen fragt Ria sich,
was ihre Tiere für Schadstoffe aufgenommen haben. Dem
Dachverband darf man nichts davon erzählen.

Nur die drei Kühe sind bereits wieder da und freuen sich
über ihren vertrauten Stall. Bizzi ist so aufgedreht, dass sie
draußen in der Kälte herumspringt, bevor sie sich am Heu
gütlich tut. Ria selbst kann es kaum erwarten, wieder Käse
zu machen. Das ist immer ihre liebste Arbeit gewesen, das
sanfte Erhitzen, das ruhige Rühren, nie hat sie genug Zeit,
einfach daneben stehen zu bleiben und der Maschine zu-
zuschauen. Die Hände in die Flüssigkeit tauchen und ihre
Konsistenz testen.

Gian hat den Transporter in die Scheune gefahren. Als er
über die Straße kommt, blickt er verwundert drein. »Hast
du schon gesehen? Beim Traktor sind beide Vorderreifen
platt.«

Sie gehen zusammen zurück, Ria läuft um die Maschine
herum und schüttelt den Kopf. »Das ist doch kein Zufall,
oder?«

Er macht ein unbestimmbares Geräusch und drückt sich
mit der bekannten Geste die Hand in den Rücken.

»Schlimm?«, fragt sie.

Er geht an ihr vorbei. »Die Couch ist halt nicht so gemütlich.«

Ria ist froh, dass er sie nicht anschaut, weil sie ein Grinsen nicht unterdrücken kann. Er schläft also bei Stella und Mauro auf der Couch. Stella hat wirklich keine Lust auf ihn. Die ganze Sache ist verdammt peinlich. Dass zwischen ihr und Bengiamin etwas läuft, ahnen nach ihrer leidenschaftlichen Verteidigung auf der Informationsveranstaltung wahrscheinlich auch alle, aber das findet sie bei weitem nicht so peinlich wie die Sache mit Gian und Stella.

Sie geht ihm hinterher. »Das Gästezimmer ist frei. Würde mich eh freuen, wenn du heut Nacht auf Blanca aufpassen könntest.«

Überrascht dreht er sich um und verzieht das Gesicht, als der Rücken offenbar erneut sticht.

»Ich wollt aufs Maiensäß«, sagt sie, als würde sie das eben alle paar Wochen so machen. Sie dreht ihn an den Schultern von sich weg und drückt ihm die Fäuste in den Rücken. »Ich könnt morgen früh wieder zurück sein.«

»Kann ich schon machen.« Er bleibt stehen und zeigt auf ihr Haus. »Das Küchenfenster.«

Ria reibt sich die Nase. Okay. Zwei platte Reifen, ein zerbrochenes Fenster. Pierre Moser? Romeo Spinatsch?

»Ich rufe wohl mal den Glaser«, sagt sie.

»Das ist alles, was dir dazu einfällt?«, fragt Gian böse.

Sie dreht die Handflächen nach oben. »Wie lächerlich ist das denn bitte schön? Wer ist sich denn für so etwas nicht zu schade?«

»Die Leute sind echt sauer«, sagt er, »und ich kann das verstehen.«

»Geh halt zu Stella.«

Ein Wortwechsel wie eine zweite eingeschlagene Scheibe.

Gian steigt wieder ins Auto. »Ich komme heute Abend wieder.«

»Es sind doch nur die Vorderreifen«, ruft sie ihm nach. Die Hinterreifen muss man eher zerschießen als zerstechen. Aber was für ein Argument ist das?

Am Nachmittag fällt ihr auf, dass sie gar nichts von den Nachbarinnen gehört hat. Eigentlich ist es Zeit für ihren monatlichen Kaffeeklatsch, aber vielleicht haben sie beim letzten Mal, als Ria wieder einmal nicht konnte, etwas anderes ausgemacht? Wenn sie sich richtig erinnert, hat sie da gerade den *bab* ins Heim gebracht. Ria muss oft absagen, irgendetwas ist immer, aber eigentlich nehmen die anderen ihr es nie übel. Kommst halt, wenn du kannst, Ria.

Sie zieht eine frische Hose und Blanca ein rosa Kleidchen an. Gott, hat sie eine süße Tochter. Vielleicht hilft sie – und der Himbeerkuchen – ein wenig beim Eisbrechen, denn sie hat bereits jetzt das Gefühl, dass die Frauen sie nicht besonders herzlich empfangen werden, und tatsächlich wackelt die Gardine, als sie bei Tanja und Domenic klingelt, und dann dauert es eine Weile, bis Tanja öffnet.

»*Tgau*, Ria.«

Der Kaffeeduft zieht bis auf die verschneite Straße. Ria streckt Tanja die transparente Kuchentransportbox entgegen. »Mit deinem Lieblingsobst.«

»*Angraztg* ...« Tanja zögert, bevor sie Ria hineinlässt. Auf dem Esstisch steht ein üppiger Strauß frischer Herbstblumen, die buchverrückte Tanja hat schon wieder einen ganzen Stapel Romane zum Tauschen herausgelegt, um den Tisch sitzen sie alle, Mimi Cadotsch, Mona Leutenegger,

Ladina Moser, die Eli, die Matilda, Regula Schiess, Deta und Nesa Pedretti. Sogar Katja Blom ist da und passt ganz gut in die Runde. Mimi hat die Hände auf dem Tisch liegen und starrt darauf. Eli grüßt, aber Ria bleibt fast die Luft weg, so viel Feindseligkeit schlägt ihr entgegen. Nicht einmal Blancas »Heiß!«, als die Schiess betont gleichmütig einen Schluck Kaffee trinkt, kann ihre Nachbarinnen überzeugen.

Ria streckt den Rücken durch. »Hast du noch einen Stuhl für mich, Tanja?«

»Du kannst meinen haben.« Mimi steht auf. »Ich muss noch so viel für den Umzug vorbereiten.«

Mona tut es ihr nach, der Haushalt mache sich nicht von selbst, und dann steht auch Ladina auf, ohne überhaupt noch eine Ausrede zu finden. Tanja begleitet sie in den Flur, nur Eli und Matilda bleiben sitzen, aber Ria weiß, dass auch sie die Tränen in Tanjas Augen gesehen haben, und eine krebskranke Frau zum Weinen zu bringen, das macht man nicht.

»Weißt du …« Eli steht ebenfalls auf. »Du kommst vielleicht morgen oder übermorgen mal zu uns, oder? Die Tanja braucht ein bisschen Ruhe.«

Ria muss sich geschlagen geben. Schwäche wird sie ihnen nicht zeigen, aber es fällt schwer, die Schultern aufrecht zu halten, als sie sich verabschiedet.

Tanja drückt ihr den Kuchen wieder in die Hand. »Nimm den ruhig mit, wir haben noch so viel.«

»Nein, nein, frier ihn doch ein.«

»Ich mach das schnell«, sagt Eli, »dann kann die Ria gleich ihre Box wieder mitnehmen.«

»Nicht so dringend. Ich muss auch Blanca unbedingt wickeln.« Sie wedelt mit der Hand, als ob die Kleine stinken würde. »Ich hol sie mir später.«

Als sie geht, meint sie, rennen zu müssen, und den ganzen restlichen Tag sucht sie sich Arbeit, wo keine ist, schrubbt und kocht und räumt und stapelt, um sich irgendwie auf den Abend freuen zu können. Ordnung im Äußeren hilft, wenn im Inneren alles durcheinander ist. Jemand wirft ihr Fenster ein, zersticht ihre Reifen. Die Nachbarinnen schneiden sie, ihr Ehemann hat eine Affäre mit der Alterspflegerin seines Schwiegervaters – aber muss auf dem Sofa schlafen. Und währenddessen ist sie mit dem acht Jahre jüngeren Bengiamin Tschalèr verabredet, und zwar in einer der Hütten oberhalb von Savognin, die seit Generationen im Besitz von Gians Familie ist, der Familie ihres Ehemannes.

Aber sie kann ihn nicht *nicht* sehen. Die Sehnsucht frisst sich ihr in Herz und Magen. Ria nimmt nur Bettwäsche, frische Unterwäsche und Zahnbürste mit; sie trägt einen Rock, ihre Beine unter der Strumpfhose sind stoppelig, ihre Achseln auch, sie riecht nach eingekochtem Apfelmus, und Dino will sie nicht gehen lassen, aber während sie runter ins Tal und dann wieder hinauf auf den Berg fährt, wird sie immer schöner und wacher, ihre blonden Haare werden zu Gold, ihre schweren Lider leichter.

Bengiamin wartet schon auf sie im Dämmerlicht, an sein Auto gelehnt. Sie springt aus dem Wagen und drängt sich an ihn.

»Da oben sind Leute«, murmelt er zwischen zwei Küssen, »für alles andere sollten wir vielleicht reingehen.«

Damit beeilen sie sich. Er küsst sie erneut, hart, und schiebt seine linke Hand unter ihre Strumpfhose. Er muss nur noch den Slip zur Seite schieben und ist sofort mit zwei Fingern in ihr. Sie sackt beinahe zusammen, und er hält sie fest.

Hält sie fest.

Erst danach beziehen sie das Bett, öffnen das Fenster zum Lüften und holen das Essen rein, das er mitgebracht hat, Brot, Käse, Birnen, Schokolade.

Eine richtige Luxushütte ist es geworden, seit die Casparins vor einiger Zeit Strom und fließendes Wasser verlegt haben, das ganze Maiensäß mit seinen sieben Hütten wurde modernisiert, für den Tourismus natürlich. Die Sitzpolster der Stühle sind rot-weiß kariert. Mit einer dicken Decke setzen sie sich raus auf die Bank unter dem Vordach, nur eine Weile, bis es zu kalt wird, mit Blick aufs Tal und den Piz Mitgel. Die Seilbahn hat noch Herbstpause, bald geht die Skisaison los. Sie bleiben ganz nah beieinander, ihre Beine berühren sich, langsam streicht sie ihm über den muskulösen Oberschenkel. Rias Appetit ist fast so groß wie der ihres unersättlichen Töchterleins. Wie automatisch schaut sie aufs Handy, Bengiamin folgt ihr mit dem Blick und versucht zu lächeln.

»Nur wegen Blanca«, sagt sie. Gian hat nicht geschrieben, warum auch, er kommt mit der Kleinen doch immer gut zurecht. Es scheint sich wieder zuzuziehen, aber einige Sterne sind zu sehen, und sie erzählt Bengiamin, wie sie früher mit der *mamma* und dem *bab* auf dem Hof stand und in den Himmel gezeigt hat. Sooo viele Sterne.

Er küsst sie. »Im nächsten Leben wirst du Astronomin.«

»Oder Astronautin.«

»Oder das.«

»Und du?«

»Ich lerne dich schon zehn Jahre früher kennen.«

Sie gehen wieder hinein, nein, er drängt sie hinein mit seiner warmen Hand an ihrem Nacken, zurück ins Fastdunkel und ins Bett, wo sie bleiben, bis es so schwarz um sie ist, dass keine Hand und auch sonst keine Körperteile mehr zu erkennen sind. Nicht mit den Augen, wohl mit den Fingern. Durch den Fensterspalt hören sie den sanften Schnee, der eigentlich so lautlos ist und sich gerade dadurch bemerkbar macht. Wieder versinken sie ineinander, bis plötzlich etwas Grelles, Helles den ganzen Raum beleuchtet. Bengiamins Handy. Er will nicht aufstehen und schiebt sich mit dem Oberkörper aus dem Bett, die Hände auf dem Boden, bis er seine Hose erreicht, die auf dem alten Flickenteppich liegt. Sie lacht über ihn, er ist nicht besonders elegant, aber das ist sie selbst ja auch nicht, und außerdem macht er sie einfach glücklich. Endlich kann er so gerade das Gerät erhangeln, schaut auf den Bildschirm und hält ihn Ria hin.

Sie kneift die Augen zusammen und wundert sich. »Johanna Blom?«

Er überlegt kurz. »Ich glaube, ich gehe da mal dran.«

»Klar.«

Vielleicht will sie ja noch ein Interview machen – er hat erzählt, wie beeindruckt er von dem Mädchen war. Sie ertastet seine Rückenwirbel unter der verschwitzten Haut, ein Sägemesser, das ihr nicht weh tut. Dann sucht sie nach dem Schalter der Nachttischlampe, und der Raum und Bengiamins Haut werden in warmes Licht getaucht.

»Hallo? – Nein, kein Problem.« Er spricht Hochdeutsch für Johanna und lauscht. Seine brillenlosen Augen werden größer. »Warte mal.«

Er nimmt das Gerät vom Ohr und stellt das Gespräch auf Lautsprecher.

»Woher weißt du denn das?«, fragt er.

»Na ja, also, ich war so halb dabei. Also, nicht wirk-

lich, ich war oben, und sie waren unten. Aber ich hab mitgekriegt, dass was passiert ist, weil, sie haben scheiße,
scheiße gesagt.«

Man hört, wie sie mit irgendetwas herumklackert. Sie
spricht schnell und nervös.

»Wer?«, flüstert Ria.

»Jasper und Claire«, sagt Bengiamin. »War sonst noch
jemand dabei?«

»Nur die beiden. Vor allem Claire war es, weil Jasper …«
Sie atmet stockend ein. »Er hat ja keine Ahnung von so was.
Außerdem ist er noch minderjährig, er ist erst siebzehn.«

Okay, sie verrät also gerade ihren Bruder.

»Der Alarm?«, flüstert Ria, und Bengiamin nickt. Er hatte
also recht. Jemand hat es mit Absicht gemacht.

»Und außerdem habe ich Claire gefragt, und sie hats zu-
gegeben. Sie haben nur Spaß gemacht, aber plötzlich waren
sie drin und haben da irgendwelche Zahlen geändert? Auf
einem Server von der Uni?«

Bengiamin fährt sich durch die Haare.

»Und dann ist das Internet ausgefallen, und als Claire
dann noch mal durch die Firewall gekommen ist? Da wars
zu spät, hat sie gesagt. Weil, da war schon der Alarm.«

Stille. Wenn Ben sofort fahren wollte, wäre das wohl
sogar besser, sie waren wohl eh ein bisschen übermütig,
sich hier hochzutrauen. Morgen früh brauchen sie vielleicht
schon Schneeketten. Die Nacht ist eisig. Jedes Jahr ist sie
wieder überrascht, wenn die Kälte kommt – und welchen
Unterschied nur wenige Höhenmeter machen. Ein Schauer
fährt ihr über Brust und Rücken, und Bengiamin zieht ihr
die Decke über die Schultern, berührt dabei ihre nackte
Haut.

»Bist du noch da?«, fragt Johanna.

»Ja, ja. Ich bin … gleichzeitig erleichtert und schockiert. Ich hatte mir schon gedacht, dass da jemand rumgewurschtelt hat, aber ich hatte befürchtet, es wäre aus Bösartigkeit geschehen.«

»Ich wollte nicht, dass sie dich entlassen«, ruft das Mädchen. »Aber ich konnte auch nicht vor allen Leuten meinen Bruder verpetzen. Seit alle das mit Minna mitgekriegt haben, gucken sie sowieso so doof. Und deswegen … petze ich jetzt halt nur vor dir.«

»Wissen eure Eltern Bescheid?«

»Noch nicht.«

Ria schließt die Augen. Irgendwann wird sie es auch mit solch einem vierzehnjährigen Mädchen zu tun haben.

»Johanna«, sagt sie so sacht wie möglich – und ebenfalls so hochdeutsch wie möglich, »hier ist die Ria Casparin.«

»Oh. Hallo.« Johanna lacht verlegen.

»Es ist tapfer von dir, dass du uns davon erzählst. Das ist kein Petzen. Wir wissen, wie schwer dir das fallen muss.«

Johanna schnieft. »Ja.«

Bengiamin lächelt Ria zu und streicht ihr sanft über die Wange.

»Ja«, wiederholt Johanna, dieses Mal mit festerer Stimme. »Ich weiß ja auch, dass es richtig ist.«

JOHANNA

Mimi Cadotsch seufzt, als Johanna ihr die mit Zeitungs-
papier ausgelegte Plastikschüssel hinhält und sie das zer-
depperte Porzellan aus dem Schrank holt, ihre geliebten
Sammeltassen, die in unzählige Einzelteile zerbrochen sind.

Eine Scherbe hält sie gegen das Licht. »Lueg emal, Johanna. So dünnes Porzellan, dass man fast durchschauen kann.«

Johanna nickt. »Habt ihr daraus auch getrunken?«

Mimi kichert und blickt zu Walti hinüber, der offensichtlich überlegt, ob er selbst auf den Stuhl klettern und Gardinen abnehmen – oder doch lieber auf seinen Sohn warten
soll.

Walti schmunzelt. »Nie.«

»Aber sie waren mein ganzer Stolz.« Mimi legt die Scherben nacheinander in der Schüssel ab. Sie hat lange überlegt,
meint sie, aber sie will sie nicht kleben lassen. Was vorbei
ist, ist vorbei, auch wenns weh tut. »Ich habe mir immer eine
zum runden Geburtstag und zum runden Hochzeitstag gewünscht, und Walti hat sie mir geschenkt, auch wenn er
selbst seinen Sonntagskaffee gleich aus der Kanne trinken
würde.«

»Sag doch nicht so etwas.« Er lacht. »Sonst glaubt das
Hannerl das noch. Ich setz mich schon ordentlich zum Essen hin, aber das Alltagsgeschirr reicht doch.«

Der schulterhohe Schrank mit den Tassen stand genau

dort, wo das Haus plötzlich abgesackt ist. Der ganze Inhalt ist hinüber. Walti und der Sohn, der auch Walter heißt, haben ihn provisorisch wieder aufgerichtet.

Als Mimi die Scherben entsorgen geht, übernimmt Johanna für Walti das Klettern. Sie muss sich recken, um an die Gardinenstange zu kommen. Endlich gelingt es ihr, einen Anfang zu finden, und die Stoffbahnen rauschen zu Boden. Sie sind mit so silbernen Fäden ... durchwirkt. Ist das ein Wort? Mit silbernen Fäden durchwirkt, die im Licht glitzern. In dem Licht, das nicht durchs Fenster fällt, sondern durch die kaputte Hauswand. Die Cadotschis, wie Johanna sie für sich nennt, ziehen aus, und die alte Untermieterin, die Maria Weber, ebenfalls. Die hat sich für ein betreutes Wohnen entschieden, da, wo auch der Vater von der Ria Casparin ist. Die Cadotschis kommen bei ihrem Sohn unter. Bei dem und seinem Mann waren sie auch während der Evakuierung. Die beiden Männer haben sich gerade ein Häuschen in Davos gekauft und wollen Mimi und Walti in ihre alte Wohnung ziehen lassen.

Papa fand es lustig, dass sie so genau Bescheid wusste und an ihrem ersten Herbstferientag beim Einpacken helfen wollte. Aber wenn er mit Matilda befreundet ist, warum kann sie nicht mit Mimi und Walti befreundet sein? Na ja, der Altersunterschied ist noch größer, aber sie will ja auch nicht mit ihnen tanzen oder skaten gehen. Haha, als ob sie das dauernd mit Gleichaltrigen machen würde. Mit Franzi und Sophie war sie manchmal auf der Skaterbahn, aber nur zum Gucken. Sie hat sich nie getraut, es vor den Augen der anderen selbst zu versuchen. Die ist ja nicht gerade eine Stimmungskanone, hat Kay mal über sie gesagt, und einmal auf einem Schulfest, als sie getanzt hat, da hat einer der Pauls spöttisch gelacht und sie Partymaus genannt. Sie springt vom Stuhl. Sie will daran nicht denken.

Aber sie ist sauer.

Auf Jasper. Auf ihre Eltern. Auf Minna. Auf Franzi und Sophie. So was von sauer.

Trotzdem. Nicht dran denken. Das machts doch nicht besser.

Gemeinsam mit Walti faltet sie die Gardinen zusammen. So alt ist er und trotzdem ganz schön stark, der Stoff ist schwer.

Als sie danach allein im Wohnzimmer ist, nimmt sie das Telefon raus und fotografiert den Riss in der Wand. Heftig. Die alten Möbel von den Cadotschis stehen noch da, so dass es besonders surreal wirkt, das geschwungene Sofa mit einem Spitzendeckchen auf der Rückenlehne, die Pendeluhr darüber, die Struktur in der Tapete. Und dazwischen hat ein Riesenmonster mit einer einzigen Kralle die Wand aufgeschlitzt. Sie lädt die Bilder hoch. Bei Wikipedia, tüdeldü, die Anleitung, die Claire geschickt hat, funktioniert wirklich, und Instagram versteckt sich jetzt hinter einem falschen Wiki-Icon zwischen irgendwelchen vorinstallierten Standard-Apps.

In den letzten Tagen hat sie alle ihre Videos und Bilder wieder hochgeladen. Mama hat sie zwar gelöscht, aber, *duh*, wofür gibt es Back-ups in der Cloud. Johanna hat Minnas Gesicht unkenntlich gemacht, blöd, aber musste wohl sein, und sich entschuldigt, *hey, Leute, tut mir leid, dass ich euch noch mal damit vollspamme, ich hatte ein technisches Problem, aber ich will die Sachen gern in meiner Timeline haben.* Niemand hat sie gehated, und einige hatten die älteren Sachen auch noch gar nicht gesehen. Viele aus der Schweiz haben geschrieben:

Wir haben von dem Fehlalarm gehört! Erzähl mal, wie es war!
Braucht ihr was? Und weil ja Minna nicht mehr da ist, also,
sie ist zwar zurück in Vischnanca mit ihren doofen Eltern,
aber Johanna ist ja ein schlechter Einfluss, deshalb hat sie
selbst sich halt so hübsch wie möglich gemacht – mit einem
lächerlichen Schminktutorial, das sie sich natürlich nur for
fun angeguckt und dann doch teilweise befolgt hat – und
die Kamera auf sich gehalten.

Mimi ruft sie um Hilfe beim Stapeln der Kartons im Flur,
weil der Sohn Walter sie heute Abend abholen will.

Mit dem richtigen Winkel und dem richtigen Filter ist
ihr Beitrag echt gut geworden. Besonders gut fand sie es irgendwie, dass sie zum ersten Mal wirklich ihre Meinung gesagt hat, statt nur Bilder zu zeigen und Infos weiterzugeben.
»Ich glaube«, hat sie gesagt, »dass keine technische Lösung
was bringt. Also, ich bin keine Ingenieurin, aber wie will
man denn die Alpen aufhalten? Das schafft doch niemand
auf Dauer.«

Sorry, Bengiamin.

Daraufhin hat sich eine richtige Diskussion in den Kommentaren entwickelt, auch mit anderen Stimmen, aber alle
nett und respektvoll. Na ja, fast alle. Die anderen werden
blockiert.

Ihr pikst das Herz, wenn sie an Minna denkt. Riesengroß
war ihre Freundschaft ja noch nicht, wenn Minna sie einfach so aufgeben konnte, es pikst aber trotzdem. Sie lagen
zusammen im Heu, sie haben ihre Initialen in die blaue
Wartebank an der Bushaltestelle geritzt, und Minna hat
sie auf dem Rücken getragen. Einfacher wäre es bestimmt
gewesen, wenn sie nicht mehr im selben Dorf wohnen würden.

Jetzt lädt sie noch eine Story hoch, mit den traurigen Resten der Sammeltassen. *Dabei sind die C.s alles andere als reich*, schreibt sie dazu, *und jetzt sind auch noch ihre Erinnerungsstücke kaputt.*

Traurige Emojis kommen zurück, Alba teilt es bei sich, und eine Followerin fragt: *Können wir da nicht was crowdfunden? Jo, mach doch mal ein betterplace.*

Johanna weiß gar nicht, was das sein soll, und Alba schreibt ihr: *Spendenplattform, erst ab 16.*

Total die nette Idee, aber mit Geld kriegt Mimi ihre von Walti liebevoll ausgesuchten Sammeltassen nicht zurück. Bevor Johanna antworten kann, erhält sie eine Nachricht von Bengiamin. Bei ihm pocht ihr auch das Herz. Also, sie ist ja nicht in ihn verliebt, und in Minna auch nicht, aber er ist so lieb.

Möchtest du dabei sein, wenn ich mit deinen Eltern spreche?

Sie hat sich noch nicht getraut zu sagen, dass sie es Bengiamin verraten hat, weder Jasper noch Mama und Papa, die haben es ja eh grad auf sie abgesehen. Sie hätte nie gedacht, dass sie ihr Instagram ganz verbieten. Sie hätte gedacht, dass sie die Mosers blöd finden und nur kurz so tun würden, als würden sie sie irgendwie bestrafen.

Und dass Ria Casparin am Samstagabend mit Bengiamin zusammen war … Vielleicht hat sie ja ihren Mann zuerst betrogen, bevor der mit Stella rumgeknutscht hat, dann wäre das ja verständlicher. Oder billige Rache. Keine Ahnung.

Jedenfalls hat sie Schiss.

Jasper war, logo, ganz schön sauer, als Johanna ihm nach ihrem Telefonat mit Claire im Hotelzimmer sein Handy wiedergegeben hat.

»Spinnst du«, hat er gezischt, »was sollte das denn?«

Da sie ihm kurz vorher vorgeworfen hatte, scheißfeige zu sein, musste sie wohl die Wahrheit sagen. Außerdem würde er sie sonst eh von Claire erfahren.

»Claire hat mir gestanden, was ihr gemacht habt.«

Jasper starrte sie an: »Wenn du was verrätst, bring ich dich um.«

Sie zuckte nur mit den Schultern. Wenn er ihr anders gedroht hätte … keine Ahnung: wenn du was verrätst, rasier ich dir im Schlaf die Haare ab, oder wenn du was verrätst, lade ich Franzi und Sophie zu uns ein, herrje, das will sie sich gar nicht vorstellen. Aber: bring ich dich um? Leere Drohung.

Sie hat dennoch lange überlegt, ob sie Bengiamin wirklich anrufen soll. Nicht aus Angst, sondern weil Jasper halt doch ihr Bruder ist, so cheesy das auch klingen mag.

Trotzdem. Es ging um Gerechtigkeit für Bengiamin. Das klingt auch cheesy. Aber es war richtig.

Pünktlich um neunzehn Uhr dreißig – Mama ist vor einer halben Stunde nach Hause gekommen und hat geduscht, Papa hat Essen gekocht – klingelt es bei ihnen. Johanna wartet schon seit zehn Minuten oben auf der Treppe.

Papa begrüßt Bengiamin mit Handschlag. Als Bengiamin anrief, hat Papa ihn zum Abendessen eingeladen. Noch ahnt niemand was Böses, die glauben alle, er käme noch mal wegen der Evakuierung. Was er ja auch tut, nur eben auf andere Weise. O Mann.

Jasper streckt den Kopf aus seinem Zimmer, aber als Bengiamins Stimme nach oben dringt, zieht er sich gleich wieder zurück. Er wartet wohl immer noch darauf, dass Claire wie der Märchenprinz angeritten kommt.

Sie muss es ihm sagen, bevor er es unten hört, und klopft an.

»Was?«, hört sie von drinnen.

»Jaspi …« Vorsichtig öffnet sie die knarrende Tür und nimmt sich die Zeit, um durchzuatmen. Er liegt auf dem Bett und daddelt am Handy rum. »Ich habs dem Ben gesagt.«

»Was?« Er guckt sie nicht an.

»Dass ihr das wart.«

Jetzt lässt er das Telefon sinken. »Willst du mich verarschen?«

Sie schüttelt den Kopf und stellt einen Fuß auf den anderen. »Du warst nicht auf der Versammlung. Die waren kurz davor, ihn wegen dem Alarm rauszuschmeißen.«

Er will aufspringen, stützt sich komisch auf dem Handgelenk ab und flucht. Johanna entscheidet sich für den Rückzug – und zwar schnurstracks nach unten. Stracksschnur.

Bengiamin sitzt neben Papa und rutscht auf seinem Stuhl hin und her, während Mama ihm formvollendet im Stehen Kribbelwasser eingießt. Er wäre bestimmt lieber bei Ria.

Jasper kommt Johanna hinterher, und als Bengiamin ihn sieht, starren die zwei sich an.

»Ihr kennt euch doch, oder?«, fragt Papa. »Unser Sohn Jasper.«

Bengiamin nickt Jasper zu. Der nickt zurück. Ein ganzes Gespräch ohne Worte, und es endet damit, dass Jasper alles gesteht. Mit den Händen in den Hosentaschen steht er da, die Schultern hochgezogen, den Blick gesenkt. Auf dem Tisch rutscht das Salatbesteck aus französischem Olivenholz immer tiefer in die Schüssel, die Blasen in Bengiamins Wasser tanzen Ringelreihen.

Und Mama und Papa? Tja.

Wenn Mama richtig sauer wird, dann wird sie kreidebleich, kriegt dünne Lippen und geht aus dem Zimmer. Dort boxt sie dann in ein Kissen oder eine Winterjacke oder ihre Oberschenkel, was grad so da ist. Einmal hat Johanna das gesehen, als sie noch richtig klein war und im Flur mit ihrer Puppe spielte. Sie war ganz furchtbar erschrocken, dass Mama auf sich selbst einschlug und dann auch noch anfing zu weinen. Der bockige Jasper hatte sie irgendwie so genervt oder geärgert, dass sie fix und fertig war. Aber Johanna selber bestimmt auch ab und zu, ohne dass sie es weiß.

Papa wird eigentlich nie richtig wütend. Er versucht, alles auf die leichte Schulter zu nehmen und schnell eine Lösung zu finden, statt sich mit Gefühlen rumzuschlagen. Aber in diesem Moment blinzelt er so schnell und andauernd, dass sie fürchtet, ihn gleich neu starten zu müssen. Mama greift nach dem Salatbesteck, um es in der Schüssel zu stabilisieren, aber es fängt gleich wieder an zu rutschen, und als sie noch mal danach greift, wackelt die Schüssel – und alle fahren zusammen, als Mama plötzlich mit dem Besteck wirft, über ihren Gast hinweg auf ihren Sohn zu. Bengiamin zieht den Kopf ein, ein Maiskorn landet in seinen Haaren, Vinaigrette spritzt. Jasper weicht aus, das Löffelding trifft trotzdem seine Jeans.

Papas Festplatte berappelt sich. Er steht auf und schiebt langsam den Stuhl an den Tisch. Johanna versucht mit Gesten, Bengiamin zu verstehen zu geben, dass er was in den Haaren hat, aber er versteht sie nicht. Jetzt gucken alle sie an, und sie kann wohl kaum abwinken und ihn da so sitzen lassen, also schlängelt sie sich zu ihm rüber – der Tisch ist viel zu groß für das Zimmer – und pflückt ihm das Maiskorn raus; die dicken Haare geben nach wie das Fell von den Casparin-Schafen. Sie legt es auf den Tisch neben seinen Teller und nimmt es doch schnell wieder weg. Wohin damit? Hastig blickt sie sich um, bis Mama die Hand ausstreckt und sie es ihr gibt.

»Entschuldigung, Bengiamin«, sagt Mama und geht ihrerseits auf der anderen Seite um den Tisch herum, um das Besteck aufzuheben.

»Nichts passiert.«

Johanna setzt sich neben ihn. Sie mag seine Nähe.

»Verklagt mich jetzt jemand?« Jasper hält sich das Handgelenk, an dem er sich beim Aufstützen weh getan hat.

»Wir nicht«, sagt Bengiamin, »aber von der Gemeinde wird wohl eine saftige Rechnung auf euch zukommen. Außerdem könnte ich mir Schadenersatzforderungen vorstellen.«

»Wofür?«, fragt Papa.

»Für entgangene Umsätze oder die Arbeitstage der Einsatzkräfte. Viele sind Freiwillige. Oder von den Verkehrsbetrieben für die umgeleitete Busroute. Auch die ETH könnte sich melden.«

Er guckt Mama und Papa an, klar, sie müssen zahlen, Jasper hat kein Geld, keinen Job. Claire ja auch nicht, aber das weiß wohl niemand außer ihr hier. Scheiße. Was, wenn sie einfach die Klappe gehalten hätte? Niemand hat mehr Appetit, und Bengiamin entschuldigt sich dann auch recht bald. Papa beteuert ihm, dass sie sich wirklich keine Mühe gemacht haben.

Erst, als er weg ist, fällt Johanna auf, dass Bengiamin nie gesagt hat, woher er eigentlich die Informationen hat. Aber die Erleichterung ist sofort vorbei, als sie Jaspers Gesicht sieht. Mama hat gemerkt, dass er Schmerzen am Hand-gelenk hat, und wickelt ihm fest ein Geschirrtuch darum.

Höhnisch guckt er Johanna an. »Großartig gemacht, kleine Schwester. So tapfer von dir. Richtig *mutig*.«

»Was meinst du?«, fragt Mama ihn.

»Die liebe Jojo hat es ihm verraten.«

Johanna verschränkt die Arme. Sie sitzt immer noch da, jetzt allein am Tisch, die Wärme von Bengiamin neben ihr ist verschwunden.

»Claire wollte es sowieso gestehen«, sagt sie.

»Hat sie aber nicht«, ruft er.

»Woher wusstest denn du davon?«, fragt Mama.

Johanna kann nichts mehr sagen, sonst heult sie los. Bestimmt sehen sie das schon an ihren zitternden Lippen.

»Jojo?«, fragt Papa mit gerunzelter Stirn und setzt sich neben sie. »Warum hast du nicht zuerst mit uns geredet?«

Sie schiebt den Stuhl so heftig zurück, dass er gegen die Wand kracht.

»Jasper hat Scheiße gebaut, und ihr hackt auf mir rum?« Ihre Stimme klingt megaweinerlich, wie eine kaputte Sirene, sie weiß nicht, ob überhaupt noch jemand versteht, was sie sagt. Sie rennt nach oben.

FABIO

»Niemand hackt auf dir herum«, ruft er, und da knallt oben schon die Tür. Am liebsten würde er ihr gleich hinterher, aber im Grunde hat sie recht. Sie müssen sich erst einmal mit Jasper auseinandersetzen – und ihm die gleiche Frage stellen.

Katja hat ihren Sohn am Arm genommen und ihn an den Tisch gesetzt. Jetzt flankieren sie ihn rechts und links, er legt sein verbundenes Handgelenk vorsichtig auf der Lehne ab. Achtung, Achtung, scheint es zu sagen, seid nicht so böse mit mir, ich bin verletzt.

»Warum hast *du* nicht mit uns geredet?«, fragt Fabio.

Jasper zuckt mit den Schultern.

»Antworte bitte«, sagt Katja.

»Du bist ja nie da.«

Katja schnappt nach Luft. »Wie bitte?«

Erneut zuckt der Sohnemann mit den Schultern, blickt auf den gedeckten Tisch vor sich und sagt nichts.

»Ich bin nie da. Okay …« Katjas Stimme klingt ganz und gar nicht okay. »Und hast du das jemals zu Papa gesagt, als er noch gearbeitet hat?«

Na, er arbeitet ja jetzt auch noch, aber … Übersprungsmäßig kratzt er sich den Bart. Katja starrt ihn an und weist mit dem Kopf dahin, wo der Zimmermann das Loch gemacht hat.

Er soll gehen.

Sie spricht mit Jasper, er mit Jojo.

So machen sie es oft.

Aber Jojo reagiert nicht auf sein Klopfen.

»Ich komme später noch mal wieder, ja?«, sagt er durch die geschlossene Tür.

Er hatte früher nicht einmal einen Schlüssel zu seinem eigenen Zimmer. Im Bad hätte er sich einschließen und trotzen können, aber er kann sich nicht daran erinnern, das jemals gemacht zu haben. Er schaut lieber nach vorn.

Er ist nicht einmal wirklich sauer auf Jasper – wobei das ein ordentlicher Klops ist –, sondern mehr auf sich selbst. Was wirft so ein Verhalten für ein Licht auf ihn als angeblich so treusorgenden Vater? Ihm scheint, als habe der Umzug in seiner Familie irgendetwas kaputt gemacht.

Katja und Jasper murmeln im Esszimmer. Fabio zögert, zieht sich dann aber doch Schuhe und Jacke an und geht raus. Er muss kurz in der Dunkelheit durchatmen. Im Schnee riecht alles so anders, er erkennt sein Sommer-Vischnanca kaum noch wieder.

Aber auch hier kreisen die Gedanken.

Als Papa noch gearbeitet hat. Autsch. Er hat heute den ganzen Tag am Rechner gesessen und mit der Architekturfirma über das neue Krankenhaus in Düsseldorf gesprochen. Stundenlange Telefonkonferenzen. Natürlich ist das Arbeit. Wenn auch Scheißarbeit, das merkt er immer deutlicher. Immer drängender verspürt er den Wunsch, einfach irgendwo in der Erde zu buddeln.

Vielleicht ist das das Problem – er denkt zu viel an sich, seit sie hier sind, an seine Wünsche. Katja hat das nicht gemacht, all die Jahre, in denen sie sich hauptsächlich um die

Kinder gekümmert hat, und wenn er den Gedanken weiterdenkt, hat er sich dann all die Zeit nur etwas vorgemacht, von wegen guter Vater?

Er schabt den Schnee von einem Begrenzungspfosten und formt einen Schneeball. Im Laternenschein trödelt er die Gasse herunter, wo er Tanja Schmid, Ria Casparin und Mona Leutenegger vor dem Haus der Schmids stehen sieht. Etwas Schwarzes bewegt sich vor dem schneeweißen Hintergrund, das sich als der Border Collie von Ria herausstellt, der herumschnüffelt und ihn nicht weiter beachtet.

Fabio winkt und lässt den Schneeball aus den eiskalten Händen fallen. »*Buna seira.*«

Die drei verstummen, und er windet sich unter ihren feindseligen Blicken. Gut, vielleicht stört er sie einfach beim Tratschen, aber er glaubt zu wissen, dass sie ganz genau sehen, wie er sich schämt. Wie soll er nur ganz Vischnanca erzählen, dass sein Sohn für die Evakuierung verantwortlich war? Die werden ihn spüren lassen, was für eine Nulpe er als Vater ist: Da hat der Kerl nichts anderes zu tun und kann nicht einmal diese eine Aufgabe – sich um zwei halb erwachsene Kinder zu kümmern – erfüllen.

»Ist euer Hofladen wieder geöffnet, Ria?«, fragt er, um überhaupt irgendetwas zu sagen.

»Natürlich.«

»Dann komme ich morgen vorbei.«

»Freut mich.«

Er hebt noch einmal die Hand und dreht sich auf den Hacken um. Morgen ist auch noch ein Tag. Erst einmal muss er mit Matilda sprechen, von Elternteil zu Elternteil sozusagen, und er rennt regelrecht die Gasse hoch zu ihrem Haus, wo er klopft und klingelt, bis sie öffnet.

»Hat Claire mit dir gesprochen?«

Matilda winkt ab oder winkt ihn hinein, er zieht die Schuhe aus und folgt ihr. Wie immer, wenn er durch ihren Flur geht, kann er sich einen Blick in das grüne Katastrophenbad nicht verkneifen, aber heute ist es zum Glück dunkel und er muss sich die tiefen Risse nicht ansehen. Zwei Seelen, ach, in seiner Brust. Auf der einen Seite die verrückte Liebe zu diesem kleinen Dorf und sein Vertrauen in die Technik und die Leute, die sich um sie kümmern. Auf der anderen Seite eben jene Risse, ein Felsbrocken, der seine Kinder erschlagen wollte, die heulende Sirene im Kopf, die ihn seit dem Alarm jede Nacht wieder aus dem Schlaf gerissen hat. Er hat immer Cathrina Arpagaus' Worte im Ohr: Nur weil da ein Stein runtergekommen ist, ist die Gefahr nicht größer. Nur weil sie einmal wegen eines Fehlalarms gehen mussten, ist die Gefahr auch nicht größer.

»Hat Claire mit dir gesprochen?«, wiederholt er, als Matilda sich in ihren Sessel setzt und die Fernbedienung in die Hand nimmt. »Oder war Bengiamin hier?«

Die Nachrichten laufen. Sie hat sich ein Schüsselchen mit Gummibärchen auf die Armlehne gestellt, steckt sich einen roten in den Mund und schmatzt.

Dabei liegt noch das schnurlose Telefon auf dem Wohnzimmertisch, ein zerknautschtes Taschentuch daneben. Sie hat mit Claire telefoniert, das weiß er ganz genau.

Was genau wollte er noch einmal hier? Ihr den Hals umdrehen? Mit wem kann sie darüber sprechen, wenn nicht mit ihm? Er selbst kann manchmal nur denken, wenn er redet, und im Moment blubbert und brodelt es in ihm, aber es ist, als würde Matilda ganz fest den Deckel draufdrücken, so dass nur ein scharfes Zischen entweicht.

»Na, dir scheint es ja gut zu gehen«, sagt er beißend. »Dann machst du dir ja bestimmt auch keine Sorgen ums Geld mehr. Claire hat bestimmt noch irgendwo ein Konto mit einem sechsstelligen Betrag gefunden, zusätzlich zu den vierzigtausend.«

Die Fernbedienung schwebt in der Luft, und Matilda schluckt das Bärchen herunter.

»Sechsstellig?«

»Nur so eine grobe Schätzung meinerseits, was den Schadenersatz betrifft.«

»Püh.« Sie macht den Ton lauter. »Willst du sie verklagen, weil sie deinen ach so schlauen Sprössling angestiftet hat?«

Er zieht die Augenbrauen hoch. Sie hat mehr Erfahrung im Gemeinsein als er, da darf er sich nicht drauf einlassen.

Sechsstellig könnte schon hinkommen, auch wenn er noch nicht genauer darüber nachgedacht hat. Hunderttausend Franken? Sind jetzt auch für Familie Blom nicht so leicht zu bewältigen, aber es komplett auf Claire abzuschieben wäre wohl nicht richtig. Oder besser: nicht möglich, wenn sie eh schon Schulden hat. Aber ums Geld geht es ihm auch nicht. Eine Entschuldigung von irgendeinem weiblichen Mitglied der Familie Vincenz wäre ihm da schon wichtiger.

Im düsteren Flur, wo all die Fotos ihn anstarren, zieht er die Schuhe wieder an. Sie haben zwei nasse Flecken neben der Fußmatte hinterlassen. Schnee im Oktober, das gibt es weder in Duisburg noch in Rotterdam, und in Martgea mag es zwar schneien, aber auf den vielbefahrenen Straßen wird doch gleich alles Matsch. Hier sind auch am Abend noch große, weiße Flächen vollkommen unberührt, all die Wiesen und Weiden, die bis zum Frühling vielleicht niemand mehr betritt. Hier kann man die Natur nicht bezwingen.

Als er sich aufrichtet, spürt er ein Stechen im Rücken.

Das Alter kann man leider auch nicht bezwingen.

»Die Claire will ja gar kein Geld von mir«, ruft Matilda aus dem Wohnzimmer.

»Du wolltest ihr doch trotzdem helfen.«

»Jetzt habe ich es mir eben anders überlegt. Ich bleibe in meinem Vischnanca.«

»Püh«, sagt er und geht.

RIA

Brunhild fehlt noch immer, ihr Lieblingsplatz im Stall ist leer und wird es wohl auch bleiben. Die drei verbliebenen Damen haben verwundert geschaut, dass heute Ria zum Melken gekommen ist. Vor zwanzig Jahren war es auch irgendwie einfacher, um fünf Uhr früh aufzustehen. Sie überlegt. Vor zwanzig Jahren hatte sie gerade ihr Diplom in der Tasche und ist offiziell beim *bab* auf dem Hof eingestiegen. Vor zwanzig Jahren war sie in diesen großen Kerl aus dem Nachbardorf verliebt, Gian hieß er, und bei ihm hatte sie das erste Mal das Gefühl, jemanden an sich heranlassen zu können, zum ersten Mal, seit die *mamma* gestorben war. Mit ihm würde sie zusammenarbeiten, zusammenleben können.

Dino bellt draußen, und als sie mit Barbara, Bertha und Bizzi fertig ist, geht sie gemeinsam mit Luna schauen, wer schon so früh unterwegs ist. Es ist noch dunkel, aber da hockt Regula Schiess vorm Dino, krault ihm den Hals und richtet sich schnell auf, als sie Ria sieht. Zupft sich die enge Hose zurecht. Luna mag Regula nicht und legt sich auf die Türschwelle.

»Wo ist dein Mann?«, fragt Regula.

»Im Engadin«, sagt Ria.

»Ist er endgültig ausgezogen?«

Ria stellt seelenruhig den Eimer ab. Von der Schiess wird

sie sich genauso wenig provozieren lassen wie von Pierre Moser. »Nein.«

»Was macht er dann da?«

Regula ist nämlich viel zu neugierig, um so eine Unterhaltung gewinnen zu können.

»Ein Cousin braucht Hilfe beim Hausbau«, sagt Ria. »Gian ist eine Nacht geblieben.«

Regula sieht sich auf dem Hof um. »Und ist der Bengiamin hier?«

»Nein.« Es wäre doch zu seltsam, ihn hier zu haben, wo sie mit ihrem Ehemann lebt und – nicht mehr – schläft. »Willst du etwas Bestimmtes?«

»Weißt du, Ria«, sagt Regula und beugt sich noch einmal über Dino, dem noch mehr Sabber als sonst aus dem Maul läuft, »ich habe mich gefragt, ob der technische Fehler vielleicht gar kein technischer Fehler war.«

Ria blickt auf. Bengiamin hat noch immer niemandem außer ihr die Wahrheit gesagt, weil sie erst den Uniserver sicher machen wollen, auf den Claire sich so leicht hat Zugang verschaffen können. Übers Wochenende war dort natürlich niemand, und auch montags scheint die Woche in Zürich noch nicht direkt loszugehen.

»Was meinst du?«, fragt sie skeptisch.

Auf Regulas Lippen zeigt sich ein leichtes Lächeln. »Ach, ich denke nur, der Bengiamin würde doch froh sein, wenn du hier wegmusst. Dann könntet ihr zusammen irgendwo anders neu anfangen.«

Ria schnauft, aber muss sich eingestehen, dass sie erst einmal nach einer passenden Antwort suchen muss. Kurz tut der Gedanke weh, dass Ben wirklich so denken könnte, aber sie weiß ja, dass es nur Häme von der Regula Schiess ist. Sie will ihm und ihr ans Bein pinkeln. Zum Glück kommen in diesem Moment Saad und Jalil zur Arbeit.

Dino macht würgende Geräusche, und Regula muss zurückspringen, als er sich übergibt. Verdammt, ein bisschen Hundekotze auf ihren Schuhen wäre gar nicht schlecht gewesen. Doch alle gehässigen Gedanken sind verschwunden, als Ria das viele Blut sieht, das Dino ausgespuckt hat. Er dreht sich um und torkelt ein wenig, bevor er sich weit genug weg von der Lache und außerhalb des Lichtkegels der Laterne hinlegt.

»Das sieht nicht gut aus«, sagt Saad.

Ria geht zu ihrem Hund, legt ihm eine Hand auf den Kopf und tastet an seinem Oberschenkel, bis sie seinen Puls spürt. Dino hechelt und versucht aufzustehen, als die anderen drei Menschen auf ihn zukommen, und Ria scheucht sie wieder weg.

»Saad, kannst du Beatrix anrufen?«

Sofort wählt er die Nummer der Tierärztin, aber Beatrix ist früh unterwegs und sagt, sie sollten lieber nach Obervaz zum Kleintierarzt fahren, das sei garantiert schneller. Sie würde ihren Kollegen gleich anrufen, damit er die Praxis für Dino aufmache. Währenddessen nickt die Schiess allen kurz zu und verlässt den Hof. Bloß keine Verantwortung übernehmen, auch hier nicht.

Jalil fährt den Kombi aus der Garage und öffnet die Heckklappe, während Ria unter beruhigendem Murmeln den zweiundsechzig Kilo schweren Hund anhebt. Luna läuft hektisch um sie herum, und Saad hilft Ria, Dino ins Auto zu legen. Dort würgt er noch einmal, ein zweiter Schwall blutig Erbrochenes ergießt sich über die Decken. Erschöpft lässt er den Kopf sinken.

»Sieht aus wie eine Vergiftung«, sagt Saad.

»Kannst du nach Blanca schauen?«, fragt Ria und klettert schon in den Kofferraum. »Sie wacht bestimmt gleich auf.«

»Mache ich.« Saad hält Luna am Halsband fest und nimmt vorsichtig die am schlimmsten getroffene Decke entgegen.

Der liebe, große Dino – seit acht Jahren hat sie keinen Tag ohne ihn erlebt, jetzt geht es ihm schlecht, und sie muss ihn noch mit einer Autofahrt quälen. Jalil versucht, allen Schlaglöchern auszuweichen, und entschuldigt sich jedes Mal, wenn es doch zu sehr ruckelt. Dino liegt auf der Seite, öffnet und schließt langsam die Augen, und Ria hält seinen dicken Schädel zwischen den Händen.

»Es wird alles gut, mein Kleiner«, murmelt sie, »*tot vign bung.*«

Sie hat große Sehnsucht nach dem *bab*, der sich sofort mit ihr in den Kofferraum gesetzt hätte. Wenn wenigstens Gian hier wäre. Fünfzehn endlose Minuten sind es bis nach Obervaz, dreizehn so früh am Morgen, weil Jalil auf der Kantonsstraße Gas gibt. Im Ort muss er jemanden, der gerade mit einer Bäckertüte die Straße überquert, nach dem richtigen Weg fragen, weil sie beide nicht wissen, wo dieser Tierarzt ist. Beatrix kümmert sich auch bei den Hunden um die Impfungen und Wurmkuren, so dass sie noch nie in dieser Praxis waren.

Dort geht dann alles ganz schnell. Der Tierarzt bestätigt Saads Vermutung, als er die Schleimhäute untersucht und dort auch Blut findet. Dino bekommt eine Infusion, damit sein Kreislauf nicht wegkippt, Aktivkohle, um das Gift zu binden, und Vitamin K. Der Tierarzt erklärt jeden Schritt, auch Jalils Arm um ihre Schultern hilft. Trotzdem kommen die Gedanken an Regula wieder, wie sie sich über Dino gebeugt hatte, als Ria aus dem Stall kam.

»Vorhin«, sagt sie zögerlich, »hatten wir eine Besucherin auf dem Hof. Glauben Sie …«

Der Tierarzt wiegt den Kopf hin und her. »Die Symptome sehen nach Rattengift aus, und das wirkt nicht so schnell, braucht Stunden bis Tage. Benutzen Sie das auf dem Hof?«

»Nein, gar nicht.«

Wieder kommt ihr der Pierre Moser in den Sinn. Zu ihm würde es passen, dieser Kotzbrocken, er hat den Dino schon getreten. Vielleicht war er das auch mit dem Fenster und den Traktorreifen. Ria sieht zu, wie die Infusion langsam in Dinos Venen tropft.

»Er wird ein paar Stunden so liegen müssen«, sagt die Arzthelferin und streicht ihm über die Seite. »Aber wir rufen Sie sofort an, wenn es ihm bessergeht.«

»Willst du hier bleiben, Ria?«, fragt Jalil. »Ich kann dich später wieder abholen.«

Sie strafft die Schultern. »Nein, ich muss doch zu Blanca.«

Dino ist zu schwach, um den Kopf zu heben, aber als sie den Raum verlässt, folgt er ihr mit den Augen, bis das Weiße sichtbar wird.

JOHANNA

Bitte, bitte, lass nicht den Ekelvater öffnen, bitte, bitte. Lass ihn arbeiten sein, an einem Mittwoch um halb elf, er kann ja seine Tochter nicht die ganzen Herbstferien über im Auge behalten. Puh: Die Mosermutter öffnet die Tür, aber guckt Johanna so böse an, dass sie sich trotzdem fast nichts zu sagen traut.

Nur ganz leise kommt es aus ihr heraus: »Kann ich bitte mit Minna sprechen?«

»Waren wir etwa nicht deutlich genug?«

»Doch, schon.« Johanna spürt schon das Brennen, das den Tränen vorausgeht. »Aber bitte nur das eine Mal.« Meine Familie ist sauer auf mich. Ich hasse mich selbst. Ich vermisse Minna, und ich weiß nicht, was ich machen soll!

Frau Moser schüttelt den Kopf. »Nein. Aber ich bete für dich, Johanna.«

Dann schlägt sie ihr die Tür vor der Nase zu, nein, sie schlägt natürlich nicht, sie schließt sie ganz behutsam christlich. Das heißt doch so ungefähr dasselbe wie: Du brätst eh schon in der Hölle. Jetzt laufen die Tränen, sie schnieft und wischt sich durchs Gesicht. Sie stapft nach links an dem leeren Haus vorbei, in das sie an ihrem ersten Abend in Vischnanca eingestiegen sind. Mutprobe, hat Jasper gesagt und es wieder zurückgenommen. Und gestern, nur paar Monate später: richtig *mutig*, kleine Schwester. Am Haus von diesem grauen Ehepaar vorbei, und das Dorf ist fast zu Ende. Wie Jasper das Wort betont hat. *Mutig.* Heißt: Du bist genauso ein Loser wie schon immer, kleine Schwester. Kein Wunder, was sie mit dir gemacht haben. Ihn hasst sie auch. Meckert sie an, obwohl *er* was falsch gemacht hat, und zwar heftig falsch. Sie kommt an der Warnampel vorbei, dann am durchgestrichenen Ortsschild. Hier war sie noch nie zu Fuß. Bye bye, Vischnanca. Es tut besonders weh, weil sie ihm echt vertraut, echt gedacht hat, dass er jetzt zu ihr halten würde. Dass er letztes Jahr vielleicht einfach nicht mitgekriegt hat, was los war. Aber nein, er *hat* es mitgekriegt. Er ist einfach ein Arsch. Ihr eigener Bruder. Links hoch geht ein Wanderpfad, der im Schnee fast nicht zu erkennen ist. Ein knallgelbes Schild vor dem schneedüsteren Himmel zeigt an, dass man in zwei Stunden zum Gipfel kommt. Unterhalb davon am Pfahl ein laminierter Zettel auf Holz: *Allgemeines Betretungsverbot! Akute Stein- und Blockschlaggefahr!* Um es noch deutlicher zu machen, ist auf der anderen Seite des Pfads ein Pflock eingehauen und quer eine Kette gespannt. Sie stapft über die verschneite Wiese und beginnt zu klettern.

Er hätte zu ihr halten müssen, als Franzi und Sophie so gemein zu ihr waren. Die ganze Zeit hat sie versucht, die Erinnerungen an diese Party zu unterdrücken, aber sie ist so sauer, so stinkesauer, niemand hält zu ihr.

Franzi war auch sauer, nachdem Jasper ihr damals eine Abfuhr erteilt hatte, oder vielmehr verletzt war sie, aber das wollte sie nicht zugeben. Sie war immer die Hübscheste in ihrem Kleeblatt und wurde oft älter geschätzt, vor allem, wenn sie sich schminkt. Aber mal ehrlich, sie waren halt erst dreizehn, und jeder ältere Junge, der ernsthaft mit ihr flirtete, war irgendein *pervert.* Der Wanderweg ist nur durch eine

Schattierung im Schnee zu erkennen: Weil er tiefer liegt als die Wiesen links und rechts, ist auch die Schneedecke bisschen niedriger. Johanna keucht. Bald erreicht sie den Schutzwald. Er sieht düster aus, aber genau in dem Moment, in dem sie ihn erreicht, reißen die Wolken auf, die Sonne kommt heraus, und die Helligkeit des Schnees sticht ihr so schmerzhaft in die Augen, dass sie froh ist, zwischen den Bäumen verschwinden zu können. Hier sieht sie niemand mehr. Bye bye, Welt. Im Wald kommen die Strahlen stachlig durch die Fichten. Im Wald ist noch Herbst, ein, zwei Schritte, und sie kehrt in eine schon vergangene Jahreszeit zurück. Sie dreht sich noch einmal um. Die nächste Wolke schiebt sich vor die Sonne.

Die Erinnerungen lassen sich nicht mehr wegschieben. Franzi war verletzt, als Jasper sie abgewiesen hat, und wenn Franzi verletzt war, wurde sie gemein. Johanna und sie waren immer beide gut in Englisch, aber Johanna oft einen Tick besser, und wenn sie dann eine glatte Eins hatte und Franzi nur eine Eins minus, sprach sie oft nicht mehr mit ihr. Immer öfter zog sie dabei auch Sophie auf ihre Seite, die beiden hatten denselben Weg zur Schule und waren deswegen immer ein klitzekleines bisschen enger miteinander, obwohl sie alle drei sich regelmäßig beteuerten, dass sie wirklich ein ganz und gar gleiches Kleeblatt waren. Wenn Franzi nicht mit Johanna sprach, wurde also auch Sophie wortkarg. Johanna versuchte dann den Rest des Tages, sich wieder bei Franzi einzukratzen. Wie bescheuert das war, wusste sie eigentlich – dann war sie halt besser in Englisch. Sollte sie Fehler einbauen, nur damit Franzi nicht sauer auf sie war? Hat aber nichts dran geändert, dass sie weiter mit ihr befreundet sein wollte.

Sie zieht die Samen von einem der langen Gräser, die sich ihr am Wegesrand entgegenneigen. Das haben sie und Jasper oft gemacht, als sie klein waren: Wenn man die Samen zwischen Daumen und Zeigefinger so abzieht, dass sie alle auf einer Höhe ein kleines Sträußchen bilden, sagt man Henne. Wenn in der Mitte eines herausragt, sagt man Hahn.

»Hahn.« Ihre Stimme ist kaum zu hören.

Obwohl es im Wald wärmer ist als im Freien, ist ihre Nase ein Eisklotz. Sie zieht sich das Tuch darüber, Mamas Seidentuch, das sie ihr nicht zurückgegeben hat, aber es wird sofort feucht. Sie stopft es zurück unter die Jacke. Der Wanderweg geht eine Weile eben weiter, rechts wird er von einer Steinmauer gestützt, aus der lila Blümchen wachsen, als wäre sie noch weiter in der Zeit zurück und in den Frühling gegangen. Es ist feucht, sie hört ein Plätschern, kann aber keinen Bach finden.

»Hahn«, ruft sie. Schreit. »Hahn!«

Dann kreischt sie, so laut sie kann, kreischt und rennt los. Schon ist der Wald vorbei, der Winter kehrt zurück, sie springt mit beiden Füßen in eine knirschend krachende Schneewehe. Einen Moment fällt ihr die Orientierung schwer, aber der Pfad macht einen Schlenker um hundertachtzig Grad und führt knirschend krachend zurück in den Wald.

Anfangs war am nächsten Tag wieder alles in Ordnung. Sophie, Franzi, Jojo, sie gehörten zusammen. Aber einmal meinte Franzi plötzlich: Wenn du weiter meine Freundin bleiben willst, musst du was für mich machen. Eine Mutprobe. Bei Frau Werner fragen, ob du aufs Klo darfst – darauf reagierte die im Unterricht immer unheimlich genervt. Die ganze Fünfminutenpause in der Raucherecke stehen, wo sie nicht hindurften. In der großen Pause zum Bäcker gehen, was nur für die Oberstufe erlaubt war. Und dann: mit Felix reden.

Johanna war schon seit Wochen in Felix verliebt. Seit er einmal so eine blöde Mütze anhatte, die ihm überhaupt nicht peinlich zu sein schien. Fand sie irgendwie gut. Das war das Schlimmste von all diesen Sachen. Bei den anderen hatte sie auch Schiss gehabt, aber versuchte sich einzureden, dass es irgendwie witzig war. Sie traute sich drei Tage lang nicht, und Franzi und Sophie sprachen drei Tage lang nicht mit ihr. Kann ich nicht was anderes machen, fragte Johanna sie richtig verzweifelt, und Franzi verdrehte die Augen. Na gut. Dann klau mir bei Zara ein T-Shirt.

Sogar das hat sie gemacht. Danach musste sie auf die Toilette rennen, um sich zu übergeben. Keine Ahnung, warum ihr nicht der ganze Laden angesehen hatte, was los war, ehrlich, sie muss hochrot gewesen sein und hat gezittert. Glück gehabt, sagte Franzi. Können war es jedenfalls nicht, sagte Sophie, und sie kicherten. Zu Hause wollte sie am liebsten alles erzählen, aber die hätten ja einen Riesenaufstand gemacht, bestimmt hätte Johanna das Shirt zurückgegeben und sich entschuldigen müssen. Franzi hat es nie angezogen.

Sie bleibt stehen und stützt die Hände auf den Oberschenkeln ab. So sieht man das doch oft, wenn jemand verschnauft. Aber ihre Muskeln schmerzen viel zu sehr, als dass sie jetzt auch noch ihre Hände darauf ablegen will. Sie schüttelt die Beine aus. Inzwischen ist sie ganz schön hoch. Ein Stück noch bis zu diesem seltsamen, einsam aufragenden Buckel auf dem Berg, der aussieht wie eine kleine Südseeinsel mitten in Graubünden, mit der einen verbleibenden Fichte darauf wie eine Palme. Der Buckel neigt sich Richtung Tal, aber stürzt einfach nicht herunter. Warum nicht, kann ihr wohl auch keiner erklären. Also, Bengiamin könnte es vielleicht, aber der ist nicht hier.

Sie guckt talwärts. Vischnanca von oben. Veia Carfiol. Veia Rischmelna. Sie zählt die Häuser ab, tippt mit dem Finger auf den Kirchturm, stößt dagegen. Wäre das nicht ein gutes Foto, so wie so viele andere das mit dem Schiefen Turm von Pisa machen? Papa hat das auch gemacht, als sie vor ein paar Jahren da waren. Sie setzt den Rucksack ab und zieht den Gorillapod heraus.

»Geht es dir gut, Schnegge? Willst du auch mal gucken?« Sie setzt den kleinen Zottel oben auf einen Schneehügel, wo er im Tageslicht noch abgegriffener aussieht als sonst. Ein paar Schneeflocken rieseln auf ihn herab. Johanna versucht, eine gute Position für das Handy zu finden, aber so richtig funktioniert es nicht. Wieder scheint die Sonne durch eine Wolke, sie macht eine Aufnahme und lädt sie hoch. Hashtag God rays. Ihr wird kalt, sie packt das kleine Stativ und Schnegge wieder ein, um weiterzulaufen. Rauf, immer weiter aufwärts, da oben kann ihr niemand was.

Es hätte gut sein müssen mit dem T-Shirt. Sie wusste, dass sie zu weit gegangen war, sie wusste, dass es immer schlimmer werden würde, weil, warum sollte Franzi sie jetzt noch vom Haken lassen? Aber hey, sie war dreizehn, wie altklug man nicht mal ein Jahr später auf sich zurückgucken kann.

Wieder geht es in den Wald. Irgendwo kracht und splittert es, und dann fliegt etwas vor ihr über den Weg. Ein zweiter Felsbrocken! Wie der Ömmes im Juni. Sie erstarrt. So stirbt man also: Der Herzschlag füllt den ganzen Körper aus, bevor er sich völlig verabschiedet. Stille zwischen ihren Ohren. Etwas Weißes blitzt. Sie lacht laut auf, ohne etwas zu hören: kein Felsbrocken. Ein Reh, das sich vor ihr erschrocken hat. Ein Reh! Mit weißem Schwanz.

Okay, wow.

Alles gut. Sie versucht, zwischen den Bäumen noch etwas zu erkennen, aber das Tier ist weg. Sie sieht sich um. Was sind hier wohl noch für Tiere, von denen sie nichts mitbekommt? Man hört ja nicht mal Vögel, selbst wenn die Ohren nicht vor Panik rauschen. Mäuse, Dachse, Eulen und so was bestimmt. Wölfe? Gibt es so hoch Wölfe?

Ähm.

Klar sind Wölfe cool, sie liebt Wölfe.

Sie weiß auch, wie man sich verhalten soll, wenn man welche trifft. Beziehungsweise bevor man welche trifft. Man soll laut sein, weil, dann haben die mehr Angst vor dir und verschwinden, bevor du sie nur siehst oder erahnst. Und im Oktober werden sie wohl noch nicht so hungrig sein, dass sie eine gesunde, durchschnittlich große Vierzehnjährige angreifen.

»Hallo, Wölfe«, ruft sie. »Ich bin hier. Bleibt, wo ihr seid, außer ihr wollt vielleicht mit auf ein Gruppen-Selfie. Ein Wolfie. Ansonsten schmecke ich nicht gut!«

Als Antwort hämmert einer gegen einen Baum. Also, kein Wolf, sondern ein Specht. In Duisburg hatten sie einen im Garten. Sie muss lachen, einfach so – und schreit noch einmal, so laut sie kann. Steht da und schreit und läuft wieder los. Durch die Bäume sieht sie, dass die schräge Fichte auf der Insel jetzt genau auf ihrer Höhe ist. Außer Atem hält sie an. Der Weg führt sie davon weg, also nimmt sie beide Hände aus den Jackentaschen – damit es als Arbeitsunfall gilt, würde Papa sagen – und schlängelt sich zwischen den Stämmen durch. Am Rand des Waldes bleibt sie stehen. Der

Blick aufs Dorf ist hinter einem Vorsprung verborgen. Hier sieht der Hang ganz anders aus, nicht mehr grau und glatt wie von unten: Unter dem Schnee schauen große braune Steinbrocken hervor, und auf den Inselbaum führt eine Art breite Rinne zu, als hätte der liebe Gott oder die liebe Göttin mit einer großen Axt in den Berg geschlagen. Unter dem Schnee sieht sie den Boden nicht. Sie muss sich teils mit den Händen abstützen, um voranzukommen, und tastet sich mit jedem Schritt vorwärts. Die Rinne wird immer schmaler. Nach ein paar Minuten erreicht sie einen Felsen, der aussieht, als könnte man einigermaßen gut draufklettern.

Sie nimmt das Handy aus der Tasche und richtet die Kamera auf sich selbst.

»Johanna Blom, definitiv kein Outdoor-Mensch«, sagt sie. Inzwischen hat sie so oft geübt, wie sie einigermaßen hübsch aussieht, wenn sie lächelt. Die weiße Wollmütze ist auch gut. »Ich will euch mal zeigen, wie Vischnanca von oben aussieht. Praktisch aus der Sicht des Berges, der uns alle erschlagen will. Achtung, es wird wacklig!«

Na ja, das wird sie nachher schneiden. Sie legt das Telefon auf einen Stein auf halber Höhe und hievt sich hoch. Muss ja nicht elegant aussehen. Kalt und nass ist es. Sie muss kichern und rutscht prompt ab. Noch einmal – und dann ist sie oben. Sie stellt sich aufrecht. Ihr linker innerer Oberschenkelmuskel zieht, aber ist das genial.

Ist das genial.

Ich bin die Königin der Welt.

Sie nimmt erneut das Handy hoch. »Diese jungen Leute von heute, die nehmen ja immer sofort ihr Telefon und filmen alles. Aber schaut euch das doch bitte mal an.«

Links gleich neben ihr, also im, äh, Osten, steht der dunkle Wald, weiß gepuderte Baumspitzen alle leicht schief zum Berg hin geneigt. Auch die haben Ehrfurcht vor ihm. Oder der Wind kommt meist aus, äh, Norden. Gegenüber steht, ihr inzwischen ganz vertraut, der Piz Envers, an dem Minna so gern festmacht, wie stark sich der Kirchturm neigt. Er hat insgesamt drei Spitzen, alle verschneit und von der Sonne beschienen. Die Dörfer gegenüber gucken aus dem Weiß, und es gibt noch ein paar andere graue, schwarze, braune Flecken, wo der Schnee getaut ist oder es noch nicht hingeschafft hat. Bis ganz runter zum Fluss kann sie sehen, als ob jemand mit dem Finger eine Schlangenlinie durchs Tal gezogen hat.

»Und jetzt passt auf. Ihr kennt doch bestimmt das typische Bild von einer einsamen Südseeinsel mit einer einzigen Palme drauf, oder? Daran erinnert mich das hier.«

Sie schwenkt noch ein Stück nach rechts, bis sie dieses Stück Fels vor der Kamera hat. »Von Nahem sieht das krass bedrohlich aus. Das ganze Ding ist bestimmt so zehn, elf Meter hoch und die arme Fichte darauf noch mal. Bin schlecht im Schätzen. Und breit? Hm, wie ein Haus, würde ich sagen. Ich komme leider nicht näher dran, hier wird es immer enger.«

Dabei würde sie sich gern daneben stellen. Vielleicht versucht sie es. Sie geht in die Knie, um sich abzustützen und von ihrem Ausguck abzusteigen, da rutscht sie weg, rutscht, fällt.

Schreit.

Nicht vor Wut oder Ausgelassenheit wie vorhin.

Vor Schmerz.

Im Po.

Gut, dass sie sich den Kopf nicht angeschlagen hat. Jetzt

liegt sie hier in dieser Rinne und muss sich erst mal wieder aufrappeln. Was für ein Schreck. Aber sie kann nicht aufstehen. Der Steiß tut ihr so weh, dass sie fast weint. Scheiße. Scheiße.

Kurz abwarten.

Durchatmen. Mir ist schlecht. Schnaufen. Sie schließt die Augen, nein, schnell wieder aufmachen, da achtet man ja noch mehr auf den Schmerz. Okay, guck dir was anderes an. Wo ist das Telefon? Da. Okay, den Arm und die Hand kann ich ausstrecken. Der obere Rücken liegt relativ bequem auf dem Rucksack und Schnegge.

»Schnegge, geht es dir gut? Ich hoffe, ich zerquetsche dich nicht.«

Und der Kopf ist ja auch okay. Sie bewegt ihn, rollt ihn hin und her. Alles gut. Die Füße? Sind da. Die Beine? Der Schmerz kommt in Wellen, dunkelblauen Wellen wie am Meer. Sie sitzt auf dem Berg und denkt ans Meer, da waren sie schon oft, an der Nordsee, am Mittelmeer, am Toten Meer.

Kurz abwarten. Durchatmen. Mauro Schiess in seinem Rollstuhl. Ich will nicht in den Rollstuhl. Noch einmal stützt sie sich mit den Händen ab. Wenn sie sich irgendwie zur Seite rollen und dann aufstehen könnte. Aber was, wenn sie das macht und sich dann gar nicht mehr bewegen kann? Zwei Schluchzer ertönen, gehören wohl zu ihr. Hallo, liebe Wölfe, bitte bleibt weg, ich bin gefährlich und kein Abendessen. Scheiße, irgendwie wird es auch schon dunkel, aber nein, es ist erst drei Uhr oder so, vielleicht wirkt das so, weil ich hier zwischen den Felsen sitze, schaut, liebe Wölfe, der Himmel ist noch hell, einfach nach oben schauen, dann ist alles gut. Vielleicht kann sie mit dem Handy die Sonnenstrahlen reflektieren, falls die mal wieder rauskommen, so dass sie in Vischnanca oder gegenüber auf der anderen Talseite auf sie aufmerksam werden. Aber noch hat sie sich nicht mal zur Seite gerollt. Soll sie? Wenn, dann rechts rum, weil sie schon bisschen nach rechts geneigt dasitzt. Nein. Nein, nein. Sie traut sich nicht. Sie ist feige. Die ultimative Mutprobe, und du bist feige, bist du immer gewesen, kleine Schwester. Jasper hatte Franzi abgewiesen, Franzi war sauer, und Johanna befürchtete schon, am Wochenende nichts von ihr zu hören. Dabei konnte sie doch nichts für ihren Loser von einem Bruder. Mal davon abgesehen, dass sie es halt verständlich fand. Aber dann rief Franzi doch an, da sei ja diese Party geplant im Industriegebiet, und Johanna hatte Jasper schon mit einem Kumpel am Telefon drüber reden gehört, die Party des Jahres in einer stillgelegten Fabrikhalle. Franzi, Sophie und sie wandten den uralten Trick an und erzählten ihren Eltern, sie schliefen bei einer der jeweils anderen, und nie waren die Eltern hinterher, das auch wirklich zu prüfen, weil sie sich wahrscheinlich selbst über die sturmfreie Bude freuten. Mama war arbeiten, aber Papa meinte, klar, ist doch toll, dass ihr etwas zusammen macht, viel Spaß.

Der süße Felix würde jedenfalls auch da sein, sagte Franzi, und alle würden sich mega aufbrezeln. Johanna hatte super Schiss, weil sie das doch nicht konnte, lachen, flirten, heimlich was trinken, hübsch aussehen, aber sie war so froh, dass Franzi sie mitnehmen wollte, dass sie sich ganz erwachsen und sexy zurechtmachte, es war November, aber sie zog ein kurzes Kleid mit Pailletten an, das Sophie ihr irgendwann mal vermacht hatte, ohne das Johanna es jemals getragen hätte. Sie hatte noch nie so was Körperbetontes an, einmal ein nicht ganz so enges Sommerkleid für eine Familienfeier, das sie mit Mama gekauft hatte. Hübsch siehst du aus, hatte Mama gesagt. Du musst deinen Körper nicht immer so verstecken. Nein, Mama, ich muss nicht, aber ich kann.

Sobald Johanna wie verabredet im Bus saß, schrieben Franzi und Sophie, sie würden doch ein Taxi nehmen und sie vor der Fabrikhalle treffen. Kurz überlegte Johanna, den nächsten Bus zurückzunehmen, aber nein, sie würde sich das jetzt trauen. Vielleicht würde Felix sie ja wirklich mal angucken, wenn sie in einer anderen Umgebung waren, nicht immer nur in der Schule. Während sie in ihren ungewohnten, schmerzhaften High Heels die Straße durch das ausgestorbene Industriegebiet runtertrippelte, hatte sie Franzi am Telefon, um sich nicht so allein zu fühlen. »Wir sind schon reingegangen«, sagte Franzi, »es ist so kalt draußen, komm schnell, es ist so geil hier.« Da hörte Johanna schon die Bässe, und mit steifgefrorenen Fingern öffnete sie die metallene Tür, an der wie Luftballons aufgeblasene Kondome hingen.

Sie wusste nicht, wer die Party überhaupt veranstaltete, aber die hatten ganze Arbeit geleistet, mit bunten Scheinwerfern und einer riesigen Musikanlage, sogar ein echter DJ war da. Da sie im Grunde keine Partyerfahrung hatte, war das aber vielleicht auch normal so. Heiß war es. Und dann fiel ihr auf, wie alle sie anguckten, als sie den Daunenmantel auszog und ihre Pailletten im Licht glitzerten. Alle, wirklich alle, sahen total normal aus. Jeans und T-Shirt. Niemand war mega aufgebrezelt außer Party Virgin Johanna Blom. Sie erkannte einige aus ihrer Klasse und den Parallelklassen, aber vor allem ältere. »Mutig, mutig«, meinte ein Mädchen mit vor Spott triefender Stimme. Schnell wollte

Johanna trotz der Hitze den Mantel wieder anziehen, aber da schnappte ihn ihr jemand weg. Franzi.

Sie und Sophie hüpften um sie herum und lachten. »Heiß siehst du aus! So wird Felix garantiert mit dir tanzen. Und nicht nur das!«

»Das will ich doch gar nicht«, rief Johanna. Der Lärm und die bunten Lichter waren so aufdringlich, dass sie alles von sich schieben, sich Ohren und Augen zuhalten wollte.

Sophie lachte sie mit offenem Mund an, und Franzi hatte diesen Ausdruck im Gesicht, den Johanna schon kannte. Von der Sache mit dem T-Shirt. O Mann, sie war aber auch doof. Schwer von Begriff. Das hier war keine Rückkehr zu ihrem glücklichen Kleeblatt, wie sie es sich so doll erhofft hatte, es war ein weiterer Rachefeldzug von Franzi, und plötzlich hatte sie panische Angst vor dem, was kommen würde. Hätte sie nur gleich wieder den Bus genommen. Jetzt fuhr keiner mehr. Sie versuchte sich aus Franzis Klammergriff frei zu machen. »Ich hab doch noch nicht mal mit ihm geredet.«

»Du sollst ja auch mit ihm tanzen! Ihn küssen.« Mit geschürzten Lippen kam Franzis Gesicht auf ihres zu.

Johanna schüttelte den Kopf. »Das mache ich nicht.«

»Dann bist du nicht mehr meine Freundin.« Franzi verschränkte die Arme, ihre spitzen Schultern schoben sich nach vorn. Johanna wusste, dass sie einfach sagen sollte: Dann eben nicht. Das ist doch sowieso keine Freundschaft, was du hier mit mir machst. Du kannst mich mal. Aber sie sagte nichts, und da kamen drei Mädchen aus ihrer Klasse vorbei, und Franzi hielt sie an. »Hey, Jojo will heute Felix küssen. Falls ihr ihn seht, sagt ihm doch schon mal Bescheid.«

»Will ich gar nicht«, rief Johanna.

Wird es nicht doch schon dunkel? Sie stöhnt. Muss wohl Papa anrufen. Hey, Papa, ich bin hier auf dem gesperrten Berg oberhalb von Vischnanca, weil ich ein Video für Instagram machen wollte, das ich heimlich weiterbenutzt habe, weil ich es ungerecht fand, dass ihr es mir verbietet. Hey, Papa, weißt du noch, wie ich letztes Jahr geheult habe und nicht aufhören konnte? Das war, weil Franzi und Sophie erst ständig versucht haben, mich zu Felix hin zu schubsen und zu ziehen, es war so unendlich peinlich, weil es alle gesehen haben, und Felix hat sich irgendwann sogar weggedreht, weil er es auch unangenehm fand. Damit sie damit aufhörten, erklärte Johanna sich schließlich bereit, einen Schluck aus einer Wodkaflasche zu nehmen, dann noch einen, es brannte wie Hölle, wie kann man so was trinken, sie musste husten, und alle schienen über sie zu lachen, sie fiel halt auf in diesem engen Kleid, sie wusste nicht mal, wo ihr Mantel hin war. »Mutig«, sagte einer.

Und dann, Papa, weißt du, was dann passiert ist? Dann waren Franzi und Sophie auf einmal verschwunden. Ich dachte schon, das muss Zauberalkohol sein, der macht nicht nur schwindelig, nein, der lässt auch Leute verschwinden. Ich bin die ganze Halle dreimal abgegangen, immer wieder haben die Jungs gelacht, die stehen immer in Gruppen rum und lachen, das ist wohl Gesetz, wenn ein Mädchen an ihnen vorbeitorkelt, manchmal greifen sie einem auch zwischen die Beine, Papa, mit harten, heißen Fingern. Wie Blutegel. Wie Kakerlaken. Geh weg, hab ich jedes Mal gerufen, nein, geh weg! Du musst deine Figur nicht verstecken, Jojo, schon klar. Ich habe Franzi angerufen, Sophie angerufen, aber sie sind beide nicht drangegangen. Ich hab mich über die Tanzfläche geschoben, um sie da zu suchen. Auch nicht. Irgendwann war mir so schlecht von den blinkenden Lichtern und den Bässen im Bauch, in dem der Wodka rumschwappte, dass ich rauswollte. Ohne Mantel, weil ich ja nicht wusste, wo der war. Da hab ich Jasper gesehen, der rumstand, auch in einer Gruppe Jungs, und ich dachte, der bringt mich um, wenn ich ihn jetzt anspreche, die peinliche, kleine Schwester. Aber ich bin trotzdem hin und hab gesagt, Jaspi, ich will nach Hause. Ich hab fast geweint. Jaspiiii, haben die anderen gegrölt und gequiekt, und Jasper hat mich böse angeguckt und gesagt, ja, geh halt. Kannst ihn fragen, Papa, genau so ist es gewesen.

Ich bin losgelaufen und dachte, ich geh die Busstrecke zurück, aber auf der Hauptstraße wusste ich schon nicht mehr, wo ich war. Hab dann mit dem Handy navigiert, was nicht so gut geht, wenn man zum ersten Mal Wodka getrunken hat, und man kann auch nicht gleichzeitig gucken und laufen, Papa, aber dann habe ich die Straße gefunden, die runter nach Duissern führt, diese Landstraße, weißt du, da ist die Stadt ja so auseinandergezogen. Ich glaube, wir sind die sogar öfter gefahren, aber sie war anders in der Nacht, ganz verlassen, ein schmaler Fußgängerweg, nicht mal geteert, nur Matsche im November, es ging durch Gras, und die Autos zischen an einem vorbei, und woher weiß man, ob sie im Dunkeln auf der Straße bleiben? Immer wenn die Scheinwerfer mich trafen, haben die Pailletten geglitzert, und mir war so kalt, und dann hupten sie, und manchmal wurde eins langsamer, und einmal hielt eines an, und ich dachte kurz, vielleicht sind es Sophie und Franzi im Taxi, die mich abholen, aber es war ein Mann, der vom Beifahrersitz aus runterbrüllte, he, du Schlampe, blas mir einen, und er hat was nach mir geworfen, eine Bierflasche, die neben mir ins Gras gefallen und nicht zerbrochen ist, und ich bin losgerannt und umgeknickt und weitergerannt, ich konnte nichts erkennen, weil ja immer wieder Scheinwerfer geblendet haben, meine Augen konnten sich an nichts gewöhnen, und die sind langsam neben mir hergefahren, und ich konnte kaum atmen, vom Laufen und vor Angst, dann noch ein Wadenkrampf und ich musste die Schuhe endgültig ausziehen, das Auto hielt an, ich dachte, ich sterbe, wirklich, Papa, ich dachte, jetzt vergewaltigen sie mich und bringen mich um, aber meine Beine sind von allein weiter, in Gedanken war ich schon tot, und die Beine liefen weiter, wie bei einem geköpften Huhn. Dann waren endlich Häuser zu sehen, und es gab einen gepflasterten Fußgängerweg und eine Aral. Da bin ich hin und in den Shop, aber hinter dem Tresen stand ein Kerl, der komisch geguckt hat und auch meinte: Mutig, mutig. Ich hab die alle so gehasst. Also schnell wieder raus. Die Typen im Auto waren weg, und ich weiß auch nicht, ich habs irgendwie nach Hause geschafft, und du hast schon geschlafen, Papa, warst ins Bett gegangen, weil du mich ja bei Sophie im Kinderzimmer gut aufgehoben gedacht hast, und zwei Wochen später habe ich immer noch von dem langsam fahrenden Auto und der fliegenden Bierflasche und dem Blas-mir-einen geträumt, und einmal konnte ich das Weinen nicht zurückhalten, als du dabei warst, weißt du noch? Dabei wollte ich dir nichts davon erzählen, wollte kein Theater, wollte mir diesen Blick von dir nicht antun, wenn du meinst, mich als der starke Papa vor irgendwas beschützen zu müssen, und gleichzeitig enttäuscht von mir bist und nicht weißt, ob du das zeigen oder verbergen sollst.

Die Schmerzen ziehen aus dem unteren Rücken immer weiter nach oben. Schneeflocken landen auf ihren Knien und Händen, auf der kalten Stirn und der noch kälteren Nasenspitze. Es hilft nichts, sie kann hier nicht liegen bleiben. Sie entsperrt ihr Telefon.

RIA

Dino hat die Nacht in der Praxis verbracht. Ria war gestern Abend noch einmal da, um ihm ein getragenes T-Shirt von sich mitzubringen und sein liebstes Kuschelzebra. Er hat ein paarmal schwach mit dem Schwanz gewedelt und ist auf dem dicken Schaffell liegen geblieben, auf das sie ihn gebettet hatten. Er hat es gut dort, und der Arzt bleibt weiter frohen Mutes, aber trotzdem hat Ria kaum geschlafen. Auch Luna versteht die Welt nicht mehr, erst ist Gian weg, dann ihr *cumpogn* Dino. Ria hat sie am Morgen bei sich im Bett gefunden, und als Gian nach dem Mittagessen wiederkam, war sie nicht mehr zu halten. Blanca hat sich genauso gefreut. Und Ria? Während er weg war, hat sie sich gewünscht, ihn hier zu haben, damit sie gemeinsam um ihr vierbeiniges Familienmitglied bangen können. Aber nun, da er heimgekommen ist, steht viel zu viel zwischen ihnen. Sie ist gleich mit Blanca zum Käsemachen, um nicht mit ihm reden zu müssen.

Die Kleine hängt im Tragetuch und stellt Ria unverständliche Fragen. Ria erklärt ihr, was sie macht, und zeigt ihr die Handgriffe, soweit sie das sehen kann. Irgendwann wird Blanca langweilig, und sie schläft ein.

Die Druckerei hat einen Gummi um den Karton mit dem neuen Packpapier gewickelt, den Ria vorsichtig abzieht, zweimal ist er herumgewickelt, so lang, dass sie fast Gummitwist damit spielen könnte, wie früher mit Claire und Eli, sie hatten es zu einer richtigen Kunst gebracht. Mit wem soll eigentlich Blanca später so etwas machen, wenn sie das einzige Kind im Dorf bleibt? Sie wird immer woanders spielen, mit ihren Kindergartenfreundinnen für den Nachmittag nach Hause fahren müssen, wo Ria sie dann später abholt.

»Ria? Hey.« Stella hält sich mit einer Hand am Türrahmen fest und winkt mit der anderen. »Störe ich?«

Das Bild in Rias Kopf wird unscharf – wird sie es selbst sein, die Blanca von ihren Spielkameradinnen abholt? Oder Gian? Und wo wird er dann mit ihr hinfahren?

Ria schaut auf die Uhr. Der Käse braucht noch.

»Nein.«

»Hast du die bescheuerte Evakuation gut überstanden?«, fragt Stella.

»Eine Ladung Milch war hinüber«, sagt Ria unschlüssig.

Stella lässt sich an einem Arm hängen und pendelt vor und zurück. »Ich war ja bei meiner Freundin Isabel in Bivio, und weißt du, wen ich getroffen habe? Anja. Weißt du noch? Die im Sommer hier war?«

Ria nickt.

»Sie hat da jetzt ein richtiges Café eröffnet, und ich soll dich lieb grüßen.«

»Was willst du?«

Stella stellt sich wieder aufrechter. »Du wirst mich hassen.«

Aber Ria weiß es ja schon längst. »Du willst Gian loswerden.«

»O Gott.« Stella schlägt die Hände vors Gesicht. »Mauro zieht jetzt endgültig aus, und Gian will sein Zimmer übernehmen.«

Da steht Fabio Blom in der Tür. »Hallihallo, ihr beiden. *Bun de.*«

Ria legt die Arme um Blanca im Tragetuch, und er zieht den Kopf ein und redet leiser weiter. »Entschuldigung.«

»Schon gut«, sagt Ria, es war nur eine instinktive Geste. »*Bun de.* Kann ich dir helfen?«

»Darf ich reinkommen?«

»Nicht mit Straßenschuhen.« Sie zeigt ihm Gians Plastikclogs neben dem Eingang, und Fabio zieht seine Schuhe aus, während sie ihm Gians Schürze hinhält, die ihm viel zu groß ist. Stella knotet sie ihm am Rücken zu, und er wäscht sich die Hände.

»Skalpell, bitte«, sagt er und grinst. Stella lacht. Dann schaut er sich neugierig den großen Bottich an, in dem gerade die Harfe ihre Runde dreht. »Das riecht aber gut.«

»Ach ja?«, fragt Ria.

Er lacht. »Überrascht, dass ein Städter Gerüche vom Land mag?«

»Lauwarme Milch und Lab sind doch noch einmal etwas Besonderes.« Aber ja, es überrascht sie wirklich.

Stella steht weiter da, mit hängenden Armen. Ria ist froh über die Unterbrechung, damit sie nicht weiter über ihre Ehe nachdenken muss, über Blanca als Scheidungskind. Über Stella als die Geliebte, die sie offenbar nie wirklich sein wollte.

»Ich rede mit Gian«, sagt sie zu ihr. Was soll sie auch sonst machen?

Stella legt die Hände vor der Brust zusammen. »Danke.«

Ria nickt und wendet sich Fabio zu, der sich tief über die Flüssigkeit gebeugt hat und schnuppert. Auf seine Fragen hin – die er doch deutlich verständlicher ausdrücken kann als Blanca, wenn auch in diesem harten Hochdeutsch, das immer so überkorrekt tönt – erklärt sie nun auch ihm die einzelnen Schritte und lässt ihn nach ihrer Anleitung eine Handvoll Bruch herausholen und zwischen den Fingern zerdrücken. Er ist wirklich interessiert und geht ihr gar nicht allzu ungeschickt zur Hand, will danach noch die Namen der Kühe wissen und welche Käsesorte Ria am liebsten mag – einen währschaften Bündner Bergkäse natürlich, den sie nur hier oben über tausend Meter Höhe herstellen dürfen, oder auch einen Gruyère.

»Übrigens«, sagt er dann, »habe ich von Sandro und Eli gehört, dass die Versicherungen die Regularien ändern und auch bei permanenten Rutschungen schneller zahlen wollen. Wenn sich die Geschwindigkeit stark beschleunigt oder wenn ein Haus wie das von den Cadotschs zum Totalschaden wird. Außerdem haben wir, Sandro und ich, noch mal mit der Frau Jäger vom Kanton gesprochen. Sie muss jetzt natürlich Rücksprache halten, bla bla, Bürokratie.«

Sie reagiert nicht darauf und schaltet die Maschinen aus. Der Käse ist fertig. Sie legt ihre Schürze ab, hängt sie auf und zupft sich das Haarnetz vom Kopf. Er tut es ihr nach.

»Weißt du«, sagt er, »ich hätte auch fürs Bleiben gestimmt.«

Davon kann sie sich auch nichts kaufen. Warum hört er nicht auf mit dem Thema? Sie zieht sich die dreckige schwarze Fleecejacke über, schlingt sich ihren Schal um den Hals und geht hinaus auf den Hof, er folgt ihr auf dem Fuß.

»Wolltest du etwas aus dem Laden?«, fragt sie.

»Wie lange dauert es, bis mein Käse jetzt fertig ist?«

Sein Käse. »Vier Wochen, wenn du regelmäßig vorbeikommst und ihn mit Salzlake bestreichst.«

»Dann wohl doch lieber einen aus dem Hofladen.«

Blanca fängt an zu zappeln.

»Geh schon mal vor«, sagt Ria erleichtert. »Ich muss ihr kurz die Windel wechseln.«

»Klar.« Er strahlt Blanca an, und die lacht zurück, was wiederum Ria zum Lachen bringt, als sie die Haustür hinter sich zumacht. Charmant ist er schon, der Fabio Blom, aber etwas ist falsch daran, dass er so über Rias Dorf redet. Schnell wickelt sie ihre ebenso charmante Tochter.

»Komm, Mäuschen, dann schauen wir mal, ob er wenigstens ordentlich Geld ausgibt.«

Blanca bekommt ein Stück Waffel von gestern und mampft plappernd vor sich hin. Bevor Ria den Laden betreten kann, hört sie ein Motorgeräusch. Sie erkennt seinen Wagen inzwischen bereits am Ton. Jedes Mal, wenn sie sich sehen und berühren, lässt er sie schmelzen und gießt sie neu. In der Nacht von Samstag auf Sonntag haben sie keine Minute geschlafen, und heute ist der erste Tag, an dem ihr Muskelkater nachgelassen hat. Auch ein blauer Fleck an der Innenseite ihres linken Arms wird schwächer. Sie berührt die Stelle ständig.

Er lächelt, als er aussteigt, und sie weiß nicht, wohin mit all der Zärtlichkeit in seinen Augen, will sie aufbewahren, sie sich in alle Taschen stopfen, in Mund, Nase, Ohren. Sein Blick wandert zu ihren Lippen, aber sie schüttelt schnell den Kopf – nicht vor Blanca.

»Wie geht es Dino?«

»Ich muss gleich noch einmal anrufen«, sagt sie. »Seit heute Morgen nichts Neues.«

»Das wird schon wieder.« Er streichelt ihr über den Arm, und nun legt sie doch kurz ihren Kopf an seine Brust. Es war alles nicht so schlimm: das Fenster, die Reifen, das Schweigen. Aber Dino? Das ist zu viel.

»Er ist doch ein Bauernjunge, er schafft das«, sagt Bengiamin leise.

In der Mittelkonsole klingelt sein Handy, und er taucht ins Auto ab.

»Schon wieder Johanna Blom«, sagt er verwundert.

»Ihr Vater ist hier.« Sie zeigt auf den Hofladen.

Bengiamin meldet sich und hört zu. Ria muss sofort an die Nacht auf dem Maiensäß denken, als er die Augenbrauen hochzieht und genauso beunruhigt aussieht wie bei ihrem letzten Anruf.

»Ja, es gibt ein Rudel«, sagt er schließlich, »aber die werden sich von dir fernhalten, versprochen. Du kannst ja Musik abspielen, wenn du magst. Aber achte darauf, dass dein Akku nicht leer wird.« Kurze Stille. »Du musst wirklich keine Angst haben. Ich komme zu dir. In einer Viertelstunde rufe ich wieder an, okay?«

Ein Rudel? Wölfe?

Bengiamin hört noch eine Weile zu. Er hat den Blick auf Ria gerichtet und zeigt auf den Piz Brunclia. Sie schüttelt den Kopf, versteht nicht.

»Okay, Johanna.« Er gibt sich offenbar Mühe, sie zu beruhigen. »Ich melde mich gleich wieder, versprochen.«

Er legt auf.

»Was ist passiert?«

»Sie ist auf den Berg geklettert und gestürzt. Kann nicht mehr aufstehen.«

»Was macht sie auf dem Berg?«

Er hebt die Schultern.

»Wo genau?«

»Zwischen Wald und Insel.«

Sie weiß genau, welche Stelle er meint, und tritt zwei Schritte zurück, aber das Stalldach verbirgt den Hang.

»Der Vater ist hier?«, fragt Bengiamin.

Da kommt wie aufs Stichwort Fabio Blom aus dem Laden, einen leeren Jutebeutel in der Hand. Als er Bengiamin sieht, grüßt er ihn.

»Ich habe einen Korb voll, Ria, wenn du …«

»Fabio«, sagt Bengiamin, »deine Tochter hat mich gerade angerufen, sie hatte einen kleinen Unfall.«

»Einen Unfall?«

Ria sieht, wie ihm die Angst in Muskeln und Knochen fährt, wie er sich sprungbereit macht, um sein Kind vor Tod und Teufel zu retten.

»Wir gehen sie holen, steig ein«, sagt Bengiamin. Fabio gehorcht gleich und klettert auf den Beifahrersitz des Jeeps, während Bengiamin sich an Ria wendet. Zweifelnd schaut er Blanca an.

»Ich könnte sie Stella geben. Das sind zwei Minuten Umweg.« Sie flüstert. »Wie schlimm ist es?«

»Zwei Minuten sind okay.«

Stella ist daheim, sagt sofort zu, nimmt das Kind und Rias Hausschlüssel, falls etwas sein sollte. Während der Fahrt zurück in die andere Richtung spricht Fabio mit seiner Tochter am Telefon. Ria würde ihm am liebsten sagen, dass er auflegen soll. Zuerst versucht er es mit kleinen Scherzen, spürst du noch alle Finger und Zehen, aber er wird immer hysterischer. Wir kommen dich holen, wir sind schon unterwegs! Mach die Jacke zu, lass die Mütze auf! Bengiamin hält auf der Dorfstraße gleich hinter der Warnampel. Die beiden Männer springen aus dem Auto, Ria klettert hinter dem vorgeklappten Sitz hervor, und Luna springt ihr hinterher.

»Da«, sagt Fabio, »da sind noch ihre Fußabdrücke.«

Er läuft los.

Ria und Bengiamin bleiben stehen. Sie schauen sich an. Wer sagt es ihm?

Ben nickt. Er also. »Fabio, ich glaube, es wäre am besten, wenn du hier unten bleiben würdest.«

»Was? Wieso?« Er stolpert, stürzt vornüber in den Schnee und rappelt sich auf.

Genau deswegen.

»Ria und ich kennen die Berge und haben die bessere Kondition für so einen Aufstieg. Wir sind schneller. Außerdem kann es sein, dass wir hier unten deine Hilfe brauchen.«

»Falls wir einen Krankenwagen rufen müssen«, sagt Ria. »Dann kannst du ihm zeigen, wo wir sind.«

Fabio wird noch ein wenig blasser. Armer Kerl.

»Setz dich ins Auto, Fabio. Wir bleiben übers Telefon in Kontakt. Du kannst noch mal mit Johanna telefonieren, wenn du willst, aber sie hat nicht mehr viel Ladung, und es ist am besten, wenn die Leitung die meiste Zeit frei bleibt, okay?« Bengiamin reicht ihm den Schlüssel. »Wenn dir zu kalt wird, lass den Motor laufen. Es ist genug Sprit drin.«

Fabio nickt nur noch.

»Keine Sorge.« Bengiamin legt ihm eine Hand auf die Schulter.

Dann gehen sie los, zwei Decken aus dem Jeep unter dem Arm, Bengiamin hat eine Flasche Wasser in der seitlichen Hosentasche überm Knie.

»Wie lang braucht ihr in etwa?«, ruft Fabio ihnen hinterher.

»Dreiviertel Stunde«, ruft Ria zurück. »Wir melden uns.«

Luna rennt vor ihnen her und zirkelt in den typischen Hütebewegungen immer wieder zurück. Der Schnee liegt teilweise so hoch, dass er von oben in die Stiefel gelangt. Bald wird Ria in der Fleecejacke warm, und sie öffnet den Reißverschluss ein Stück. Sie bleiben dicht hintereinander, Ria voran.

»Kannst du schneller als ich?«, fragt sie nach einer Weile.

»Nein, genau richtig. Du hast einen ganz schönen Schritt drauf.«

Sie lacht. »Dabei hatte ich die letzten Tage so Muskelschmerzen.«

»Wovon?«

Als sie nichts sagt, lacht auch er. »Verstehe.«

JOHANNA

Wenn sie sich zusammenrollen könnte, wäre es bestimmt wärmer, aber das tut zu weh.

»Schnegge«, sagt sie laut, »ich weiß, dass du da bist. Ich hoffe, ich zerquetsch dich nicht. Ist dir kalt? Papa hat gesagt, sie sind schon unterwegs, er und der Bengiamin.«

Schnegge antwortet nicht, aber er ist ihr bestimmt nicht böse. Wie still es auf so einem Berg sein kann, man hört wirklich überhaupt nichts. Aber die Wölfe hören sie atmen, garantiert. Oder riechen sie.

Musik kann sie nicht anmachen, weil sie nur noch zwanzig Prozent Ladung hat. Der Akku geht schneller leer, wenn es so kalt ist. Sie steckt sich das Gerät unter den Pulli, ganz langsam, damit die Bewegung nicht weh tut, aber auch, damit sie nicht so bald damit fertig ist. Hände zurück in die Taschen. Stille. Sie zieht die Nase hoch. Stille. Ein Stück blassblauer Himmel zieht vorbei, dann kommen die nächsten Wolken. Sie tut so, als ob sie sie mit einem Pusten weiterschicken kann. Stille.

Sie räuspert sich. »*Glindesde, marde, mesemda, gievga, venderde, sonda, dumengia. Premaveira, stad, aton, anviern. Schaner, favrer, mars, avregl, matg, zarcladour, fanadour, avost, settember, otgover, november, december.*«

Es ist kalt. Ihr fällt nichts mehr ein. Wann kommen die denn endlich? Sie zieht das Telefon wieder hervor. Kein Anruf, aber Papa hat geschrieben: *Halte durch, Jojo! Bengiamin und Ria sind unterwegs!* Ben und Ria? Wo ist er denn selbst? Und Mama: *Mein Schatz, spar dir deine Batterie, aber schreib mir nur kurz, dass du okay bist.*

Ich bin okay.

Sofort kommt eine ganze Reihe Herzen zurück. Johanna atmet zitternd.

»Nicht weinen«, flüstert sie, »nicht weinen«, aber es hilft nichts. Tränen laufen ihr aus den Augen, warm auf den kalten Wangen, und aus der Eisklotznase rinnt der Rotz. Eisklotzrotz. Sie wischt ihn weg. Ist sie wirklich okay? Kann sie erfrieren, bevor Bengiamin hier ist?

Sie muss ihn anrufen. Fünfzehn Prozent. Okay, sie wartet noch eine Viertelstunde. Oder zumindest zehn Minuten.

Zehn Minuten sind lang. »Montag, Dienstag, Mittwoch, Donnerstag«, auf Deutsch geht das doch auch, »Freitag, Samstag, Sonntag. Januar, Februar, März, Juni«, sie muss gleichzeitig lachen und weinen, März, Juni.

Wenn sie keine Musik anmachen kann, könnte sie ja selbst welche machen. Aber sie kann nicht singen, ihre ganze Familie ist unmusikalisch. Stille. Fünf Minuten sind um. Vierzehn Prozent. Ihr Nacken tut weh, weil er so abgeknickt wird, aber als sie noch mal versucht, sich zu bewegen, ist gleich der schneidende Schmerz wieder da. Inzwischen pocht er die ganze Zeit dumpf vor sich hin. Okay, sie singt jetzt einfach. Blöderweise fallen ihr Kinder- und Weihnachtslieder ein statt richtiger Musik.

Süßer die Glocken nie klingen.

Haha, die abgebaute Glocke. Inzwischen könnte unten der Turm eingestürzt sein, und sie würde es nicht sehen.

Etwas knackst.

»Hallo?«

Nichts.

Der Himmel wird dunkler.

Am Himmel passiert mehr als hier unten.

Sie summt. *Last Christmas I gave you my heart.*

»*But the very next day ...*« Ihre Stimme kommt wahrscheinlich nicht mal aus der Steinrinne raus. Hoffentlich finden sie sie. »Halloooo!«

Stille.

Aber da! Ein Wolf kommt aus dem Wald gerannt, ein schwarzweißer Wolf mit rot glühender Zunge, die Zähne gefletscht.

»Luna!«

Sie sind da.

»Johanna«, hört sie Bengiamin rufen.

Er ist da.

»Ich bin hier!« Sie schreit, so laut sie kann, das letzte Wort geht in einem Stöhnen und einem Weinen unter. Wenig später hört sie Schritte.

»Hier bin ich«, ruft sie noch einmal.

Und dann stehen sie vor ihr, Bengiamin und Ria, hoch ragen sie auf über ihr und hocken sich dann neben sie. Johanna muss weinen vor Erleichterung und entschuldigt sich. Ria prüft, wie kalt ihre Finger sind. Bengiamin reicht ihr was zu trinken, die Hälfte des lauwarmen Wassers rinnt ihr außen am Hals herunter, weil sie so zittert.

»Dann versuchen wir mal, dich hinzustellen, okay?«, fragt Bengiamin.

Johanna nickt, auch wenn sie furchtbare Angst hat. Sie muss sich recken, um den beiden einen Arm um die Schultern zu legen, und schon dabei unterdrückt sie nur mühsam ein Wimmern. Als sie sie dann anheben, schreit sie aber doch und hört nicht mehr auf, bis sie sie aufgerichtet haben. Kurz wird alles schwarz, dann ist sie wieder da.

»Das geht nicht«, sagt Ria.

»Wenn ich sie allein auf den Arm nehme?«

Ria guckt zurück Richtung Wald. »Da kommst du nicht wieder rüber, ohne dich abzustützen. Und auf dem Rücken kann sie sich nicht halten.«

»Dann muss es doch der Notruf sein.«

»Wie sollen die denn hierhinkommen?«, fragt Johanna.

»Mit dem Helikopter«, sagt Bengiamin, während er ihr eine Decke über den Körper legt und Ria telefoniert.

»Mit dem Helikopter?«, wiederholt sie. Ein Hubschrauber für die kleine, dumme Johanna Blom, die auf den verbotenen Berg geklettert ist. Noch einmal hebt Bengiamin sie an, nur ein Stück, das ist schlimm genug, und Ria schiebt die zweite Decke unter sie. Es dauert ein paar Minuten, aber dann lassen die Schmerzen wieder nach, und ihr wird endlich wärmer. Bisschen zumindest.

Bengiamin ruft Papa an, um Bescheid zu sagen, und der will noch mal mit ihr reden. Sie macht dabei die Augen zu, als würde es das weniger schlimm machen.

»Tut mir leid, Papa«, sagt sie und muss schon wieder weinen.

»Schon gut, Jojo, komm mir nur heil da runter. Bengiamin sagt, sie fliegen dich nach Thusis. Mama ist von der Arbeit aus schon unterwegs und wartet dort auf dich. Ich leihe mir das Auto vom Sandro und fahre auch gleich los.«

Sie verabschieden sich. Ria streicht ihr die Haare aus dem Gesicht. »Alles okay?«

Johanna nickt und schnieft. »Tut mir leid.«

»Wir haben dich vorhin aus der Ferne singen gehört.« Ria reicht ihr ein Papiertaschentuch. »Du hast eine schöne Stimme.«

FABIO

»Wenn ich mich hinlege, kann ich mich aber nicht anschnallen«, sagt Jojo.

»Das geht eben nicht anders«, sagt Katja. »Es ist ja nicht weit.«

Sie muss wieder zurück ins Ökohotel, so dass Jojo es sich auf dem Rücksitz von Sandros Wagen bequem machen muss, mit dem Fabio zum Krankenhaus gefahren ist. Nun, bequem ist wohl übertrieben, sie sucht eine möglichst schmerzfreie Position. Zum Glück ist der Steiß nur verstaucht, schwer verstaucht, aber nicht gebrochen. Ihre Augen sind vom vielen Weinen geschwollen, sie klingt nasal.

Die Kosten für die Hubschrauberbergung werden sie einfach auf die Kosten für den durch Jasper ausgelösten Fehlalarm draufrechnen, kommt jetzt auch nicht mehr drauf an. Manchmal hilft Zynismus.

Katja schließt die Autotür hinter Jojo und nimmt seine Hand. »Durchatmen.«

So stehen sie ein paar Sekunden da, und langsam tritt Erleichterung in ihre Augen. Hubschrauber hin oder her, sie sind mit einem großen Schrecken davongekommen.

»Übrigens«, sagt Katja, »ein Freund von meinem Kollegen Pascal sucht Nachmieter in Sankt Moritz. Er hat mir gleich die Telefonnummer gegeben.«

Fabio zieht die Augenbrauen hoch. »Ist das nicht zu weit, vor allem im Winter, wenn du jeden Tag über den Pass zur Arbeit musst? Und die Kinder müssten die Schule wechseln.«

»Lass uns später drüber reden.« Sie gibt ihm einen Kuss, und er streicht ihr über den Rücken, während sie sich an ihn lehnt. »Bis heute Abend.«

»Schatz«, sagt er, als sie bereits zu ihrem Wagen geht. Sie dreht sich um. Schaut ihn an. Nickt. Irgendetwas haben sie nicht gut gemacht. Er hat immer noch keine Antwort: Ist es der Umzug gewesen? Hat es schon vorher angefangen?

Er steuert den Wagen auf die dunkle Landstraße und schaltet das Fernlicht ein. Neben ihm zischt die Rhätische Bahn vorbei, Köpfe über Zeitungen und Handybildschirmen fliegen vorbei, Johanna schreit auf.

»Alles okay?«, fragt er nach hinten.

»Ja«, sagt Jojo nach einer Weile, »ich habe mich nur erschreckt.«

Als sie zu Hause sind, fangen die Schmerzmittel offenbar endlich an zu wirken. Jojo legt sich auf die Seite ins Bett und ist sofort eingeschlafen. Er breitet noch eine zusätzliche Wolldecke über sie. Heute hat sie genug gefroren. Ach, Jojo. Sie hat kleine Pickel auf der Stirn und einen traurigen Zug um den Mund. Erwachsen wird sie, ist in die Höhe geschossen und bekommt die gleiche Figur wie Katja in jungen Jahren, schlank und eher androgyn. Bestimmt würde sie es hassen, wenn sie sehen würde, wie er sie beim Schlafen beobachtet, aber er muss eine Weile dieses perfekte Wesen anschauen, das seine Tochter ist.

»Gott sei Dank«, wispert er und weiß nicht einmal, welchem Gott er dankt. Er selbst jedenfalls hat nichts damit zu tun, dass sie das überlebt hat. Er hat ihr nicht geholfen.

Unten im spärlich beleuchteten Wohnzimmer sitzt Jasper auf dem Sofa, die Beine angezogen, und erst auf den zweiten Blick sieht Fabio eine zweite Silhouette auf einem der Sessel. Claire. Sie steht auf.

»Bist du also wieder zurückgekommen.« Er hat keine Lust, höflich zu sein, und schaltet das Deckenlicht ein. Die beiden blinzeln in die Helligkeit.

»Wie gehts Jo?«, fragt Jasper.

»Interessiert dich das also doch.«

Jasper hat erst spät auf Fabios Nachricht reagiert, zu spät. Jetzt weiß Fabio immerhin, wo der Sohnemann sich rumgetrieben hat, während seine kleine Schwester ins Krankenhaus transportiert wurde.

Jasper schlägt die Augen nieder und zippelt am Bändel seines Hoodies herum.

Plötzlich steht Katja in der Tür. »Ich habe mich für heute bei der Arbeit abgemeldet. Die schaffen das auch ohne mich.«

Sie kommt auf Fabio zu, zieht ihn mit sich und drückt Jasper an sich, der es sich mit hängendem Kopf gefallen lässt. Fabio zögert ein paar Sekunden, bis er die beiden mit einem unterdrückten Seufzen auch umarmt. Wütend ist er schließlich nur auf sich selbst.

Claire hat sich davongeschlichen.

Am Abend im Bett flüstert er noch lang mit Katja. Sollen sie wegziehen? Macht ein erneuter Umzug alles nur noch schlimmer oder wieder besser? Ich will nicht alles verlieren, sagt er, und unsere Kinder erst recht nicht.

Um sich zu beruhigen, lässt er am nächsten Morgen den Schreibtisch links liegen und geht die Straße zu seinem Garten hinunter. Nur, um ihn anzusehen. Es fällt kein neuer

Schnee mehr, aber der alte taut auch nicht. Wird teils zu hartem Eis. Von weiter unten kommt der lange Sepp mit seinen zwei Skistöcken, die er das ganze Jahr über zur Unterstützung beim Gehen nimmt, über die Wiese gestapft.

»Na«, sagt er, »wie gehts der Tochter?«

»So weit gut, danke.« Das ganze Dorf hat die Rettungsaktion mitbekommen, natürlich hat es das. Jasper Blom vertreibt sie alle, Johanna Blom ignoriert Betretungsverbote, die Leute müssen echt denken, dass diese deutsche Familie einen an der Klatsche hat. Eine ganze Weile hat der Hubschrauber gestern über dem Berg gestanden, ihm schien es wie eine Ewigkeit. Eine Sanitäterin wurde runtergelassen und dann mit Johanna gemeinsam wieder hinaufgezogen. Fabio hat die Fracht keinen Moment aus den Augen gelassen, auch wenn er seine Tochter aus der Ferne nicht einmal erkennen konnte. Mehrfach hat er ihren Namen gerufen, den sie auch ohne den Motorenlärm nicht gehört hätte. Dann hat er den Schlüssel von Bengiamins Jeep unter die Fußmatte im Fahrerraum geschoben und ist zu den Goldingers gerannt, um sich Sandros Audi zu leihen.

Der lange Sepp hat lange genug auf eine ausführlichere Antwort gewartet, zuckt mit den Schultern und geht auf seine Stöcke gestützt davon. Erst jetzt bemerkt Fabio, dass er ihn zum ersten Mal verstanden hat, ohne nachfragen zu müssen. Nach einer Weile folgt er ihm.

Er hat Johanna Schokolade aus dem Hofladen versprochen, außerdem muss er sich bei Ria bedanken. Katja will zwar heute Abend einen Blumenstrauß aus Martgea mitbringen, aber er kann ja auch jetzt schon einmal zu ihr gehen. Oben an der Kreuzung erblickt er Bengiamins Jeep.

Der junge Mann steht mit zwei Kollegen auf dem Parkplatz und starrt in die Luft. Fabio hört ein Summen und folgt ihren Blicken hinauf zu einer Drohne, die über ihnen fliegt und in Richtung des grauen Hangs steuert. Fabio grüßt, und die drei Männer nicken ihm kurz zu, bevor sie ihren Blick wieder auf das Flugobjekt oder das Display der Fernbedienung richten.

»Habt ihr noch jemanden da oben verloren?«, fragt Fabio und findet seinen eigenen Scherz geschmacklos.

»Wie gehts der Johanna?«, fragt Bengiamin. Dabei hat er ihr heute Morgen eh schon geschrieben und gute Besserung gewünscht.

»Sie liegt im Bett und liest.«

»Ist wohl grad am besten.« Bengiamin lächelt, als ob er jeden Tag jemanden vom Berg holt. Fabio merkt, wie angespannt er innerlich ist, weil er von überall her mit Schimpf und Schande rechnet.

»Was macht ihr da?«, fragt er nun.

»Bohrung vorbereiten«, sagt einer der beiden Männer in Warnweste mit seiner dröhnenden Stimme und tippt sich an die Schläfe. »Urban Stoffel, Bohrmeister.«

Jetzt erkennt er ihn wieder: Er war auf der ersten Gemeindeversammlung und hat mit verschränkten Armen an der Seite gestanden.

»Fabio Blom. Was bohren Sie denn?«

Bevor jemand antworten kann, kommt Ria Casparin mit ihrem Kombi auf den Parkplatz gefahren. Bengiamin reicht dem Stoffel die Fernbedienung und geht auf Ria zu. Zwischen den beiden, da scheint echt was zu laufen. Bengiamin schaut ins leere Auto und dann wieder Ria an.

»Es geht immer besser«, sagt sie leise, »aber sie behalten ihn noch einen Tag da.«

Ist bei ihr auch jemand im Krankenhaus? Ihr Mann? Bengiamin will sie umarmen, aber Ria schaut an ihm vorbei auf die herumstehenden Männer. Fabio hebt grüßend die Hand.

»Grüezi, Frau Casparin«, sagt Urban Stoffel.

»Was macht ihr hier?«, fragt Ria verwundert.

»Bohrung vorbereiten«, wiederholt Stoffel.

O je, denkt Fabio. O je, o je.

»Was für eine Bohrung?«, fragt Ria.

Elegant bringt Urban Stoffel die Drohne wieder zurück. Fabio zieht den Kopf ein, das Geräusch ist fies, aber das Spielkind in ihm würde das Ding natürlich auch gern ausprobieren.

»Was für eine Bohrung?«, fragt Ria mit lauterer Stimme.

»Na, für den Tunnel«, sagt Stoffel arglos.

Rias Augen weiten sich.

»Ich dachte, es gibt keinen Tunnel«, sagt Fabio verblüfft.

»Noch nicht«, sagt Stoffel, »aber wir hoffen doch alle, dass demnächst noch einmal abgestimmt wird und dann auch die Neinsager ...«

Jetzt erst scheint er zu begreifen, dass die Neinsagerin direkt vor ihm steht.

»Ben?« Ria sieht ihn mit zitterndem Kinn an.

Mit seinem sanftesten Blick auf Ria erklärt Bengiamin, dass der Kanton noch einmal Geld gegeben hat, damit sie östlich des Dorfes eine Probebohrung machen können, genau dort, wo der Entwässerungsstollen tatsächlich entlanglaufen könnte. »Das Gestein soll besser bestimmt werden, bevor wir eine kleine Sprengung machen. Nur zum Testen.«

»Ihr Telefon«, sagt Stoffel und stößt Fabio in die Seite.

»Entschuldigung.« Fabio fischt nach dem Gerät und

sieht die Nummer seines Vaters. Während er antwortet, beobachtet er, dass Ria sich wegdreht, ins Auto steigt und davonfährt. Die drei Männer schalten die Drohne aus und tragen sie zum Auto. Bengiamin sieht sich um, als könnte Ria jeden Moment wieder auftauchen.

RIA

Bengiamin klopft eine halbe Stunde später, aber sie reagiert nicht darauf. Du hast mich angelogen, könnte sie sagen. Nein, ich habe dir nur nicht davon erzählt, würde er antworten. Als ob das einen Unterschied machen würde. Blanca räumt die Schublade mit den Tupperdosen aus und seufzt zwischendurch laut, als würde sie schwer arbeiten.

Die Angst um Dino frisst sich durch Rias Inneres, scheint Sehnen und Bänder zu bevorzugen, die einfach nicht mehr zu gebrauchen sind. Die Füße stolpern über nicht vorhandene Schwellen, die Knie scheinen sich nach hinten durchzubiegen, bis sie mit einem lauten Schnappen wieder in die richtige Position gelangen. Dino war geschrumpft, als sie ihn besuchen war, er war wirklich, wahrhaftig geschrumpft. Heiße, trockene Nase. Ihr ständig sabbernder, schniefender, schleckender Dino mit einer trockenen Nase. Ihr gemütliches Riesenkalb mit so viel Hilflosigkeit in den Augen. Was mache ich hier, schien er zu fragen. Wer sind diese Leute? Warum nimmst du mich nicht mit nach Hause?

Sie wischt sich übers Gesicht.

Tot angal perveia da tè, flüstert sie dem Berg zu. Alles nur deinetwegen.

Gleich kommen Gian, Saad und Jalil zum Mittagessen. Die Kartoffeln sind noch nicht gar, und sie stellt die Kochplatte wieder ein bisschen höher.

Noch einmal klopft es. Er weiß doch genau, dass offen ist. Hier schließt niemand ab. Vielleicht weiß er es aber auch nicht, weil er nie in einem Dorf gelebt hat, nie gelernt hat, wie eine Gemeinschaft funktioniert.

Sie geht zur Tür, und da steht er mit seinen Locken, die sie ihm ausreißen, und seinen blauen Augen, die sie ihm auskratzen will.

»Du hast mich angelogen«, sagt sie.

»Ich habe es dir nur nicht gesagt.«

Sie lacht und schluchzt gleichzeitig auf. Wie kann er wirklich so argumentieren?

»Ria …«

»Nein.« Sie verschränkt die Arme.

»Es ist nur eine weitere Sondierbohrung. Es wird ja noch nichts gebaut.«

»*Noch* nicht.«

Im Hintergrund hört sie die Kartoffeln überkochen und eilt in die Küche, um den Herd herunterzudrehen. Bengiamin trottet ihr hinterher und stolpert fast über Blanca.

»Mein Nein war also vollkommen egal. Warum sollten wir dann überhaupt abstimmen? Um uns alle gegeneinander aufzubringen?« Sie starrt ihn an. »Stimmt es, dass du froh über die Evakuation warst?«

Er fährt sich durch die Haare. »Wer sagt denn so etwas?«

»Stimmt es?«

Er schluckt, sie sieht, wie sich sein Adamsapfel auf und ab bewegt. »Ich will dich hier raushaben.«

Ria beobachtet Blanca, die zu ihrer Schublade zurückgekehrt ist. Sie hätte ihm nie vertrauen sollen. Sie hätte ihm nie Brot und Käse zum Znacht anbieten sollen. Sie hätte ihn nie im Hofladen küssen sollen.

Wie soll sie ihm in die Augen blicken, wenn er sie wieder so anschaut, wie er sie immer anschaut? Sie kann es nicht und hält den Blick auf Blanca fixiert.

»Dann willst du nicht mich«, sagt sie, »sondern irgendein Traumbild.«

JOHANNA

Ihr Hintern ist dick und blau wie bei einem Pavian.

Pavian-Lady.

Wie peinlich das im Spital war. Klar, der Arzt sieht den ganzen Tag nichts anderes als kranke oder kaputte Körper aller Art, aber wie er da so an ihrem Hintern rumgefuhrwerkt hat, um rauszufinden, ob ihr Steiß gebrochen ist. Weh getan hats auch wie Sau.

Immerhin kann sie jetzt, eine Woche später, wieder gut rumlaufen. In die Schule muss sie noch nicht, weil sitzen nicht so lang geht, und bücken ist schwierig, und natürlich lässt sie erst recht dauernd was fallen, weil sie so darauf achtet, nichts fallen zu lassen. Dann kommt Papa angestürzt, um ihr zu helfen, außer heute, weil er nicht da ist, und jetzt merkt sie, dass sie sich langsam dran gewöhnt, an den stürzenden Papa. Geschimpft haben sie beide noch gar nicht, wahrscheinlich ist das einer dieser Fälle von: Junge Dame, du weißt selbst, dass du Mist gebaut hast.

Trotzdem war es oben auf dem Berg weniger schlimm und im Hubschrauber weniger schrecklich als an dem Abend mit der Party, an dem sie allein nach Hause musste. Sie hat sich sogar schon erwischt, wie sie den Hang raufgeschaut hat, weil sie noch einmal durch den Wald da oben rennen und schreien will. Bis zu dem blöden Sturz hat sie sich gut gefühlt. Weit weg von Freundinnen, die keine sind, weit weg von Jungshänden und gefährlichen Landstraßen. Irgendwie war sie da oben genug.

Aber selbst wenn sie schon wieder längere Zeit ohne Schmerzen laufen könnte, bleibt der Berg verboten. Bengiamin hat ihr ganz schön ins Gewissen geredet. Extrem gefährlich. Lebensmüde.

Und das ist sie nicht. Überhaupt nicht.

Müde, dass sie sich immer fehl am Platz fühlt, ja, aber nicht lebensmüde.

Da oben, ganz allein, da war sie richtig. Genug, halt. Vorgestern hat sie das Video eingestellt, ohne die Geschichte dazu zu erzählen. Einfach nur schöne Bilder. *Willst du euer Dorf wohl doch nicht aufgeben?*, hat Julia Bischoff von FFF mit einem Zwinkern geschrieben, und Johanna hatte keine Antwort. Es ist nicht das Dorf – so wie für Papa –, und es ist auch nicht der Berg. Sie will nur das Gefühl zurück.

Es ist früher Nachmittag, Jasper ist noch nicht aus der Schule wieder da, außerdem geht er dann sowieso immer gleich zu Claire. Die ist wiedergekommen, weil die Wohnung der Freundin in Zürich zu klein war und sie ihre eigene ja gekündigt hat. Jasper redet nicht viel mit Johanna, meist guckt er sie nicht mal an. Vielleicht erwartet er eine Entschuldigung, weil sie bei Bengiamin gepetzt hat, aber sie findet immer noch, dass das richtig war. Er hat sich außerdem für viel mehr zu entschuldigen.

Jetzt will sie Ria und Blanca besuchen gehen, wie gestern und vorgestern schon, die Kleine ist so niedlich, und Ria hat auch immer Kuchen und Aufgaben für Johanna, aber als sie auf den Hof kommt, macht sie fast wieder kehrt, als sie dort Minna neben Dino knien sieht.

Minna blickt auf und strahlt sie an. »Dino ist wieder da.«

Johanna nickt nur. Sie hat den Schnuffel gestern schon begrüßt. Vergiftet hat ihn jemand, wie kann man so was tun? Aber er hat überlebt und sabbert vor sich hin.

»Wann kommst du wieder in die Schule?« Minna richtet sich auf und streicht sich eine Haarsträhne hinters Ohr.

»Nächste Woche wahrscheinlich.«

»Tuts sehr weh?«

»Momentan nicht.«

Nachdenklich sieht Minna sie an. »Schade, dass wir nicht mehr zusammen was machen können. Aber ich habs meinen Eltern versprochen.«

Eigentlich ist das wohl richtig so, denkt Johanna. Sie selbst belügt Mama und Papa wegen Instagram, sie weiß, dass sie ihnen Angst gemacht hat, als sie vom Berg gerettet werden musste, sie macht alles falsch im Moment – und trotzdem ist sie enttäuscht, dass Minna nicht bereit ist, auch ihren Eltern was vorzulügen.

»Tut mir leid, dass mein Dad sich so aufgeregt hat«, ergänzt Minna.

»Und mir das mit den Videos«, sagt Johanna. »Hätte ich nicht machen sollen.«

»Ach.« Minna lacht. »Ich fands witzig. Aber ja, ist bestimmt besser so.«

Und dann geht sie mit einem Winken. Sie geht, und das ist irgendwie okay. Sie müssen keine besten Freundinnen werden, nur weil sie beide in Vischnanca wohnen. Irgendwann wird Johanna schon jemanden finden. Vielleicht. Vielleicht auch nicht. Während Johanna noch nachdenkt, kommt Minna zurückgerannt.

»Blanca und Sarah sind übrigens im Haus, aber die Ria ist nicht da. Die kümmert sich hinterm Stall um das Stroh.«

Noch ein Winken, und sie ist fort, dieses Mal wirklich.

»Kommst du mit, Dinolein?«

Aber Dino bleibt in einem Sonnenflecken liegen, in dem es noch einigermaßen warm zu sein scheint. Johanna geht über die Straße und folgt dem Geräusch eines schweren Motors. Ria sitzt auf dem Trecker und hebt einem nach dem anderen die großen Ballen auf die Gabel, um sie weiter hinten gegen die Stallwand zu stapeln. Als Ria sie erblickt, winkt sie ihr zu und hält an.

»Willst du raufkommen?«, ruft sie über den Lärm.

»Auf den Trecker?«

Ria öffnet die Tür zum Fahrerhäuschen. Okay … Johanna stöhnt leise, als sie das linke Bein anwinkelt und sich hochzieht. Pavian-Lady hievt sich auf den Bock. Es gibt einen kleinen Beifahrersitz aus orangenem Plastik, auf dem sie sich vorsichtig niederlässt. Wirklich nicht gemütlich für den Steiß, aber jetzt will sie auch nicht gleich wieder rausklettern und Ria nerven. Ihr Gesichtsausdruck muss ihr Unwohlsein zeigen, denn Ria schwingt sich auf der anderen Seite aus dem Führerhaus und hängt dort halb in der Luft. Sie zeigt mit dem Kinn auf den Fahrersitz: »Willst du mal?«

Verblüfft guckt Johanna sie an. »Fahren?«

»Klar.« Ria springt auf den Boden und läuft hinter dem Trecker her auf die andere Seite. Johanna bleibt nichts übrig, als behutsam auf den besser gepolsterten Fahrersitz zu wechseln, und Ria zeigt ihr, was sie machen muss. So viele Hebel und Schalter. Als kleines Kind durfte sie manchmal auf Papas Schoß das Auto in die Garage fahren – also, sie hat das Lenkrad umklammert, während Papa langsam Gas gegeben hat. Seitdem hat sie sich keine Gedanken mehr drum gemacht, wie ein Auto funktioniert. Gas, Bremse,

Kupplung, klar, aber wie genau das funktioniert? Jetzt lernt sie es.

»Tritt die Kupplung«, sagt Ria, und Johanna versucht es. Das Pedal bewegt sich nicht. Ria lacht. »Man braucht etwas Kraft.«

Johanna steht halb auf und lehnt sich mit dem ganzen Gewicht dagegen. So geht es, aber sie lässt schnell wieder los und setzt sich. »Ich glaube, das schaffe ich nicht.«

»Doch, schaffst du.«

Sie versuchen es noch ein paarmal. Dann kommt der Hebearm dazu, und natürlich macht Ria mehr als sie selbst, aber es ist ein ähnliches stolzes Gefühl wie früher mit Papa im Auto, albern, aber egal, es macht Spaß. Als sie ihren ersten Strohballen umgeschichtet hat, muss sie vor Freude lachen. Dann wechseln sie doch wieder, Ria krabbelt über sie hinweg, Johanna rutscht auf den Plastiksitz, setzt sich auf ihre Hände, und gemeinsam fahren sie den Rest der Ballen an ihren Platz.

Als Ria den Motor ausschaltet und sie aussteigen, rechnet Johanna mit Ruhe, aber in der Entfernung wummert noch etwas anderes. Sie sieht sich um. »Was machen die da?«

Ria stellt sich neben sie. »Bohren. Sie bohren.«

»Schon wieder?«

Ria sagt nichts mehr, sondern starrt auf die Baustelle mitten auf der braunen, inzwischen wieder schneefreien Wiese, die nah genug ist, dass sie die Maschinen, das hohe Bohrgerätdings und das halbe Dutzend Bauarbeiter mit Helmen und Hörschutz erkennen kann. Einer davon ist kein Bauarbeiter. Es ist Bengiamin. Johanna wirft einen kurzen Blick zu Ria hinüber, die mit gerunzelter Stirn zuguckt.

»Sollen wir gehen?«, fragt Johanna.

Ria antwortet nicht. Warum tut sie sich das an? Überhaupt hat sie die ganzen Ballen einfach nur ein Stück weiter nach rechts transportiert. Sieht nicht besonders notwendig aus. Kann es sein, dass sie nur hier hinterm Stall ist, damit sie der Bohrung zugucken kann, also so als Ausrede?

»Dino sieht heute noch besser aus als gestern«, sagt Johanna, aber auch darauf reagiert Ria nicht, den Blick auf die Wiese gerichtet.

Jetzt steht sie hier blöd rum. Soll sie wieder gehen und Ria ihrer schlechten Laune überlassen? Aus den Augenwinkeln bemerkt sie, dass sich auf dem Berg etwas zu bewegen scheint. Als sie den Kopf nach links dreht, glaubt sie zuerst, sich getäuscht zu haben, aber dann ist es wieder da. Sie lässt den Blick hin und her schweifen. Vielleicht ein Reh, wie letzte Woche im Wald. Oder ein Wolf, haha. Wahrscheinlich springen mal wieder Steinchen herunter.

Aber nein.

Nein.

Bevor sie es selbst begreift, sucht sie blind nach Rias Jackenärmel und zupft daran.

»Die Insel.«

Die Fichte auf der Südseeinsel da oben hat sich stumm und leise geneigt und steht jetzt schief, fast waagerecht. Dort wartet sie, unendlich geduldig und doch endlich entschlossen, ihrer Einsamkeit ein Ende zu setzen. Ob Ria auch guckt, kann Johanna nicht sehen. Sie kann ihren Blick nicht lösen.

Und dann fällt die Fichte um und reißt ihre Insel mit sich.

RIA

Nach der Evakuation hat sie sich geschworen, dass sie sich nie mehr so hilf- und tatenlos fühlen würde. Und nun passiert es wieder. Was soll sie tun? Rufen? Losrennen? Wohin? Also steht sie da. Hilflos. Tatenlos. Der große Felsen löst sich wie in Zeitlupe und fegt doch so schnell wie ein Föhnsturm den Hang herunter. Er teilt sich auf, bricht im Flug auseinander, kracht auf den Bergrücken, explodiert in noch mehr Stücke, springt und bockt wie eine fröhliche Geiß, tobt und brüllt wie ein Dämon. Reißt Busch und Strauch, Spinnweben und verlassene Vogelnester mit sich und wirbelt loses Gestein herum wie feinsten Wüstensand. Sie hat keine Zeit, sich das Schauspiel anzusehen. Sie muss etwas tun. Rufen. Losrennen. Wohin? Da ist die kleine Hand an ihrem Ärmel, ganz ruhig, sie zupft und zerrt nicht, scheint genauso erstarrt wie Ria selbst.

Ria dreht sich zu Johanna. »*Svelt davos la stalla!*«, ruft sie.

Johanna kann den Blick auch nicht vom Berg lösen.

Ach, Ria muss Deutsch reden. »Johanna, lauf hinter den Stall. Los, geh, lauf, jetzt!«

Johanna macht sich los. »Und du?«

Ria tut so, als ob sie mitrennen wird, aber als Johanna nicht mehr schaut, bleibt sie stehen – und stürzt dann in die andere Richtung. Die Männer hören nichts. Sie können nichts hören von dem, was da oben passiert, weil der Bohrer brummt und sie die dicken Ohrenschützer aufhaben. Trotzdem brüllt sie.

»Bengiamin! Ben!«

Sie stolpert in ein Loch auf der Wiese. Der Knöchel muss schmerzen, bestimmt wird er gleich schmerzen, aber das ist egal. Sie rennt weiter.

»Ben!«

Ihre Stimme wird zu einem Kreischen, als sie merkt, dass sie nicht schneller ist als der Fels. Nicht schneller sein kann. Er rumpelt von so hoch oben zu ihnen herunter, dass er zu viel Fahrt aufgenommen hat. Wie ein Sternschnuppenregen stürzt er über die leere Straße, pfeffert der Warnampel Geröll um die Ohren, und Ria rennt immer noch, als der steinerne Platzregen über den Bohrplatz hinwegfegt und ins Tal verschwindet.

Ria bleibt stehen. Hilf- und tatenlos bleibt sie stehen und würgt.

Lange bleibt sie stehen.

Bis sie eine kleine Hand auf der Schulter spürt. »Ria, komm. Wir müssen gucken gehen.« Johanna nimmt sie an der Hand. »Ich hab die Polizei gerufen und einen Krankenwagen.«

»Ben«, flüstert Ria.

»Wir müssen nach ihm gucken.«

Ria hebt den Kopf. Eigentlich sieht es fast so aus wie vorher. Die kleinen und großen Steine, die die Wiese zieren, könnten auch schon immer da sein. Über einigen verweht grauer Staub in kleinen Wirbeln. Einer der Baucontainer ist umgekippt, Ria ist überrascht, dass er von unten genauso gelb aussieht wie an den Seiten. Der Bohrkran steht noch, so schlank wie er ist, ist alles an ihm vorbeigegangen.

»Komm, Ria.«

Und Rias Beine setzen sich in Bewegung. Sie humpelt. Mit dem Wind kommen Gerüche auf sie zu, die sie nicht kennt. Nicht kennen will. Sie sieht orangefarbene Warnwesten, die sich bewegen, die Bauarbeiter, die darinstecken, einer von ihnen ist der Bohrmeister Urban Stoffel. Es ist alles nicht so schlimm. Sie sind alle noch am Leben. Ria rennt los.

Kalkweiß sind die Gesichter, die sie nacheinander anschaut, der eine ist am Leben, ist aber nicht Ben, der andere ist auch am Leben, ist aber auch nicht Ben. Wo ist Ben? Die Männer reden untereinander, der Bohrmeister schaltet das letzte Gerät aus. Aus einem losen Schlauch spritzt eine endlose Wasserfontäne.

Ben. Ben, Ben, Ben.

Stoffel zieht den Helm ab, wischt sich durchs Gesicht, fährt sich durch die spärlichen Haare, setzt den Helm wieder auf. Er hat ein Zittern in den Augen. Ria beobachtet ihn, um nicht die orangefarbene Warnweste anzusehen, die vor ihm liegt. Eine, die sich nicht bewegt. Wahrscheinlich eine Ersatzweste, die sie für Besucher dahaben.

Johanna hockt sich neben die Weste, der Bohrmeister und zwei der anderen Männer ebenfalls. Einer stöhnt und hält sich den Arm, der lahm an ihm herunterhängt.

Heb die Weste auf, Johanna, wir hängen sie an einen Haken.

Johanna, bitte häng die Weste auf, *penda se igl libroc*.

Ria hockt sich neben sie. Komm, ich helf dir.

Er hat die blauen Augen geöffnet. Das ist gut, oder? Er hat seine wunderschönen Augen geöffnet, gleich wird er blinzeln und sie wieder so anschauen, wie er es immer tut.

JOHANNA

Zuerst hat sie ihn ganz genau angeguckt, irgendwie in der Hoffnung, dass er vielleicht doch noch aufwacht. Dass sein Brustkorb sich hebt. Aber er liegt da. Er ist wirklich tot. Auf der rechten Kopfseite rinnt dunkles Blut durch die Haare und auf den Boden. Die Luft riecht nach Erde. Und … Fleisch. Ihre Zähne klappern, und sie kriegt sie nicht ruhig. Sie hat noch nie einen toten Menschen gesehen. Es ist eine Menge Blut, aber das ist nicht so schlimm wie die Augen, weil, Blut kann auch aus lebendigen Körpern rinnen. Die Augen sind das Schlimmste. Im Film wischt dann jemand mit der Hand übers Gesicht und schließt sie, aber Johanna weiß nicht, ob das wirklich so einfach geht. Sie traut es sich jedenfalls nicht. Und dann muss sie den Blick abwenden, es ist so schlimm, ihn so zu sehen, ist es überhaupt noch ihr Bengiamin, und lieber guckt sie Ria an oder die Männer, die, die noch leben. Sie streicht Ria über den Rücken und kann nicht aufhören. Ria kniet, die Hände auf den Oberschenkeln abgestützt, den Kopf zwischen die Schultern gezogen. Sie guckt ihn immer noch an, reißt sich nach und nach mit den Zähnen immer größere Hautfetzen von der Unterlippe.

Johanna zieht die Nase hoch. Sie weint schon die ganze Zeit, sie kann nicht anders, kein lautes Heulen, sondern einfach nur Tränen, die ihr aus den Augen rinnen. Dann spürt sie eine Hand an der Schulter, und Sandro sagt etwas, ganz außer Atem. Er kniet sich neben Ria, aber Ria zuckt vor seiner Berührung zurück. Warum sollte sie auch aufstehen wollen?

Du störst, denkt Johanna, du machst alles kaputt. Nun hört sie auch noch die Sirenen von Polizei und Ambulanz, die die Stille zerfetzen. Johanna wird von Wärme umhüllt, von Decken und Armen und Worten, auch Bengiamin wird zugedeckt, und als sein Gesicht nicht mehr zu sehen ist, da fängt Ria so schmerzvoll zu schluchzen an, dass Johanna sich selbst festhalten muss, um nicht ebenfalls zu kippen und in Fetzen den Berg hinunterzurollen.

»Soll ich dich nach Hause bringen, Johanna?«, fragt Sandro.

Johanna schüttelt den Kopf. Papa ist beim Orthopäden wegen seinen Füßen, Mama ist arbeiten. Nur Jasper ist daheim oder bei Claire.

»Ich habe deinen Vater angerufen, okay? Er ist schon auf dem Weg.«

Der Bauarbeiter mit dem kaputten Arm ist käseweiß, aber will allein hoch zum Krankenwagen laufen. Die Sanitäter reden ihm gut zu, dass sie ihm eine Trage holen. Der Typ nickt noch und kippt endgültig um.

Johanna beobachtet, wie sie danach auch Bengiamin auf eine Trage legen. Eine Polizistin kümmert sich um Ria, oder na ja, sie steht da und hat es von Johanna übernommen, Ria über den Rücken zu streichen.

Plötzlich kommt Dino angetrabt, das letzte Stück galoppiert er bisschen schwerfällig, bis er Ria erreicht und sich an sie drückt. Wenig später kommen auch Gian und Luna. Gian spricht mit der Polizistin, legt Ria einen Arm um die Taille und führt sie langsam zurück Richtung Stall, Richtung Hof. Ria humpelt. Dino hält die ganze Zeit Körperkontakt mit ihrem Bein, sucht mit dem Kopf nach ihrer Hand und guckt immer wieder betrübt zu ihr hoch.

Jetzt hat Johanna gar nicht gesehen, wie sie Bengiamin in den Krankenwagen geschoben haben, der noch immer mit Blaulicht da oben steht. Sie, hier unten, ganz winzig. Hat immer noch die Arme um sich selbst geschlungen.

»Ich begleite dich nach Hause, oder?«, sagt die Polizistin.

»Geht schon«, sagt Johanna.

»Keine Widerrede, komm. Wo geht es lang?«

»Ich komme mit«, sagt Sandro.

Johanna geht voran, an Rias Stall vorbei, dann die Gasse hoch. Matilda, Eli und die Spinatschs kommen ihnen entgegen. »Was ist passiert? Man hat es rumpeln hören wie bei einem Erdbeben.«

»Ein Felssturz«, sagt die Polizistin. »Meine Kollegen sind dabei, alles abzusperren, bitte halten Sie sich fern.«

Ist das alles?

»Der Bengiamin ist getroffen worden«, sagt Johanna. Das müssen sie doch alle wissen. »Er ist tot.«

Eli legt die rechte Hand ans Herz. »Himmel Herrgott. Der Bengiamin Tschalèr?«

»Aber Häuser sind nicht getroffen worden«, sagt Johanna, als ob das ein Trost wäre. »Der Berg hatte es genau auf die Bohrung abgesehen.«

»Der Berg hat es auf niemanden abgesehen«, sagt die Polizistin, »der Berg ist nur ein Berg. Oben an der Straße das letzte Haus hat ein bisschen abbekommen.«

»Das von den Gigers?«, fragt Johanna. »Die glauben, dass der Berg heilig ist oder so.«

Sie weiß wirklich nicht, was sie da redet, kommt sich schon fast vor wie Papa, die Labertasche.

»Heilig? Das ist er bestimmt nicht.«

Jetzt kommt auch noch der lange Sepp. »Was ist denn geschehen?«

Wieder bringt die Polizistin nur das Wort »Bergsturz« heraus, aber dieses Mal ist es Sandro, der Bengiamin erwähnt, und Eli und er nehmen sich in die Arme. Der lange Sepp macht ein Kreuzzeichen und scheint ein Gebet zu murmeln.

Matilda streicht sich wieder und wieder das Kleid glatt. »Furchtbar«, sagt sie, »furchtbar.«

Eli legt Johanna die Hände auf die Schultern. »Hast du ihn gesehen?«

»Ich hab alles gesehen.« Johannas Stimme scheint jemandem anders zu gehören.

Eli streicht ihr über die Haare, mit Tränen in den Augen. »Ihr müsst hier weg, Johanna.«

»Ich würde meine Kinder auch nicht hier leben lassen«, sagt die Polizistin.

Johanna klammert sich an Elis Armen fest. »Ich glaub, ich krieg keine Luft.«

RIA

Im kleinen Kellerraum, wenn man die Treppe runterkommt, gleich links, da bewahrt der *bab* sein Jagdgewehr
auf. Sie haben es vergessen, als er ausgezogen ist, aber was
soll er damit auch im Heim. Ria kennt die Kombination des
Schranks – das Geburtsdatum von der *mamma*.

Sie nimmt das Gewehr heraus, der vertraute ölige Geruch folgt. Auf dem Weg nach oben drückt sie zwei Patronen in die Kammer und entsichert die Waffe.

Sie tritt auf den Hof, wo morgendlicher Schnee fällt. Er
weiß, was er alles zuzudecken hat.

Dino sitzt vor der Einfahrt und lässt sich die Flocken
aufs Fell fallen. Er schaut ihr entgegen und wedelt mit dem
Schwanz, wartet aber dort, wo er ist. In einiger Entfernung
bleibt sie stehen. Sie richtet den Lauf auf ihn und legt den
Finger an den Abzug. Eine Weile betrachtet Ria ihn durch
den dichter werdenden Schnee.

Wieso ist der Hund noch da, aber – er – nicht?

»Endlich«, hat er gesagt, als sie sich im Hofladen küssten.

»Endlich«, hat sie geflüstert und sich noch enger an ihn
gedrückt. »Mehr.«

Bei diesen drei Worten war es geblieben, sie waren weder überrascht über das, was passierte, noch mussten sie
verlegene Witze machen oder Fragen stellen und auf Antworten warten. Seine Hände waren an ihren Wangen und

ihrem Hals. Sie hat sich ihm hingegeben – dieses altmodische Wort, dieser altmodische Gedanke, aber genau das ist geschehen, und alles daran war richtig.

Dino geht ein Stück zur Seite, als ein kleiner roter Wagen mit lauter Musik und eingeschaltetem Licht auf den Hof rollt. Motor und Musik ersterben, Stella steigt aus.

»Was machst du mit dem Gewehr?«

Ria lässt den Lauf sinken. »Den Hund erschießen.«

»Okay.« Stella kommt mit ruhigem Schritt auf sie zu, der Pferdeschwanz wippt. »Gib mir das.«

Ria reicht ihr das Jagdgewehr. Ria hat es immer gehasst, wenn der *bab* vom Maiensäß zurückkam und ihnen von den geschossenen Hirschen erzählte, deren Fleisch zum Portionieren beim Metzger war.

Stella schaut sie an und hält das Gewehr ein Stück von sich, als würde es tropfen. »Ich weiß nicht, wie man das sichert. Ist da Munition drin?«

Ria streckt die Hände aus, Stella gibt ihr das Gewehr zurück, Ria sichert es und öffnet die Kammer, die zwei Patronen fallen ihr in die Hand.

FABIO

Als er gestern vom Orthopäden zurückkam, war die obere Straße gesperrt, und bis er über die schlaglöchrige Anrainerstraße war, neben der sich der allgegenwärtige Schwarm Dohlen stritt, dann durch die Dorfmitte und die Veia Carfiol hinunter, bis er den Wagen abgestellt, den Haustürschlüssel gefunden und seine Jojo und seinen Jasper in der Küche sitzen sah, hatte er nicht mehr geatmet. Sie waren da, sie waren unverletzt. Was für ein Albtraum.

Heute ist Freitag, und seine Kinder sind nicht in die Schule gegangen, sondern sitzen mit ihm und Katja im Auto. Über den Julierpass fahren sie nach Sankt Moritz Bad, um sich dort die Wohnung anzusehen, die der Freund des Kollegen von Katja empfohlen hat. Verdammter Scheißberg, dachte Fabio, während sie das Dorf verließen, du wirst mir meine Familie nicht noch kaputter machen, warum hast du es eigentlich so auf Vischnanca abgesehen? Wehe, wenn du dich noch einmal meldest, bevor wir ausgezogen sind.

Jojo hat ihnen mehrfach erzählt, was geschehen ist, wieder und wieder versucht sie zu beschreiben, wie schnell und langsam alles gleichzeitig ging. Fabio ist unendlich froh, dass sie wieder offen mit ihnen redet und nicht alles in sich hineinfrisst, wie sonst. Als er heimkam, hatte Jasper einen Arm um Jojo gelegt, und Fabio hat geschluchzt vor Erleichterung. Seine beiden.

398

Gestern Abend hat sich fast ganz Vischnanca im Bela Vista versammelt, ohne jeglichen Aufruf trudelten nach und nach fast alle Leute ein, nur Ria und Gian Casparin waren nicht darunter, eine deutliche Leerstelle, die Regula Schiess zu füllen versuchte, indem sie eine unsäglich schwülstige Rede auf Bengiamin hielt. Alle wanden sich unter ihren Worten, in der Erinnerung daran, dass sie ihn seiner Verantwortung hatte entheben wollen. Die hat ihn doch nie für voll genommen. Dann wurde es noch schlimmer, weil sie die Hand nach Johanna ausstreckte.

»Möchtest du etwas sagen, Josephine«, fragte sie, »du hast es mit ansehen müssen.«

Jojo ist noch kleiner geworden, als sie ohnehin schon ist, hat den Kopf geschüttelt und sich unter ihren Haaren versteckt.

»Nein, danke«, hat Fabio für sie geantwortet, damit die Schiess endlich den Blick abwandte. Gott, hat er sie gehasst.

Cathrina Arpagaus von GeoVal verkündete, dass sie vorübergehend die Projektleitung übernehmen werde, woraufhin sich die Kantonsbeauftragte meldete, das könne man provisorisch so machen, aber generell müsse die Leitung weiterhin beim Amt für Wald und Naturgefahren liegen.

»Können Sie denn versichern«, unterbrach Romeo Spinatsch die Frauen, »dass die Gefahr nicht größer geworden ist?«

»Ja«, sagte Cathrina Arpagaus mit fester Stimme, einzelne Steine änderten an der Situation weiterhin nichts.

Einzelne Steine my ass. Das war doch fast der halbe Berg. Er ist wild entschlossen, die Wohnung in Sankt Moritz gut zu finden und sofort zu nehmen, solange sie Fenster und

Türen hat sowie ein funktionierendes Klo. Kein kaputtes Dach und keine Risse. Von Rissen hat er genug.

»Gar nicht schlecht, die Wohnung«, sagt Katja, »genug Platz hätten wir jedenfalls.«

Sie gehen Hand in Hand durch die hellen, hallenden sechs Räume. Der Makler steht draußen und telefoniert, er ist gelangweilt von ihnen, von seinem Job, von diesem Wintersportort, in dem alles vor Luxus gähnt. Fabio kann sich eigentlich nicht vorstellen, hier zu leben, zurück in einer Stadt, sicher, einer kleinen Stadt, und es ist Erdgeschoss, sogar einen kleinen Garten gibts für seine Sonnenblumen und ein Kräuterbeet wie bei Matilda, die Berge sind weit genug weg und wirken nicht so bedrohlich wie der graue Piz Brunclia.

»Ganz schön teuer«, murmelt er. Vor allem, weil noch diese hunderttausend Franken von Jaspers Abenteuer auf sie zukommen könnten. Den Sparfuchs als Haustier könnte er vergessen.

»Billiger wirds bestimmt nicht«, erwidert sie. »Und – Alpenblick in alle Richtungen.«

»Was sagst du, Jasper? Guckst du dich um?«

Sein Sohn zuckt mit den Schultern. »Ich bleib eh nicht lang.«

»Wie bitte?« Fabio hält ihn am Ärmel fest.

»Ich werd in zwei Wochen achtzehn.«

»Und …?«

»Ich such mir einen Ausbildungsplatz. Ihr müsst euch auch keine Gedanken ums Geld machen, ich brauch nix.«

»Wie das?« Fabio muss fast lachen, so abwegig findet er den Gedanken, dass sein Jasper wirklich so etwas machen würde. Schule abbrechen. Ausziehen. Erwachsen werden.

Geld verdienen. Eigene Wäsche waschen, Socken zusammenlegen und Teller abspülen. »Sag bitte nicht, du gehst mit Claire nach Zürich.«

»Nee. Die meint, sie muss erst mal ihr eigenes Leben auf die Reihe kriegen.« Er beißt kurz die Zähne zusammen. »Ich zieh zurück nach Duisburg. Da kann ich in eine WG mit zwei aus meiner alten Klasse ziehen. Ich mach den Fachinformatiker.«

Katja kommt von ihrem Rundgang zurück und begegnet Fabios bestürztem Blick mit einem Lächeln. Aha, die beiden haben bereits drüber gesprochen, Katja weiß Bescheid. Nur Jojo blickt genauso überrascht drein wie er selbst. Das gibt ihm einen ziemlichen Stich, hatte er doch gerade das Gefühl, dass mit seinen Kindern doch noch nicht alles verloren ist. Und so merkwürdig er die Beziehung zu Claire auch fand: Der arme Junge. Hat sie ihn abgeschossen.

»Aber während der Ausbildung verdienst du doch kaum was«, wendet er ein. »Hier könntest du weiter bei uns leben. Du weißt doch …«

Der Makler kommt angetrödelt und gibt Katja ein paar Hochglanzkopien.

»Du weißt doch gar nicht«, sagt Fabio leise zu seinem Sohn, »wie man mit wenig Geld zurechtkommt.«

»Dann lerne ich es halt.«

JOHANNA

Ihr wärs wurscht, wenn sie die Schule wechseln müsste, warum also nicht Sankt Moritz, auch wenn das ganz schön schnarchig gewirkt hat da im Engadin. Auf Surmiran heißt die Region *Nagiadegna*, noch so ein schönes Wort, aber dort unten spricht man ganz babylonisch schon wieder einen anderen Dialekt.

Jetzt sind sie erst mal zurück in Vischnanca, und ihr laufen in Erwartung neuer Desaster so oft Schauer den Rücken runter, dass sie Nackenschmerzen hat.

Alba mit dem FFF-Podcast hatte sich einen Google-Alert für Vischnanca gesetzt und weiß deshalb schon Bescheid über den Felssturz. Jetzt möchte sie mit ihr in einem Live-Video darüber sprechen. Johanna wollte erst nicht, weil sie Angst hatte, dass sie wegen Bengiamin nur flennen wird, es ist erst zwei Tage her, sie kann sich das gar nicht vorstellen, wie kurz und gleichzeitig lang die Zeit seitdem vergeht. Aber dann hat sie sich doch dafür entschieden.

Kurz vor halb elf steigt sie die Stufen zur Kirche hoch. Sie will sich auf die Mauer setzen, also, wahrscheinlich eher dagegen lehnen, weil es zu kalt ist zum Sitzen, hallo Blasenentzündung, aber auf jeden Fall mit Blick auf den Berg, sie hat das Gefühl, sie muss den im Auge behalten. Die Stelle, von der der Riesenbrocken abgebrochen ist, sieht aus wie eine offene Wunde.

Und hier hat sie für Instagram das hübsche Tal im Hintergrund. Handschuhe, Schal, warme Jacke, so kann sie es ein halbes Stündchen aushalten. Sie hat sich bisschen zu ausführlich die Augenbrauen gezupft, und nachmalen kann sie die nicht gut, aber na ja. Egal. Sie wischt den Schnee von einer Stelle auf der Mauer, so dass der graue Stein mit den gelben und orangenen Flechten zum Vorschein kommt. Sie ist zu früh dran und geht einmal um die Kirche rum auf den kleinen Friedhof mit seinen Eisenkreuzen und den vielen gleichen Namen, manchmal auch in Kombination als Doppelnamen. Spinatsch, Casparin, Vincenz, Moser, Cadotsch, Steier, hier liegen die ganzen Vorfahren. Irgendwie ist das ja schön, aber halt nur, bis der Piz Brunclia sie zum zweiten Mal vergraben wird. Oder ausgraben? O Gott, wenn da halb verweste Leichen den Berg mit runterpoltern …

Sie steckt die Hände in die tiefen Jackentaschen. Noch weiß man nicht, wo Bengiamin beerdigt wird, aber sie will unbedingt hin. Wenn sie darf. Wenn die Familie das nicht allein machen will, im engen Rahmen, oder wie das heißt. Hoffentlich hatte er eine liebe Familie.

Dann ist es halb elf. Dicke Wolken machen den Tag dunkel, aber sie wirken nur müde, nicht bedrohlich. Das Internet scheint relativ stabil, samstags am Vormittag sind die meisten einkaufen oder putzen das Haus oder so. Sie muss nachher das Bad schrubben, hat sie Mama versprochen.

Nachdem Alba sie auf Instagram zugeschaltet hat, will sie gleich die Stelle sehen, wo die Steine runtergekommen sind, und Johanna sagt, na ja, man sieht ja nichts wegen dem Schnee, aber die Leute in den Kommentaren sagen auch, sie solle *pliiis* hingehen, und so läuft sie mit dem Handy in der Hand durch Vischnanca.

»Wie geht es jetzt weiter?«, fragt Alba währenddessen.

»Genauso wie vorher.« Johanna streicht sich die Haare aus dem Gesicht. »Sie überwachen den Hang und …«

»Hat sich denn der Brocken von letzter Woche nicht angekündigt?«

»Offenbar nicht. Oder nicht früh genug. Dazu haben sie noch nichts gesagt, und anscheinend streiten sie jetzt um die Projektleitung.«

»Typisch Schweiz.« Alba lacht.

»Wäre in Deutschland garantiert nicht anders.«

Johanna schaltet die Kamera um, damit sie den inzwischen zweihundert Leutchen den Weg zeigen kann, den die herabstürzende Felseninsel genommen hat. »Ganz dicht neben dem Wald ist sie runtergeflogen, in tausenden Einzelteilen, also, man sieht die Spuren nicht mehr. Dann da über die Dorfstraße – die Ampel ist kaputt, nur die auf der … äh, Westseite funktioniert noch, aber hier hat die Polizei immerhin ein Schild aufgestellt, Durchfahrt verboten, der Bus fährt auch nicht mehr, wie letztes Mal. Und dann die Wiese runter … da ist die Baustelle, wo …«

Sie hält die Kamera so still wie möglich.

»Magst du uns vielleicht eine schöne Geschichte von ihm erzählen?«

Sie schluckt, um den Kloß loszuwerden. »Ja … Bengiamin war mal bei uns zu Besuch, und meine Mama war so sauer auf meinen Bruder, weil der Mist gebaut hatte, dass sie mit dem Salatbesteck nach ihm geschmissen hat. Also, nach Jasper, aber dabei ist ein Maiskorn in Bengiamins Haaren gelandet. Er hatte so dicke, wilde Haare. Ich habs ihm rausgepflückt und wusste nicht, wohin damit. Konnte es wohl kaum essen.«

Alba lacht, und die anderen schicken Herzchen und lachende und weinende Emojis.

Johanna geht schnell ein paar Schritte in die andere Richtung. »Und dann sind die Steine runter ins Tal, das kann ich von hier aus nicht richtig zeigen. Die allermeisten haben kurz vorm Fluss angehalten, also unten im Tal. Aber einer ist in eine Stallwand gekracht, zum Glück waren keine Tiere drin, so dass ...«

Die Schneestille wird vom Heulen der Sirene unterbrochen.

»Ach, witzig«, sagt Johanna lauter, »dann kriegt ihr das jetzt auch gleich live mit. Jeden Samstag um zwölf gibt es Probealarm, und jetzt summt auch mein Handy wegen der Probe-SMS.«

Alba kneift die Augen zusammen, wie man das lustigerweise manchmal macht, wenn man schlecht hört. Johanna versucht, das Mikrofon am Kopfhörerkabel näher an den Mund zu halten. »Sorry, das ist jetzt wirklich laut.«

»Es ist aber noch gar nicht zwölf«, sagt Alba. »Wir haben neun vor elf.«

Ist das Ernst?, fragen die Leute in den Kommentaren.

Schon wieder ein Fehlalarm?

Jo, bring dich bloß in Sicherheit!

»Ähm«, sagt sie und wischt vorsichtig auf dem Handy herum, um die SMS anzuzeigen, aber Alba nicht zu verlieren. »Tatsächlich. Zusammenfinden vorm Tga communala um dreizehn Uhr. Shit.«

»Shit«, wiederholt Alba. »Okay, wenn ... nur wenn du willst, könntest du uns mitnehmen? Einfach weiter streamen?«

»Vielleicht.« Johanna zögert. »Also, ich will euch nicht

zeigen, wie ich meine Unterwäsche zusammensuche ... Oh Mann, wir haben nach dem letzten Mal nicht mal mehr eine Notfalltasche gepackt. Hey, zumindest muss ich dann wohl heute nicht mehr das Bad putzen.«

Sie läuft los. Unterwegs vereinbart sie mit Alba, dass sie das Live-Video erst mal beenden, aber Johanna versuchen wird, ausführliche Storys zu machen und sofort hochzuladen, völlig unbearbeitet.

»Geht alle zu Jo rüber, Leute«, sagt Alba zu den zwei-, nein, inzwischen vierhundert, die zugucken. »Und ich berichte hier auch weiter. Mann, Jo, alles Gute! Haut schnell ab!«

Bevor sie zu Hause ist, klingelt ihr Telefon, aber sie geht nicht dran, als sie sieht, dass es Mama ist. Stattdessen rennt sie noch schneller die Straße runter. Papa hat schon das Auto aus der Garage gefahren und öffnet gerade den Kofferraum.

»Jojo! Endlich! Los, los, packen!«

Dieses Mal ist er nicht so gelähmt wie noch im September, vielleicht, weil er inzwischen gemerkt hat, dass sein geliebtes Vischnanca ihn nicht zurückliebt. Oder vielleicht hat Mama ihn wieder wachgerüttelt.

Mama ist in ihrem Zimmer. »Jojo, was willst du mitnehmen?«

»Ich mach schon.«

Mama öffnet Schrank und Schubladen.

»Mama, ich mach das schon.«

»Okay, denk an ... Oh, Medikamente!« Schon ist sie weg.

Johanna nimmt sich schnell auf. »Nicht mal meine Mutter bleibt cool. Ich glaube, dieses Mal nehmen wir es echt ernster. Na, ich muss packen, bis gleich.«

Eine Dreiviertelstunde brauchen sie, bis sie in ihrem vollgeladenen Auto sitzen. Johanna guckt zu Jasper rüber, der sich seine Mütze tief in die Stirn gezogen hat. Sie muss grinsen, trotz allem. »Dieses Mal warst du das nicht?«, flüstert sie.

»Haha«, antwortet er leise. »Papa hat den Witz auch schon gemacht.«

»Was habe ich?«, fragt Papa, der sich hinters Steuer schiebt.

»Nix.«

»Hätte ich ihm gar nicht zugetraut«, wispert Johanna. Ist Quatsch, das ist absolut ein Papawitz.

Aber Jasper grinst auch.

Irgendwie läuft es wieder besser mit ihm. Als sie Donnerstag mit der Polizistin nach Hause gekommen ist und nur er da war, da hat er sie richtig lieb beruhigt, hat ihr einen Kakao gemacht – einen veganen sogar – und sich zu ihr gesetzt. Sie hat ihm alles erzählt, weil es irgendwie rausmusste, so wie auch später noch und noch mal. Sie konnte das Bild vom toten Bengiamin nicht einfach in sich drinhalten.

Jetzt will Jasper wirklich die Schule abbrechen. Mama scheint einverstanden zu sein, und gestern Abend hat Johanna gehört, wie Papa meinte, wenn er es ihm verbieten würde, wäre er nicht besser als sein eigener Vater. Aber so richtig überzeugt klang er noch nicht.

Sie schiebt sich am Sitzgurt vorbei ein Stück näher zu ihrem Bruder und macht von ihnen beiden ein Selfie. Jasper macht ein V-Zeichen. Johanna merkt, dass sie ganz feuchte, kalte Hände hat. *On our way to the Gemeindehaus*, schreibt sie dazu und vertippt sich ständig.

Komisch, diese Mischung aus Angst und Aufregung und

dem Verdacht, dass es wieder nichts Richtiges ist. Sie beobachtet sich selbst von außen, als würde auch sie sich auf Instagram zusehen.

Noch bevor sie die Straße hoch sind, sehen sie Sandro und Eli vor ihrem Haus stehen.

Eli hat ein hochrotes Gesicht und winkt ihnen zu, so dass Papa anhält und das Fenster runterfährt.

»*Onda* Matilda will nicht gehen«, sagt sie. »Sitzt in ihrem Ohrensessel und will nicht gehen. Kannst du mit ihr reden?«

Papa kratzt sich im Nacken. »Findet sie wohl mal wieder alles Unfug.«

»Ich weiß nicht mehr, was ich sagen soll.«

Sandro legt Eli einen Arm um die Schultern. »Im Zweifelsfall tragen wir sie zusammen raus, du und ich, Fabio.«

»Ich komme zurück«, sagt Papa. »Ich bringe nur erst meine Familie hoch.«

So einfach wird das gar nicht. Fast wirkt es schon wie Routine, dass sie sich treffen, hey, *tgau*, ihr auch hier, mal wieder ein schöner Tag für eine Evakuierung, gute Fahrt euch allen.

Gerade fährt ein Polizeiwagen los, um alle paar Meter eine Sprechdurchsage zu machen, und dieses Mal ist es statt Bengiamin diese Frau Arpagaus, die mit der Feuerwehr alles koordiniert, nur dass Regula Schiess heute wohl früher Bescheid gekriegt hat als im September und jetzt mit einer eigenen Liste rumflattert und alle Leute anschreit. Romeo Spinatsch schreit zurück, wenn das alles wieder nur falscher Alarm ist und sie in zwei Tagen hören, dass irgendein Techniker die Zahlen nicht richtig gelesen hat, dann wird er sie alle verklagen, das Land, den Kanton, die Gemeinde, alle. Regula Schiess will sich nichts gefallen lassen, aber sie kriegt kein Wort raus, so sehr redet der Typ sich in Rage.

Domenic Schmid stellt sich einfach dazwischen, er ist kleiner und schlanker als Romeo, aber ignoriert ihn ganz routiniert.

»Regula«, sagt er ruhig, »denk an die Gigers. Ich glaube, letztes Mal ist es wirklich niemandem aufgefallen, dass sie geblieben sind.«

»Sie sind geblieben?« Entsetzt hebt sie eine Hand zum Gesicht und malt sich versehentlich mit dem Kugelschreiber an.

»Fürchte schon.«

Johanna sieht sich nach Ria und Blanca um, aber sie sind noch nicht da. Stattdessen sieht sie Minnas Vater auf Regula Schiess zustürzen und versteckt sich schnell hinter dem Auto. Der brüllt rum, die alten Weiber stünden vor seinem Haus, und er könne nicht raus. Johanna sieht sich um: Die Pedretti-Schwestern haben ihren Wagen vor seiner Einfahrt geparkt, sagen, es sei nun mal nirgendwo sonst Platz, und die Mosers kämen doch eh an den ganzen anderen nicht vorbei, und Regula Schiess versucht zu schlichten, was sie natürlich überhaupt nicht kann. Alle zanken nur noch lauter, Regula wendet sich ab, entdeckt die Bloms und zückt den Stift, um sie abzuhaken. Papa sagt, er müsse aber noch mal gehen, um Matilda Vincenz zu holen, woraufhin Regula Schiess sagt, das geht nicht, er muss jetzt bleiben, er ist abgehakt. Johanna filmt einen Teil dieser absurden Unterhaltungen, also nur Ton und Füße, nicht dass sich wieder jemand aufregt. Dann macht sie noch ein paar Fotos vom Auto- und Menschenauflauf und lädt alles hoch.

Papa streitet sich weiter. Johanna greift nach seiner Hand. »Ich geh mit Papa mit.«

Die beiden Streithähne schweigen verblüfft, jetzt kommt auch einer der Polizisten dazu, und schließlich dürfen sie gehen, außer dass Papa will, dass sie hier bleibt, aber sie kann ihn überreden, weshalb sollte sie hier sicherer sein als unten bei Matilda, wenn sie eh noch nicht fahren. Mama sieht aus, als würde sie am liebsten sofort weg, aber natürlich kann sie das nicht sagen und eine alte Nachbarin ihrem Schicksal überlassen.

Auf dem Weg zum Vincenz-Haus plinkt und blinkt ihr Handy, die Leute kommentieren und teilen, dazwischen sieht sie auch Jaspers Namen, ach, mega, er lädt auch Storys hoch und taggt sie, so dass sie seine Beiträge wiederum bei sich hochladen kann.

Papa ist so schnell unterwegs, dass sie aufhören muss.

»Warte«, schnauft sie. »Glaubst du, dass der Alarm dieses Mal echt ist?«

»Ich habe keine Ahnung, mein Schatz«, sagt er, »aber ich habe die Schnauze so voll von diesem Dorf und vor allem diesem beschissenen Berg.«

»Fuck you, Berg«, ruft sie.

»Fuck you, you fucking Scheißberg!«

Sandro kommt ihnen entgegen, und sie fluchen lieber nicht weiter, er ist doch katholisch.

»Matilda weigert sich immer noch. Bestimmt wieder falscher Alarm, meint sie.«

»Romeo Spinatsch auch«, sagt Johanna.

Sandro knurrt ärgerlich. »Eli ist inzwischen so wütend, dass sie Matilda angeschrien hat und gegangen ist.«

»Wohin?«, fragt Papa.

»Na ja, zu uns nebenan, um wieder ihren Computer einzupacken. Immer noch kein Back-up gemacht.«

Papa geht ins Haus, Johanna hinterher. Wieder filmt sie bisschen die Füße, während Matilda grantelt, dass das doch

Unfug ist und sie nicht weggeht, die haben ihre Technik nicht unter Kontrolle, und überhaupt würde sie ihr Dorf nicht verlassen, die Ria Casparin gehe auch nicht.

»Natürlich geht sie«, ruft Eli, die in diesem Moment wieder reinkommt. »Sie haben Rias Vater zu Besuch, und die Tiere sind auf der Weide, so dass sie noch brauchen. Aber natürlich gehen sie. Und ich würde ihnen gern helfen, wenn du nur nicht so verstockt wärst.«

»Mit der Mona Leutenegger habe ich gesprochen.« Matilda gibt nicht auf. »Die bleiben auch.«

»Nee«, sagt Papa. »Die haben wir oben gesehen, oder, Johanna?«

Johanna tippt durch Jaspers Bilder und Videos, und ja, sie erkennt das Ehepaar von der Pension, die Frau hebt gerade eine Katzentransportbox vom Rücksitz auf den Beifahrersitz ihres Autos.

»Guck hier«, sagt sie zu Matilda und hält ihr ein Standbild hin. »Da sind sie, schon oben an der Sammelstelle.«

»Sammelstelle«, schnauft Matilda, »wenn ich das schon höre. Ich bin doch kein Sondermüll.«

»Nein, bist du nicht.« Papa wird jetzt ganz ruhig, und es ist eine ganze Weile her, dass Johanna ihn mal so erlebt hat, weil Papa ja nie böse wird. Aber wenn, dann wird er ruhig, und man kriegt richtig Respekt vor ihm. »Aber weißt du, was du bist, Matilda? Egoistisch. Das ist okay, wenn es nur um Kleinigkeiten geht. Vermiete dein Haus mit kaputtem Dach, okay. Hilf deiner Tochter oder nicht, okay. Aber jetzt? Jetzt stehen wir alle hier. Deine eigene Nichte und ihr Mann. Ich als dein Freund, wenn ich mich denn so nennen darf. Und meine vierzehnjährige Tochter.« Ah, gute Taktik, gut, dass sie mitgekommen ist. Papa hebt die Hand, als Matilda den Mund zum Protestieren öffnet. »Mit jeder Minute, die du dich weigerst, wird die Wahrscheinlichkeit größer, dass wir unter Felsmassen begraben werden. Vielleicht ist es wieder falscher Alarm. Vielleicht aber auch nicht. Und ich will verdammt nochmal hier weg.«

Matilda presst die Lippen zusammen.

»Aber wir gehen nicht, solange du nicht gehst«, sagt er.

Geil, Papa, denkt Johanna. Was für eine Rede. Aber was, wenn sie sich nicht überzeugen lässt? Sie will wirklich nicht unter Felsmassen begraben werden. Nicht wie Bengiamin. Die Schule mag zwar kacke sein und Minna nicht ihre Freundin, aber irgendwie wär weiterleben gar nicht mal so schlecht. Selbst den Unfall auf dem Berg hat sie überlebt – und den Abend auf der Party und der Landstraße, und eigentlich interessiert er sie nicht mal mehr.

Matilda sieht sie alle nacheinander an, dann stützt sie sich auf den Armlehnen ihres Lieblingssessels ab und steht endlich auf.

Eine halbe Stunde später filmt Johanna, wie sie Vischnanca verlassen, zum zweiten Mal, andere Uhrzeit, andere Jahreszeit, aber trotzdem ein Déjà-vu. Die Auspuffgase der vielen Autos steigen in die Winterluft. Vor ihnen sieht sie Minna mit ihren Eltern – Minna winkt ihr aus dem Rückfenster sogar zu –, hinter ihnen Domenic und Tanja Schmid, dann die Leuteneggers, der lange Sepp mit seiner Frau. Ria mit Dino, ihrem alten Vater und Blanca in einem Wagen, Gian und die Hündin im anderen. Die Pedretti-Schwestern hinterher und dann der kurze Sepp. Da sind auch die grauen Gigers, sie konnten sich dieses Mal wirklich nicht verstecken und müssen ihren heiligen Berg im Stich lassen. Regula Schiess wird wie die Kapitänin eines untergehenden

Schiffs bis zum Ende warten, zumindest bis die Polizei sie in der Zwangsjacke mitnimmt. Die Cadotschis sind dieses Mal nicht mehr dabei, auch an der westlichen Sammelstelle ist weniger los, Mauro ist ja schon längst weg, aber Claire, Eli und Sandro mit Raclette und Matilda brechen von dort auf, Stella Marić hinterher, Saad und Jalil Khoury, auch der puterrote Romeo mit seiner Frau Margarita.

Sie alle fädeln sich an den mit Blaulicht wartenden Feuerwehr- und Polizeiwagen vorbei und biegen auf die Kantonsstraße ab. Bye bye, Piz Brunclia, aber wer weiß schon, was du vorhast?

DEZEMBER

RIA

Blanca ist so verliebt in die rot-weiße Holzkuh, die Gian ihr zu Weihnachten geschnitzt hat, dass sie sie nicht mehr aus der Hand gibt. Buni heißt sie, nach der guten, alten Brunhild, von der Ria ihrer Tochter oft erzählt. Du wolltest sie jeden Tag besuchen, Blanca, ohne einmal Brunhild streicheln warst du nicht zufrieden.

Sie kommen die Kantonsstraße von unten hochgefahren, doch Ria biegt nicht auf die Anrainerstraße ab, genauso wenig wie auf die Dorfstraße, die nun beide dauerhaft gesperrt sind. Es stehen keine Polizeiwagen mehr da, eine Schranke wurde angebracht, die nur von und für Zugangsberechtigte mit Schlüssel geöffnet wird: Geologin, Forstwart, Versicherung, Tiefbauamt.

Ein Stück oberhalb auf der Kantonsstraße ist in einer Kurve eine Haltebucht asphaltiert, an der sie schon oft in ihrem Leben vorbeigefahren ist. Jetzt hält sie an. Sie hat ihren Vater dabei und Blanca, die zwei wichtigsten Menschen in ihrem Leben, seit Gian sich mit Luna ins Engadin zu seinem Cousin verabschiedet hat. Sie reden miteinander, wenn es um Blanca geht. Ansonsten haben sie vereinbart, sich viel Zeit zu lassen, um sich vielleicht eines Tages wieder zu mögen. Manchmal vermisst sie ihn, aber bisher noch nie so sehr, dass sie ihn bitten will, zurückzukommen. Vielleicht wäre ihre Ehe auch ohne Stella, ohne Bengiamin kaputtgegangen.

»Willst du aussteigen, *bab*?«

Der *bab* atmet tief durch. »Deshalb sind wir hier, oder?«

»Warte, ich komme rum.«

Sie steigt aus dem Wagen. Unglaublich froh ist sie, dass es mit dem *bab* nicht rapide bergab gegangen ist, wie mit Sarahs Vater, als er ins Heim ist. Im Gegenteil, er hat viele gute Tage, und es ist oft eine Freude, ihn zu besuchen. Wenn sie spät kommt, trifft sie häufig auch auf Stella, und sie nähern sich wieder an. Die Wut auf sie ist verraucht, Ria hat ihr verziehen, falls das das richtige Wort ist, dafür, dass sie Gian verführt hat. Natürlich ist aus den beiden nie etwas geworden, und Ria ist froh um Stellas Freundschaft, es ist einsam in Masein bei Marco.

Sie öffnet dem *bab* die Tür und hilft ihm heraus.

»*Mamma*«, ruft Blanca vom Rücksitz.

»Gleich.«

Als der *bab* seine Knochen zurechtgerückt hat und sicher steht, holt sie auch ihre Tochter aus dem Auto. Die will unbedingt auf den Boden und wackelt auf die Schneeberge am Rand der Haltebucht zu. »*Mamma! Neiv!*«

»Ja, ganz viel Schnee.«

Blanca zeigt nach oben. »*Wine!*«

»Nein, hier hats keine Lawinengefahr.«

Sie setzt der Kleinen schnell noch eine Mütze auf den Kopf, wo sich inzwischen mehr Haare tummeln als noch im Sommer. Sie hat genau den gleichen Wirbel wie Ria. Es fehlt nur noch die Brille, hat Marco gescherzt, dann seid ihr bald gar nicht mehr auseinanderzuhalten.

»Ach«, sagt der *bab* mit dem Blick auf das, was einmal sein Dorf war, »das macht mich traurig, Marieli.«

»Mich auch.« Sie nimmt seine Hand.

Der Schnee liegt so kurz vor Jahresende hoch, aber selbst jetzt erkennt sie, dass sich die ganze Landschaft darunter verändert hat.

»Ich will das nicht sehen«, sagt der *bab* plötzlich hart. »Nein. Ich will wieder ins Auto.«

Geduldig hilft sie ihm zurück, während sie Blanca im Blick behält, die ihre Buni über die Schneewehen laufen lässt. Es ist kaum Verkehr.

»Kannst du denn noch kurz warten, *bab*?«

»Ja, ja. Schau du nur. Ich will das nicht.« Er schließt die Augen, wie ein Kind, das glaubt, dass es dadurch Dinge ungeschehen, ungesehen machen kann.

Die Haltebucht hat es genau an dieser Stelle, weil man hier einmal den perfekten Blick hatte mit dem hübschen, kleinen Vischnanca im Vordergrund, wo sich in einem früheren Jahrhundert die Doschs niedergelassen haben, Rias Urururgroßvater Baltermia und ihre Urururgroßmutter Maria, mit dem Knecht Giovanni Pedretti, der wiederum eine eigene Familie gründete. Dann kamen nach und nach die Vincenz und die Spinatschs, die Cadotschs und Schiess. Das Dorf wuchs, wurde immer wieder von Feuern verwüstet und hat sich doch stets erholt. Ein solides Backhaus im Zentrum, eine adrette, bescheidene Kirche, ein plätschernder Brunnen daneben.

Nichts ist übrig geblieben. Am 21. Oktober um neunzehn Uhr achtunddreißig hat sich die gesamte Südflanke des Piz Brunclia in einer fließenden Bewegung gelöst. Etwa 2,8 Millionen Kubikmeter sind gen Tal gerutscht. Haben Vischnanca überrollt. Betreten dürfen das verschneite Rutschgebiet nur die wenigen vom Amt und von GeoVal mit Schlüssel für die Schranke, aber selbst die fliegen lieber mit Drohnen drüber. In Val gab es neulich eine Versammlung für die heimatlosen Vischnancer, auf der alle, die wollten, diese Videoaufnahmen und Fotografien anschauen durften. Viele waren gar nicht erst gekommen.

Ria dachte, sie müsste sich den Bildern stellen.

Aber sie hatte falsch gedacht. Man kann sich nicht von einem Dorf verabschieden, das unter Felsmassen liegt. Ein Dach schaute hervor und ein Stuhl, der von dem Gestein einen halben Kilometer bergab transportiert worden war, bevor er sich irgendwo festgehakt hatte. Das war alles: ein moosiges Dach, das sie nicht einmal erkannte, und ein Stuhl, den die alte Maria Weber als ihr beim Umzug zurückgelassenes Eigentum erkannte. Wahrscheinlich war das moosige Dach das von den Bloms. Die hatten doch im Sommer noch Probleme damit.

Seit den furchtbaren Fotos sind Wochen vergangen, und sie hat sich nie getraut herzufahren. Heute soll ihr der Schnee helfen, sie dachte, der Schnee würde alles so zudecken, dass es halb so schlimm wird. Und er deckt wirklich alles zu, sanft, eisig, ebenmäßig, keine Erhebung da, wo ihr Stall stand und ihr Hof, der Traktor in der Scheune und das Häuschen ihres Vaters.

Sie macht den Reißverschluss ihrer Daunenjacke zu und haucht sich in die Hände. Der *bab* muss noch einen Moment im Auto warten, während sie telefoniert und Blanca mit ihrer Kuh über den Schnee galoppiert.

Sie hat Johanna Blom versprochen anzurufen. Ria mag das Mädchen, das trotz ihrer erst vierzehn Jahre so reif wirkt. Über Bengiamin haben sie sich angefreundet.

Johanna antwortet sofort, sie lächelt in die Kamera und wirkt ein bisschen nervös.

»Und?«, fragt sie.

Ria schaltet die Kamera um, so dass sie Johanna den Ausblick zeigen kann, und schwenkt ihr Handy ganz langsam von links nach rechts.

»Man erkennt echt nix mehr wieder«, sagt Johanna. »Das Stück Straße, aber danach ... nur Schnee und Steine.«

»Die Neigung des Hangs stimmt nicht mehr.« Selbst die gegenüberliegenden Gipfel scheinen verschoben, weil sich die Formen und Farben auf dieser Seite so geändert haben. Der gesamte Dolomit ist zu Tal gerutscht und hat Tannen, Fichten, Buchen und Lärchen zermalmt, Haselnuss- und Himbeersträucher verschüttet, genauso Matildas preiswürdigen Garten – und ihre Hühner. Johanna hat ihr erzählt, wie Matilda ihre Tiere noch einfangen wollte, aber die waren zu aufgedreht, genauso wie Rias Vieh, genauso wie Luna, die zum Zusammentreiben der Schafe und Geißen kaum zu gebrauchen war, ständig hat sie sich im Kreis gedreht, gehechelt und Gian angesprungen, als wolle sie bei ihm auf den Arm. Wahrscheinlich ist wirklich was dran, dass Tiere Erdbeben oder Erdrutsche spüren. Nur Dino war die Ruhe selbst. Matilda wollte ihre Hühner nicht zurücklassen, aber als die Tiere partout nicht zu fangen waren, hat Fabio Blom wohl gesagt, Schluss jetzt, ich muss meine Kinder hier rausbringen. Hätte sie ihm gar nicht zugetraut, dass er so auf den Tisch hauen kann. Und so liegen die Hühner ebenfalls irgendwo unter Stein und Schnee. Ria hätte es nicht gewundert, wenn die griesgrämige Mierta im Ast eines Baumes überlebt hätte, aber selbst das war nicht der Fall.

Wie befürchtet, sind auch Stromtrasse und Wasserrohre zerstört worden, die Orte in der Umgebung müssen jetzt von anderer Stelle versorgt werden, was nach anfänglichen

Schwierigkeiten gut läuft. Komplizierter ist die Flem. Große Mocken sind im Flussbett gelandet, an einer Stelle hat sich das Gestein so aufgetürmt, dass die Flem sich zwei Meter hoch und zwanzig Meter breit aufstaut und erst dann überfließt. Sie überlegen, einen Kanal durch das neue Gestein zu graben, aber noch sind sie nicht sicher, ob es auch im Frühjahr dort liegen bleiben wird, wo es bislang zur Ruhe gekommen ist.

»Übrigens«, sagt Johanna, nachdem sie eine Weile alles betrachtet hat, »meine Eltern lassen grüßen. Mama kommt ja fast bei euch in Masein vorbei, wenn sie zur Arbeit fährt. Sie will demnächst mal hallo sagen, aber sie hat immer so viel zu tun und das Pendeln dauert ewig. Papa sagt, er sucht immer noch so guten Käse wie den von dir und muss ihn vielleicht selber machen.«

Ria unterdrückt ein Schnaufen – und ein Seufzen, wenn sie an ihren nach Kräutern und Käse duftenden Hofladen denkt –, und Johanna kichert. »Na ja, du kennst Papa ja. Er will sich im Sommer erst mal am Garten versuchen und freut sich wie Hulle. Matilda hat versprochen, dass sie zu Besuch kommt und ihm hilft.«

»Das ist schön.« Ria hat letzte Woche mit Matilda telefoniert. Sie ist nach Lantsch gezogen, auf halbem Weg zu Eli und Sandro. Von einer großen, herzlichen Versöhnung mit Claire kann wohl keine Rede sein, und so, wie sie Matilda einschätzt, wird das auch nicht passieren, aber immerhin sprechen die beiden miteinander, und Matilda konnte Claire mit einem Teil der Schulden helfen. Den Rest muss sie nach und nach abstottern. Matilda meinte, sie versuche, nicht zurückzublicken, sondern nach vorn.

Ria versucht das auch, aber es fällt ihr wahnsinnig schwer.

Den Gian vermisst sie kaum, Bengiamin dafür umso mehr. Manchmal kann sie ihn sich nicht mehr lebendig vorstellen und sieht immer nur seinen toten Körper daliegen. Er war so warm und lebensvoll, geschmeidige Muskeln, weiche Haut und sahneweiße Härchen im Nacken, und das ist einfach so verschwunden. Sie spürt einen salzigen Geschmack hinten in Rachen und Nase. Irgendwann ist weinen nur noch anstrengend, und es stimmt nicht, dass man sich danach besser fühlt. Es gibt auch keine Lehre, die sie aus alldem ziehen kann, oder wenn doch, dann hat sie sie noch nicht gefunden.

»Und dein Bruder?«, fragt sie Johanna. »Ist er froh, wieder in Duisburg zu sein?«

»Ja, total. Die Ausbildung macht ihm Spaß. Papa ist ihn schon mal besuchen gefahren, und Weihnachten war er hier.«

»Und dein Töffli? Dein E-Roller?«

Johanna lacht. »Der fährt super, aber im Moment ist es zu kalt. Ich bastel noch bisschen mit einem Jungen dran rum, der in unserer Straße wohnt.«

»Aha?«

Zu diesem Jungen will Johanna offenbar nicht mehr sagen. Dennoch ist es schön, sich vorzustellen, wie die anfangs so blasse Johanna mit ihrem noch druckfrischen Führerausweis auf dem Töffli durchs Oberengadin saust, von daheim zur Schule, zur nächsten Demo von Fridays for Future, zu einem Interview mit dem Gemeindevorsteher.

»Ich finde es schön«, sagt Ria, »dass du so stark und mutig geworden bist.«

Sie hört, wie Johanna schnell ein- und dann langsam wieder ausatmet. »Findest du, dass ich das bin?«

»Unbedingt. Du zeigst dich in deinen Videos und sagst

423

deine Meinung. Ich schaue mir jedes einzelne an. Und du organisierst den Ökologischen Aufstand für den Februar, mischst dich in die Politik ein und lernst wichtige Leute kennen. Ist das etwa nicht mutig?«

»Doch«, sagt Johanna, erst etwas zögerlich. Dann wiederholt sie es mit kräftigerer Stimme. »Doch.«

Johanna betont noch einmal, dass sie gern zu Blancas Geburtstag im Januar kommen würde, und Ria versichert ihr, dass sie herzlich eingeladen sei. Dann legen sie auf.

»*Mamma!*«

»Ja?«

»Buni!«

»Ja, das ist deine Brunhild.«

»Zi!«

»Bizzi und die anderen beiden können wir nachher wieder besuchen, wenn wir deinen *tat* ins Heim zurückgebracht haben.«

Ria weiß nicht recht, warum sie sich noch nicht von dieser fremdartigen Landschaft lösen kann, die die ihr vertraute völlig verdrängt hat. Der Anblick schmerzt noch mehr als die Drohnenbilder, und die wird sie auch nie mehr aus dem Kopf bekommen. Es ist ähnlich wie mit Bengiamin. Als würden all die schönen Erinnerungen überschrieben. Wie der *bab* schließt sie die Augen.

Sie versucht, sich den letzten Sommer vorzustellen, den Klang der Geißenglocken, das Malmen der wiederkäuenden Kühe im Gras, Brunhilds rumorenden Bauch, die schwatzenden Spatzen, das Rauschen der Rhätischen Bahn im Tal, Mona Leutenegger, die nach dem fetten Kater ruft, Regula Schiess und das Wisch-wisch ihrer stets zu engen Hosen, das Plätschern des Brunnens, der lange Sepp mit seinem knatternden Aebi, Domenics Lachen, der Schrei eines Bussards, Walti auf seinem quietschenden Rad, Lunas aufgeregtes Bellen, bevor sie die Schafe auf eine andere Weide treiben.

All das fehlt.

Der Duft nach Heu und Holz, Fichten und Gras. Nach Asphalt, Benzin und Gülle. Nach verschwitzten Arbeitsklamotten und frischer Bettwäsche auf der Leine. Nach frisch gebackenem Kuchen.

All das fehlt.

Und Bengiamin.

Bengiamin fehlt so unglaublich.

Erst hat sie ihn gehasst, dann hat sie ihn schwindelerregend geliebt. Nur wenige Wochen lang, und doch fehlt er ihr, als hätten sie sich ihr ganzes Leben gekannt. So schwer es auch ist, ihn zu vermissen, sie kann sich auch nichts anderes vorstellen, denn was würde sie dann machen? Wenn sie ihn nicht mehr vermissen würde, hieße das, dass sie ihn vergisst?

Wird sie auch das Dorf vergessen, diese kleine Ansammlung von Häusern, einem Hof, einer Pension, einem kleinen Laden? Sandro hat sich die letzten Wochen mit nichts anderem beschäftigt als mit Briefen und Fernsehinterviews. Der attraktive, junge Theologe und Sakristan Goldinger, der sich für seine Gemeinde einsetzt, ist inzwischen in ganz Graubünden bekannt und hat den Kanton dazu gebracht, dass der beachtliche Summen an Entschädigungen zahlen wird, falls der Bund noch ein Drittel dazugibt. Natürlich dauert all das seine Zeit.

Immer wieder dieses Geld.

Gut, auch sie wird es annehmen. Falls sie wirklich den Hof von Sarahs Verwandten übernimmt. Falls sie es schafft,

Saad und Jalil wieder zu sich zu holen, wird sie es gut gebrauchen können. Und es ist ein anderes Gefühl, diese Art der Entschädigung anzunehmen, wenn es kein Bestechungsgeld dafür ist, dass sie ihr Dorf verlässt. Oder redet sie sich das nur ein?

»Toni«, ruft der *bab*, »kommst du?«

Ria öffnet die Augen, atmet durch und dreht sich zum Auto. »Sofort.«

Der Bau der Drainage im Berg wurde bis auf weiteres aufgegeben. Der Kanton will die eingeplanten Gelder für ihre Entschädigungen verwenden und hat auch noch ein weiteres Problem zu lösen. In der Zeitung ist gestanden, es gäbe Risse in der Staumauer des Marmorera-Sees, die man genauer beobachten und reparieren müsse. Im *Blick*, dessen Boulevard-Nachrichten ihr Bruder jeden Abend genüsslich liest, wurden schon die ersten Katastrophenszenarien entwickelt.

Der Stall des Hofs, den Sarahs Verwandte verkaufen wollen, wäre groß genug für Schafe und Geißen. Zur Umstellung auf Bio fehlt nicht mehr viel. Sarah meint, Ria solle sich sputen, es gäbe zwar derzeit viel Land zu kaufen, aber die guten Liegenschaften seien auch immer schnell weg.

Es tönt alles so überwältigend. Sie müsste noch einmal ganz von vorn anfangen. Aber sie ist Ende dreißig und hat sich von ihrem Mann getrennt. Sie kann nicht bei Marco hocken bleiben, kann ihre Tiere nicht dort und bei Donata Balzer in Bergün lassen. Dino braucht einen eigenen Hof zum Bewachen. Blanca soll etwas haben, das sie später, wenn sie denn will, übernehmen kann.

Hier gibt es nichts mehr für sie. Das Tal ist schmal, ganz unten fließt die Flem, die man hier oben auf der Sonnenterrasse nicht mehr hört. Auf dem Piz Envers gegenüber glitzern Trapla und Mioula im Schnee. In den Dörfern drüben mussten sie sich nie vor ihrem Berg fürchten, und das ist jetzt auch hier vorbei.

Vischnanca ist vorbei. Der ganze Kampf ums Bleiben und Gehen, und letztendlich hat doch der Piz Brunclia für sie alle entschieden. Sie hebt ihre Tochter hoch und schnallt sie im Kindersitz an. Dann fährt sie weiter.

LISTE RÄTOROMANISCHER BEGRIFFE

Zur Aussprache:
tg entspricht in etwa dem Zischlaut im italienischen »ciao«
oder »Cappuccino«.
gn entspricht in etwa dem weichen *gn* im italienischen
»Bolognese« oder »Gnocchi«.
gl entspricht in etwa dem weichen *gl* im italienischen
»Tagliatelle«.

allegra – hallo
angraztg – danke
a reveir – auf Wiedersehen

bab – Vater
barba – Onkel
bavegna – willkommen
bun de – guten Tag
buna seira – guten Abend

cumpogn – Kumpel

in per tuts, tuts per in – einer für alle, alle für einen

matta – Mädchen

neiv – Schnee

Pagina da Surmeir – eine Wochenzeitung
portg – Blödmann, Schwein

onda – Tante

scu vogl? – wie geht es dir?
schon bung – schon gut
stgise – Entschuldigung
stupent – super

tga – Haus, Gebäude
tgau – tschau, tschüss
tgigl, rosna-tgigl – Arschloch
tigna la bucca – halt die Klappe
tschavola – blöde Kuh

DANK

Dieses Buch begann mit Sommergewittern in den Bündner Bergen und etlichen Telefonaten vor der Touristeninformation von Savognin, denn meinem antiken Handy war das WLAN in meiner Wohnung einfach zu schnell. Dort hockte ich also auf einer Holzbank – Kopf im Trockenen, Füße im Regen – und redete mit meiner Agentin über Ria, Johanna, Fabio und all die anderen Figuren, die sich eine nach der anderen neben mich setzten.

Als ich wieder heimfuhr, blieben sie bei mir und entwickelten sich in Gesprächen mit meiner Lektorin weiter. Cordelia, Dorothee, dieses Buch ist fast genauso viel Gespräch wie Text, und dafür bin ich euch sehr dankbar.

Außerdem gilt mein *grond angraztg* und großer Dank Sarah Cadotsch, Peter Frese, Helmut Karp, Andri Largiadèr, Linda Netzer und Familie, Anja Neudert, Felix Rasumowsky, Esther Saner, Divna Sicic – und meinem Mann, der immer dafür sorgt, dass mein Kopf im Trockenen bleibt.

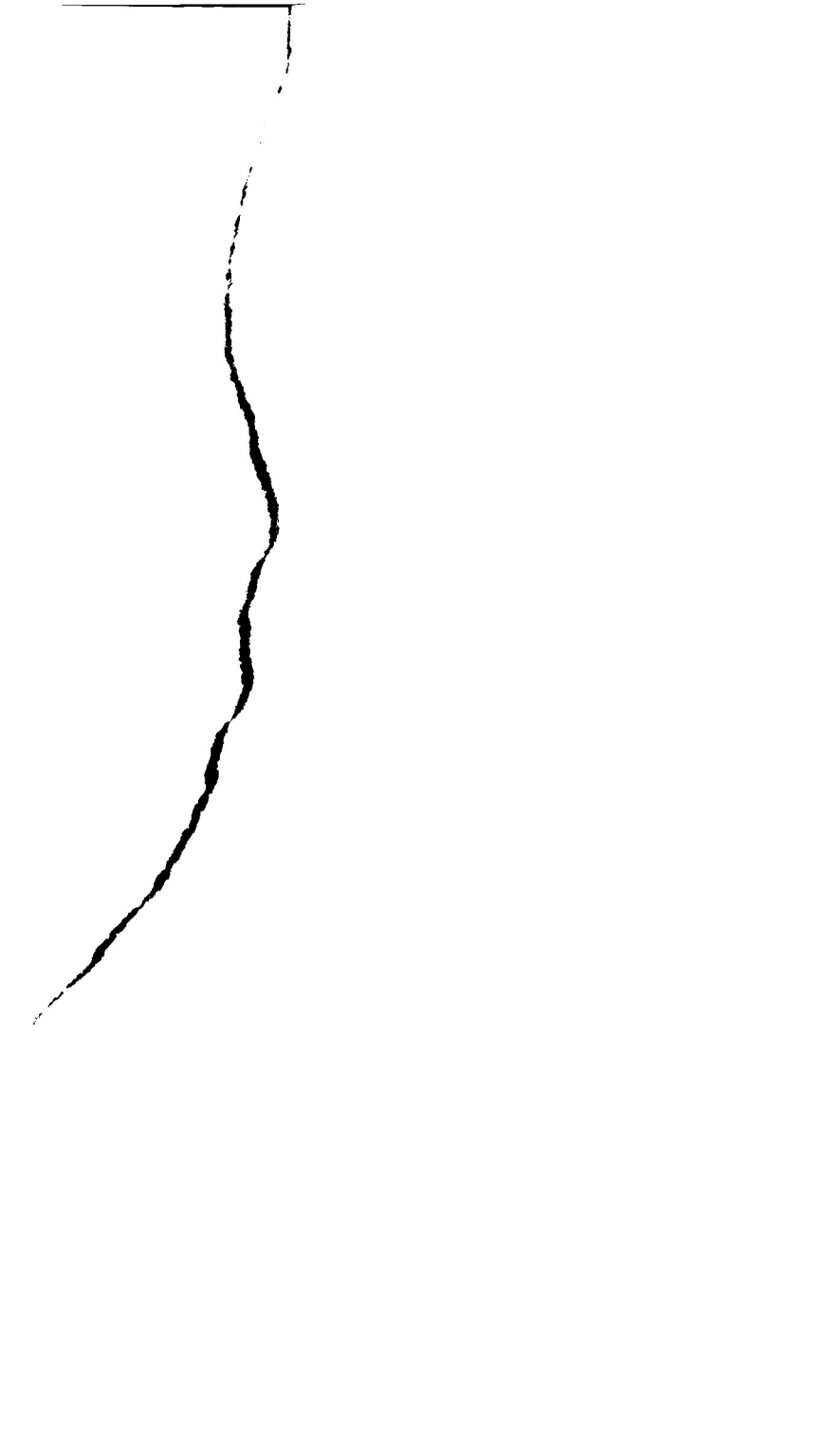